紅沙龍

Try not to become a man of success but rather to become a man of value.
~Albert Einstein (1879 - 1955)

毋須做成功之士，寧做有價值的人。 —— 科學家　亞伯．愛因斯坦

他是賭神，更是股神

A MAN FOR ALL MARKETS

From Las Vegas to Wall Street, How I Beat the Dealer and the Market

傳奇數學家、計量金融之父
愛德華・索普Edward O. Thorp 著　唐祖蔭 譯

本書獻給薇薇安、三個孩子和他們的家人：

羅恩、布萊恩、艾娃；

凱倫、理察、克萊兒、愛德華；

傑夫、麗莎、凱莉和湯瑪斯

索普五歲時。

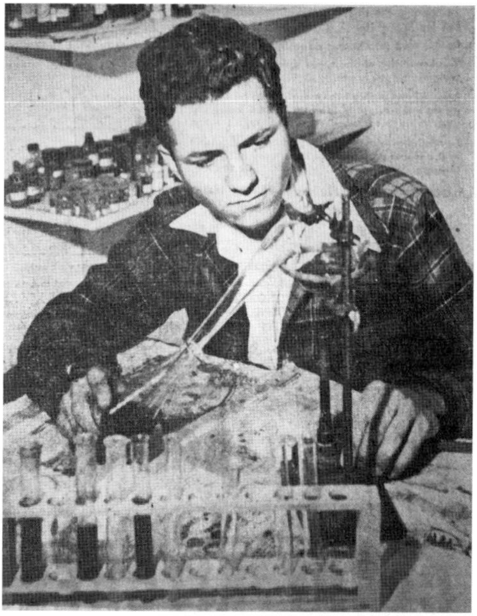

這張照片拍攝於索普居住的南加州的小鎮洛米塔，他在那裡上納伯高中。

擊敗輪盤的穿戴式電腦，於1961年6月由克勞帝・夏儂（Claude Shannon）和索普合作完成，並在拉斯維加斯成功使用，目前展示於MIT博物館。

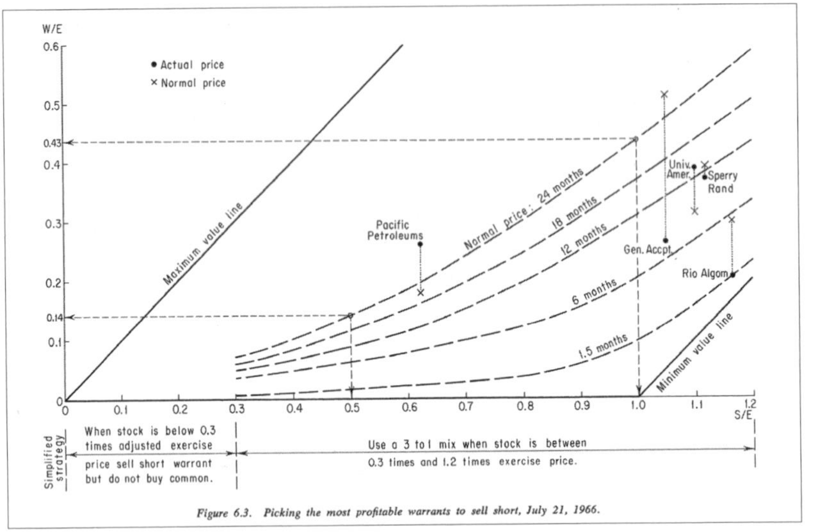

Figure 6.3. Picking the most profitable warrants to sell short, July 21, 1966.

權證套利，1966年，引自《戰勝市場》。

算牌和計算優勢的簡式機械裝置，1964年製作。

1964年在熱帶花園酒店（Tropicana Hotel）算牌。

與博士論文指導學生桃樂絲・戴貝爾（Dorothy Daybell）和新墨西哥州立大學的大衛・阿特柏恩（David Arterburn）一起工作，1964年。

索普在1964年的數學會議擔任主持人。

標準的歐式輪盤（只有一個零格）。後方展示著索普的穿戴式電腦。

在1981年與史丹福・王（左）和彼得・葛里芬（右）在內華達州太浩湖玩二十一點。

薇薇安和索普攝於家中，2004年。

目次

各界好評

「索普是運用演算法於投資的聰明數學家。」

——**查理・蒙格**（巴菲特合夥人、《窮查理的普通常識》作者）

「索普是第一位成功運用計量方法估計風險的當代數學家，應該也是第一位在金融市場裡獲得成功的數學家。」

——**納西姆・尼可拉斯・塔雷伯**（《黑天鵝效應》作者）

「一本令人驚艷、翔實記載的好書……愛德華・索普在拉斯維加斯和華爾街施以數學魔法，掀起了產業革命。他用終身的學習和經驗轉化成字裡行間，就像是一副滿手A的好牌。」

——**班・梅立克**（《贏遍賭城》、《Facebook：性愛與金錢、天才與背叛交織的祕辛》作者）

「無論你是職業玩家、業餘賭客，或只是賭城的過客，都能感受到愛德華・索普在那個沙漠之城的影響力。索普曾出版《戰勝莊家》一書，基於他對二十一點的好奇心延伸出來的研究成果，就算是二十一點的門外漢也能看得懂。簡單來說，它改變了一切。本書記載了索普個人的人生歷程，包括許多預期外，甚至危機事件的挑戰，以及現有財富管理機構維持現狀面臨到的困境。」

——**尼克勞斯・科隆**

（職業優勢賭客及艾雷雅顧問集團執行董事）

「多棒的故事！讀完本書之後，可以用算牌法贏得二十一點？沒錯！建造全世界第一個穿戴式電腦裝置？沒錯！發現選擇權定價公式，但不拿諾貝爾獎反而拿去賺錢？沒錯！本書闡釋了一位天才在解決不同領域的問題上做出的卓越貢獻。更重要的，它帶領我們進入其中的過程，他對名聲人氣的興趣不大，大多數時間保持低調，多數情況是依照自己的好奇心，帶領自己一步步走下去，最後歡呼收割。思慮清晰比什麼都重要。讀了本書著實從大師身上受益良多。」

——**保羅・維蒙**

（《維蒙》雜誌創辦人）

一推薦序一

揭密博弈界與投資界傳奇數學家的交易與人生智慧

姜林杰祐

《天才數學家的秘密賭局》（*Fortune's Formula: The Untold Story of the Scientific Betting System that Beat the Casinos and Wall Street*）[1]一書的主角索普，終於出版自傳了。過去我曾在拙作中介紹該書傳奇人物索普與克勞帝・夏儂（Claude Shannon）等人的若干事蹟；有幸能先睹碩果僅存的索普現身說法，揭密這段塵封的博弈與交易秘史。

巴菲特曾說「如果你不知道誰是牌桌上的傻瓜，那麼你就是那個傻瓜」；同樣的，如果你找不到交易上的優勢（優勢可來自於速度、成本、平台、團隊、資訊、分析、風控、心理與部位等），那麼，市場看來就是隨機的、有效率的，最好的策略是「不要入局」。但，對於有辦法看出賭局或市場中非隨機性以及必然性的人來說，市場就是提款機了。

索普做為學者，可說將「分析優勢」發揮到淋漓盡致（在他的交易中，同時也具備其他優勢，只是分析優勢特別明顯）。不管是分析已經發出去的撲克牌，或偵測輪盤機台特性偏差，以導出非隨機性決定下注；或者計算金融商品間價格關係的必然性，以建立進出策略；索普都可藉以創造賭場或投資上的相對優勢，輔以凱利公式（Kelly Formula）的最佳下注，他創造了普林斯頓新港合夥（PNP）與稜線合夥兩段投資事業有跡可循的驚人績效。

這樣顯著的結算績效，讓索普絕對有資格在書中花了相當多的篇幅質疑「效率市場假說」（EMH）的論點，這些批評由長期經歷市場考驗的學者提出，可說拳拳到肉；他的看法總結一句「市場缺乏效率與否視個人的知識而定」。

今日許多「眾所周知」的策略與評價方式的源頭，包含可轉債套利、股債套利、期現貨套利、強弱勢股價差交易、統計套利、Delta中立避險、組合型避險基金等交易模式，都來自於索普的巧思，他可說是財務工程與計量投資的始祖；索普甚至於一九六七年比布萊克與休斯更早訂價選擇權價格，並藉以在內含「或有權利」類型（如選擇權、認股權證、可轉債）商品中套利。由於交易策略公開後難免降低或失去獲利潛能，索普只好選擇「默默地」運用其對市場價格分析的洞見，而不做學術發表。同樣做為學者，我可以體會索普的掙扎；在交易領域，名利往往不可得兼。

全書處處可見索普的交易乃至於生活智慧。例如，在建構交易策略過程，他強調「邏輯實證主義」的精神，他說「靠實驗才能證明其存在，靠邏輯才能抓到其運作的方式」；他的決策過程融入「以終為始」的風格，他說「如果這麼做，你希望會有什麼結果？如果這麼做，你認為會有什麼結果？」；他對市場看法與索羅斯的市場反射理論思維相近，他說「別人的參與會影響結果和報酬，很難計算機率值」；而提到為什麼要進入賭場與股市，他說「壓根沒想過要靠它賺大錢，而是想完成一件人們都認為

❶ 威廉・龐士東（William Poundstone）著，李建興譯，平安文化出版，二〇〇八年。

不可能的事。我帶著遊戲的心情，享受成功的快樂」。

更可貴的是，雖然索普是數學家，卻能以淺顯易懂的方式，評析半個世紀間重要金融事件的來龍去脈，包含一九八七年股災、長期資本管理（LTCM）事件、金融海嘯，乃至評論高頻交易、指數投資、市場理性，與代理問題，均有獨到看法；並對所有人提出簡單的財富管理建議，因此本書也有益於需要理財的每一個人。

索普就像一條關鍵的線索，譜出了他與夏儂、布萊克）、巴菲特到朱利安尼（Rudolph Guliani）之間的恩怨情仇；因此，本書也可說是以口述歷史方式，完成近代交易演進史的重要拼圖。

我常覺得，台灣交易界缺少兩隻腳，一個是資訊界的助力，另一個是學術界的助力。國際許多傑出交易者（如索普、詹姆斯・西蒙斯（James Simons）、塔雷伯等人）與其團隊，具備相當高的學術研究能量，可惜台灣的財金學術界被隔絕在學術高牆之內；同時，交易也需要資訊戰力（索普的交易，也得利於資訊界先驅夏儂的協助與資訊工具的開發），台灣有全球頂尖資訊人才，但較少在金融業深耕。近年來，我透過程式交易的推廣，即希望能引導台灣交易界運用學術界與資訊界的能量。

閱讀本書，可以給予我們多方面的啟示，因此我極力推薦。

（本文作者為國立高雄科技大學金融資訊系所教授）

—推薦序—

照亮賭城、華爾街的璀璨之星

韓傳祥

電影《決勝二十一點》（*21*）中描述一群麻省理工（MIT）師生，如何以科學化方式計算二十一點（Blackjack）在發牌過程中玩家的勝率，他們策略性的在賭城拉斯維加斯的牌桌中遊走，逆勢減碼、順勢加碼（稱作凱利的致富公式），大獲全勝，導致賭城改變二十一點的遊戲規則。真實故事幕後的主角，正是本書的作者索普博士，二十一點算牌的發明者。他在一九六二出版了《戰勝莊家》（*Beat the Dealer*），立刻成為暢銷書，影響了今日眾知的PIMCO債券天王比爾・葛洛斯（Bill Gross）。

索普原先志在物理，後來成為數學家，與資訊理論（Information Theory）大師、MIT的夏儂教授在著名的媒體實驗室（Media Lab）中合作完成世界第一套穿戴式裝置，後來自學財經知識後，輾轉進入金融領域。一九六五年轉戰「地表最偉大的賭場——華爾街」，掀起了另一齣高潮迭起的好戲，與在賭城的情節相較，有過之而無不及，像是發現致富的選擇權公平計價方式，公司遭到紐約前市長朱利安尼（時任檢察官，現任美國總統川普的律師）的搜索與起訴，另一位紐約前市長彭博（Michael Bloomberg，金融資訊供應商）的發跡，預見龐氏騙局等對手戲，儼然是金融市場發展的現代啟示錄，書中內容滿滿的實務案例，刻畫十分鮮明。

在拜讀此書及原文後，領會到索普寫作風格深入淺出，巧妙的將「金融」與「科技」搭配得天衣無縫，並且旁徵博引，立論明確，十分引人入勝。筆者除了景仰索普在交易與風險管理的成就之外，他歷年來持續在《維蒙》（*Wilmott*）雜誌上發表文章與專欄，正是筆者當年就讀博士班時，感到最豐富、有趣的內容，如今重溫，不亦樂乎。

「打敗大盤」是許多交易者的夢想。索普以逆向「效率市場假說」的操盤經歷，精確估算出衍生品的正確價格，採配對交易的方式，率先探索出「絕對報酬」的康莊大道，成為避險或量化基金的原型。用今日的術語說明，在風險可控的狀態下，以大數據探勘交易資料，深度使用電腦算力，挖掘出統計套利、風險中性等交易策略，極大化獲利的可能性，並執行自動化交易。在一九七四、一九九八兩次金融海嘯中，索普成立的投資公司不但全身而退，還績效卓著，勝出後來以量化投資見長的超級明星公司長期資本管理公司（當中有兩位諾貝爾經濟獎得主）。因達到財富自由，索普在二〇〇二年決定要結束公司，享受人生。難以想像的是，運營這家持續打敗大盤的公司，最終僅需六人。引用索普自己的話「投資人根本沒有好好算過」，他的量化投資策略雖迴異於巴菲特的價值型投資風格，但他們對於市場相對性的基調與眼光確是一致。

做為一位充滿理性的交易者，索普對自己的生活有著令人歆羨的智慧——熱愛生命與價值。他除了為人謙遜，追求社會公義，厲行慈善之外，也不吝於提出建言，倡議科學教育的重要性，並致力於高等教育的永續發展。對政策制定者（如年金、稅制），對高校的經營者（如募款、招聘一流人才）等等，都以自身在加州大學系統的教學與捐款的經驗，做為逆境中的一盞明燈。

要為這樣一位世界級大師自傳的中文版寫序，誠惶誠恐自不待言。猶如學生要替老師的書寫序，不盡「合理」，唯一的「合情」之處乃在於向廣大的華文讀者推薦一本「璀璨之星」，因此抱著拋磚引玉的心情，相信您在閱後也非常有機會獲得啟發，在腦海深處迴盪許久。

（本文作者為國立清華大學計量財務金融學系副教授）

—推薦序—

向量化投資之父學習打造豐富人生

財報狗

很開心見到《商業周刊》引進《他是賭神，更是股神》到台灣。說到投資，愛德華・索普也許不像巴菲特一樣廣為大眾所知，但以「投資界的傳奇」形容他絕不為過。

索普是賭場的常勝軍，他發明了電影《決勝二十一點》使用的算牌技術，不但靠這項技術在賭場大賺一筆，更進而發現賭贏輪盤的方法。他計算賭場中莊家和玩家的機率，在二十一點和輪盤中，在自己勝率比較高的地方下重注。這樣的作法迫使賭場更改規則，甚至封殺索普。

索普離開拉斯維加斯後，進入另一個更大的賭場——華爾街。同樣依靠深厚的數學底子，索普找到可以套利的機會。他成立的避險基金三十幾年來平均績效是二〇至二五%，更從未有任何一季虧錢。例如一九七三年史坦普指數下跌一五%，索普的基金賺七%，一九七四年史坦普指數下跌一五%，他們卻賺了九%。索普不僅得到巴菲特和查理・蒙格的認可，更因此享有量化投資之父的美名。

我五、六年前剛知道索普時，一直想找他的相關資料，可惜當時能找到的資料很有限。直到去年他出了這本自傳，開始接受許多訪談，我們才有更多機會能夠進一步認識他。

如果你喜歡賭博，這本書可以滿足你對賭場故事的期待；如果你喜歡投資，你會看到索普進入避險基金產業的故事；如果你剛好同時喜歡賭博和投資，我相信你會在讀這本書的時候感到非常興奮。

歸納索普成功的原因，不只是因為他是個天才，更重要的是當他遇到自己感興趣的問題，不會輕信課本或權威人士所說的話，而是一定會親自動手驗證。這樣的原則不只體現在他的求學生涯，也體現在他對賭博與投資市場的研究。

知名物理學家理察・費曼曾經帶領兩位博士生做輪盤的維護和檢測，因此費曼熟知輪盤的原理。當索普詢問他關於賭贏輪盤的可能性，費曼直接回答他這不可能。一般人聽到這樣的回答，大概就是直接放棄了。但索普卻是非常興奮，他認為費曼懂數學又懂輪盤，如果連他都不相信可以賭贏輪盤，那大概沒有人會相信可以，因此這很可能是一個尚未被探索的機會。

另一個親自驗證的例子，就是在索普剛接觸投資市場時，他去書店讀遍所有股市經典著作。這次他同樣沒有盡信書中所言，而是一一檢驗書裡提及的資料和分析。最後他發現許多書的建議和推薦都沒有價值，股票市場與賭博一樣，大多數人知道的並不多，而這點讓他有從中獲利的機會。

索普在縱橫賭場與華爾街之後，他說：「華爾街的成功是賺最多的錢，我們的成功是有最好的生活。」透過這本自傳，我們可以向索普學習他打造豐富人生的三大要素——追尋你的熱情，並且持續學習，最重要的是親自驗證。

誠摯推薦這本書給所有追求充實與成長的人。

（本文作者為台灣最大基本面資訊平台）

—推薦序—

大道至簡的中庸之道

吳牧恩

很榮幸能為索普的自傳中文版寫序，索普這位傳奇數學家絕對是我最欣賞的交易大師前三名。本書書名《他是賭神，更是股神》一開始就吸引我。我直接想到幾個大家爭議已久的問題：

「金融交易是不是賭博？」「投資與投機是否一樣？」

大概大部分財經專家或教授答案都是否定。金融交易可根據財務模型或定價理論、價格變動，是個隨機過程，可以相當複雜；而傳統博弈大概只有勝率（win rate）與賠率（odds rate），用簡單機率模型就可分析解釋。然而看完本書，你會發現索普並不侷限於傳統觀念。從早期質疑「賭場是否無懈可擊？」大部分人答案是「沒有人可以擊敗賭場」，這反而更堅定索普挑戰賭場的決心。除了大家耳熟能詳的「二十一點賭局必勝玩法」（A Favorable Strategy For Twenty-one），索普一開始研究的是輪盤。研發出可實際運用於輪盤賭局的計算設備，並在實戰中獲得成功。這應該是人類史上第一個穿戴式IoT設備，而索普也顛覆大家認知，證明賭場並非無懈可擊！

讀完本書我有相當大的震撼與共鳴。我非財務科班出身，原本主修在密碼學（Cryptography）與資訊理論，卻也誤打誤撞進入金融交易。當初我只跟大部分人一樣想靠著隨性買賣獲利，卻想不到一買一賣之間竟有這麼多有趣議題可以研究，尤其是資金管理。

索普大部分的工作跟凱利準則有關，還記得第一次接觸凱利準則，就被這神奇的公式所吸引，天真的以為這就是獲利聖盃，當然不是！凱利準則是賭局上的最佳化，其先天假設除了固定勝率與賠率外，資金還必須可無限分割，賭局可重複無限多次，然而這些假設在金融交易上並非如此。因此，如何填補交易與賭局之間的鴻溝差異一直是我這幾年的研究重點之一，幸運的是，這跟我原本主修的資訊理論竟有密切的關聯。儘管如此，凱利準則確實為金融交易的資金管理開闢一條嶄新道路。

索普是第一個將凱利準則發揚光大的人，其經典著作《戰勝莊家》便是基於凱利準則下的算牌策略，其後更拍成電影《決勝二十一點》。而交易與賭局是否雷同？本書英文名《A Man for All Markets》已經給了答案。即使交易與賭局有本質上的相似與差異，但整體處理手法都是一致的。索普不僅在賭局上獲得突破性的理論與實務上的成功，其在金融交易所創立的愛德華・索普聯合（Edward Thorp Associates）資產管理公司更有輝煌的績效記錄。索普如何從拉斯維加斯走向華爾街並且獲得巨大成功，這些事蹟在本書皆有敘述。如果說凱利準則是賭局與交易的理論基石，索普無疑是將其發揚光大的作手。沒有索普，或許我們還不知凱利準則如何運用於實際賭局，更別說金融交易。索普無疑是最早期的計量交易員，稱其為計量交易之父一點也不為過。有興趣的讀者也可參考其過去著作《戰勝市場》。

研究交易已過十個年頭，繁繁種種接觸到很多理論與公式，其實最後都離不開中國幾句成語。

首先是「大道至簡」。不論是交易或是賭局，資金管理至為重要，這也是凱利準則的概念。任何有不確定性（uncertainty）存在的事件，我們必須衡量其報酬與風險，做出最適當的籌碼配置。過與不及都不好，這便是中國人說的「中庸之道」。然而，時也命也運也，即使精確掌握資金管理技術，也無法保證絕對獲利。人必須學會看開與放開，有多少實力做多少事，不要強求。中國人還說天時地利人和，讀完本書我更能感受此道理。

一九五六年約翰・凱利（John Kelly）提出凱利公式，一九六〇年代計算機開始普及，索普才可將其理論做具體的模擬計算，此為天時；當時賭場風行輪盤與二十一點賭局，大家都認為賭場無懈可擊，才激發索普挑戰賭場的決心，並獲得金主提供資金實驗，此為地利；遇到資訊理論之父夏儂，與其共同研究二十一點賭局，並協助其發表成果，此為人和。

索普的成功，我想三者缺一不可。過了將近六十個年頭，到了二〇一八年，電腦資訊變得更為發達，AI科技無所不在，此為現在的天時；全球金融商品眾多，金融市場早已成為日不落市場，賭球、賭馬……各種不確定性事件透過網路皆能賭，此為地利。再加上資訊如此流通，各種知識學習或與大師接觸機會隨手可得，此為人和。與索普當時環境相比，此時似乎更有機會出現劃時代的交易人物！

索普已經八十五歲，巴菲特、索羅斯、西蒙斯等幾位代表性的交易大師也都不年輕了，我一直很期待華人世界出現一個代表性的交易大師！華人在投資（或投機）教育這塊確實不如西方社會來得開放，大概是受限於傳統儒家思想，勸人腳踏實地、不要投機取巧所致。看看成語「十賭九輸」，便知「賭」這個字在華人世界有多負面。

讀完本書，我想讀者更能了解整個資訊、博弈、金融的發展歷史與彼此關聯。「賭」並不是壞事，投資（或投機）也絕對有理，我們的教育不該避之唯恐不及，最大的風險是「不嘗試任何風險」。我們該用正確的心態面對，完整訓練風險意識與數理邏輯，這才是投資理財該導向的正確道路。

（本文作者為台北科技大學資訊與財金管理系助理教授／幣圖誌財經部落客　牧清華）

〈譯者序〉

他改變賭場，改變華爾街，改變金融世界，最終返璞歸真

唐祖蔭

約莫十年前，一位在美國留學的同窗好友推薦我一本書：《天才數學家的秘密賭局》。好友知道當年我在美唸數理統計時，花了不少時間在計量投資和財務工程上，因此特別推薦我看這本書，尤其提到如果我要走計量的路子，書中的主角應該是很好的學習對象。書中描寫天才數學家克勞蒂・夏儂和物理學家約翰・凱利的故事，他們兩人合作發展出來的「凱利公式」，重新詮釋了衡量投資風險下的實務投資方法。後來麻省理工學院的愛德華・索普教授加入夏儂，拿真金白銀實踐「凱利公式」，並獲得不小的成功。

筆者十多年前在美求學時，計量數學應用在投資上是當時華爾街的顯學。儘管經歷過多次金融危機、網路泡沫，利率跌到谷底後再回升，股票和債券市場都經歷過一次又一次洗牌。然而，當時的原物料價格正在上揚，油價站上每桶五十美元（二〇〇五年）；美國房地產市場蓬勃發展，數量化模型將一個個投資工具、抵押證券、連結商品打包後銷售。當時身邊的同學畢業後第一志願十之八九是避險基金的交易員。我當時也大受激勵，選課方向也朝向財務數學、作業研究（Operating Research）、數理統

計、線性代數等，甚至回到數學系大學部，從基礎數學原理開始學起。這對商學院背景的我來說實在不是一件輕鬆的事，圖書館成為我最常待的地方。不過，當時的我倒是十分樂在其中。

多年後的今天，當年一心一意要成為「火箭科學家」的我終究沒能如願成為計量投資的高手。這領域高度要求數學、電腦程式以及物理學的基礎，實非接受商學院訓練的我能夠長期勝任。在經歷過一段不算長的避險基金交易洗禮後，我甘心回到熟悉的資產管理領域。不過，也由於這段人生意外的起伏，今天的我得以不同於傳統基本面、技術面的角度，用一些計量方法，看到投資管理的另一面向。像是Smart Beta、因子分析、槓桿套利等。面對許多花俏的投資商品也能夠用計量方式一一拆解出來。在當今計量在投資領域已是不可或缺的氛圍中，算是一種意想不到的收穫。現在回想起來，當年書中的夏儂、凱利、索普，似乎對我這個不成功的計量經歷還是起了不小的作用。因此，當《商業周刊》希望我為索普的自傳為譯作序，我自然一口答應。

本書和索普過去的著作：《戰勝莊家》和《戰勝市場》（和希恩・卡索夫合著）不太相同。這兩本著作本來只是索普本身的數學實證心得，但利之所驅之下，市場追捧有之，歌功頌德有之，嗤之以鼻亦有之。索普被譽為神童、天才、計量投資先驅，大都是以其表面成就來評價，本人的形象反而變得模糊。而這本《他是賭神，更是股神》讓我們得以一窺索普這個活生生的人：他怎麼成長？怎麼思考？如何進入賭場、轉向華爾街？又為什麼離開？怎麼面對一次次的人生關卡，大起大落？他的投資風格和華倫・巴菲特截然不同，卻又是波克夏的長期投資人；當布萊克－休斯（Black-Sholes）選擇權定價模式受到學術界和華爾街讚嘆時，索普早已應用同樣的觀念，在市場上賺得缽盈盆滿（天曉得原來這個公式的出現，居然也有《戰勝市場》的影子，或許他更有資格得諾貝爾獎！）；二〇〇八年世紀大騙局馬多夫案，導致一千三百多位富商巨賈受害，但其實早在一九九一年索普便察覺他在詐騙；今天一舉一動皆動見觀瞻的「債券天王」比爾•葛洛斯，當年居然也受到《戰勝莊家》的影響，起而效尤在拉斯維加斯進行算牌實驗，並且影響他的一生。

與其說索普是現代賭場和計量投資的先驅，不如說他是一位走出象牙塔的數學家。數學、賭博、投資三者之間的微妙關係，在他的一生充分顯現。他的專注和堅持，是數學天分以外最令人印象深刻之處。他擁有超強的記憶能力，除了表現在幼年和雜貨店老闆比賽記帳，賺得一些零食之外，後來也幫助他判別每日股市上漲下跌的原因，有哪些是新聞炒作，哪些基於事實（見第一章）。這樣的專注曾經讓他闖下大禍，用苯胺紅把後院池塘和住家附近游泳池全部染成紅色；用硝酸甘油差點炸掉自己的手（見第二章）。他進入二十一點和輪盤的世界，是基於對機率論和物理學的認知，當所有人認為贏不了莊家，賭博只是為了娛樂時，索普堅持理論在實務上可以獲得驗證。算牌法、穿戴式電腦是專注實現驗證的工具（見第八、九章）；和「曼尼」、夏儂的合作是手段；被人下藥、車被破壞，甚至危及性命則是所承受的風險（見第十章）。一般人看到的是二十一點算牌大獲成功，賺了大錢（在此之前，誰相信連洗牌都可能不是隨機的，可以用數學方式算出制勝法則？），穿戴式電腦算輪盤號碼神奇到不行（但最終沒有靠它賺錢）。但對索普來說，它們都是經由實驗—試誤—修正，最後成功地驗證了理論。

同樣的想法，當他離開賭城，進入華爾街時，看到的現象是：多數人認為市場是有效率的，不可預期的，市場價格已充分反應了所有的資訊。本益比（P／E，索普比較喜歡用倒數「盈利率」）、市價／淨值比（P／B）、公司市值等分析方法在當時備受質疑和批評（見第十九章）。可是在索普的「市場中立」策略之下，現股和可轉換公司債、認股權證之間的套利空間變得十分巨大；當時期貨選擇權市場剛開始發展，價格由缺乏效率的市場決定，偏離應有的理論價格，索普也靠著自行發展的理論模型大發套利財。也因此，他對市場沒有效率這件事堅信不移，經由普林斯頓新港合夥（PNP）這個工具，用真金白銀再一次驗證了市場效率假說可能不成立。索普對於理論的專注和堅持再次獲得驗證。

本書的另一個亮點，是索普對人生的豁達及積極回饋的心。或許是來自並不完整的家庭，貧窮和孤獨一直伴隨著他。當他在二十一點大獲全勝，甚至改變了賭場經營模式後，他大可用算牌法去賺錢，財富唾手可得。但他寧可將目光放在更大的市場，成立避險基金的目的，主要只為了挑戰新知和驗證學術理論（見第十一章）。他的套利靠的是公式和電腦運算的反覆試驗，而不是靠膽試押注。當一九八七年因聯邦調查局搜查（見第十六章）被迫收攤，索普也沒有尋求募集新資金，力求東山再起。而是以極小的規模，繼續其理論驗證之旅。進入二〇〇〇年後，索普回到母校，用投資賺來的錢贊助數學系講座教授，目的還是數學研究（而不是投資賺錢）；為了維持美國高新技術的領先地位，他投資幹細胞研究，用六十倍槓桿的方式說服了比爾‧葛洛斯捐出一千萬美元，順利取得六億美元的國家研究經費（見第二十八章）。他的世界裡，「賺錢」似乎只是完成人生目標當中必要的一環，對比多數人是以此為一生的職志，實在有很大的區別。我想區別在於，他的專注與堅持，從一開始就沒有瞄準「賺錢」這件事上。

我們看到一位改變了賭場，改變了華爾街，改變了金融世界，最終返璞歸真的人。

本書對筆者最有啟發的一句話是：「生命中重要的是你做過的事，如何做到，花的時間是否值得，以及分享。」（見第六章）

本書翻譯挑戰不小，字裡行間往往需要回溯一九六〇年代美國社會的人物和事件，雖力求反映原意，惟能力所及，疏漏難免，尚祈各方先進指正。若有語意不明或錯誤之處，應為譯筆之誤，無損原著之完整。

最後，容筆者用一點篇幅，向這位當代計量大師致上無比的敬意！

二〇一八年六月於台北

—原版序—

在賭場、在華爾街大獲全勝的數學家

納西姆・尼可拉斯・塔雷伯

拜讀愛德華・索普的傳記像是看一部驚悚片——結合詹姆士・龐德引以為傲的穿戴式電腦、黑道大哥、偉大的科學家，以及被下毒的經驗（另外還加上索普的車子被人故意破壞，差點在沙漠中「意外」出事）。本書完整收錄了一個嚴謹、凡事講求方法的傳奇人物，追尋高深知識、悠遊在金融市場，以及充滿趣味的一生。索普也是一位眾所周知的慈善家，願意將知識上的發現與他人共享（以文字傳播或面對面討論）——這在多數科學家身上不容易看到。同時，他為人十分謙遜——他可能是地球上最謙虛的交易員——除非讀者能解讀出本書字裡行間的意義，否則很難體會出索普的貢獻遠大於本書所描寫的，為什麼？

因為它十分簡單，真的非常簡單。

他的貢獻和獨到的見解，在學術和實務上都是間接且無形的。在這裡我並不打算為本書提出解釋或總結，毫不意外，索普已經清楚明瞭地描寫了。我是以一個交易員和數理財務實務者的角色，表達出這些簡單觀念的重要性。

這麼說吧。索普是第一位**成功**運用計量方法估計風險的當代數學家，並且應該也是第一位在金融市場裡大獲成功的數學家。在他之後有一連串「計量專家」前仆後繼，像是紐約州立大學石溪分校應用數學系的一群高手——索普可是他們的系主任。

在索普之前，最富傳奇色彩的是吉羅拉莫・卡爾達諾[1]。他是一位十六世紀博學多才的數學家，寫過第一版的《戰勝莊家》（*Beat the Dealer*），是一位強迫性賭徒[2]。簡單來說，他不算是個成功的賭徒——至少不是個好的風險承擔者。多數沈迷賭博的人都是如此，只要看看蒙地卡羅、拉斯維加斯、比亞里茨[3]等壯麗的賭城建築就知道了。那兒都是一群群衝動的賭客用錢打造起來的。卡爾達諾的著作《機運遊戲手冊》（*Liber de ludo aleae*）為後來的機率論發展奠定基礎，但並不像索普的書，它並沒有吸引太多賭客和數學家的注意。另一位法國數學家亞伯拉罕・棣美弗（Abraham de Moivre），他是居住在倫敦的新教徒難民，也是賭桌上的常客。他的著作《機會學說：賭桌上計算機率的方法》（*The doctrine of chances: or a method for calculating the probabilities of events in play*, 1718）也沒有受到賭徒和數學家的青睞。至於那些影響數學家—賭徒的人物，像是偉大的費馬[4]和惠更斯[5]，沒有好的賭技，也沒有靠賭賺大錢。在索普之前，對賭博有興趣的數學家多半是因為熱愛機率理論，並不求實質上的回報。

索普的方法是：他回過頭來追求簡單明瞭的**優勢所在**（他長期下來都是這樣），優勢的出現必須清楚且不複雜。例如，計算輪盤的滾動，他用了全世界第一個可攜式電腦（這方面他所做的不亞於一同合作的資訊理論大師克勞帝・夏儂），他計算出每次下注的優勢大約在四〇%左右。這看起來非常簡單，不過要抓住這個優勢，並把它轉換成銀行存款數字、吃頓大餐、來一趟郵輪之旅，以及給朋友和家人一份聖誕禮物就難了。每次下注的多寡——不能太少，也不能太多——決定結果的好壞。在這個地方，索普搶在資訊理論三人組的第三把交椅：約翰‧凱利的理論出現之前就做到了。凱利後來提出了著名的凱利準則，我們今天會拿凱利準則的公式來決定下注多寡，完全是因為索普的成果讓它變得可行。

在談下注多少之前，我再多講一點索普「簡單明瞭」的意思。在學術界的衡量標準（而不是一般像銀行經理或稅務會計師），對於花了大量精力，最後只得到簡單結論，就像費力搖晃一座大山，最後只跑出一隻老鼠❻，通常不會被認為是好的。學術界大都傾向應該從簡單開始變複雜，最好用一隻老鼠拿回一座大山。這是基於複雜比較有用的觀念，越複雜越好，太簡略的研究無法被其他人拿來在論文中引用。大學裡行政人員每天要做各式表格和評估，他們都會做，但不太了解表格內的實際意思。只要放下這種複雜比較好的觀念，往往就能成為偉大的數學家和物理學家（我所聽過的都是如此，即使今天他們要籌措研究經費和學術排名會越來越困難）。

索普一開始是個學院派，但他樂於從做中學，像一開始他對賭博一無所知。當你成為一個務實的業

❶ 譯注：羅拉莫‧卡爾達諾（Girolamo Cardano, 1501-1576）：義大利文藝復興時期的一位博學家。在數學、物理、醫學均有成就。

❷ 譯注：強迫性賭徒（Compulsive Gambler）：是一種無法控制自己，沈迷於賭博的病態行為。

❸ 譯注：比亞里茨（Biarritz）：法國和西班牙交界的小城，以觀光和賭場著稱。

❹ 譯注：費馬（Pierre de Fermat, 1601-1665）：法國數學大師。他的本職是律師，數學只是業餘嗜好，但他在數學上的成就一點也不輸給數學家。在微積分、幾何學、機率論有極大的成就。

❺ 譯注：惠更斯（Christiaan Huygens, 1629-1695）：荷蘭的物理學家、數學家和天文學家。在機率論上有顯著成就，也是土星光環的發現者。在物理學上，提出了鐘擺週期的公式，和虎克（Robert Hooke）共同測定了溫度表的冰點與沸點。

❻ 譯注：這個比喻出自伊索寓言「山震」（The Mountain in Labor），形容有一天一座大山發生了大震動，很多人在山下觀看，不知發生什麼大事，擔心是什麼不祥的徵兆，結果從山下只跑出來一隻老鼠。比喻事倍功半，庸人自擾，但在此處用的意思不同。

界人士，**你多半會想要從複雜的現實中得到最簡單的應對策略**，以取得最低的負面效果，複雜的事務越少越好。索普的才華在於把二十一點簡化為幾個清楚的規則，而不是進行複雜的「牌」列組合，或是運用大量記憶力去算牌（對學者來說有時要這樣）。他將複雜的研究濃縮成簡單的法則：坐到二十一點賭桌前，保持理性，從零開始，出現好牌就加一，出現爛牌就減一，其他牌就不加不減。下注金額也隨著數字的變化而增減，做起來十分容易——當數字增加就押大注，數字減少就保守一點——任何人只要穿著正式，走進賭場都可以用。即使在用穿戴式電腦玩輪盤遊戲，優勢的判斷也很簡單，簡單到站在健身房裡的平衡球上也能用；而外界只看到使用時滿身電線的窘樣。

作為一個學術的旁觀者，索普還發現了今日大家熟悉的布萊克—休斯選擇權公式（這也是經濟學家在人脈上的不足，以致無法在公式上冠以他的名字——我認為應該稱為巴舍利耶[7]—索普）。他導出的結論簡單無比——沒有人在當時像他一樣，知道這個公式有多大的威力。

現今的財富管理，對一些人來說就是學習暴露在損益當中。擁有「優勢」和「存活下來」是兩回事，不過要有優勢之前得先存活下來才行。巴菲特就說過：「為了要成功，你得先存活下來。」你必須竭盡全力避免輸個精光。

你和投資損益之間是一連串的論證過程：一開始下小一點的注（資本額的一小部分），進行風險控管——下注量——並且控制所發現的優勢。這是一段試誤（trial and error）的過程，一段時間後你會修正風險傾向和分析各種情境。

在財務金融的學術領域裡，即使近期學者如歐雷・彼得斯（Ole Peters）和墨瑞・蓋爾曼（Murray Gell-Mann），也沒有辦法點出避免災難的關鍵。而且，就算是討論一般性原則，學術上也會把賭博和投資策略完全分開來看。我們觀察到，學術界主要收入來源是經由不斷的研究和同儕討論，把事情變得更複雜，而不是簡化。他們發明了一些沒太大用處的理論，像是效用理論（utility theory），數以萬計研究它的論文還在等待知音）。還有從無窮盡的枝微末節中找到未來價格之間的行為模式——像是相關性（correlation），大家都能理解並且假定未來不會改變（技術上來，在現代財務理論下，建構一個投資組合必須要先知道所有資產在未來長時間的集合機率分配，以及長遠未來的正確效用函數，並且正確無誤！（我過去曾證明過，估計的誤差同樣會導致系統崩盤。）我們能知道明天的午餐吃什麼就很了不起了，不到最後一刻，怎麼能夠知道如此動態的市場究竟會變得怎樣？」

「凱利－索普」法不需要集合的機率分配或效用函數。在實務上，只需要知道最糟情境下的預期報酬率——並且隨時動態調整（以賭局來說，**每一局就計算一次**），以避免大虧，如此而已。

儘管實務上非常有用，索普和凱利的方法不被經濟學家接受，因為經濟學家喜歡一套通用於所有資產和動態世界的一般性理論。近代經濟學的泰斗保羅・薩謬爾森（Paul Samuelson）和索普就不對盤。不過，這些經濟學家的成就沒有一樣能在市場中存活下來。能讓你存活下來的策略從來就不會受到經濟學家的青睞。

今天，金融世界被分成二批，分別採用不同的方法。一批是隔一段時間就讓金融市場「爆」掉，只有收取管理費的財富管理者賺滿荷包，而不是靠直接投資。以長期資本管理為例，擁有金融市場最頂尖的經濟學家，仍然在一九九八年的投機風潮中「爆」掉，賠掉了當時他們認為最壞情境下還要多幾倍的錢。

❼ 譯注：巴舍利耶（Louis Bachelier, 1870-1946）：法國數學家，是第一位發展出「隨機過程」（Stochastic Process）的數學家，後來大量應用在股票價格的評價上。

另一批人採用了另一套方法，以索普為首的訊息論者（information theorists），大都由交易員和計量交易中獲得實務經驗。每個在投資世界中存活下來的人或多或少都有一套運用訊息的方法，像是：瑞・達利歐[8]、保羅・都鐸・瓊斯[9]、文藝復興科技[10]、甚至高盛。這裡我用**每個**這個字眼，是因為像彼得斯和蓋爾曼這種沒有運用訊息方法的人，最後一定會「爆」掉。

由於有運用訊息的投資策略，當你繼承一筆八萬兩千美元的遺產時，運用這些策略可以讓這筆遺產價值倍增，而不會有破產的可能。

從索普的書中我還學到了一些生活態度：許多成功的投資（投機）人都犧牲了不少個人生活，在大型券商裡，坐擁各地辦公室，每天早上開晨會，喝著咖啡，學著在工作上爾虞我詐，累積的財富越來越多，但也失去了他們的生活。但這一切在索普身上都看不到。在與合夥人拆夥並結束他的公司後（某種程度來說突然沒事做），他沒有選擇新成立另一個大型基金，反而減少管理他人的財產（多數人會選擇找一家知名的公司合作，借用該公司的名聲來向外界募集大量資金，以便收取高額管理費）。這樣的選擇大都出自直覺，以及自覺。當一個獨立的投資人壓力小很多——只要進入大企業，手中有大客戶，就不太可能獨立。要了解錯綜複雜的機率很不容易，了解變幻莫測的人性更難。真正的成功是離開永無止境的爭權奪利，回歸自己心靈上的平衡。索普從他擔任加州大學爾灣分校數學系主任時經歷過嚴峻挑戰，從中學到不少。他的確充分掌握自己的人生，這也解釋了為何我在二〇〇五年初次見到他之後，二

○一六年再次會面時，感覺他變得更年輕了。

（本文作者為《黑天鵝效應》作者）

❽ 譯注：瑞・達利歐（Ray Dalio, 1949-）：知名避險基金橋水（Bridgewater）創辦人，身價估計在一百七十億美元。

❾ 譯注：保羅・都鐸・瓊斯（Paul Tudor Jones, 1954-）：知名避險基金經理人，身價估計二十八億美元。

❿ 譯注：文藝復興科技（Renaissance Technologies）：全球知名避險基金公司，旗艦基金是一檔名為「大獎章」（Medallion）的基金。創始人詹姆斯・西蒙斯（James Simons）是華爾街的傳奇人物。

前言

用基本規則改變世界

本書是我個人悠遊於科學、賭局以及股票市場的探索旅程，是一部關於我在拉維加斯、華爾街，以及這一生當中風險管理與獲利豐收的寫照。在書中，各位會見識到二十一點賭桌上有趣的人事物、投資專家、電影明星和諾貝爾獎得主。雖然我們專精於選擇權、衍生性商品、證券和避險基金投資，各位仍會從中發現一個極為簡單的投資秘訣，長期下來能戰勝多數投資人，當中還包括所謂的專家。

我出生於一九三〇年代的大蕭條時期，和許多家庭一樣，我的家庭當時也過著不知有沒有下一頓飯的日子。由於來自平凡的家庭，我讀的是一般公立學校。不過也因此我學會了一個改變人生的秘訣：思考。

有些人用文字幫助思考，有些人用數字，還有些人靠的是圖像。而我三者都有，不過我還習慣用模型思考。模型可說是現實的簡化版，就像地圖可以幫助你從一個城市到另一個城市，把氣流視作一堆不斷來回彈跳的迷你彈力球。

一些簡單的設備像是齒輪、槓桿、滑輪等都依循一些基本規則。只要做一些實驗就會發現，一旦抓到訣竅，就能夠用來預測未來會發生什麼事。

我最受到震撼的一個經驗是看到晶體接收器——就是由電線、電晶體以及耳機組成的早期晶體收音機。突然間我能聽到數百甚至數千英里之外的聲音，以神奇的方式穿越空氣而來。對我來說，這意味著許多規則雖然難以用肉眼看見，但能用思考得到——而我能用這些規則改變世界——這樣的想法從小就一直激勵著我。

由於生長環境所限，我大都靠自己學習，往往想的跟一般人大不相同。首先，我不太依循多數人接受的看法——像是**你贏不了賭場的**——我一定要自己確認才算。其次，我會用新的方法來驗證理論，因而養成了以單純的理念來呈現結果——像是權證的評價公式——並且還拿來投資獲利。第三，一旦確立了目標，我就會據實擬定計畫並切實執行，直到成功為止。最後，我強調合理性，不僅在特別的科學領域上，更落實在現實的各個層面。此外，我也領悟到對事情結果預判的重要，並且根據佐證來決策。

希望我的經歷能帶給各位讀者一個不同的見解，幫助大家從另一種角度來思考賭場、投資、風險、現金管理、財富創造，以及人生。

第一部

戰勝莊家的數學教授

第1章

愛學習的小孩

就在我開口說話後不久，父親開始教我認數字。我很輕鬆就學會從一數到一百，很快就會數到一千。

我幼時最初的記憶定格在和父母一同站在戶外，一座破舊髒亂的木頭台階頂端。那是一九三四年的芝加哥，一個陰暗的十二月天，當時的我不過二歲四個月大而已。我穿著唯一的一條冬褲，一件連帽夾克，但還是冷得要命。暗黑的枯樹孤單的矗立在雪地上，而屋子裡面，一個女人正對著我父母說：「不，我們不租給有孩子的人。」父母親臉色慘淡，失望地轉身離開。我做錯了什麼？為什麼問題會出在我身上？這幅經濟大蕭條下的景象永遠烙印在我的記憶中。

另一個場景是兩歲半時，我被帶到家庭醫師戴利（Dailey）的面前，戴利醫師相當和藹可親，我們都很喜歡他。不過那時擔心不已的雙親告訴戴利醫師，我都已經兩歲半了，卻一個字❶都不會說。怎麼會這樣？戴利醫師微笑地看著我，要我指一下桌子上的一顆球，我照辦了；接著他要我拿起他的鉛筆，以及好幾個簡單的問題，我也都照做。「別擔心，時候到了他自然就會開口。」父母親鬆了一口氣帶我離開，但想必內心依然惴惴不安。

之後發生一件事，從此我便開始不停說話。大約在我滿三歲那時，母親和她兩個好朋友，夏洛特（Charlotee）和艾斯特爾（Estelle），帶著我到芝加哥當時最著名的蒙哥馬利伍德百貨公司[2]。我們一同坐在門口靠電梯的椅子上，看到兩個女人和一個男人下車。一直希望我開口說話的夏洛特引誘式的問我：「這些人要去哪兒？」我突然大聲清楚地說：「這個男人要去買東西，而兩個女人要去尿尿。」夏洛特和艾斯特爾聽到「尿尿」二個字臉都紅了，而當時的我根本不知道什麼叫難為情，不曉得她們為什麼會有這樣的反應。反而困惑自己為何突然從沉默變成口若懸河。

自此以後，我話說得越來越好[3]，父母和親友們都相當高興，我們經常對話，甚至一問一答，常常會出現意想不到的答案。我父親自此才認定我能學習。

父親名叫歐克萊・葛蘭・索普（Oakley Glenn Thorp），一八九八年出生於愛荷華州，是家中第二個孩子。伯父大他兩歲，另外姑姑小他兩歲。六歲時全家分隔兩地，祖父帶著他和伯父搬到華盛頓，祖母和姑姑則留在愛荷華。祖父在一九一五年因病去世，三年後，一九一八至一九年間便發生了著名的流感大流行（Great Flu Pandemic）[4]，奪走全球兩千到四千萬條生命。父親和伯父依靠叔公相依為命，直

---

❶ 有趣的是，我兒子在這方面和我十分相像。也是差不多兩歲半時，他也沒說過一句話。大他一歲半的姐姐充當他的翻譯，他們倆從小玩在一塊，當弟弟用肢體動作和臉部表情表達任何需要，姐姐就能搞定。

❷ 譯注：蒙哥馬利伍德（Montgomery Ward）百貨公司：一八七二年成立，為美國二十世紀初期著名百貨公司，以市中心據點和通信銷售方式著名，但於二〇〇一年破產。

❸ 海瑞安特・安妮・克勞瑟（Henriette Anne Klauser）所寫的《寫作對大腦兩邊的妙用》（*Writing on Both Sides of the Brain*, Harper, San Francisco, 1997）中三十六至三十八頁有提到類似的案例。一個國小一年級生原本無論如何教導都寫不出字來。七個月後的某一天，他突然開竅了，從此健筆如飛。

❹ 這場流感大流行奪走的生命是美國史上僅見，比起一次世界大戰死亡人數還多。

到一九一七年，父親加入了著名的美國遠征軍，遠赴法國投入第一次世界大戰，那年他才十八歲。他在戰壕裡和敵人搏鬥，從一般兵升到一等士官長，參與蒂里堡（Château-Thierry）、貝洛森林（Belleau Wood）、以及著名的馬恩河（Marne）戰役[5]，得過青銅星勳章、銀星勳章、兩枚紫心勳章[6]。我依稀記得年幼時在某個濕熱的午後，我坐在父親腿上，細數他胸前彈藥留下的傷疤，以及幾根因戰爭而失去一小截的手指頭。

戰後父親解甲歸來，進入奧克拉荷馬A&M學院就讀。他唸了一年半的課程，但因缺乏經濟奧援而作罷，然而他對知識的渴望和教育的重視一直感染了我。父親對我的期許從未說出口，但我依然能感受得到，最終達成甚至超越了他的期望。這讓我和父親十分親近，一生感激他對我的教誨。

我認識了一百萬這個數字

就在我開口說話後不久，父親開始教我認數字。我很輕鬆就學會從一數到一百，很快就會數到一千。接下來學會了數字的加法，這讓我終身受益無窮。不久我就認識了一百萬這個數字，對當時多數人來說這是個天文數字，我為此花了一整個上午。雖然我心知肚明一個個數字算下去總會算到一百萬，但我當時可不知道得花多久時間。一開始我拿了本西爾斯（Sears）百貨厚厚如電話簿的商品型錄，這是我當時所能拿到最大的書。型錄裡印滿了各個商家的標誌，以及各式各樣的ABC字母……我發現可以計算被白色圈起來的黑色字母數，於是我從第一頁翻起，一個一個、一頁一頁數著白色圈圈，幾個小時後我數到睡著，依稀記得數到32,576。母親後來告訴我，醒來時我口中還數著「32,577」。

同時間我也展露了除非親自檢驗，否則不輕易接受別人說法的個性。大約三歲時，母親告誡我千萬不可以用手去摸滾燙的火爐，否則會被燙傷。不過我仍試著把手指盡量接觸火爐，感受一下溫度，然後突然一手壓上去。燙！再也不敢了。

另一次，有人告訴我雞蛋非常脆弱，輕輕一擠就會破掉，但我想試試「輕輕一擠」的意思。於是我找了一顆蛋，非常緩慢地擠下去，直到它破掉，然後再找一顆試試，直到它要破不破為止，看看我到底應該用多大力氣才行。我從小就喜歡經由實驗和探索來驗證我的世界如何運作。

當我學會數數字之後，父親開始教我閱讀。我們從See Spot開始，然後是See Spot Run和See Jane等等[7]。一開始我根本不懂書中的意思，只看到一堆字母，聽得懂但不認識的單字。過了幾個星期，我漸漸看懂了書的內容，並且還建立了自己的單字庫。這一下可好了，我突然了解到這些隨處可見的印刷字，只要唸得出聲，就能懂意思。英文字的拼音是很自然的，只要我會，就敢大聲唸出來。之後我開始回過頭來，練習聽一個字然後拼出字母。五歲時，我已經能看懂十歲孩子的書了。幼時一路走來，我都在努力攫取所有可能獲得的知識。

就在此時，家裡狀況出現了變化，弟弟出生了。父親也幸運地找到一份工作，只是必須工作得更久才足以養活全家，不過這在經濟大蕭條的當時已經難能可貴。弟弟六個月大時得了肺炎，一度瀕臨夭折，母親幾近全力照顧他。這樣的環境反而讓我有充裕的時間悠遊於自己的世界，在父親拿給我一堆書

---

❺ 均為一次世界大戰中法國本土的戰役。其中馬恩河戰役是英法聯軍合力擊退德軍的重要戰役，英國軍隊中有不少是來自美國遠征軍。

❻ 譯注：均為表彰美國軍人面對敵人立有戰功及英勇行為的獎章。其中紫心動章特別表彰因戰事負傷的人員。

❼ 譯注：都是美國早期的童書。例如See Spot Run內容談的是一隻有紅斑點的白狗，喜歡拿東西來玩，更喜歡跟其他小動物玩。可是問題是，其他動物因為它長得奇怪，都不喜歡跟它玩。

本中，享受現實與想像世界的快樂。

接下來幾年我著實讀了不少書，包括《格列佛遊記》[8]、《金銀島》，以及著名的《史坦利和李文斯頓在非洲》[9]等。當時，史坦利花了八個月的時間，歷經艱巨及兇險，終於找到那位當時非洲中部唯一的歐洲白人。我難以想像史坦利在兩人相見時反應是如此輕描淡寫：「我想你就是李文斯頓博士吧。」我和父親也一同討論尚比亞河上的維多利亞瀑布，父親認為它比尼加拉瀑布還要壯觀。

《格列佛遊記》則是另一個我喜愛的故事，包括小人國遊記、大人國遊記、會說話的馬[10]，以及最後藉著磁力飄浮在空中的拉普達（Laputa）王國。我喜愛書中生動的圖畫和充滿趣味的文字，讓我發揮了無窮的想像力。在父親的講解下，故事背後的歷史典故和隱含諷刺的社會現象讓我深深著迷。

湯瑪斯・馬洛禮（Thomas Malory）的《亞瑟王》和《圓桌武士》教會我分辨人有好壞，冒險、正義的珍貴以及因果循環。我羨慕那些超乎常人能力和無所不能的英雄，能完成常人所達不到的「偉大志業」。在這樣的思維環境下，我逐漸養成不斷思考以克服障礙，而不是和敵人硬碰硬。書本建立了我人生中重視公平競爭的價值觀，並且認為這是普世價值。我也把它當作一生對待他人以及被對待的準則。

書本中的篇章和冒險故事大都只有我樂在其中，幾乎沒有人可以和我討論及分享。有時候父親晚上拖著疲憊的身軀，或是利用週末和我一同讀書。這對我的語言發音產生了影響。例如，很長一段時間我都把「misled」（誤導）這個字唸成「mye-zzled」，直到好幾年後有一次我看著這個字，開始懷疑是不是唸錯了，自己再改過來。

當我閱讀時總是全神貫注，往往因此忽略周遭的人事物。有時母親叫我，我因為在看書而沒有回應，她會以為我故意不理她；如果再喊一次還沒反應，她就會怒氣沖沖來到我面前。而我往往直到她進入我的視線後才回過神來，驚覺大事不妙。有很長一段時間，母親懷疑她的兒子是否太過呆滯以致表現不佳，還是真沒聽到她的叫喊。

「他已經讀過了，不相信你可以問他。」

儘管當時家中經濟並不寬裕，父母親還是常買書給我。只是父親在選書上常面臨困擾，因為我在七歲時已經能看大人的書了。旁人常懷疑我是真懂還是假懂，曾經有人突然要考我書中的內容，企圖故意給我難堪。

這件事源自於我父母親的好友凱斯特（Kester）先生，他當時住在伊利諾州的克里特（Crete），距離我們家大約七十公里。從我五歲那年開始，每年夏天他都邀請我們全家去他那兒度假兩個星期。那是我每年引頸期盼的一段時光。對一個住在芝加哥市郊的城市小孩來說，能親眼目睹水蜘蛛從蜿蜒的小溪上慢慢溜走；在高大的玉米田裡玩捉迷藏；抓到蝴蝶後把它們排在木板上；在棉花田和果園裡漫步，是一種多麼令人嚮往的喜悅。凱斯特的大兒子馬文（Marvin）當時已經二十多歲了，他常常把我扛在肩上出去玩。母親則在屋裡，和馬文美麗的妹妹安娜・梅（Edna Mae）、他母親及嬸嬸一起動手，幫忙處理

❽ 譯注：《格列佛遊記》（*Gulliver's Travels*）是愛爾蘭作家喬納森・斯威夫特（Jonathan Swift）以筆名所寫的小說。強烈諷刺當時的國家和社會現象，並揭示人類的黑暗面。

❾ 譯注：《史坦利和李文斯頓在非洲》（*Stanley and Livingstone in Africa*）：記載兩位非洲探險家的事蹟。史坦利是美國記者，也是探險家。一八七一年曾遠赴中非尋找當時傳聞已病死的英國傳教士李文斯頓，兩人相遇後一同探勘剛果、維多利亞瀑布、馬拉威湖等處女地。「我想你就是李文斯頓博士吧。」這句話相傳是二人見面時的第一句話。

❿ 譯注：指的是書中的「慧駰國遊記」（Houyhnhym）。

採收回來的水果和蔬菜。每次假期結束回到家中，父親就在地下室搭起架子，擺滿帶回來的玉米、水蜜桃、杏子，用玻璃罐裝好，並用橡膠密封起來。過了一陣子就是一罐罐的果醬和蜜餞，這足夠我們吃上一整年。

父親經常在農場裡幫忙馬文和他父親凱斯特，而我有時會在一旁跟著。在克里特的第二個夏天，一個陽光普照的午後，父親帶我到鎮上的商店採購。當時的我剛滿六歲，長得瘦瘦高高，留著頭棕色鬈髮，穿著一條不太合身的短褲，赤腳穿著一雙有點磨損的網球鞋，手裡拿著一本狄更斯[11]的《兒童版英格蘭史》（*A Child's History of England*）。

一個陌生男子和我父親閒聊，瞥眼看見我手中的書，上面寫著「適合十年級生閱讀」。他指著書對父親說：「這孩子不適合讀這本書。」

父親語帶驕傲的回答：「他已經讀過了，不相信你可以問他。」

陌生人露出不太相信的微笑，說：「好吧，孩子，請依順序告訴我英國歷任國王和女王的名字，還有他們在位多久。」父親的臉色一沉，面露難色。不過對我來說，這只是我腦海裡一個一般性問題而已。

我吸一口氣，慢慢背出來：「西元八七一年在位的阿弗雷德大帝（Alfred the Great），卒於九〇一年；然後是老愛德華（Edward the Elder），卒於九二五年……」我一連背出了五十多個統治者的名字，最後一個是「維多利亞女王，一八三七年即位，但書中沒寫她什麼時候去世」。

陌生人的笑容不見了，靜靜地把書還給我，而我看見父親的眼中閃著光彩。

父親是個沉默寡言，甚至孤獨的人，從未顯露出他的情緒，幾乎沒有擁抱過我，但我仍然十分愛他。陌生人只是利用我來挫挫父親的銳氣，但我沒讓他失望。每當我回想起這段往事，內心仍會激動不已。

我過人的記憶力一直到十歲都有人提及，事實上我特別記得住感興趣的事，其他事情倒未必。我至今仍然記得家中電話（Lackawanna 1123）、一九三〇年Rand McNally出版的地圖集中標注的芝加哥地址（3627 N. Oriole，7600 W, 3600 N），還有芝加哥的人口數（3,376,438），這本地圖集至今還放在我的書架上。

心算的功用

三歲至五歲間我開始學習加減乘除的計算，並且開始學習美國版[12]的百萬（million）、十億（billion）、兆（trillion），一直到百萬的十次方（decillion）。我發現自己不論是看到或聽到題目，都可以算得很快。五歲（也許是六歲）時，有一天我和母親在鄰居雜貨鋪裡，不小心偷聽到老闆在計算客戶訂單總金額，老闆拿出一張張帳單，唸出金額並輸入加法器[13]中。當老闆計算完唸出總額，我在一旁說：「不對」，並且告訴他我的答案。老闆笑了，轉身再加一次，才發現我是對的。高興的是他給了我一支甜筒冰淇淋，自此以後我沒事都會去那兒轉轉，幫老闆算算帳。兩人算的數字不同時，往往最後

[11] 譯注：狄更斯（Charles Dickens, 1812-1870）：英國著名大文豪，最著名的著作為《孤雛淚》、《雙城記》、《塊肉餘生錄》。

[12] 美國和英國的「百萬」（million）是一樣的，都是一後面加六個〇。不過美國的計算是每次加三個〇，像是billion是一後面加九個〇，trillion是一後面加十二個〇等等。不過英國的計算是每次加六個〇，例如billion是一後面加十二個〇。

[13] 譯注：加法器（adding machine）：早期的計算器，鍵入數字後會自動加總，最後打印出來。

都是我對，因此會多得一支冰淇淋。

後來父親教我開平方根，除了紙筆計算之外，我還會在腦海中計算，沒多久我已學會了立方根。

人類在會書寫之前，知識的累積大都靠記憶，傳遞則是靠口授，當文字和書本出現後，這項技能的功用便縮減了。同樣地，今天我們生活周遭充滿了電腦和手持式計算機，心算的能力便會大減。當一個小孩子只唸過一些語文和簡單的算術時，心算便成為習慣性的動作。

心算的功用很多，在需要短時間內得出大約數目、爭取時效、特別是大量持續性接觸到數量報表時格外有用。例如，有一天早晨上班途中聽到商業新聞報導，提到「道瓊工業指數下跌九點，目前是一一○七五點，因為擔憂進一步升息以冷卻過熱的經濟」時，我就會以一天收盤價格，心算道瓊指數的一般震盪幅度（稱為一個標準差[14]）。結果是○・六%，大約是六十六點。因此，一天之中在九點以下（大約六十六點的七分之一）的機率高達九成。市場的反應並不像報導中所說的擔憂，反而對升息議題相當平靜[15]。沒什麼好擔心的。只用數學就能讓我分辨是新聞炒作還是事實。

另一次，一位負有盛名的共同基金經理人認為，華倫・巴菲特管理的波克夏海瑟威基金，過去創造了稅後每年二三至二四%的報酬，「這個數字未來十年不可能再見到，難不成他將擁有全世界？」其實只要心算[16]就能很快得出，一塊錢經過十年，每年二四%的報酬，也不過八塊多一些（計算機答案是八・五九）。波克夏當時的市值高達一千億美元，就算真的達到市值，也會是八五九○億美元。這比起我估算全球資本市場市值四百兆美元要差上一大截。提到全球市值，讓我想起加州大學爾灣分校物理系的一間辦公室門口的海報，上面寫著：「**地球人，我是上帝，你們有三十天可以離開地球，我有個金主要買下地球所有的資產。**」

學校教的內容太簡單

我滿五歲時，進了芝加哥西北部的達佛（Dever）語言學校就讀。剛進不久我就發現，學校教的內容太簡單了。有一天老師發給每個人一張白紙，拿出一張馬的圖片，要我們照著畫出同樣的一隻馬。我先用筆在另一張紙上點出一個個小點，拿出尺來測量，讓每個點之間的距離相同，然後在老師給的畫紙上依樣畫葫蘆，從適當的角度觀察，再拿尺確認每個點的樣子和點之間距離是完全相同的。接下來把每個點連起來，看起來如同一條曲線般平滑。最後畫出來的馬就像原本圖片上的完全一樣。

我把父親教的這個方法同時用在圖的放大和縮小上。例如要畫兩倍大的圖時，只要把點和點的距離拉長兩倍，保持相同的角度畫出新的點即可。畫三倍大的圖時把距離拉長三倍，以此類推。我把這個方法教給其他小朋友，告訴他們我的作法，而他們也學會了。當我們要畫很多幅相同的畫時就用這個方法，而不是依照老師教的徒手臨摹，但老師知道之後並不高興。

幾天後的某堂課老師有事外出，要我們自己在教室玩「大」積木（一英寸大的空心木頭積木對當時的我們已經夠大了）。我突發奇想要做一面牆，於是找了其他同學一起用積木組了一個大平台。不過我們的作品把教室後門完全堵住——那可是老師平常進出用的門。

⓮ 標準差（standard deviation）是指相對平均數而言的平均波動值。

⓯ 請見塔雷伯的好書《隨機騙局》。

⓰ 本書後面章節會提到「七二法則」。如果年成長率有二四%，那麼資產翻倍大約需要三年（72÷24=3）就行，換句話說九年後就會翻倍三次，也就是二倍、四倍、最後成為初始資產的八倍。事實上所需時間大約是三．二二年，因為「七二法則」在年成長率超過八%以上時，會低估翻倍所需的時間。

幾天後發生另一件事，成為後續事情的關鍵。當時才五歲的我，在教室的座位是最小的一個，那天我突然發現椅背上兩根支撐木桿中的一根壞了。木桿斷裂，上面的尖刺突出來，整張椅子只剩下一根木桿支撐，坐起來十分危險，需要立刻處理。我找到一把鋸子，把椅子上兩根木桿都鋸斷，椅子頓時成了一把凳子。老師知道後，把我帶到校長辦公室，父母親也被請到學校開一場正式會議。

校長了解狀況後問了我幾個問題，然後建議我應該立刻升到一年級。我到了一年級班上沒幾天，就發現功課還是很容易。這該怎麼辦？學校又開了一次會議，校長再一次建議我升上二年級。但當時我的年齡才剛上幼兒園：我比一年級的同學小一歲半。父母親認為再次跳級恐怕會對我的社交、心態以及身體的發展有不利的影響。如今回顧我進入大學前十二年的學校生涯，我總是身材最矮、年紀最小的一個。我想他們的顧慮是對的。

父親在大蕭條期間的工資只能勉強維持生活，因此私立學校從來就不是我們的選項。父親在哈里斯信託及儲蓄銀行（Harris Trust and Savings Bank）謀得保全的職位，我想他在一次大戰戰場上得到的勳章應該有所幫助。

大蕭條對我們生活的各個面向都產生了影響。父親的週薪僅有二十五美元，我們因此養成了從不浪費食物的習慣，衣服不穿到破洞百出絕不丟棄。父親在一次寫字比賽得到了一台史密斯可樂娜的打字機、在一次大戰期間用的軍用望遠鏡，我都一直視為珍藏長達三十年。終其一生我都不斷遇見走過大蕭條時期的人，他們沒有一個不保有極端節儉的習性，以及囤積物品的習慣，儘管如今看起來怪異且沒有效用。

家中阮囊羞澀導致每個人都珍惜身邊的每一分錢。眼看著受惠於當時政府新政下工作的勞工（一九三五年總統設立公共事業振興部門[17]，是「新政」下最大的計畫，提供失業人口工作），我也想著開始賺錢。方法是向人借五分錢，買了一包酷愛（Kool-Aid）的即溶果汁粉，加水溶解後分成六杯，每杯賣一分錢。做了一陣子之後我發現，得花好大力氣才能賺區區幾分錢。第二年冬天，父親給我五分錢，要我鏟去街道兩旁的積雪，我彷彿挖到金礦一般，同時向鄰居們提供鏟雪收費服務。雖然每次鏟完雪回家總是滿身大汗，口袋裡卻拽著好幾元，幾乎是父親日薪的一半。很快地附近的孩子都學會了這招，我的金礦也隨之消失——我很早就體認到競爭會導致利潤下滑的事實。

八歲那年的耶誕節，父親送我一組西洋棋。父親的友人拿了許多深淺不同的方形木片，一片片黏成一個棋盤。我可以對摺，甚至可以捲成一圈。棋盤是標準的史坦頓（Staunton）式，我也一直喜歡這個形式，黑色是烏木，白色是白松木。父親教會我一些基本規則後，住在我家後巷的鄰居「蜜提」史邁托（"Smitty" Smittle）跑來和我下棋。我平日常去他家，在他家的撞球台上玩，我一直有這項特權。「蜜提」一開始贏了我兩盤，但此後就沒這麼輕鬆了。又玩了幾盤之後，我開始贏了。而「蜜提」就再也沒贏過了。接下來更是一面倒，最後「蜜提」抓狂了，拒絕和我再玩。當天晚上，父親告訴我，「蜜提」以後不再歡迎我去他家的撞球台。

「為什麼？」我問。

「他說因為怕你拿球桿弄壞球台上的布墊。」

「這沒道理。我一直都在那兒玩，他知道我都很小心的。」

---

⑰ 譯注：公共事業振興部門（Work Progress Administration, WPA）：一九三五至一九四三年大蕭條期間，為解決嚴重的失業問題，由小羅斯福總統「新政」設立的機構，耗資一百一十億美元，提供八百萬個工作機會，興建公園、橋梁以及學校、醫院等公共設施。

「我知道，但這是他說的。」

我感到很失望也很生氣。在我的字典裡，能力、努力、才華都應該獲得回報。「蜜提」應該很高興我學得很快，如果他要跟上，應該多加練習，而不是懲罰我。

到了第二年耶誕節前夕，原本只是西洋棋盤上的迷你戰爭，轉變為美國正式參與第二次世界大戰！

二次大戰改變了每個人的生活

二次大戰前的最後一個春假，一九四一年春天，我得了麻疹。當時多數人都相信，得了麻疹後不宜見光，否則對視力有害。於是我被關進了一間陰暗的房間，而且為了防止我在房間裡面繼續用眼，所有的書都被收走不能讀。生活變得無聊乏味。不過我無意間還是發現了一本遺留在裡面的地圖集，於是在養病的兩週內，我開始研究地圖，細讀每一個國家上面的介紹，等於是自學世界地理。此後我一生都保有使用地圖的習慣。之後我用地圖來追蹤世界大戰，我對敵國的軍事策略產生了興趣。他們如何部署軍隊？為什麼？他們在想的是什麼？當時每天的報紙和廣播都在談戰爭，我用鉛筆在地圖上一步步畫出雙方交戰的情況，描出軸心國[18]的領土範圍。當同盟國[19]收復失土時就用橡皮擦修改，一直持續到戰役結束。

那年夏天，我們一直在猜想美國會不會最終參戰。有段時間母親的哥哥愛德華（Edward）來訪，他是一個商船隊的總工程師，高大酷帥，皮膚黝黑，唇上蓄著一撮鬍子，加上帶點西班牙文的回音，像極了拉丁版的克拉克・蓋博[20]。當時父母親和老師們都認為我動腦太多（直到現在恐怕還是如此），希望我動手學點東西。剛開始我很抗拒，但沒多久我就被愛德華舅舅的模型飛機所吸引，那年我們花了好幾個星期打造屬於自己的空軍。

一盒模型裡有許多脆弱的輕木架、一些紙張，以及裝飾飛機外觀的零件。我們把所有零件放在紙板上排出飛機的樣子，並用圖釘釘住，然後一個個黏起來。從機翼、機身、底座，直到尾翼。整架飛機的骨架完成後，再用黏膠把衛生紙黏在骨架上，一架飛機就完成了。我至今仍記得黏膠乾掉後彌漫在空氣裡的丙酮氣味，聞起來像是去光水的味道。我人生第一架螺旋槳飛機是以橡皮筋為動力，不過飛行狀況不太好。因為我想確認每個零件都牢牢黏好，因而用了太多黏膠，導致整架飛機過重。後來我修正了黏膠的使用量，飛起來就好多了。利用工具做模型對我後來幾年進行科學實驗的影響不小，而我對飛機的研究後來在二次大戰的空戰中也派上用場。我很擔心一旦開戰，愛德華舅舅就會離開我們。

一九四一年珍珠港事變發生前夕，父母親買了一輛嶄新的福特私家車Sedan，價值八百美元。我們開在俗稱「美國公路之母」的六十六號高速公路[21]上，從芝加哥一路開到加州，拜訪來自菲律賓的朋友。他們住在風景如畫的拉古納（Laguna）海灘。我和弟弟每年都引頸期盼他們寄來的一小盒橘子口味糖果，而這次我們可見到真正的橘子樹。

不久後，肆虐歐洲和亞洲的世界大戰也襲擊了美國。一九四一年十二月七日星期六早晨，我們正邊

---

[18] 譯注：軸心國：此處指二次大戰期間侵略國，包括德國、日本、義大利等。

[19] 譯注：同盟國：此處指二次大戰期間與軸心國對立的聯盟，包括美國及英國、法國等歐洲各國；中國、澳洲、紐西蘭；還有非洲及南美洲國家。

[20] 譯注：克拉克・蓋博（Clark Gable, 1901-1960）：美國二十世紀著名男演員，代表作品有《亂世佳人》、《亂點鴛鴦譜》。

[21] 譯注：六十六號公路是美國早期高速公路的代表，從芝加哥到加州，長達二四四八英里（三九四〇公里），一般稱為「美國公路之母」。後因州際公路陸續開通而廢止。

聽著收音機裡放的音樂，邊裝飾著聖誕樹。突然一個嚴肅的聲音闖了進來：「現在插播一個消息，日本軍隊剛剛轟炸了珍珠港。」我瞬間感染到一股恐懼的氣氛，剎那間整個世界都變了。

「總統稍後將發表演說。」聲音持續從收音機裡傳出。

第二天早上（加州時間），富蘭克林・德拉諾・羅斯福總統[22]對國會發表演說，並正式宣戰。演說內容完全震懾了我，以及數百萬聆聽的民眾。「這是一個恥辱之日……」[23]不過，其他孩童依舊嬉笑打鬧。我感到不解與震驚，儘管第二天是假日，他們似乎仍對即將發生的事無感。而我一直在關注戰事，更顯得我遺世而獨立。

緊接著戰事而來的是我母親在菲律賓群島的家人。外公當年離開德國，到菲律賓擔任洛克菲勒企業裡的會計師，在當地和我外婆相識並結婚。母親是八個兄弟姐妹當中的老大，能說流利的英語和西班牙語，個性活潑外向，而且天生麗質。我在多年後看到一張她的照片，穿著一件式的黑色泳衣，配上一頭烏黑的頭髮，展現五呎二吋、一百零八磅有如電影明星般的身材，身後的背景是太平洋，當時她已四十歲了。而日軍偷襲珍珠港後，十小時內就占領了菲律賓群島，除了母親與愛德華舅舅之外，包括外公和外婆，我母親的六個兄弟姐妹，以及他們的子女們都被困在馬尼拉，長達三年音訊全無。直到戰事即將結束，菲律賓被聯軍收復為止。當時九歲的我一直在關注巴丹半島戰役，關心悲慘的巴丹死亡行軍，以及科雷吉多島的英勇抵抗[24]。

此時父親成為我最好的資訊來源。他曾在科雷吉多島擔任菲律賓警隊的一員，這是美國所設立的單位。當年父親離開奧克拉荷馬A&M學院後，為了謀生，到西北部太平洋岸擔任伐木工，並成為世界工業勞工聯盟（IWW）的一員，但為了逃離聯盟對勞工的迫害，他跨海來到馬尼拉，他從軍的經歷讓他加入了警隊的行列。並在當地認識母親並結婚。所幸一九三一年他們搬到芝加哥，弟弟和我順利在美國出生長大，也因此逃離戰事。而母親其他家人則沒有這麼幸運。我們事後也得知他們被關進日本的囚犯集中營。而父親認為當時科雷吉多島的軍隊、武器、彈藥及食物都無以為繼，彈盡糧絕下被占領是遲早的事，到時候的慘況恐怕會是二十世紀版的阿拉摩之戰[25][26]。

戰爭完全改變了每個人的生活。大蕭條帶來往後十二年間的大規模失業，失業率最高曾達到二五%，但在政府因應二次大戰推出的就業新政後戛然而止。數百萬年輕人被派上前線，母親、妻子、姐妹及女兒走出家庭，進入工廠，建造飛機、坦克以及戰艦。「民主兵工廠」造出來的戰艦最終勝過了德國U型潛艇，天空布滿了難以計數的戰機，數量多到軸心國家無法想像。她們提供了前線和同盟軍隊油料、肉品、奶油、糖、橡膠等物資。每天晚上為了省電不開燈，住家附近到處都有人巡邏，警告大家空襲時可能會發生危險。天空上遍布著防空氣球，那是一種鏈接的飛船，位於重要區域上方的領空，像是煉油廠，以防止敵機的攻擊。

---

22 譯注：富蘭克林・德拉諾・羅斯福（Franklin Delano Roosevelt, 1882-1945）：美國第三十二任總統，是美國經歷經濟大恐慌及世界大戰的中心人物。從一九三三年至一九四五年間，連續出任四屆總統，一九四五年逝世於任內。

23 譯注：“a date which will live in infamy...”成為一句著名的話。

24 巴丹（Bataan）半島戰役：一九四二年日本在菲律賓群島的重要戰役。日軍偷襲珍珠港後，緊接著向南入侵菲律賓，企圖打通東亞群島鏈，控制南海的天然資源。菲律賓在美國的援助下進行抵抗，並由麥克阿瑟將軍指揮。但由於日軍砲火猛烈，聯軍節節敗退，最後撤出巴丹半島，一個月後科雷吉多島（Corregidor）也陷落，超過六萬名菲律賓及一萬五千名美軍成為戰俘，被迫進行著名的巴丹死亡行軍。直到一九四五年一月聯軍才收復巴丹半島。

25 譯注：阿拉摩（Alamo）之戰：美國南北戰爭中發生在墨西哥軍隊與德州當地之間因為獨立爆發的戰爭。七千名墨西哥軍隊包圍僅兩百人固守的阿拉摩，十三天後占領，男性均處死，婦女和兒童倖免。三週後德州軍反攻，擊退墨西哥軍取得勝利。德州因此保有獨立狀態未被墨西哥併吞，後於一八四五年加入美國聯邦政府。

26 一場史詩般的戰役及後續被日本軍隊俘虜的史實。詳見Eric Morris: *Corregidor: The American Alamo of World War II*, Stein and Day, New York, 1981, reprinted paperback, Cooper Square Press, New York, 2000。

我們戰前到南加州的旅行相對來說方便許多，戰爭爆發後，父母希望找到與戰爭相關產業的工作，因此我們在拉古納海灘待了幾個星期，每天我和朋友去海邊玩，看藝人繪畫，看潮汐起伏以及海洋生物，驚訝海灘邊小屋前院堆積如山的鮑魚殼（今天屬於瀕臨絕種動物）。

父母親不久就在帕洛斯偉達（Palos Verdes）半島的平原，一個名叫洛米塔（Lomita）的小鎮買下一間房子。母親在道格拉斯飛行公司[27]擔任鉚工，每天下午四點工作到午夜。她勤奮又靈巧，同事們為她取了個「鉚工喬西」的稱號，是取自二次大戰期間包著頭巾的著名女英雄。同時，父親也換了墓地的工作，改到塔德（Todd）船廠擔任保全。在我的記憶中，他們兩人通常不是在外面就是在睡覺，很少照顧我們，我和弟弟可說是自己養活自己。早上我們自己準備麥片和鮮奶，自己塗上花生醬和果醬做三明治，裝到棕色紙袋裡當作午餐。

我在橘郡街邊小學（Orange Street）唸六年級。不過我還是比同班同學小一歲半左右，而且缺了上半學年的課，因此被要求下學年再唸一次六年級。新的學校比起我在芝加哥的學校差了不止兩個等級，生活窮極無聊，因而大表不滿。父母親於是再次和校長會面，結論是安排一個課後下午做一次測驗。測驗當天我還被蒙在鼓裡，原本計畫下課後去玩，結果考了將近一百三十題後，最後二十幾題是非題我全部猜「是」，因為這樣才能提前離開。當我事後得知，這場測驗決定是否不用再唸一次六年級時，一度非常生氣。不過當考試結果公布就再也無懸念的我，成績證明程度足夠。然而奇怪的是，我還另外被安排參加加州的心理成熟度測驗，算是另一種智商測驗。直到一年後我才明白為何當時會直升七年級，那次測驗的成績是歷屆最高分，那所中學認為這樣的學生簡直百年難得一見。

在加州，中學的校風並不傾向學院派，我的同學們比起芝加哥同年齡的學生長得高大許多，也更熱愛運動。像我這樣瘦小、動腦派的孩子似乎會過得很辛苦。幸運的是，我在那裡結識了學生當中的帶頭大哥，幫他完成家庭作業。他是班上最高大的學生，運動細胞最發達。在他的保護傘下，我順利完成六年級的課業。直到今天，我仍覺得一九九〇年代的電影《終極保鑣》㉘特別好看。

一九四三年我進入納伯（Narbonne）中學唸七年級。此後六年我深深覺得和學校格格不入，那裡崇尚肌肉武力，而不是頭腦智力。所幸我的成績引起了英文老師傑克・查森（Jack Chasson）的注意，傑克老師當時二十七歲，留著一頭棕色波浪鬈髮，貌似古希臘神祇。他永遠面帶微笑，和善對人，讓每個人都充滿自信，對我更如親人般照顧。他擁有加州大學洛杉磯分校的英文和心理學位，在當時算是新時代的老師。他不僅要求學生追求成功，還要兼顧社會公益，並尊敬過往先人的成就。他是我遇到的第一位好老師，並且和他成為終生摯友。

送報生

當時由於家中經濟欠佳，父母親鼓勵我開始存錢為未來進大學做準備。一九四三年秋天我十一歲，我登記成為送報生。每天凌晨兩點半至三點之間起床，踩著二手腳踏車（一段速，這是我唯一能負擔的）騎到兩英里外一排商店街的後巷。介紹這份工作給我的同學和我，和其他送報生一起聊天，分著前一天剩下的捆綁繩準備工作。不久一輛寫著《洛杉磯觀察家報》（*Los Angeles Examiner*）的卡車來了，把數十包，每包一百份的報紙倒在地上，我們每人分到一包，一份一份摺好後，再放進一個帆布做成的

㉗譯注：道格拉斯飛行公司（Douglas Aircraft）：美國著名的飛機製造廠，一九九七年被波音公司收購。

㉘譯注：《終極保鑣》（*My Bodyguard*），由惠妮・休斯頓、凱文・科斯納主演。

跨鞍袋裡，最後把跨鞍袋架在腳踏車後輪上。

由於戰時進行燈火管制，除了疾駛而過的汽車頭燈，晚上通常一片漆黑。我們住在帕洛斯偉達半島的海軍基地附近，離海邊僅數英里。一到夜晚（特別是冬天），軍艦遮蔽天空的星月，漆黑中又是一片死寂，更加深了肅殺的氣氛。而我獨自一人騎在大街上，腳踏車後頭載著報紙拖出長長的黑影，唯一的聲音是鴿子的咕咕叫聲。此後每當清晨的鴿子叫聲都會讓我想起那段送報生的時光。

因為清晨送報，我每天只能睡五個小時，長期下來十分疲勞。有一天早晨，我從一段約三十英尺的斜坡上騎下來，不知不覺睡著了，直到一陣痛楚後才醒來。我摔在一幢房子的前院草坪上，報紙散了一地，腳踏車扭曲變形，門前直立的木頭信箱被撞歪倒在草坪上。我站起來把報紙整理好，想辦法騎上車子，忍著疼痛和扭傷，還是把報紙送完再到學校上課。

離我家後方約四百公尺是洛米塔飛行基地，原本是一處地區性的機場，戰時當作軍事基地。洛克希德[29] P-38的輕型雙引擎戰鬥轟炸機經常從我們頭頂飛過進行降落。我們送報時都會多準備幾份以備不時之需——好比把報紙丟到屋頂，或是正好掉到池塘裡——我會騎到基地裡，把多出來的報紙賣給士兵，賺個幾分錢。很長一段時間我還會被帶進去一塊吃早餐，我大口吃著火腿、蛋、吐司以及鬆餅，士兵們則在一旁讀著向我買來的報紙。只是讀完之後，他們往往會把報紙還給我，讓我可以再拿去賣。這種好康維持不了多久，幾週之後有一天基地指揮官一大早把我叫到辦公室，告訴我由於戰時安全因素，以後不能再讓我進入基地。我頓時失去了豐富的早餐與士兵的友誼，還有外快。

這個飛行基地後來改成托蘭斯（Torrance）機場，稱為贊貝里尼領空（Zamperini Field），以紀念一度淪為日軍階下囚的路易斯・贊貝里尼。他出生在此地，和我家只有幾哩的距離。他是托蘭斯市立中學的著名校友、奧運長跑健將，也是著名作家蘿拉・希林布蘭筆下暢銷書《永不屈服》的主角[30]。就在我們全家搬到洛米塔的前幾個月，他參加了二次大戰，擔任B-24轟炸機的投彈手。

在我送報的路上大約有一百戶人家，每個月薪水是二十五美元（大約是二〇一六年的三百五十美元）。對一個年僅十一歲的孩子來說，這是一筆不小的收入。然而我們實際拿到的往往低於這個數字，因為錢是挨家挨戶的收，有人不交錢我們的收入就少了。當時訂報的費用是每個月一・二五或一・五美元，而總有些可惡的傢伙搬了家就一走了之，有些人故意不交錢，還有些人只肯交收到報紙的錢。因此我們的實際所得往往縮水嚴重。收錢的時間是在下午至傍晚，經常遇到家中沒人或人在卻沒錢的情況，往往要跑很多趟才收得到。我把賺來的錢大部分交給母親，她向郵局買一種「儲蓄郵票」（saving stamps）幫我存錢。我有一本小冊子記帳，當累積到十八・七五美元時，就把郵票換成戰爭債券，到期時可拿回二十五美元。當債券越存越多，也就表示越來越可能進大學。不過後來管我們這個區域的老闆逐漸在砍我們的薪水，因為這樣他就可以留多一點給自己。

當初在簽約登記時，我們以為只要好好工作就能獲得全薪甚至加薪，如今薪水卻被拿走，只因為老闆想多留一些下來。這並不公平，但一群孩子當時能做什麼？如果是亞瑟王的圓桌武士能忍得下去嗎？不！我們必須採取行動。

朋友和我決定向《觀察家報》罷工。當時的老闆——一個渾身飄著汗味的胖子，年紀大約五十歲

---

29 譯注：洛克希德（Lockheed）：創立於一九一二年，是美國著名的航太工業公司。

30 譯注：路易斯・贊貝里尼（Louis Zamperini, 1917-2014）：美國二次大戰倖存的戰俘，也曾參加柏林奧運長跑項目。一九四三年贊貝里尼在執行轟炸日軍任務中，轟炸機受創失事，贊貝里尼和其他二人倖存，後被日軍俘虜，轉送日本本土戰俘營，飽受肉體與精神折磨直到二戰結束。其經歷被蘿拉・希林布蘭（Laura Hillenbrand）寫成《永不屈服》（*Unbroken*）一書，並於二〇一四年改編為同名電影。

左右，一頭細長黑髮搭配皺皺的衣服——被迫開著他那輛老舊的凱迪拉克轎車，挨家挨戶送十條街的報紙。幾個月之後他的車壞了，也送不了報紙，最後被報社撤換。於此同時，我改登記成為《洛杉磯每日訊息》（*Los Angeles Daily News*）的送報生，和《觀察家報》不同的是，這是一份晚報。從此我擺脫了長期睡眠不足的問題。就在一九四五年八月十四日星期二，一個美麗的夏日午後，突然人們從家裡跑到街上大肆歡呼。二次世界大戰結束了，當天是我的十三歲生日，而這是唯一的慶生。

—第2章—

科學是我的遊樂場

化學競賽榜首分數則是九百三十分，但第二名和第三名的分數都只比我高一點而已，我是第四名。如果我有一把好的計算尺，肯定會是第一名。

在一九四〇年代，從納伯高中畢業的學生大都認為是進不了大學的，這從他們的必修課中就可以看出。雖然我一心求知，但在七年級到八年級間還是必修許多實務課程，像是木工、金屬工、製圖、打字、印刷以及電工。

小時候曾經有過一台簡單的無線電，雖然只是一個電晶體組，卻引發我對無線電和電子產生濃厚的興趣。電晶體是由一塊亮黑色鉛製成的放大器、一根稱為「貓鬚」（cat's whisker）的金屬觸鬚，讓電流只沿對的方向流動，以及一組線圈組成，附有耳機、天線，和可變電容（能轉換電台）。這樣就能見證奇蹟：從耳機裡能聽到在空中傳輸的聲音！

一般機械裝置裡的輪軸、滑輪、鐘擺及齒輪都是親眼可見，觸手可及，能看到它如何運作。然而無線電這個新世界卻是在空氣中傳遞看不見的電波，這得靠實驗才能證明其存在，靠邏輯才能抓到其運作的方式。

在必修課中我毫無懸念的選擇電工，在課堂上我們都要做出一個小型的電動馬達。卡佛（Carver）先生是一個人見人愛、微胖、慈祥的老師，其他老師都暱稱他為「兔寶寶」（Bunny）。傑克・查森也許有跟他提到，我對電子有著濃厚的興趣，於是他也教我一些無線電的常識。當時的無線電可說是手動版的全球資訊網，只要手中有一台無線電收發器，就可以日夜和全世界的人聯繫，無論用聲音或是摩斯密碼。這可是一・○版的網際網路。它用的電量比一個燈泡還少，但能用它和全世界的人交談。我問卡佛先生能否成為其中一員，他告訴我要通過一個困難的測驗才行。

第一階段測驗是一連串有關無線電理論的問答題，然後考摩斯密碼。摩斯密碼是多數人的障礙，卡佛先生告訴我要經過一段冗長且無趣的訓練才會熟悉。密碼本每個人都有一本，我們要把訊息正確無誤傳給電報員，速度是每分鐘至少要十三個「字」。每個**字**是由五個字母組成，換言之，每分鐘至少要打六十五個字母，不到一秒就要打一個。我考慮了許久，花了十五美元，相當於送三個星期報紙的收入，買了一台二手的紙帶式發報機。發報機外觀像一個短小的黑色鞋盒。打開蓋子裡面有兩個紡錘，一組捲著淡黃色紙帶的捲軸。紙帶上面的短洞是摩斯密碼的「點」（dots），長洞是「線」（dashes）。從點和線的組合就能看出代表的字母，也就看得「懂」紙帶了。紙帶在兩個紡錘之間來回運轉，有點像早期高傳真的音樂磁帶機，後來發展為卡式錄音機。動力來源則是一根彎曲的柄，簡單卻好用。當彈簧在紙帶上打出長短不一的洞，電流就會依照洞的長短停止傳送。長洞是線，短洞是點。就像是「聲音共振器」固定發出類似鋼琴中音C的音。紙帶轉動時，共振器就隨著點或線開關，把訊號傳出去。

用這台發報機練習的好處是速度可以調整，從最慢一分鐘只有一個字到最快一分鐘二十五個字。我的計畫是從慢逐漸加快速度，最後把它弄熟。卡佛先生為了激勵我們，給我們看了二次大戰期間陸軍訓練無線電碼的成績。這些學員只比當時的我們大幾歲，但因為戰爭的壓力，學習成效特別好。對我來說，過去其他課程多半缺乏一個目標去達成，這次反而有。我畫出自己每小時的速度曲線，用自己的方式練習，最終每小時的速度是陸軍學員的四倍。

最年輕的「香腸族」

我的打字速度進展到每分鐘二十一個字。當時美國的一個業餘無線電組織——美國無線電接轉聯盟（American Radio Relay League）出版了一系列考試用書，我覺得自己經準備好了，於是報名參加考試。考試安排在星期六，我一大早搭車到二十英里外的洛杉磯市中心聯邦大樓。當時我才十二歲，穿著絨布襯衫和有點破損的牛仔褲，夾在大約五十個大人裡面，顯得瘦小且緊張。我們被安排到一個房間裡，坐在長形木桌前，四周牆壁漆成白色。所有人在嚴密的監考下，進行兩個小時的測驗。考場有如圖書館一般寂靜，只有敲打摩斯電碼時發出的聲響。考試結束後我坐車回家，在車上拿出背包裡的午餐，心裡想著應該不難過關，但不確定分數會是多少。

往後幾個星期我每天都檢查信箱，而在戰事結束後幾天，正式通知寄到了。我成為認證的業餘無線電玩家了，而且是最年輕的「香腸族」，目前的記錄還是十一歲。美國共有大約二十萬名香腸族，全世界其他地方的總數也差不多是這樣。想到從此以後可以和全世界各地的人交談，我就興奮莫名。

於此同時，美軍釋放了被關在菲律賓日本集中營的戰俘，母親的家人也在其中。於是我的外婆，以及母親的兄弟姐妹們，還有他們的家人從菲律賓到美國和我們相聚。他們告訴我們，諾娜（Nona）阿姨和她的丈夫在她們孩子的面前，被日軍斬首；外公罹患前列腺癌，在集中營獲釋前幾週痛苦地死去。山姆（Sam）舅舅在戰前是醫學院的預科生，他告訴我們當時除了安慰之外，什麼都做不了，他們也拒絕所有藥物和外科手術[1]的協助。

為了安頓所有人，父親在工作之餘，花時間加蓋了一層閣樓，增加兩間臥室和梯間。我和弟弟詹姆士（James）住在其中一間臥室，另一間則讓山姆舅舅住。現在除了我們一家四口外，還有另外十個人住了進來。不僅顯得擁擠，經濟上也更捉襟見肘。其中一個阿姨和她丈夫，以及三歲的孩子在日本集中營裡不幸感染結核病，為了不讓其他人被傳染，他們單獨使用一組餐具，以免任何閃失，大家都受害。然而，空氣無法分隔，大家仍然承受他們不時咳嗽和打噴嚏的風險。數十年之後，我的肺部X光出現一塊小小的陰影，醫生認為這是早期暴露在結核病菌下的結果。

另一位阿姨和她丈夫及三個孩子也住在一起。她丈夫是個法西斯主義者，經常粗暴對待凡事順從的妻子，要全家人服從他的命令。這樣的模式加上後來被日軍囚禁的經歷，讓最大的孩子法蘭克（Frank）出現反社會的傾向。有一次他告訴我弟弟說他想殺了我，我百思不解原因在哪裡。雖然法蘭克年紀比我大，長得比我高，真要面對他時我也不會退縮。為了防範，我隨身帶著一瓶阿摩尼亞噴劑，當作我秘密的化學武器。不過後來他們全家搬出去後，我們就再也沒見過面了。日後有位親戚告訴我，法蘭克後來到韓國參加韓戰，讓他再次享受戰場上肅殺的氣氛。另一位大堂哥提到幾年後曾見到他和七歲的兒子在一起，這傢伙居然開了一家軍用時尚用品店，法蘭克二〇一二年去世，訃聞上寫著他是一位知名武術業者以及教練。

二次大戰對我的親戚們產生重大影響，大戰加上大蕭條也限制了父親的出路。我下定決心不再重蹈覆轍，希望未來孩子們也這麼想。

親戚們受到的苦痛並未發生在我身上，但美國社會對於這些日裔美籍的人出現了憎惡與排斥。我對詳情所知有限，只知道戰時美國政府將他們隔離到特別設立的營區裡，他們的土地和家園被徵收，強制賣給政府，孩子也離開學校。傑克・查森告訴我和兩個朋友：迪克・克萊爾（Dick Clais）和吉姆・

哈特（Jim Hart）有關這些不公平的待遇。戰爭結束後，一些學生返回校園，傑克告訴我，曾經有個學生被測驗出智商只有七十一，排在所有人最後的三%。但擁有心理學位的他卻認為，這孩子擁有異於常人的聰明才智，智商測驗低是因為他不懂英文。因此要求每天午餐時刻自願擔任家教。一個學期後再次測驗，居然高達一百四，是最聰明的前百分之一，比起高智商人士組成的門薩[2]俱樂部的水準還高上一截。

自己建造化學實驗室

我對科學的興趣與日俱增，平時利用送報所賺的錢來買一些電子零件，組裝香腸族的無線電設備；利用郵購和附近藥房購買需要的化學試劑；也會買一些鏡頭，加上紙板捲成的紙筒，做成簡易的望遠鏡。

一九四六年十一月我唸高中二年級，有一天看到艾德蒙（Edmund）科學器材公司刊登廣告，賣戰爭留下來的天氣偵測氣球。當時我已做了許多飛機模型，開始幻想做一個讓人飛上天的機器。我想的方法之一是做一架極輕型的飛機，體積小又精巧，還能把我載上天空。我也想過做一艘小型飛行船，一架

❶ 類似這種集中營生活的慘況在《萬劫歸來：一位在日本集中營存活的偉大女性歷程》（*Three Came Home, A Woman's Ordeal in a Japanese Prison Camp*, by Agnes Keith, 1949, paperback 1985, Eland Books, London and Hippocrene Books, New York）中有完整呈現。

❷ 譯注：Mensa是拉丁文，意指無階級的「圓桌社會」，是世界頂級智商俱樂部的名稱，於一九四六年成立於英國牛津，唯一要求的會員資格是高智商。

個人直升機，或是升級版：一個飛行平台。我的計畫是先做一個模型，測試一下可行性，之後再做修正，這樣也比較省時省錢。但即使如此也不是我的收入所能負擔的，只有氣球還可以。此時我心中已描繪出實現飛行的每一個步驟。

為了能讓我飛上天空，我訂了十個八英尺大的氣球，總共花了二十九・九五美元，相當於今天三百六十美元。從自學的理化知識中，我知道每一個八英尺氣球注滿氦氣時，可以舉起十四磅的重量。當時我的體重大約是九十五磅，八個氣球就可以舉起一百一十二磅，舉起我自己加上裝備應該綽綽有餘。同時我把眼光轉向家裡的瓦斯爐。瓦斯的成分包括甲烷和氫氣（不到一半），一旦實驗成功，我可以多加氣球數量以提高承重。我想像自己身上綁著十六個（也許更多）八呎氣球，輕輕飛過我家及鄰居的屋頂，翱翔在加州南部上空。我打算用沙包當作控制閥，想飛高一點就倒掉一些沙子（但不能傷到地面上的人）；如果要飛低一些，我設計了一款活門系統，裝在每個氣球上，適時排出氣體來降低高度。

等了好幾個星期氣球終於寄到了，我立刻著手組裝。我選擇一個寧靜的星期六，家人都不在的時候，把瓦斯管接到氣球裡，先注入大約四呎直徑的氣體，因為再大就出不了廚房的門了。不過氣球如預期舉起一磅的重量，我把它拿到空曠的地方，接上一條一千五百英尺的風箏線，氣球冉冉上升。

事情一如預期般順利，此時有一架附近機場起飛的輕型飛機經過，四十五分鐘後折返回來，一度接近我的氣球。突然間「砰！」的一聲，氣球應聲破了，好像是飛機把它戳破，但我一直不知道真正的原因。

這讓我飛上天的進度停了下來。我想像如果自己綁在一串八呎大的氣球上，反而會成為極為顯眼的目標，任何一個頑皮的孩子拿起空氣槍（像是BB彈）就能把它射下來。這太危險了，不過原來的氣象氣球並不會有這樣的問題。我在此後的五十四年間看過很多次下面綁著「專業氣象用」的偵測氣球[3]。在這個實驗結束後的四十年，一個名叫「拉瑞草坪椅」（Lawnchair Larry）的東西，把一串灌滿氦氣的四呎氣球綁在一張椅子上，飛到數千英尺的高空[4]。

而當時的我不知道還能做什麼，感到十分沮喪。直到有一天父親帶回來一個二戰時期救生艇上留下來的降落傘型照明彈。照明彈是用金屬做的，外觀是一個金屬製的外殼，用特殊的槍可以把彈藥射向高空，爆炸後會發出極亮的亮光，照亮一大塊區域。而殘骸會隨著附著在上面的降落傘慢慢落到地面。一天晚上我把一根慢速引信接在一個照明彈[5]，綁在一個大氣球上，拿到離家不遠一個偏僻路口做實驗。我點燃引信，氣球緩緩上升，到數百英尺的高空。然後我把綁在電線杆上的繩子鬆開，氣球持續上升，直到完全鬆手。然後我走到幾個街口之外，等待照明彈降落。幾分鐘後天空發出絢爛光亮，吸引了不少人潮圍觀，甚至連警察都來關切。過了幾分鐘後，天空恢復沉寂，警車離開，人潮散去。此時第二根慢速引信點燃，切斷了繩子，鬆開氣球，氣球持續飛行到更遠的地方。

在我學習科學的過程中，遊戲和實驗一直是重要的成分。在了解理論之後，我會做實驗來驗證，很多實驗是我自己的趣味發明。我也習慣凡事自己動手，不希望受到老師、父母以及學校課程的限制。我喜歡結合單純思考以及邏輯和科學預測的力量，將靈感視覺化，並將它實現。

樓上的臥房是我和弟弟分住，我在裡面建了一個二公尺波長的無線電台，設有一個旋轉定向波束天線（rotating directional beam antenna），可以覆蓋更多的區域。我也在車庫後面狹窄的洗衣間裡做了

---

❸ 見艾德蒙科學的《為科學和工程迷所編的二〇〇〇年科學目錄》（*Scientifics 2000 Catalog for Science and Engineering Enthusiasts*, p. 31）。

❹ *The Darwin Awards, Evolution in Action*, "Lawnchair Larry," pp. 280-1, by Wendy Northcutt, Plume (Penguin) 2002.

❺ 一連串浸泡硝酸鉀和風乾的過程。

一個私人實驗室，作為我化學實驗的場所，其中有不少失敗實驗。例如，當我讀到氫氣燃燒後火焰會呈現藍色，決定親自試試。為了製造出氫氣，我把鹽酸和鋅一起放在一個玻璃瓶裡，瓶口用橡膠塞住，從裡面伸出一根管子讓氫氣放出來。我想像大量的氫氣會從管子裡流出，只要在管口點火即可。我戴上護目鏡，穿上防護衣，正在試著點火時，弟弟突然闖了進來。可是我的動作已經來不及收回。於是我大喊一聲：「走開！」他立刻躲起來，這時候正好儀器爆炸。從此以後，我在地上用白漆漆上「請勿進入」的字樣，大約五呎寬、十呎長，包括各式層架及各種化學品和玻璃瓶。裡面不時飄出來各式濃煙和爆破聲。

我對其他事物也充滿熱情。例如十三歲時我瘋狂研究爆破，多年前我在《馮華百科全書》❻上發現製作火藥的方法，成分包括硝酸鉀（就是一般所知的硝石）、木炭、硫磺（我們常會放一些在狗食中，讓狗的皮膚看起來更光滑）。有一次在做火藥時不小心引爆，我的整個左手被燒成焦黑，外皮變脆。父親把我的手泡在冷茶裡，用繃帶包覆足足一個星期。這法子居然有效：我們把繃帶拆下來時，脆硬的外皮脫落下來，外觀看起來居然完好如初。

有了自己建造的化學實驗室，很快地我做了大量的火藥，不是用在後院施放手做火箭，就是在門前放起火箭模型車。車子是由輕木材製成，輪子是從材料店裡買來的輕型車輪，「馬達」則是一個裝有二氧化碳的罐子，像是今天的碳酸飲料瓶，或空氣步槍的彈匣。這些都是戰後留下來的，父親從船廠把它們帶回來。不過我不是用二氧化碳當作燃料。我在罐子底部密封處鑽一個洞，好讓裡面的二氧化碳噴出來，此時洞口會遺留二氧化碳噴出時凝結成的粉末。罐子清空後，我把裡面裝上自製的火藥，接上引信，裝在小小模型車的後座。「馬達」一爆炸，車子就會像子彈般射出去。我戴著護目鏡，和鄰居小孩遠遠站在後面，車子跑得極快，一下子衝到這裡，不一會兒又跑到那裡，不到一秒鐘又衝到幾條街外了。有了這次的經驗，我做了一個放大版，用一段鐵管，把帕洛斯偉達半島旁的懸崖炸了一個大坑。

下一個挑戰是火藥棉，也稱硝化棉。它是用來製作無煙炸藥的原料。百科全書上寫著：「將一份冷凝硫酸慢慢加入二份冷凝硝酸中，混合物會漸漸變熱，此時要加以冷卻」。我放進外科用棉花浸泡，當溫度升高時再冷卻。最後把它放進冰箱，貼上「請勿動手」的標籤，家裡人已知這代表是玩真的，我可以放心離開。二十四小時後拿出棉花，沖洗一下後晾乾，這時棉花已經變質，放入一些丙酮就會溶解。就這樣我持續在「冰箱工廠」裡製作了許多火藥棉。火藥棉只要點燃就很容易爆炸，但要點燃不太容易，往往需要插上雷管。我沒有雷管，只有在人行道上放塊墊子，拿把大錘子用力敲打棉花，看能不能引爆。我把大錘子舉過肩膀，跳下來用力敲下去，人行道頓時砸出一個巴掌大的坑洞。待敲出幾個坑洞後，我把火藥棉放進火箭及水管炸彈裡，它比火藥來得安全，效果也比較大。

最後我把目標放到「更大攤」的硝酸甘油上。作法和過程[7]與火藥差不多，只有一點改變，就是用甘油取代原來的棉花。結果浮上來一團乾淨幾乎無色的液體。我小心移除它，因為一不小心很可能會發生可怕的爆炸。過去曾聽過因為操作不慎炸死過人。

一個寧靜的星期六，我獨自關在實驗室，戴上安全面罩，在玻璃管頂端沾一點硝酸甘油，用量不到一滴，以確保安全。然後在瓦斯爐上加熱，才一下子就「砰」的一聲！比過去任何爆炸的反應時間都

---

❻ 譯注：《馮華百科全書》（*Funk & Wagnalls Standard Reference Encyclopedia*）是一部供一般人使用的百科全書，共二十七冊，以實用性質為主，例如園藝、營養、攝影等。

❼ 大約五十年後當我聽到英國懸疑小說作家肯・福萊特（Ken Follett）的小說《來自聖彼得堡的人》（*The Man From St. Petersburg*）裡，反英雄主義的恐怖分子利用硝酸甘油製作爆裂物，就像是當年我在母親冰箱裡放的一樣。

短。玻璃碎屑刺進我的手和胳膊，鮮血從傷口裡滲出來。幾天後我仍然發現還有碎玻璃在身上，用針頭一片片挑出來。後來我試著滴一些硝酸甘油在人行道上，同樣用大錘子去敲，結果硝酸甘油的不穩定性和威力還是把我嚇壞了，最後我把剩下來的甘油全都丟了。

一個十四歲的孩子怎麼拿得到這麼有威力且危險的化學品？答案是附近的藥劑師。他私下偷偷賣給我，當然他的利潤也不少。父母親的工作時間長，回到家不是得照顧其他十個寄住親戚的需要，張羅家務，就是累到爬不起來，弟弟和我只有自求多福。我從未透露過任何自己私下進行的實驗，如果他們知道所有的實情，一定會把實驗室關掉。

血紅色的游泳池

高二那年我開始上化學課，可是自己早就做過好幾年的實驗了。由於對理論的熱愛，我把高中的化學課本一遍又一遍地看。晚上睡覺時腦子裡還在複習，不斷去證明，久而久之我全然讀通了課本裡的知識，存在腦海裡揮之不去。化學老師史當普（Stump）先生是一個矮小、戴著眼鏡，年紀大約五十歲左右的先生。他一生熱愛化學，希望我們能好好學習。並且，他一直希望能教出一個成為「美國化學會」[8]南加州高中化學競賽的十五名得主之一。競賽於每年春天舉行，考試時間三小時，通常會吸引南加州大約二百名頂尖的高中生參加。不過我們學校二十多年來一直都缺席，因為學生大都來自勞動階級家庭，學校的學術研究氣氛貧乏——當年在洛杉磯地區三十二所高中的測驗成績，我們學校排第三十一名——史當普先生早就放棄他的夢想了。

不過在班上三十個學生中，史當普先生看到一個年幼瘦小、一頭深色鬈髮的學生，自動回答他問的每一個問題。他以前就從其他老師口中聽過這個學生——喜歡聰明的老師，但對一般程度的老師則有所不耐。當然，有些孩子學期剛開始幾個星期還跟得上進度，能夠回答一些簡單的問題，但多數人都是雷聲大雨點小。他警告全班第一次月考會很難。果不其然，成績公布時，其他同學都是零分到三十三分，而我是九十九分（滿分一百分），因此引起他的注意。

史當普先生於是和我提起化學競賽的事，他保留了過去二十年每一年的考古題。我向他借來這考卷開始練習，史當普先生起初不太願意，並且語帶保留的說，我只是個高二學生，絕大多數考生都準備到高三才參加競賽。如果我跳級參賽，就會是一個十五歲的學生和一群十七八歲的學生一同考試。而當時我只剩下五個月的時間可以準備。此外，我們學校的資源貧乏，也沒有其他人併肩作戰，彼此激勵。過去我們學校參加競賽的學生屈指可數，並且從未得過名次。「為何不多等一年？」史當普先生建議。

但我已下定決心。因為優勝者可獲得一筆豐厚的獎學金，可以選擇進入加州的專科或大學就讀。學術生涯是我的夢想，我熱愛所有做過的實驗以及從中獲得的知識。如果未來的職業可以延續將是一件無比愉悅的事。這樣的學術生涯會有實驗室，各種實驗和計畫，也有機會和志同道合的人一同工作。然而如果沒有這樣的機會，我根本負擔不起讀學位所需的費用。我必須把握！

史當普先生和英文老師傑克‧查森討論之後，同意把歷年考古題借給我，我因而能得知考試範圍與難度，以及過去出題方向的變化。史當普先生先給我前十年的考題，保留後十年的，藉以觀察我是不是準備夠充分。

❽譯注：美國化學學會（American Chemical Society）：是美國在化學領域的一個專業組織，成立於一八七六年。現有十六萬三千位來自化學界各個分支的會員。

除了高中的化學課本之外，我另外還讀了兩本大學用書。當有一本寫得不是很清楚時，往往能在另一本得到解答。由於過去做了不少實驗，也讀過不少書，內容都還難不倒我。每天晚上我花大約一小時讀書，睡覺時腦子裡開始複習化學週期表、化學價（valence）、化學反應、蓋呂薩克定律[9]、查爾斯定律[10]等等。同時我也持續進行我的實驗和遊戲。

有一個有趣的遊戲來自我讀到一篇介紹苯胺紅（aniline red）的染料。只要一公克的苯胺紅就可以把六公噸的水染成血紅色！我想法子拿到二十公克來做實驗。

我的實驗室位在車庫後面的洗衣間內，正對著我家後院。後院中間有一個長圓形的金魚池，大約十英尺乘上五英尺見方，深約一英尺，總體積不到一・五立方公尺。前面說過，一公克的染料可以把六立方公尺的水染成紅色。這個池塘的水量很少，只要四分之一公克就綽綽有餘。

而為了確保染色，我用了四倍，也就是一公克的染料，倒進池塘裡並攪拌，很快地池塘變成血紅色，並且因為顏色太深無法見底。除了長出水面的植物之外什麼都看不見，魚兒只有在餵食時浮出水面才看得見。

我回到實驗室，不到幾分鐘我就聽見母親不斷尖叫，她認為我可能摔進池塘裡，流血過多而死。我花了好長時間才能安撫她。

對此我十分過意不去，不過這讓我想到另外一件事：離家八英里以外的長灘市裡有一座公共大泳池。其中「長灘跳水台」是「長灘派克」（Long Beach Pike）娛樂中心裡的一項設施。父母親在二戰期間長時間在工廠工作，而我只有自己照顧自己，跳水台和派克中心我都去過好幾次了。

南加州最大的室內溫水游泳池有一百二十英尺長、六十英尺寬，平均深度五英尺[11]，算起來大約有一千立方公尺的水量。我手裡還有剩下的十九公克左右的苯胺紅，算一算只夠染八分之一個游泳池水量，不過我無論如何都要試試。我找了另一位又瘦又白、滿腦子只會讀書的同學，他戴著一副厚重的眼鏡，一頭金色直髮，表示願意和我一起實驗。我們用蠟紙摺成一個紙袋，把所有剩下的染料都放了進去，袋口用蠟封上，再拿兩條繩子打成活結，如果把繩子兩端朝反方向一拉，紙袋口就會打開，染料就會倒出來。

我們選了一個美麗的星期六早晨，搭巴士前往長灘。抵達跳水台後買票進去，我們在更衣室裡換好衣服，依計畫前往泳池。我們把染料袋藏在洗衣籃裡。這時泳池已有好幾百人。

我們把蠟紙袋放進水裡，二個人分別拿一根繩頭朝反方向走，繩子漸漸收緊，蠟紙可以防水不致讓染料立刻流出來。此時我突發奇想：有沒有人會「不小心」幫我們把染料放出來。不久真有一個人經過，不小心扯到了繩子，袋口打開了，一陣淡紅色液體從那個人的手裡暈開[12]。

所有人都嚇呆了。我們趕緊衝回更衣室換回衣服，這時「助手」告訴我紅色染料弄髒了他的浴衣：這正是最好的犯罪證據。我們跑上泳池上方的觀景台，我告訴他別擔心。

此時紅色的暈染已經擴散如一顆籃球大小，四周如往常一樣。一位泳客經過又攪動了紙袋一下，沒多久擴散到三英尺直徑大小了，血紅色的染暈十分濃稠，無法透視。突然有人發出了一聲尖叫，引起附

⓽ 譯注：蓋呂薩克定律（Gay-Lussac's Law）：由法國化學家蓋呂薩克（J. L. Gay-Lussac）發現。指在同溫同壓下，氣體相互之間按照簡單體積比例進行反應，並且生成的任一氣體產物也與反應氣體的體積成簡單整數比。與下面查爾斯定律是不同角度解釋同一種現象。

⓾ 譯注：查爾斯定律（Charles' Law）：法國物理學家查爾斯（J. A. C. Charles）於一七八七年提出的定律。如果壓力保持恆定，一定量氣體所占有的體積與絕對溫度成正比。

⓫ 資料來源：Http://digitalcollections.lmu.edu/cdm/ref/collection/chgface/id/294

⓬ 見聖經「列王紀上」一八44。

近泳客的叫喊，這時一位泳客自告奮勇潛入水底，不斷攪動，染暈越擴越大。

一陣驚慌後泳池淨空，幾分鐘之內所有人都上岸了，每個人都因此獲得一張免費的游泳招待券。由於出入口擠滿了人，我們無法回去拿回蠟紙袋。此時泳池職員開始善後，整個泳池的水已經呈現半透明的紅色了。有人從池底撈起了蠟紙袋和繩子，都已經泡爛了。

當天下午，在遊樂場度過歡樂的一天後，我們跑回跳水台旁的觀景台，此時半池水已成為草莓「酷愛」。只有寥寥可數的幾位泳客，四周還是一樣寂靜——比平常安靜得多，因為沒幾個人願意在紅色的水池裡游泳。

第二天，長灘當地報紙刊出一小段文字：「不知名的惡作劇者，把長灘跳水池染成紅色。」六十年後，我的女婿理察・高爾（Richard Goul）法官有次和當地退休教練聊到這件往事，沒有人知道理察和這位「人犯」現在的關係。

輸在高檔計算尺

距離「美國化學學會」競賽的測驗時間僅剩下十個星期，我不斷練習考古題，測驗分數可達九百九十分左右（滿分一千分）。我告訴史當普先生可以做他另一批原本收回去的十年考古題了，前二次我的分數排在最前面的九九％以內，接下來的模擬考試同樣也考得很好，我想我準備好了。

考試當天父親開車載我到二十英里外的艾爾卡米諾（El Camino）中學，我跟著人群走進一棟看起來像是軍營的建築。監考老師說，今年開始允許使用對數計算尺[14]，但並非強制。我買了一把近似玩具的計算尺，一把才一毛錢——這是我所付得起的——我想如果時間夠用，還可以大致檢查一下。

考試的題目並不難寫，不過最後一單元的範圍很廣，需要更多的計算，光靠手算可能會來不及。我的玩具計算尺在這裡發揮不了作用，而四周的考生幾乎都是用功能齊全的計算尺。這真是想不到！計算尺才不是什麼「非強制」——想要通過測驗的人根本是人手一把。而且這種考試只寫算式也不會有分數，只有答案正確才行，這必須要有計算尺的輔助。我瞬間明白，如果沒有買一把高檔計算尺，可能得不了高分，也拿不到獎學金。我覺得不公平，一場化學考試的成敗居然在於一把計算尺上。

儘管如此，我還是加快手算的速度，完成了八百七十三分的題目。我已經盡力了，而榜首的分數大約在九百二十五至九百三十五分之間，我知道榜首已經無望。

考完試後父親接我回家，一路上我強忍淚水，一句話也說不出來。回到學校，史當普看得出來我考壞了，但我們並沒有多說什麼。我承認自己太過天真，但我的確買了我所能負擔的計算尺。幾個星期後史當普先生把我叫到一旁，告訴我考試結果出來了：我完成的八百七十三分中，得到八百六十九分。榜首分數則是九百三十分，但第二名和第三名的分數都只比我高一點而已，我是第四名。如果我有一把好的計算尺，肯定會是第一名。由於一心要贏，我沒有想過其他去賺上大學所需費用的方法。儘管我對於自己的能力相當肯定，但還是十分沮喪。

另一方面，史當普先生倒是樂不可支。在洛杉磯這個形同學術沙漠的高中教了二十年的化學後，終於碰上一匹千里馬。雖然考得很差，我還是要求參加頒獎晚宴，並且表示沒有交通工具可以去洛杉磯。史當普先生堅持親自帶我去。晚宴當天，前幾名的學生會選擇提供不同獎學金的專科學校或大學，一人

⓭ 譯注：對數計算尺（slide rule）：一種模擬計算機，通常由三個互相鎖定的有刻度的長條和一個滑動窗口（稱為游標）組成，早期應用廣泛，後來被電子計算機取代。

選一所。一如預期，第一名和第二名分別選了加州理工學院和柏克萊大學，這二所學校是我認為科學領域裡最好的，也是我最想進的學校。通常這個時候我會有備用方案可選，但我不知道要選什麼，所以就放棄了。前幾名學生大都來自貴族學校，每年都會得到獎學金：比佛利、費爾法克斯（Fairfax）、好萊塢等。當他們唸到我那所名不見經傳的「納伯」高中時，群眾的反應明顯有點驚訝。但令人沮喪的是，我明年已不能再參加同一場測驗了。

二〇％的菁英學生掌握著學生會組織

大約就在此時，我開始對智力測驗產生興趣。一個星期六早晨，我從洛米塔騎了二十英里路到洛杉磯公共圖書館，去找一些智力測驗的資料（這就像今天人們使用谷歌、維基百科一樣）。我找到一些智力測驗的試題及解答，拿來考考自己。之後的九個星期六我都去圖書館做一份試題，並計算分數。

我對測驗的結果感到滿意，但好奇幾年前曾經做過類似、讓我不用再唸一次六年級的智力測驗，學校從未公布成績。於是我決定自力救濟找答案。我知道家裡有一把L型的金屬測量工具，可以打開學校裡的任何一種門鎖。有一天深夜，我獨自騎車到學校，把自行車藏在樹叢裡，忐忑不安地走進校門口。拿起手裡的工具插進校門與門框間的空隙，將門後的鎖條鉤起來再向外拉，螺栓滑開，我順勢走進學校黑暗的走廊裡。校舍不時傳出詭異的聲音，我擔心會有校警在夜間巡邏。直到我躡手躡腳地走上二樓的心理輔導室，用同樣的手法開了門鎖，拿起手電筒尋找班上智力測驗的成績記錄。大約花了一個小時，翻過數百張試卷，最後找到我的考卷。還有一位我所遇過最聰明也最風趣的女生，她的智力測驗分數為一百四十八。

納伯高中全校七年級到十二年級共有八百位學生，校內有一種根深柢固的階級文化，越高年級越是如此。大約二〇%的學生是所謂的「菁英」，掌握著學生會組織，規畫所有的活動和舞會，以滿足他們自己的需要。他們之中包括運動健將、漂亮的啦啦隊長，以及富二代。洛米塔和海港城（Harbor City）的人口大都是藍領階級，「富人」的意思是指中小企業老闆，「圈內人」指的是有能力外出買午餐，或聚在餐廳吃飯，而不用辛苦在家開伙。像我這種其貌不揚的就屬於「圈外人」，在哪兒都能解決一餐。「圈內人」大都有車代步，十六歲就會去考駕照；大多數在升高一時就會開車了。我直到高三才滿十六歲，但也養不起一台車。有車就可以和女孩約會，參加海灘舞會，也可以去看運動比賽。

我和身邊少數的「圈外人」成立了一個西洋棋社團，查森先生幫我們找了一個房間，讓我們在午餐時間可以下棋。我也成立了一個科學社團，吸引一些有志於學術的同好。有時我還會打打手球，練練網球（拿著舊網球對著屋外的木板打）以及抓球遊戲（keep-away）——只要手裡有球，就會被一大群孩子追著跑。我很少被抓到，可能是因為常騎腳踏車，練就一雙強健的腿，也可能是怕被抓到後會有什麼可怕的後果而拚命地跑。

我對所有人都一視同仁，除非特殊情況，也希望大家都這樣對待我。然而，許多「圈內人」不這麼想，他們認為應該有特殊的待遇，因為他們與眾不同，而「圈外人」應該被排除在外，甚至被忽略。

我和「圈內人」之間的衝突起因於九年級時的體育課。那堂課我只拿到B。更令我意外的是，向來和學術毫無關聯的體育居然要被計入申請大學時的成績依據。進一步了解才發現，那些整天在外面踢美式足球、跑田徑的學生，體育的成績自動就是A。拿A的人數是固定的，這讓其他人（像我）就會被歸類為B或C，甚至更低。我雖然是同年級，但實際年齡小了一歲半，田徑不行，美式足球也比不上，可說無計可施。

在傑克・查森的建議下，我為了體育成績開始打網球，自動加入網球隊。所謂的「教練」其實是歷史老師，壓根兒不懂網球，只是到時間集合，然後在一旁看著而已。沒有人指導，我只有邊打邊學，不知為何過了一些時候我被選進初級班，後來還升上了高級班。

記得學校裡有一位美式足球明星，當然他是「圈內人」，有意無意間都會顯露出那些「菁英」們的自大思維：「網球是一種娘砲運動！」有一天我請他在足球場教我擲球，他對我還不錯，當我擲偏了他還會跑去撿回來。結果是他一直跑來跑去，二十分鐘後他累到虛脫，不玩了。

這件事過後不久，在我高二那年春天那次令人失望的化學測驗之後，我擬了一個計畫來整整那些「圈內人」。當時一九四八年有一場著名的總統大選〔杜魯門（H. Truman）對上杜威（T. E. Dewey）和華萊士（H. A. Wallace）的組合〕。我找了一些人，包括我的哥兒們迪克・克萊爾和吉姆・哈特，成立了學生改革委員會。目的是讓學生會組織不是只虛有其表——要真正為學生的權益，舉辦屬於全體學生的活動，而不是只為「圈內人」。計畫是列出一連串的候選人名單，參選每個不同的學生團體；我們成員裡有一位日本人，他家裡有一片菜園和一間屋子，我們經常在屋子裡討論和策劃活動。

選前一夜我們在校內升起二面巨大的布條，上面寫著「請投給學生改革委員會」。布條是用我的氣象偵測氣球升到空中，我利用電線杆迴路的原理將氣球纏繞在高聳的樹枝上。這個方法的效果很好，整個晚上氣球在校園四周飄浮，布條有點傾斜，但天亮時上面的字就清楚可見。

當同學們魚貫走進大禮堂，聽聽各候選人的政見發表時，我們在門口發給每人一張宣傳單，上面寫滿我們所籌劃的學生平台的政見，也推薦我們所推出的候選人。這是創校二十五年來頭一次學生團體獲得每個人的關注。令人意外的，「圈內人」沒有時間反擊，他們的候選人知道我在背後操盤，花了大部分的政見發表時間在攻擊我。這群人長期把持學生會，擁有特權。而我則代表麻煩製造者，是激進分子，是對現狀的威脅。雖然我以些微差距落選，沒能因此進入學生議會，但我們的候選人卻獲得壓倒性的勝利，在十五席候選人裡當選十三席。好友迪克・克萊爾被選為學生會主席。

四十六年後我參加高中同學會，當年的「圈內人」並沒有太多變化，只是變得老成許多。高中似乎就是他們人生的顛峰。他們當中很多人後來彼此結婚，也一直在當地生活。然而，高中卻是我展開一生偉大冒險經歷的起點。

一九四八年夏天，我納伯高中三年級。那一年我花了不少時間在海灘旁，讀了一整套多達六十本的小說集，其中大都是美國文學。著名的作家像是湯瑪士・沃爾夫（Thomas Wolfe）、約翰・史坦貝克（John Steinbeck）、西奧多・德萊賽（Theodore Dreiser）、約翰・多斯・帕索斯（John Dos Passos）、厄普頓・辛克萊（Upton Sinclair）、辛克萊・路易士（Sinclair Lewis）、恩內斯特・海明威（Ernest Hemingway）以及史考特・費茲傑羅（F. Scott Fitzgerald）。外國作家像是杜思妥也夫斯基（Dostoyevski）和司湯達（Stendhal）。傑克・查森先生給我一份書單，也把他的藏書借給我。我經常花很多時間神遊其中，思考自己及未來。

那年夏天也是二戰結束後第三年，對我來說是極為難過的一年。那年我的父母協議離婚，我認為過去幾年家裡龐大的生活壓力是最主要的原因。戰爭期間頻換工作，兩個人當中往往只有一個人在家，即使晚上睡覺也是如此。這使得他們之間漸行漸遠。此外，家中人口眾多，也時常發生衝突，這情況直到三年後最後一位親戚搬出去才停止。

父親在我高三那年搬到洛杉磯，每週只有在週日早上才看得到他。他從洛杉磯開二十英里的車來找我，停在家門外一個街口附近。我經常從二樓臥房看到他，然後出去和他相處幾個小時。練習考駕照的路考，同時一起去午餐、閒聊等等。到我上大學時，母親打算賣掉房子，而我一直被蒙在鼓裡。離婚對我的影響五味雜陳，父親從未告訴我真正的原因，直到多年後弟弟告訴我原委後才真相大白。母親和當年珍珠港事變前的夏天，我們初次到加州拜訪朋友的那一家之主發生感情。而父親後來發現了，導致二人離婚。

高三那年，我仍為大學學費無著落所苦。化學競試沒過，拿不到獎學金，也不可能靠家裡接濟。我後來聽說物理教師協會有舉辦一場全南加州的高中物理競賽，性質類似前面的化學競試。不過我並沒有花很多時間在物理上，而當時距離測驗也只剩下幾個月可準備。我的物理老師其實是體育教練，對物理一竅不通，上課也只是在一旁看著我們而已。這次沒有考古題可練習，我唯一能判斷測驗難度的只是一份簡短的簡章。然而，我過去在電力、機械、磁力學以及電子學的實驗，幫助我了解物理的理論。當然，我也有惡作劇的新招。

在自修光學和天文學時，我向艾德蒙科學（就是購買八呎氣球的那家店）郵購了便宜的鏡片，製作成簡易的折射望遠鏡。除了星星之外，我發現還能從二樓窗邊清楚看到半英里外的山頂，青年男女們到了天黑以後把車停在路旁擁吻的畫面。同時，我還有一個十二伏特的二手車燈，稍微改裝一下當作探照燈，精巧又好用。於是我又有惡作劇的計畫了。

方法是這樣的：把車燈裝在望遠鏡上，便可以照亮任何望遠鏡觀察的地方。我列出了「瞭望情人」的路徑，耐心等待夜晚到來。一旦看到好幾輛車停在那兒好一會兒，我便從鏡頭望過去，打開探照燈，命中！車子瞬間被照亮，愛到正濃的情侶們一覽無遺，嚇得他們落荒而逃。我不希望自己的位置曝光，因此每次燈光只亮個幾秒鐘就關掉。這樣的惡作劇持續了幾次，直到有天我發覺這麼做其實讓這些情侶們相當難堪，於是就收手了。

選擇提供獎學金的柏克萊

物理測驗的日子到了，但幾乎是化學競試的翻版。我用新買的計算尺回答了八百六十分的題目（滿分也是一千分），但有兩題共一百四十分的範圍我完全沒有讀過。難道我命中註定又是第四名？**我該怎麼辦？**在剩下的時間裡，我用常規分析[14]找出可能有解的公式，算出答案。在化學競試時，前十五名學生能參加頒獎晚宴，通常與會的都是洛杉磯的頂尖學府。這次如果是一所名不見經傳的學校勢必會引起所有人的關注。什麼？納伯高中？是職業學校嗎？公布成績結果和化學競試類似，不同的是我以九百三十一分拿到第一名。第二名的分數比我低了五、六十分。我贏了面子和裡子，能最先選擇提供獎學金的學校。像是加州理工學院、柏克萊大學。加州理工學院是我的首選，也提供全額學費補助，但我仍無力負擔每年近兩千美元的住宿費和雜支。帕薩迪那（Pasadena，加州理工學院所在地）的物價之高我是知道的，遠超過我的預算，我負擔不起。

而柏克萊大學的獎學金最高可達每年三百美元，一次世界大戰的榮民子女可另外獲得七十美元的補助。柏克萊的宿舍不貴，校外也有寄宿。經由學生住宿合作社（Student Cooperative Housing Association）介紹，每個月的寄宿費僅三十五美元，每週還可工作四小時。我選了柏克萊，安慰自己至少那裡的女生比較多，我的社交活動也會比較頻繁。

[14] 我詳讀過布里奇曼（Percy W. Bridgeman）所著的《常規分析》（*Dimensional Analysis*, Yale University Press, New Haven, CT, 1922）。

穿戴式電子裝置和無線操控的點子

幾年前，我對無線電和電子學的興趣引起荷吉（Hodge）先生的注意。他是一位退休的電子工程師，在加州擁有龐大的房產，他的莊園裡有亞熱帶花園、棕櫚樹、西班牙式建築，以及美麗的金魚池，離我家後院不遠。從二十五英尺高的樹屋上——我在一片平坦的樹枝上釘上一排木板——可以穿過竹林，看到莊園裡一座神秘的高塔。那是一座高聳尖直的建築物，屋頂覆蓋綠色瀝青般的東西，有一段時間上面還有一座風車。有一天荷吉先生邀請我進到塔內，我們沿著狹窄的中央螺旋梯爬到三十英尺高，每上一層樓我就看到一堆無線電裝置。荷吉先生讓我選一樣東西當作送給我的禮物。我選了一個航空裝置用的可變電容器，它是無線電接收器和發送器的重要零件。由數片金屬板組成，上面有一個刻度盤，可以接收附近或遠方的訊號，並改變無線電的頻率。裝在我的無線電上，可以更方便切換不同的電台。荷吉先生每隔幾個星期便送我一點東西，我越裝越多，無線電台也越做越好。我開始幻想這項技術未來可能的妙用。

其中一個點子是利用腦波來控制開門或關門。我知道思考本身就是腦中一連串的電子活動，從頭皮外可以測得電流的運行。我一度想把頭髮剃光，把電線附在頭皮上來測量電流，我認為改變電流可能會改變我的思考。當我穿上無線電發射器，傳送適當的電流，便能傳達適當的訊號給門上的接收器，驅動馬達完成開門或關門的動作。理論上，我能傳送類似摩斯電碼的「點」和「線」（就像今天二進位的○與一），就能對任何複雜的裝置下達命令。我最後沒能做成這個東西，但穿戴式電子裝置和無線操控的想法一直深植我心。

荷吉先生也幫我訂閱《科學通訊》（*Science News-Letter*）雜誌〔就是今天的《科學新知》（*Science*

News）」，告訴我有關年度西屋科學人才選拔（Westinghouse Science Talent Search）的訊息〔後來一度由英特爾（Intel）贊助，現為Regeneron科學人才獎〕。我在高中時從未聽過這個競賽，就連老師也沒聽過。一九四九年我高三那年，參加了第八屆的年度選拔，和全美國超過一萬六千名高中生競賽。所有人都要參加筆試，而我從《科學通訊》上學到的知識正好拿來準備。

除了老師推薦之外，我還需要寫一篇科學論文。由於沒人指導，我只有自己到圖書館找一些有關金屬鈹（beryllium）的學術文章。這真是件苦差事，我開始回想一些覺得有趣的事情，從中決定我的論文題目：〈基本計算〉（Some Original Calculations）。起初，我大略描述天體中星球的位置，假設星球的軌道是圓形的〔其實克卜勒（J. Kepler）的橢圓才更精確〕。其次我敘述如何計算稜鏡的折射率（以及內部的相對光速），方法只是把稜鏡從桌子上面移動到下面，計算半折射半傳導的時間，用直尺和三角尺加上簡單的計算就能得到答案。

我認為實驗做得不錯，但教師推薦和論文是非常重要的部分，而我根本不知道該如何下筆。幾個星期過去，我一個字都寫不出來。我認為自己是個失敗者。

選拔文件寄出去後，我並沒有放在心上。直到一個春天的早晨，一封電報放在家門口，當時並不知道是誰的，我拿回家裡後，想到家裡很少會有電報，可能是什麼緊急通知，於是我打開來看。

電報是西屋公司發出來的，我興奮地唸著：「恭喜，你成為最後四十名決選中的一員。」

幾個星期後我坐上火車，和其他兩位加州入選者一同前往華盛頓參加決選。那是我這輩子第一次搭火車，整個行程一共五天，費用全由西屋負擔[15]。入圍決選的四十人被邀請聆聽諾貝爾獎得主伊西多・拉比（Isidor Isaac Rabi）的演講[16]，並參觀六十吋大的回旋加速器（cyclotron）。進入回旋加速器時，身上不能攜帶任何具有磁性的東西，加速器裡的電磁鐵會把手錶、銅扣、皮帶扣等快速吸過去。

在公開的展覽會上，我們各自展示自己的科學作品。這項展示很重要，會決定我們四十人的獎金排名。我展示了自己做的小型無線電台，能夠完全用遙控選台。不幸地，我們的攤位沒有電，原本計畫的現場播出變成毫無生氣的講解。決選前十名入圍者會有一千至一萬美元不等的獎金，其餘三十人每人則有一百美元。不過，我們所有人幾乎都被頂尖大學的科學系所包辦。活動的高潮是我們受邀進入白宮的橢圓形辦公室，和杜魯門總統見面。我還記得和他握手時的感覺：堅定、精巧。辦公室裡的皮椅質感甚佳，只是上面沾了些滑石粉。

整所高中裡沒有人對物理有興趣，我都是靠自學和自己做實驗。不過我常和好友迪克・克萊爾、吉姆・哈特分享我的興趣。我們從國中二年級開始就是好友，經常談論校內事務、國家大事，甚至世界局勢，像是選舉、冷戰、西歐戰後重建，以及種族歧視。我們一同閱讀文學，思考論理和道德。吉姆後來成為一位詩人、作家，以及漫畫家。迪克後來也成為作家，同時也是一位哲學家。雖然我們各自發展，卻終生保持聯繫。

我唯一的休閒活動是西洋棋。在當時，我對撲克牌和賭博毫無興趣。然而我曾用物理的方法將輪盤的轉動和行星軌道的運行類比。行星的位置是可以正確預測的，我認為輪盤最後的數字也可以估計。每當傑克・查森和他妻子從拉斯維加斯度假回來，我總是能在他家泡上一整天。當他說誰也沒法贏過賭場時，我帶著年少輕狂的魯莽與自傲，以及對輪盤的粗淺認識說，總有一天我會贏過賭場。傑克回我：「喔，算了吧，艾迪。」我便絕口不提了。

動念暫時止息，等待下一階段人生到來。

⓯ 二〇一五年，我的外孫女克萊兒・高爾（Claire Goul）是同一場競賽裡三百名準決賽之一。如今名稱改為英特爾科學獎（Intel Science Talent Search），競爭更為激烈，前三名的獎金高達每人十五萬美元，一九四九年時第一名只有一萬美元。

⓰ 譯注：伊西多・拉比（Isidor Isaac Rabi, 1898-1988）：美國物理學家，因為發現核磁共振（NMR）於一九四四年獲得諾貝爾物理學獎。

—第3章—

物理學與數學

我問理察・費曼：「有沒有可能在輪盤遊戲裡勝出？」
他說不可能，
我頓時鬆了口氣，
心中大受鼓舞，
因為這顯示還沒有人好好研究它，
而我始終相信是有可能的。

一九四九年八月，我十七歲，進入加州大學柏克萊分校。那年母親在離婚後把房子變賣，也搬了出去，我十二歲的弟弟被安排進了軍校。此後好幾年我都沒有見過父母親，根據父親的說法，他十六歲以後就再也沒見過雙親了。當時他加入軍旅，而我則是進了大學讀書。相同的是，我也是從此自力更生。

我在校園南側幾個街口之外找到一個寄宿家庭。就在開學前不久，我得到消息，母親把我當年送報紙所得拿去買的戰爭債券兌現後花個精光。這舉動深深傷害我們全家很長一段時間，彼此都沒有往來。而我也不確定未來的大學生活能否順利讀下去。光靠獎學金、兼差工作，以及父親在第一年每個月寄給我的四十美元，我一個月的開銷不能超過一百美元。其中包括：課本、學費以及食衣住行。星期天寄宿家庭不供餐，我只好到教會去，大啖那兒的免費巧克力和甜甜圈。

當時校園裡到處都是因美國軍人權利法案回到校園的退伍軍人[1]。像是物理、化學等基礎學科往往擠了好幾百人，但教授的授課品質很高。在我主修的化學課有一千五百名學生，我們被分成四個區域，每個區域約四百人。授課的教授名氣不小，教科書也是他寫的。他還提供一筆校訂獎金，第一個發現印錯的學生可以獲得一毛錢。我很快就找出其中十個印錯的地方，列在一張清單拿給他，他還真給了我一塊錢。有了這次經驗，我回去認真找出另外七十五個印錯的地方，這次他付了七塊五毛，但明顯有點不高興了。後來我又找出幾百個錯誤時，他改口說他要找的是寫錯，不是印錯。儘管我表示抗議，他還是依然故我。這種單方面反悔並改變遊戲規則的事，後來我在華爾街屢見不鮮。往往是因為自身利益躲得遠遠地，毫無公平交易可言。那次以後我再也沒有為那本教科書校對了。

負氣改修物理

學期結束時，我的化學成績差一分就滿分，筆試和實驗成績都很好，排名全班第一。和高中那次化學競試的不愉快經驗不同的是，這裡的題型以分析題居多，部分的成績是來自每週課堂上教授拿給我們的不知名樣本，要我們進行化學分析而來。有些同學會偷偷改別人的答案，而我習慣保存一點分析過後的樣本，遇到這樣的事時，我還能證明自己做過的分析，那個學期最後一堂的分析課上，教授對我說我的答案是錯的，而我用保留下來的樣本做證明。教授把我的樣本拿給實驗室助教，但他不願看，因此分數被扣了一分。這一分讓我整個學期的總成績落到第四名，拿不到第一。我一氣之下，下個學期不再修

❶ 譯注：美國軍人權利法案（GI Bill）：一九四四年美國國會制定的法案，全名為：軍人復員法案（Serviceman's Readjustment Act）。目的在協助二次大戰退伍士兵接受教育或職業訓練。

化學，改修物理。也因此我沒有上有機化學、碳化合物，以及所有關於生物的課程。這些都是生物學的基礎。

這個衝動的決定導致我轉學，主修科目也換了，同時也改變了我的一生。回過頭來看，這個決定似乎是對的，因為它讓我發掘自己對物理和數學的興趣。雖然幾十年後，我仍會想要研究有機化學對延長人類壽命的影響。

我轉學到加州大學的洛杉磯分校（UCLA）唸數學和物理。雖然並不能和柏克萊大學相比，但有一個重要的原因：我在柏克萊並沒有交到什麼好朋友，還是經常獨來獨往，如同在南加州高中一樣。高中老師傑克・查森和兩位好友迪克・克萊爾和吉姆・哈特給予我不少情感上的寄託以及歸屬感。此外，我在柏克萊的生活其實是一團亂，第二學期我住在學生合作社裡，這是最便宜的地方，有許多個出入口會干擾之外，還得和其他五個人分住。從早到晚人來人往，什麼事都做不了，甚至不能睡覺。

最關鍵的一點，我可以把獎學金從柏克萊移到UCLA，我搬到大學合作住宿協會（University Cooperative Housing Association），那是另一個獨立的學生住宿團體。與柏克萊的學生合作社類似，不過這裡就像是個迷你聯合國，有來自世界各地的學生。宿舍包括二幢建築：羅賓森樓（Robinson Hall）和蘭德菲樓（Landfair Hall），是在大蕭條期間一些富有人士為了進UCLA集資興建的。我搬去那兒時大約有一百五十個學生。

與薇薇安交往

薇薇安・史耐塔（Vivian Sinetar）是我在一九五〇年秋天初識的朋友之一，她是一位苗條、俏麗的金髮女生，主修英國文學。更棒的是，她非常聰明。她大二時從洛杉磯市立大學轉學到UCLA，我們在一個主張各宗教平等對待的場合裡相識。我們都愛寫作，因此自願擔任報紙的編輯。

當時校園裡存在一些不平等待遇，像是不替黑人學生理髮；還有一位資深教授在為三、四年級講授南北戰爭時，宣稱南方的蓄奴制對弱勢黑人來說是一項福利。薇薇安和我印了數百份文宣表達我們的批評，認為這完全扭曲了歷史。怒不可遏的教授也寫了一篇文章捍衛自己的看法，並且譴責匿名的作者是懦夫。因為從文章中找不出作者身分的蛛絲馬跡。

薇薇安和我在著手當天下午的報紙內容時充分了解了彼此，也明白我們之間的共同點。我們都是家中第一個上大學的人，對公平正義的看法一致。她來自於一個匈牙利後裔的家庭，父母均是猶太人，家族的人口眾多，但過去九百年在歐洲長期受到迫害。二次大戰期間，她的許多親戚被關在集中營裡，即使在美國，也要面對反猶太主義（anti-Semitism）的歧視。然而，在薇薇安的心目中，平等一直是她的信念。她是家中三個孩子的老大，妹妹小她一歲，弟弟小她兩歲。薇薇安認為她妹妹的個性積極進取，有時甚至到了需索無度的地步。薇薇安的母親一方面不想和她糾纏，一方面也容忍她的個性，往往要求身為大姐的薇薇安讓步。不過薇薇安深信個人頭上一片天，而我深以為然。

薇薇安對於約會這件事顯得謹慎小心，轉而求助母親和妹妹。有一天下午我接她一起去唸論文，她母親和妹妹把她拉到一旁問她：「這傢伙有病嗎？」我想當時她的回答是：「他還小吧。」我們認識時我才十八歲，而她已經快二十一歲了，而她比實際年齡還要成熟，當時我們都不認為彼此是適合約會的對象。她主修文學，而我是物理，我也選修了她系上的幾門課，我們成為很好的朋友。後來幾年我們各自和別人約會交往，我也逐漸顯得成熟些。

男女同校的最大好處，就是可以接觸所有女生。隨後的一年我曾和不同的女生出去約會。直到一個晚上經過一個房間時，被一個女孩深深吸引。她是一個身形如模特兒的瘦高女生。擁有古典美人一般的高顴骨和棕色大眼，臉龐四周被埃及艷后般的黑髮圍繞。她芳名亞歷珊卓，我們彼此吸引，進而約會，一直持續了兩年。她主修戲劇，曾帶我在她主演的戲裡軋一角，我幾乎花了一整天的時間，穿著羅馬軍團的服裝和配備站在台上，心想表演絕對不適合我。

我表現出一副都懂的樣子

我的學術生涯在我大三那年幾乎告終。和亞歷珊卓約會加上長時間的兼差工作，回到宿舍時往往都已經凌晨二點，我變得疲倦且易怒，尤其是一早八點就開始的物理課。

物理課教授是一位著名的物理學家之子，他既無安全感，又害怕學生在課堂上發問，上課時就把一大疊筆記上的內容抄到黑板上，然後退到教室後面，避免可能的互動。而我們就把內容再抄到自己的筆記本裡。他這樣已行之有年，內容也大同小異，但對我來說這實在太離譜，我們大可先拿到這些筆記，預習後再到課堂上進行討論和提問。當然教授不會願意，因為他很怕被問倒。

因為上課太無聊，我開始在課堂上看UCLA的學生報紙──《每日熊報》[2]。這對教授的自尊心是一大打擊，事後我才了解，這種行為對人際關係是一大傷害，除非你不在乎到處樹敵。每當我表現出一副都懂的樣子時，他就會不時停下來開始抽問我各種問題，我得答對才會把報紙還給我。

事情發生在某天早上，前一晚我和亞歷珊卓約會到很晚，一大早還得在上課前完成簡單卻分量很多的作業。進了教室後，我衝下教室階梯，把作業交給教授時，八點整的鐘聲正好響起。教授看了我一眼，說了一聲：「嗯哼。」我一時控制不住，把作業扔到地上，大聲咆哮：「嗯哼是什麼意思？」接著連珠砲般說出我對他教學方式的不滿，剎那間整間教室都驚呆了。我回到座位，教室仍是一片寂靜，教授一如往常地上課。現在回頭看，我對繁瑣、死板的事都會顯得不耐煩。後來我學著如何和這種人相處，什麼時候該敬而遠之，什麼時候該拿捏分寸。

一星期後我被系主任叫去，他告訴我由於我缺乏尊重的行為，可能會面臨不同程度的懲罰，包括開除學籍。這不僅可能終結我的學術生涯，而且當時（一九五一年）韓戰仍在進行，沒有學生身分意味著可能數週內就會被徵召入伍。學校旁的徵兵單位手中有所有因學生身分延役的名單，少數失去學生身分的人會優先入伍，甚至有學生身分都可能會被徵召，每週我身邊都有些同學突然不見蹤影。幸運的是我父親當時住在同一區域，在洛杉磯的這個區域只有少數學生被徵召，意思是只要我在UCLA保有學生身分，就可能一直留在學校。

我在課堂上的事件被移交給助理系主任處理。所有證據都指向我不成熟和錯誤的示範。我和助理系主任會面時，很意外他十分同情我，我們達成一項共識：我個人向教授表示道歉，這個學期剩下的時間都是觀察期。我必須表現良好，且不得競選任何學生組織的職位。這一項要求讓我感到困惑，後來我才明白，當時在麥卡錫主義[3]及忠誠的氛圍下，系主任對於政治主張特立獨行的學生深感憂慮，希望能減少學生活動對學校的影響。

[2] 譯注：《每日熊報》（*Daily Bruin*）：為加州大學洛杉磯分校的學生刊物，每週出刊五天，從一九一九年創刊至今。

[3] 譯注：麥卡錫主義（McCarthyism）：起源於一九五〇年代冷戰時期，共產勢力擴張，西方國家人人自危，美國威斯康辛州參議員約瑟夫•麥卡錫（Joseph McCarthy）在一次聚會上，表示手中握有一份共產黨間諜的名單，許多公務人員在國家安全問題下遭到監控，甚至囚禁。日後該名詞泛指在沒有足夠證據下指控他人不忠誠、顛覆、叛亂等罪行。往往是執政者對異議分子和批評者進行的打擊手段。

我向教授道歉的時候，表示我明白自己行為的愚蠢和魯莽，也的確感到不適當，並深感歉意。然而，更嚴重的是我對他教學上的意見。我傷了他的自尊心，他認為除非我收回所說過的話，否則不會原諒我。我的價值觀讓我不願意在此妥協，甚至說謊，儘管它涉及個人利益。於是我換了一種說法，我解釋我已經了解他獨特的教學方法，學生們雖然不見得喜歡，也不應該讓教授難堪。我說的是實話，但每個人解釋的角度不同。他選擇了我希望他要的方式，當我離開時他顯得很高興，我學術生涯保住了，同時也成為一個行為良好、更加成熟的人。

兩個問題

我大三的成績因此受到影響，雖然到大四成績又回到優等，但我始終處於觀察期。也因此當我被選入PhBK聯誼社時實在大感意外[4]，也終於脫離谷底。**如果我在做決定之前先問自己，倘若這麼做，你希望會有什麼結果？倘若這麼做，你認為會有什麼結果？**這些事情可能都不會發生。我不會在意答案會是什麼，但是這兩個問題成為我未來極為重要的指引。

亞歷珊卓的雙親是中上階級的猶太人，經營塑膠生意，相當成功。我拜訪他們時，他們對我十分親切有禮。不過他們對女兒的期望很高，並不希望她和我這樣一個一文不名又沒啥前途的窮小子在一起。我們大四畢業前幾個月分手了。當時我還太年輕，不夠成熟，沒有準備好給予一個女孩安全和承諾。我十分傷心，甚至因此缺席畢業典禮，但卻沒有人可以傾訴。就連薇薇安參加畢業舞會時，我也未受邀。我的朋友們在畢業之後就各奔前程了。

為了慶祝我獲得學位，我和一個朋友花了六個星期，開著我的老爺車從洛杉磯一路行駛到曼哈頓。

我們在路途中睡在車上，在紐約則租了一間小公寓住了四個星期，租金很便宜，我們多數的花費都在汽油和食物上。

首度見識拉斯維加斯

我們開車橫越美國，途中經過拉斯維加斯，時間正好是半夜。我們正愁睡在車上可能會被警察臨檢時，突然發現附近一處寬廣但廢棄的公園，我們在公園廁所旁停好車，脫光衣服拿起水管洗澡。忽然一陣手電筒的光照亮我們的車，然後聽到人聲——有許多人。原來公園裡到處都是流浪漢。第二天早上我們才知道，這些人裡頭有很多是輸光家當才變得如此。所幸夏天夜晚還算舒服。第二天要離開賭城前，我們決定在湖畔的一間賭場試試手氣。在那兒我們遇上三個女孩，她們給我們五分錢玩吃角子老虎，當時我還有點顧慮——我還不滿二十一歲，依法不能進入賭場。不過我很快地中了一次小獎，鈴聲響起，燈光閃爍，一堆五分鎳幣撒了下來，加起來有好幾美元。這些錢足夠買一堆食物和飲料犒賞我們五個人。

這是我一生中第一次見識拉斯維加斯，心中留下了十分矛盾但生動的印象。五光十色的脫衣舞孃、不勞而獲的財富，對照著公園裡一群群流浪漢，恰如夢境裡的黑暗面。在這段回憶中，有五光十色的樂園，一群傻瓜被吸引到賭桌前，雖然數學告訴我，他們之中絕大多數人最後會輸個精光，但極少數的贏

❹ 譯注：PhBK聯誼社（Phi Beta Kappa）：美國大學的榮譽組織，只邀請優秀的大四學生加入。

家卻會被大肆宣傳，用更高額的獎金來吸引更多傻瓜。一次又一次下注的結果，終究會一文不名，甚至身敗名裂。當時我還沒想到有一天我會改變這一切。

和我一同旅行的朋友是我這一年多來練習舉重的同好之一。有一天傍晚，我經過學生合作社地下室的鍋爐房時，聽到一陣鐵器碰撞聲。好奇心的驅使下我探頭一看，有三個肌肉男正在舉啞鈴。正當我猜想他們這麼做有什麼用時，他們看到瘦弱的我，打賭我如果和他們一起健身，每週三次，每次一小時，持續一年後肌肉就能強壯一倍。我不像著名的廣告明星查爾斯・亞特拉斯[5]那樣，只有弱不禁風的九十八磅，於是欣然接受挑戰。過了一年後，在我們開車去紐約旅行之前，我真的變強壯了一倍有餘，也贏得了賭金。這也成為我終生對運動健身喜好的開端。

那一趟旅行後我回到現實生活，繼續工作和研究，大學畢業那年（一九五三至五四年），我申請到哥倫比亞大學物理系碩士班的獎學金。此時我要做的是存夠錢在紐約生活，但我沒辦法，最後只得繼續留在UCLA。第二年的某個週日，我唸了一會兒書之後，到合作社的餐廳倒杯茶喝，當時餐廳裡只有寥寥數人。其中有人剛從拉斯維加斯回來，說到沒人能在賭場贏錢的事。這是多數人的想法，也是全世界一致的看法，因為多數的賭徒在那兒都有不愉快的經驗。

許多賭徒都相信「馬鞅法」，或稱為「賭倍法」是贏錢的法則[6]。通常被用在輪盤遊戲這類「紅」、「黑」輸贏機會相等的賽局裡。標準的美國輪盤[7]有十八個紅色數字，十八個黑色數字，以及二個綠色數字，總共三十八個。在公平賭局下，你可以押注出現紅色或黑色數字，每三十八次中平均會贏十八次，輸二十次，其中有二次是押紅或黑都會輸（出現綠色）。為了說明馬鞅法的缺陷，假設你一開始下一元賭出現紅色，萬一輸了，下一局賭注就加倍，而且每次都押紅色，直到你贏為止——因為總有一次出現紅色——過去所有輸的錢會一把統統贏回來，還會倒賺一元。這樣的模式重複下去，每次贏的時候都多賺一元。這種加倍下注法到最後，你可能會因為要押非常大的賭注而破產，或是賭場自己收手不陪你玩。

雖然賭場的賭局會出現無限多次結果，也不太可能真刀真槍去實驗哪一種下注法是有效的。而一種數學模式實驗失敗後，總會有另一個新的模式出現。如果某種模式能在數學理論下成立，就表示賭場的系統失靈❽。其實，在公平賭局的假設下，沒有任何方法能擊敗賭場的優勢。

我一邊啜著熱茶，一邊和餐桌旁的人討論著預測輪盤遊戲的事。我當時認為，即使不用數學也可以擊敗輪盤莊家。那時我有了六年的物理學知識，我能解釋由於摩擦力的作用，會讓軌道上的球逐漸慢下來，直到地心引力將球接到輪盤內，逐漸迴旋至中心為止。我認為用物理公式可以預測出球的運行位置，雖然球的轉向與輪盤相反，也可以用另一條公式計算出輪盤的位置。唯一的限制是隨時可能出現的犯規行為，這是無法預測的，數學家和物理學家將它稱為噪音（干擾）。傳統觀念認為，噪音會足以干擾預測的準確性，我不這麼認為，決定要試試看。

---

❺ 譯注：查爾斯・亞特拉斯（Charles Atlas）：一九四二年健身雜誌《健身文化》（*Physical Culture*）裡的廣告明星，傳達出年輕男性想要肌肉發達的渴望。

❻ 譯注：馬鞅法（Martingale）是賭金管理中最著名的理論。其原則是：當你輸錢時，要將下一場的賭金翻倍押注，如果贏了能拿回原始本錢，如果輸了就再翻倍押注，直到贏一次就能翻身。這套理論在公平賭局下可以成立，但多數賭場設計的並非公平賭局。

❼ 歐洲輪盤只有一個綠色數字，賠率也有所改善，如果賭客押了紅色或黑色數字，最後出現綠色，賭客只輸掉一半的賭金。

❽ 最著名的一個例子是平面幾何的畢氏定理（Pythagorean theorem）。在一個直角三角形，兩個直邊的平方和會等於斜邊的平方。例如，直角三角形的三個邊長分別是3、4、5，因此$3^2+4^2=5^2$；還有$12^2+5^2=13^2$等無限個例子，我們可以逐一拿來檢視，不過這個理論描述最為完備。

所幸，當時的我並不知道數百年前有一位偉大的數學家亨利・龐加萊[9]已經證明，不可能用物理學預測輪盤賭局。他的證明很合理，只是在預測球的位置上，用了一般且看起來合理的隨機假設。

就在此時，我完成了物理學博士班的課程，也通過了筆試。在史蒂芬・莫斯科夫斯基（Steven Moskowski）教授的指導下，我陸續完成了一半的課業。我的論文（最初的研究報告）是探討原子核的結構，當時剩下的就是完成研究工作，以及通過口試就行。但我需要更深的數學以解決複雜的量子力學計算。當時UCLA的物理系只要求學生具備一點數學基礎，而我的基礎更薄弱。而量子力學需要進階的數學知識，我這時才發現我需要多修很多數學系的課，幾乎可以再拿一個數學博士，而我可以先拿數學博士，再回頭讀物理。這是個頗吸引人的選項，因為UCLA的物理博士通常要十年甚至更久才拿得到。

完成終身大事

由於全力準備博士班的物理課程，我和薇薇安以及多數的朋友都沒有聯絡。聖誕節前薇薇安寄了一張卡片給我，上頭寫著：「別離群索居。」於是我打電話給她，幾週後我們首次約會，地點是好萊塢的一座小型藝文中心，我們一起看了尚・雷諾瓦的影片《大河》[10]。該片儘管佳評如潮，然而看起來卻沉悶無比。離開戲院時，我們都感到這次約會糟透了。不過隨後的茶點時間，卻讓我們找回過去的友情和新事物。我們彼此都已有和別人約會的經驗，也明白彼此之間是如此契合。如同她喜愛的珍・奧斯汀（Jean Austen）一部著作，我們終於明瞭彼此想在一起。幸運的是，儘管家裡有逼婚的壓力，薇薇安依舊是單身，因為她一定要找到對的人，否則寧可一個人。

我們有很多相似處，像是我們都熱愛閱讀，也喜愛旅遊、電影和音樂。我們都渴望有孩子，也訂下了養育孩子的規則：給予他們所有可能的教育機會，教導他們自我獨立思考的能力，而非只會接受專家和權威的思維；鼓勵他們選擇自己的人生。我們兩人都有點內向，我比她還嚴重些。我們期望擁有學術生涯，能和聰明的人在一起，教學、研究以及旅行。錢可能賺得不多，但生活卻很充實。對我們來說，如何利用時間以及與人們、家人、朋友、同事相處重要得多。

雖然在很多地方志趣相投，我們仍有許多差異。薇薇安喜愛文學、人類學、心理學、藝術及戲劇，對數學和科學則興趣缺缺。但是她擁有優秀科學家的清晰頭腦與思維邏輯，表現在社會科學更顯得突出。而我則擅長自然世界的理性與科學演繹，她則幫我拓寬了人性的視野。我能指導她事與物，她能教我看人。

薇薇安的雙親——艾爾和阿黛爾・史耐塔（Al and Adele Sinetar）是在一九二〇年代相識於紐約。身為猶太移民的一分子，身無分文，教育程度不高，在美國這個新國度裡惟有努力工作，後來成為成功的企業家，並建立一個中產階級家庭。他們花了數十年的時間將許多親戚接到美國，包括雙方大約共十位兄弟，以及他們的父母和自己的孩子。薇薇安是他們大家族裡第一個擁有大學學位的人，而她則創了另一項記錄：嫁給一個非猶太教的人。所幸，她父母都很喜歡我。

艾爾和阿黛爾十分歡迎我加入他們的家庭，但有一次在他們家共進晚餐時差點把事情搞砸。阿黛

❾ 譯注：亨利・龐加萊（Henri Poincaré, 1854-1912）：法國數學家，發現混沌理論的系統，也起草狹義相對論。

❿ 譯注：尚・雷諾瓦（Jean Renoir, 1894-1979）：法國著名導演。也是大畫家皮耶－奧古斯特・雷諾瓦（Pierre-Auguste Renoir）之子。《大河》（*Le Fleure*）是其第一部彩色影片。

爾很會做菜，當天她做了用料豐富、加了酸奶油的羅宋湯、匈牙利燴雞、塞了內餡的甘藍菜、加了更多酸奶的馬鈴薯等等。我在學生合作社裡住了許多年，主菜永遠是嘗起來甜甜的，帶著奇怪藍色紋路的馬肉，以及罐頭水蜜桃甜點。面對這些佳餚我餓極了，晚餐中阿黛爾為每個人服務，每次都會給我特別多。我在禮儀與美食誘惑之間掙扎，對食物總是來者不拒。正當我以為晚餐結束時，阿黛爾又端出一大盤我從沒見過的起司捲餅。我吃了兩片後，等著她再給我兩片，吃完了，再兩片，再兩片……當我終於停下來時，竟然吃了二十片！幾乎把他們家的庫存清光。

我六月取得物理碩士學位，不久後就向薇薇安求婚，她答應了，她父母願意接受一個可能窮一輩子、只能領教授薪水的女婿。然而，婚禮必須依照猶太傳統儀式，否則他們家會遭人非議。我們同意，但仍有個問題：沒有拉比為我們主持婚禮[11]。找了好久，最後好不容易找到一位年輕的改革派拉比，名叫威廉・克萊默（William Kramer）。在此五年前他還是美國參議院的牧師，後來在一九六〇年，他為黑人演員山米・戴維斯二世（Sammy Davis Jr.）以及瑞典女演員梅伊・布里特（May Britt）主持婚禮。那場婚禮充滿政治色彩，甘迺迪（John Kennedy）甚至要求兩人在他競選活動結束後才能結婚。那場婚禮激怒了許多保守的美國人。

戴維斯當時因為車禍失去一隻眼睛，後來他加入了猶太教。有一次他和傑克・班尼[12]聊天時，傑克問他：「你的差點是多少？」戴維斯回了一句名言：「我的差點？我是個獨眼的猶太黑人。」[13]

過了一個世代，克萊默再度以拉比的身分為我的兩個女兒主持婚禮。在大女兒的婚禮上他幽默地說：「我很榮幸再次接到生意，但請別讓我再等三十四年。」

我們的婚禮進行得很順利，直到一位我最喜歡的高中老師在席間不停大聲重複：「我就知道他會和蘭斯曼（landsman）結婚！」〔**蘭斯曼**是意第緒（Yiddish）語，特別是指來自同一地區的猶太人。〕

所幸，在場長輩們都假裝沒聽見，一切順利如常。

另一件我感到幸運的是，我的岳父母沒有看到我結婚時窮酸的樣子。我的衣服大都有磨損，總共家當只有一只箱子，鎖也有點壞了。因為衣服常放在一起洗，都有些被染成了淡紫色、米色及黃色。幾年前我的室友和我湊了四十美元合買了一件哈瑞斯・推德（Harris Tweed）的外套，兩人輪流穿。結婚時室友把他的一半當作結婚禮物送我。倒是另外有一箱箱的書堆在臨時書櫃上，夾層是用板子隔開，櫃子是用水泥塊做成的，這是當時典型的學生裝備。

一九五六年一月我們結婚後，我開始選修數學系的課。薇薇安支持我一項大膽的決定，就是跳過應該修的大學進階課程，直接跳級上研究所的課。懷著破釜沈舟的心，我努力自修以彌補程度上的差距。經濟上儘管薇薇安努力工作養家，我們仍需要額外收入。那年夏天，我還做了一份為期三個月的全職工作以貼補家用。當時合作社裡一位工程系的學生湯姆・史考特（Tom Scott）說，國家收銀公司（NCR）[14]正在招聘。我填了表格，通過了考試，為了一份週薪九十五美元的工作開始上班（以二〇一六年的幣值來算大約乘以八）。工作內容是教導員工進階代數，我可以自行決定教材。我選了伯克霍夫（G. Birkhoff）和麥考連（S. MacLane）的《當代代數研究》（*A Survey of Modern Algebra*）作為教

⓫ 譯註：拉比（rabbi）：是猶太教中的智者，在許多猶太教儀式中扮演主持者，包括婚禮。

⓬ 譯註：傑克・班尼（Jack Benny）：美國著名喜劇演員。

⓭ 譯註：差點（handicap）：高爾夫球計算球員水準的算法。通常以十八洞總桿數減去七十二桿標準桿後，再乘以〇・八。差點越低表示球技越好。不過，handicap另有身障人士的意思，此處戴維斯巧妙運用兩個字的意思開玩笑。

⓮ 譯註：國家收銀公司（National Cash Register, NCR）：位於美國喬治亞州德盧斯的電子軟硬體公司，生產收銀機等現金收付的器材。

科書，那是一本數學系的經典著作。我每天自修書中內容，第二天就拿來教員工。

我問費曼：「有沒有可能在輪盤遊戲裡勝出？」

有一次，薇薇安和我接受湯姆·史考特的一位在NCR工作的女性友人邀請，參加她的家庭聚會。她介紹她的男朋友理察·費曼[15]給我們認識，當時他坐在壁爐旁邊玩邦哥鼓[16]。他是加州理工學院的教授，當時年僅三十八歲，卻已是全球物理學界閃亮亮的一顆星。費曼後來獲得諾貝爾物理學獎。他因為主持調查挑戰者號太空梭失事，造成七名太空人喪生的悲劇，公開用橡膠環[17]放入冰水裡來解釋失事原因而受到全國矚目[18]。

我曾聽過一個有關費曼和拉斯維加斯的輪盤的故事：有一次費曼在賭城看到一位男士押五美元賭輪盤遊戲的紅字或黑字，費曼告訴這位男士，和賭場作對是沒用的。為了證明，費曼自願扮演賭場的角色。兩人走遍各賭場的輪盤，男士下注賭紅或黑，費曼就和他對賭。萬一男士輸了就付五美元給費曼，贏了就討回來。儘管前面說過賭客在輪盤遊戲裡並不具有優勢，結果竟是男士贏了八十美元，費曼最後認輸。即使費曼扮演的賭場，最終會是贏多輸少，但他顯然不承擔更多風險，就像一間只有八十美元資本的賭場，經不起一位運氣奇佳的賭客挑戰。如果這個故事是真的，即使是世界頂尖的物理學家，也可能無法認清，只要有更多的資本就穩贏不輸的道理。理解並正確操作風險與報酬之間關係是最基本的道理，少了這項認知，無論是賭客還是投資人都將面臨極大的挑戰。

如果認為物理學真有可能預測輪盤結果，那個人一定是理察·費曼。我問他：「有沒有可能在輪盤遊戲裡勝出？」他說不可能，我頓時鬆了口氣，心中大受鼓舞，因為這顯示還沒有人好好研究它，而我始終相信是有可能的。有了這層動力，我展開了一連串的實驗。

結婚後不久的某天傍晚，薇薇安的父母來看我們並共進晚餐，不過我不在場。他們後來在臥房裡找到我，只見我做了一個V型的木槽，把一端墊高。當我放下一顆做了記號的彈珠，讓它滑落到地板上，然後記錄每次彈珠停下來的位置。我解釋這是預測輪盤遊戲的實驗。這玩意跟輪盤有什麼關係？想像一下把輪盤拉直，彈珠就像是落入一個直線的溝槽裡，這時將一端墊高（高度是經過計算的），再將彈珠放開，彈珠的滾動距離就對應了在輪盤裡「擲」球的樣子，只是力道來自地心引力，而不是手。彈珠滾動在地板上因摩擦力而停止，就像是輪盤裡的球在軌道裡逐漸慢下來，最後掉入號碼池中。我想知道我所預測彈珠停下來的位置與實際位置的差異。結果頗讓我興奮，但對我岳父母來說可不這麼想，他們希望女兒嫁給一個當醫生或律師的女婿。**我們到底在這兒幹嘛？**他們感到很納悶。

一年多後，我的一位家境富有的家教學生⑲知道我這方面的興趣，有一次他送我一組大約二分之一

---

⑮ 譯註：理察・費曼（Richard Feynman）：美國物理學家，量子力學的創始人之一，奈米技術之父，是二十世紀最偉大的物理學家之一。

⑯ 譯註：邦哥（bongo）鼓：一種拉丁美洲的民族樂器。

⑰ 費曼當時用了和挑戰者號完全相同的材質做成的橡膠環放入冰水中，形同挑戰者號升空時的溫度，此時橡膠環就會變得脆弱導致失事。費曼在《古典費曼》（*Classic Feynman*, edited by Ralph Leighton, Norton, New York, 2006）中有詳述這個過程。

⑱ 譯註：一九八八年一月二十八日，美國「挑戰者號」太空梭升空後，因右側火箭推進器的O型環密封圈失效，導致燃料箱在洩漏出的高溫下爆炸，太空梭在發射後第七十三秒解體，七名太空人罹難。雷根（R. Reagan）總統成立調查團，成員包括當時已六十八歲的費曼。費曼在調查會現場以一個非常簡單的實驗，將模型O型橡膠密封環圈放入冰水一段時間後取出，橡膠圈有幾秒鐘的時間因為低溫失去彈性，無法膨脹密封，導致高溫氣體進入燃料箱。這個結論直接打擊NASA，調查團成員大都傾向不公開調查結果。但費曼堅持自己的看法，並以個人名義起草事故報告，要求放在調查團報告，如今這份報告納入附錄，可供所有人查閱。

⑲ T. T. Thornton.

大小的輪盤複製品。在薇薇安的協助下，我拍下一次又一次擲鐵球的影片，並用能測百分之一秒的碼錶計算時間，以求每一步驟的精準[20]。預測的準確度不高，原因是輪盤和鐵球的設計存在多項缺陷。如果這些問題沒有在賭場中出現，我的預測應該會贏錢。過程中薇薇安極有耐心地陪我進行實驗。雖然這些占去我不少論文和工作的時間，不過對我而言這些是科學實驗，是放鬆心情的方式之一。就像多數人會選擇讀一本書或看一場電影一樣。當時我壓根沒想過要靠它賺大錢，而是想完成一件人們都認為不可能的事。我帶著遊戲的心情，享受成功的快樂。

就在利用空檔進行輪盤實驗的同時，我仍專注在數學博士的論文上，我很幸運找了安格斯・泰勒（Angus Taylor）做我的指導教授，他是位傑出的數學家，同時也善於教學。他與另一位教授合著的微積分教科書通稱《雪伍德及泰勒微積分》（*Sherwood and Taylor Calculus*），自一九四二年出版以來便廣為數學界通用。我在高等微積分的課堂上首次見到他，後來成為論文讀者（paper grader）。身為蘇格蘭人，泰勒教授的雙眼炯炯有神，個性直率，上課內容相當清晰，兼具理論、實務以及議題。

後來我申請成為數學系助教，其中要有三封教授推薦信。幾天後當我向秘書處要回我的檔案準備填表時，意外發現三封推薦信已經在裡面了。前兩封內容充滿溢美之辭，但第三封泰勒教授則中規中矩。他提到我做事都需要花上一段時間才能讓他全然滿意，我的思緒敏捷，但並非完全精確。看完之後我告訴薇薇安，很擔心無法得到這份工作。

我和系主任面試時談論到我的表現，他表示前兩封推薦信寫得很好，我的資格看起來符合，問題出在泰勒教授的第三封信，依照信中的描述，我幾乎不可能得到助教的工作。不過後來他提到，泰勒教授罕見地又寫了一封相當正面的信給他。這讓我想起了父親，他是個好人，卻吝於讚美。當我考九十八分時，會責問我：「為何沒考一百？」在泰勒教授的指導下，我提早完成了博士論文，只是當時已是一九五八年春天，已經過了申請博士後研究的期限。

在我取得博士學位後找工作的期間，在數學系多擔任了一年講師。這一年當中有一部分時間是花在真正的賭場輪盤遊戲上。那一年聖誕節假期，薇薇安和我到拉斯維加斯。在那裡我親眼見到好幾個不同的輪盤，雖然沒有親手檢查，但至少從肉眼可看出它們保養得很好，也沒有什麼缺陷。這讓我更加認定預測輪盤是可行的。我認為我需要的是一個真正的輪盤，以及一套精準的實驗器材。

⓴ 讀者可在www.edwardothorp.com看到相關影片。

第4章
拉斯維加斯

我要了第七張牌，是一張五！我有A，二，二，三，A和六，總數二十一點，這相當少見。在眾人的驚呼聲中，我贏了二十五美元。

薇薇安和我決定在聖誕假期前往拉斯維加斯的原因，是因為當時拉斯維加斯正轉型成為一個平價的度假勝地，以吸引大量賭徒。身為一個二十六歲的博士生，我在UCLA賺的錢實在不多，沒有什麼多餘的錢可花。我同時相信——儘管五十年後身為資產管理者也是一樣——最可靠的致富方式就是賭，或是把錢投資在風險性資產上。而我心知肚明，沒有人發現面對賭場的必勝絕招，所以在拉斯維加斯賭從來就不是我的首選。

現在回頭看看一九五八年的拉斯維加斯，我無法想像今日此地的五光十色，絢爛而迷人，巨大旅館四處林立，門前全天都是擁擠的車輛。當時不但沒有像是金沙（Sands）、杜尼斯（Dunes）、里維耶拉（Riviera）等經典旅館，當年隨處可見的黑社會及藏匿獲利現金交易的方式，如今被數十億美元的上市公司取代。當時又直又長的高速公路上車子不多，兩旁散著幾十棟一層樓的旅館式賭場，再過去就是數百英畝的黃沙和短草。

我們啟程度假前，同事羅伯・索傑菲（Robert

Sorgenfrey）教授告訴我一種贏得二十一點牌局的新策略❶，他宣稱這套策略能讓任何莊家贏牌的優勢降到最低。其次是百家樂（Baccarat），莊家的優勢低到只有一・〇六％，然後是擲骰子（Crap），一・四一％。由於二十一點的莊家優勢只有〇・六二％，我打算拿一點錢來試試手氣。這套策略是由四個數學家在戰爭期間發展出來的，包含了數百種玩家可能面臨的決策情境。我將其主要特徵濃縮到一張手掌大小的小抄。其實，當時我在賭場唯一的經驗，只有多年前拿過幾個銅板玩過吃角子老虎。

第一次賭二十一點就贏錢

我們在旅館安頓下來後，便動身前往賭場，很快地擺脫門前的酒鬼、老煙槍以及成排吃角子老虎之後，我發現兩排二十一點的牌桌。由中間走道分成好幾個賭區（pit），桌上堆滿籌碼、撲克牌。女侍者端著各式雞尾酒供應沈迷在桌上的賭客，事實上所有賭客都被各賭區的領班嚴密監視。我們到的時候是下午，只有少數賭桌有人。我選了其中一張，「砰」的一把將所有家當放上去——總共也只有十塊錢而已——我煞有介事地坐在賭桌前，其實心裡壓根兒沒想到會贏。雖然我建造了一台能預測輪盤結果的莊置，而賭場莊家的優勢也只比我多一點，但我完全沒有賭博的經驗，才剛要開始嘗試。我也對賭場一切一無所知，包括它的過去歷史和現在的運作方式。嚴格來說，我就像是個看過兩眼食譜，從來沒進過廚房就想做出一桌菜的人。

❶ Baldwin, et al (1956).

我要試的是二十一點，也稱為黑傑克（blackjack），玩法基本上和一六〇一年塞萬提斯（Cervantes）描述的故事中，一種古老的遊戲相同。十八世紀中葉，歐洲十分風行這個遊戲，在法國稱之為Vingt-et-un，意思就是「二十一」。後來在二十世紀被引進美國，演化成不同的牌型會有不同的獎金。其中玩家的頭兩張牌若是黑桃A和其中一張黑色J（Jack），稱為「黑傑克」，會有高達十倍的獎金。這種獎金制度後來被廢止，但名稱卻沿用至今。任何兩張總和二十一點的牌——一張A加上任何一張十點牌——今天都可稱為黑傑克。

遊戲是由玩家把賭注放在前方的下注區展開，莊家每人發兩張牌，自己也發兩張。第一張牌面朝上，大家都看得到，第二張牌則面朝下。然後從莊家的左手邊開始，輪流問每個玩家要怎麼繼續。只要玩家手中牌的總點數不超過二十一點都可以一直玩下去，一旦超過就是「爆」了，也就算輸了。每種牌的點數，A是一點，也可以是十一點，視玩家決定；十、J、Q和K都是十點，也稱十點牌；其他二、三到九的牌就等同它們的點數。莊家通常要把自己的牌加到十七點或更多時才會停下來。而玩家可以在任何時候停牌。莊家的優勢在於玩家有「爆」掉的風險，因為立刻就輸了，即使後來莊家才「爆」掉也一樣。雙方都「爆」掉還是算玩家輸。玩家如果採取和莊家一樣的策略，輸錢的機率多了六%。

另外，莊家的規則很明確，但玩家則不是。玩家的選項很多，彈性也很大，這對玩家的影響可不小。舉例來說，如果玩家的前兩張牌是相同的點數，假設是兩張九點牌，他可以將兩張九分開（稱為「分牌」），另外下一倍的賭注，此時玩家手中就有兩個賭局，每個賭局都可另外拿一張牌，方向從最右手邊開始。然而，並不是每次碰到一對牌都應該分牌，將一對八點牌分牌是不錯的主意，但一對十點牌就不一定了。此外，玩家可選擇把手中的兩張牌攤開，多加一倍賭注，可以另拿一張牌，這稱為翻倍

（doubling down）。而莊家，只要專注在總數二十一點以下即可。

我最後找了一張賭桌坐下來，同桌賭客已經輸了不少，而且看起來還會輸下去。我想著手中藏著那張寫滿策略的小抄，擔心自己會不會被趕出去？禁止看小抄？想不到最後問題出在眾人的嘲笑。當我低頭看小抄而耽誤賭局進行時，發牌員語帶戲謔地教我該如何玩手中的牌，同時向圍觀的人群解釋這是常有的事。對我不按牌理出牌的下注方式不禁莞爾。誰會在莊家的牌是A的時候，還會把一對八分開賭倍？哪個傻瓜會拿總數才十二點的牌對莊家小小的四點牌？當然，我僅有的十塊錢很快就被莊家贏走，不然還能怎樣？

帶著些許不甘願，我小心保護著手中剩下的一點籌碼，不久奇怪的事情發生了。我拿到一張A和一張二，因為A可以是一點或十一點，我手中的牌可以是三點或十三點。下一張牌又是二，然後是一張三。此時我的牌是A，二，二，三共四張，總和是八點或十八點。莊家打開的牌一張九，我猜蓋著的牌可能是一張十點牌，如果這樣總數就是十九點，但十八點已經不錯了。此時只有傻瓜才會再要一張牌，因為這可能因此破壞了一手好牌。不過我還是要了，此時後方的人群開始議論紛紛。我得到一張六，現在我的A只能算一點，總數變成十四點了。「活該！」有人在後面出聲。第六張牌又是一張A，總數成了十五點。「一定爆了啦！」大家都這麼說。接下來我要了第七張牌，是一張五！我有A，二，二，三，A和六，總數二十一點，這相當少見。

在眾人的驚呼聲中，我贏了二十五美元。人群裡有人說我的獎金很快就會送過來，但莊家說不——他說獎要到位在雷諾（Reno）的賭場去領才行。我根本不知道賭場有這種規則，不過仍裝成一副老成的模樣，好像放棄手中的十八點是因為預見後面二十一點會出現一樣。天曉得他們會不會付錢，就算最後拿不到錢，身後那些原本等著看好戲的人群對我的態度出現大轉變，甚至帶點敬畏[2]。

十五分鐘後，我手中的十塊錢輸掉了八塊半，便起身離開賭場。不過此時薇薇安倒開始擔心，因為我迷上了二十一點——雖然不是一般人的那種迷。賭桌四周充斥著無知和迷信的氛圍，讓我相信即使再厲害的玩家，恐怕也不了解賭局背後的算計。我回去以後要找出制勝之道。

如果我對賭博的歷史稍有認識，了解過去幾個世紀以來數學家窮盡心思試著分析破解，我可能就不會對二十一點如此沉迷。一般人看見拉斯維加斯光鮮亮麗的一面，擁有全美最多的樂透和賭場，可知道背後每年得有許多人輸掉數百億美元才行。而且，數學家已證明在大多數的賭場裡，沒有什麼方式能降低賭場的優勢。一代代的賭客只是不斷嘗試這種不可能。玩家對於久賭必輸這種再清楚不過的事感到懷疑，因為每一場賭局的時間都很短，有人就可能因而走運。

任何只要能計算，且報酬和過去的結果無關的遊戲都是如此。像丟銅板、擲骰子、基諾（Keno）[3]、輪盤、吃角子老虎都是。不需要什麼預測輔助工具就能玩。賽馬和股市就不同了，因為別人的參與會影響結果和報酬，很難計算機率值。

認為賭場會永久存在其實是基於一種傳統的觀念：如果二十一點被破解了，賭場要不就是修改規則，要不就是將這類賭局收掉不玩，但這從來沒有出現過。不過，基於過去的實驗，我相信能預測輪盤，因此我拒絕傳統對二十一點的論調，決定親自上陣，和賭場一決高下。

[2] 根據二十一點規則及以我在這方面的經驗，見《戰勝莊家》一書。
[3] 基諾（Keno）：一種猜數字的賭局遊戲。

第5章 征服二十一點

我在《戰勝莊家》中寫過，玩家的優勢是〇．一三％。玩家只要採取我的策略，一直做下去，即使沒有記牌優勢也會存在。然而我的方法最大的功用在於我不只分析一副牌，還包括任何形式組成的牌。

我對二十一點著迷不是因為錢，儘管的確能靠它賺點外快，薇薇安和我依舊樂於過著安貧樂道的學術生活。真正吸引我的是只要坐在那兒動腦筋思考就行。我能想出制勝之道，也樂於探索賭博世界，儘管我對它一無所知。

從拉斯維加斯回來之後，我一頭栽進UCLA的圖書館，遍尋有關數學和統計研究的文章。開始埋首苦讀堆積如山的資料文獻，其中不少是我曾採用過的策略。身為數學家，我了解必勝秘訣很可能是不存在的，但很想知道背後的來龍去脈。我知道機率論起源於四百多年前的機運遊戲，經過數個世紀的試驗才發展出來的理論，最終證明在大多數的情形下，賭場制勝秘訣無法成立。如今我用親身經歷居然還賺了些錢。

當時滿腦子都是公式的我，有一次無意間發現一件事：我回想在賭桌上用的策略，其實是假設每張牌被抽中的機會是相等的，而正因為如此，賭場的優勢只有〇．六二％。但我也明白賭場的優勢完全取決於發牌盒裡還有哪些牌而定，優勢的大小會隨著賭局的進行而改變。有時對莊家有利，有時則對玩家有利，玩家的賭注應該要隨之變化才行。在進階數學課程[1]的助益下，我心中已有藍圖。我相信玩家必須維持本身的優勢才行。並且，當時我也確實看過有人把這些新的知識運用在賭桌上。

玩家的優勢

我因此決定要從有哪些牌已經被發出去的過程，來找出最佳的策略。這樣我就可以在對我有利的時候多押注，對我不利時就少押些。賭場可以賺到小錢，但我可能一把就賺到大的。而且如果在我擁有優勢的時候押得夠多，就可能一路贏到底。

我離開ＵＣＬＡ的圖書館後回到家，思考著下一步。於此同時，我寫信給二十一點的四位作者之一的羅傑・鮑德溫（Roger Baldwin），請教他有關計算的細節問題，表明我想進一步研究這個賭局。數週後他回了一封信，大方地描述了真正的計算方法，同時寄來兩個大箱子，裡面放的是數千頁他在服役期間利用計算機計算出來的研究筆記。一九五九年春天，在教學及數學的研究之餘，我還精通每個賭局的計算細節，在龐大快速的數據計算中，我感覺得到自己離制勝法則越來越近。

在沒有人論及計算已發出多少牌的方法前，「鮑德溫策略」是大家公認最好用的方法。他們研究的是單一賭桌情境，因為在當時內華達州只有這一種玩法。不過他們四個人的研究對於主宰賭局的幫助不大，還讓賭場平空多了大約二％的贏錢優勢。

任何一種二十一點策略都應該告訴玩家，在看到莊家攤開的那張牌（共有十種可能的值），以及自己手中那副牌（共有五十五種不同組合）時，應該如何應對。玩家在五百五十種情境下得找出最佳方式來管理自己手中的牌。計算出接下來所有可能出現的情境，以及賺賠結果。每一次出手的背後隱含著數千、甚至數百萬種可能。五百五十種情境背後就是龐大的計算工程。如果發給你一對（pair）牌，策略分析得判斷是否應該分牌，下一個決策則是要不要賭倍，也就是一注記一張牌。接下來最後的決策則是需不需要再要牌，還是應該停牌。當我搞懂這些了以後，我打算把這些多到不行的決策做成小圖卡，我研究鮑德溫策略也是如此。這能讓我將決策視覺化，在面對五百五十種可能情境時，因應起來就容易多了。

鮑德溫等四人對整副牌的計算其實很簡略，因為如果真的要算，只用一般型計算機一輩子也算不完。一九五九年我試著計算時實際上更為複雜，因為還得手動減去賭桌上數百萬種可能情境下出現的每一次結果。打個比方，想像一下一場制式的牌局，發牌員先把最上面的那張牌「燒掉」（burning）了，意思是把那張牌翻過來朝上，放到整副牌的最下面，相當於做個記號，表示整副牌到此為止。因此整副牌只剩下五十一張。這張牌的點數總共有十種可能的值，而下一張牌也有出現十種點數的可能：A，二，……，九，十。假如——其實很常發生——我們看到這張牌呢？我們就能用鮑德溫策略來分析每一次出現的十種可能值，進而在五百五十種情境裡做出決策。這樣我們總共有十一種決策表，一種是整副牌的情境，其他十種是最上面那張牌被抽掉時的十種可能情形。

接下來，假設有兩張牌一開始就被抽走，只剩下五十張牌。那麼一共有多少種五十張牌的組合？因為出現二張不同點數的牌共有四十五種可能（（A，二）、（A，三）、……（A，十）；（二，三）、（二，四）、……（二，十）；……以此類推），總和為五十五種。這樣至少要計算五十五次，也會有超過五十五種決策表。利用鮑德溫算法，每一種都得花上十二個人終其一生的時間才夠。並且，照這樣推演下去，我們可以繼續發展這種不完整牌型的策略。一副五十二張牌會有大約三千三百萬種不完整牌型的組合[2]，如果要做成決策表，得有一間超大的圖書館[3]才行。

這個得花上四億人一生的時間才能完成的計算工程，加上要用鐵路才運得完的決策表，裝成名牌盒也能排到五英里長。因此我嘗試簡化問題。我預期不完整牌型的策略和玩家優勢主要依據分數——也就是百分比——每一張卡片出現的可能性。

這樣想是對的。例如，四十張還沒發的牌當中有十二張十點牌，其概念與三十張牌裡的九張十點牌，以及二十張牌裡的六張十點牌是一樣的。它們都是同樣的分數，也就是十分之三，或出現十點牌的機率是三〇％。在算牌的過程裡，分數（機率）計算的重要性遠高於實際數字。

於是我開始觀察，一旦改變每張牌的機率值，玩家的策略與優勢的變化。我計畫拿掉四張A，計算看看結果會是如何，然後改拿掉四張二，四張三等等。

擔任麻理工學院數學系講師

一九五九年春天，這些工作進行得如火如荼。前一年六月我在UCLA拿到博士學位後，一直留在學校教書，因為我取得學位的速度超出指導教授安格斯・泰勒的預期，也超出我自己的預期。因此當時我還來不及申請博士後研究的教學工作，這通常得花上一年。泰勒教授在學校安排了一些臨時職缺，也幫我探詢未來持續做下去的可能。我最心儀的一個工作是在麻省理工學院（MIT）當講師，另一個是在紐約州斯克內克塔迪郡（Schenectady）的奇異公司。在奇異我能運用物理的知識，進行天體運行軌道計算。這看起來挺有趣的，不過我認為不太可能有時間繼續我的學術生涯。由於期待能成為大學教授，我選擇MIT作為起點。

一九五九年六月我們開始準備搬到MIT。為了搬家，我到警局拍賣處花了八百美元，買了一輛二手的黑色龐帝克（Pontiac）座車，後面拖著一輛二輪貨車。裡面裝滿我們的家當，開著車橫越美國到波士頓劍橋。由於我們第一個孩子預計兩個月後出生，薇薇安留在洛杉磯的父母家中，我自己先去劍橋，安頓好住處，順便做些數學研究以貼補家用。這項研究一直得進行到八月中才結束，而孩子的預產期就在幾天後。我非常擔心自己無法及時趕回去陪她待產。那段時間薇薇安和我每天通電話，我可以知道胎兒的狀況，所幸她懷孕期間一切檢查都很正常。

那時兩位在UCLA訪問的日本數學家正好要訪問紐約，我很樂意載他們，條件是三個人輪流開車。有一天半夜大約一點鐘，在俄亥俄州沙漠的高速公路上，我在睡夢中突然被車子的尖銳聲響驚醒，剎車發出尖叫，車子抖個不停。我們停在路中間，前面相距不到一英尺外躺著一頭棕白相間的牛。因為剎車系統只有座車上有，後面拖車的載重幾乎是前車的二倍，剎車距離也長了一倍。我詳細解釋完之

---

❷ 在一副五十二張牌中，我們可以選擇零，一，二，三，四張A的五種方式，同樣的二到九點牌中，每個號碼也可有五種方式選擇；至於十點牌共有零至十六種，共十七種選擇方式。最終有5×5×……5×17-1（有九個五，分別是A，二……九），大約有將近三千三百萬種不同的組合（我們不計完全沒有牌的那種組合）。如果是八副牌的組合，則會有33×33×……33×129-1，總共將近六千兆（六後面十五個零）種組合。

❸ 讀者如果想要計算，設想每一種策略都寫在一張紙鈔大小的紙上。我估計一張紙鈔的體積是一・〇八立方公分，所有的策略加起來會有三十七立方公尺（一千三百立方英尺）。如果是八副牌，總體積會變成六・五立方公里（相當於一・六立方英里）。

後，再也不敢把車交給他們開了，剩下的旅程最後只剩我強打精神撐完。

到達劍橋後要面臨許多事，我從未來過波士頓，也沒有認識的人。學校裡教職員工都放假去了，系上也沒安排多好的宿舍，我暫住在劍橋區一棟三層樓高的老式家庭住宅。過去我沒看過這樣的房子，而且內部空間很大。房東太太和藹可親，她是一位愛爾蘭籍的寡婦，有五個孩子，那時跟她住在一起的是最小的兩個。

我白天在數學系做研究，晚餐後通常會走路到附近的計算機室。敲打著門路計算器（Monroe Calculator），往往可以從晚上八點一直打到天快亮才結束。那個計算器是個嘈雜的大型機電怪物，像一台極大的打字機；它能計算加、減、乘、除，和今日最基本的掌上型計算機相同。那時計算機室裡沒有空調，我打著赤膊工作，手指在鍵盤上飛快地敲著，計算器隆隆的聲響迴盪在潮濕的劍橋夏夜裡。

某天清晨大約三點左右，我發現自己長期停在同一個位置的車突然不見了。正當我回來打算報警時，同寢室的一位也是夜貓子的研究生好心告訴我，問題可能出在警察身上。我打電話報警後才知道車被拖吊了。我說明那是合法的停車位，但那位警察解釋因為看到那台車每天都停在那兒，他們認為是廢棄車才會拖吊。我急忙趕到市區的夜間法庭向法官申訴，法官居然威脅我不得再多說，否則直接罰款一百美元。所幸載我去法庭的朋友解釋說警局的拖吊場另有罰款，如果不趕快回去，罰款就會提高。第二天早上我付了一百美元拿回車子，相當於我當時一個星期的薪水。這就是波士頓，所幸它是一個美麗的城市，有豐富的科學、教育、文化和藝術資源。

用ＩＢＭ７０４跑二十一點套利程式

幾週過去，計算工作仍舊繁重。儘管我找到了簡便的方式，效率提高不少，進度卻依然緩慢。如果只憑手算恐怕需要數百、甚至數千年才可能完成。就在此時我得知ＭＩＴ有一台ＩＢＭ的７０４電腦，身為教職員工的我可以使用。我找了電腦中心裡的書籍，自修電腦程式語言：FORTRAN。

一九五九年八月我搭機飛回洛杉磯，四天後我們的第一個孩子出生。雖然已知是個女孩，我們仍為取名煩惱了幾個星期。我們把所有名字列出來，請教薇薇安的弟弟銳（Ray），他在ＵＣＬＡ主修英語口語，打算進修法律專業。他取了羅恩（Raun）這個名字，唸起來的聲調會上揚，像是「dawn」和「fawn」。我們都沒聽過這個字，不過十分喜歡。

一個月後我、薇薇安和我們的新生寶貝回到ＭＩＴ，開始我的教學及研究工作。ＭＩＴ當時和今天一樣，是全世界最棒的數學系所之一，擁有許多潛力十足的年輕學者。我每個學期教兩門課，一週上課六小時，另外得花十二至十五小時準備教材，其他時間則待在辦公室與學生會面指導，還有批改作業和考卷。我們還得定期在學術期刊發表研究論文。論文一旦被期刊接受，會邀集一些匿名專家審查，在論文可以被發表前提出見解。被拒絕是常有的事，像我們這樣要在學術領域裡出人頭地的人，都知道一句行話：「不發表就完蛋」（publish or perish）。即使工作十分忙碌，我仍持續找時間利用ＩＢＭ７０４執行二十一點套利的程式，測試並修正程式碼。

７０４是最早的電子計算大型主機之一，是由ＩＢＭ開發出來的，後來陸續開發一系列功能強大的工具。在當時，使用者要把指令打在一張大小類似一美元紙鈔的打孔紙上，每張紙有八十行，每行有十個橢圓形的記號。使用時一次插入一張卡，在上面鍵入指令，就像用打字機一樣。每次機器讀取一行資料，然後再讀下一行。每一行不同位置的孔代表不同字母、數字或符號。

我通常會把一大疊打好孔的卡紙，用橡皮筋捆起來，放在電腦中心的特定箱子裡，中心裡會有人收集並送到IBM704主機去讀取，每次要等上好幾天才會有結果。因為MIT的電腦主機同時分享給新英格蘭地區三十所大學共用〔像是艾姆赫斯特（Amherst）大學、波士頓學院、布蘭迪斯（Brandeis）大學等〕。

當我越熟悉程式語言，工作進度就越快。我把問題分成幾個段落，分別寫好電腦程式或子程式。每次我測試或修正某一段落，同時也會檢查其他段落。隨著時間過去，我陸續完成一段又一段的程式。到了一九六〇年初，我將所有程式集合起來，同時跑出結果。第一個結果顯示賭場的優勢，如果一般玩家不做任何記牌的動作，賭場優勢是〇・二一％[4]，不論何時開始進場賭都一樣。一旦玩家開始算牌，不用多久優勢就會出現。不過，IBM704無法在一定時間內完全執行所有我需要的計算，在一些地方我還是用概略的方式估計。這樣出來的結果會有一點保守，意思是在實戰中，玩家的優勢比我計算的還要高。

當電腦的功能提升，我估算的地方就越來越少。二十年後，到了一九八〇年左右，電腦已經可以完全計算一副牌在二十一點規則[5]下的最終結果，我在《戰勝莊家》一書中寫過，玩家的優勢是〇・一三％。玩家只要採取我的策略，一直做下去，即使沒有記牌，優勢也會存在。然而我的方法最大的功用在於我不只分析一副牌，還包括任何形式組成的牌。我能研究出任何牌在賭局中的影響。

根據發牌的變化設計贏家策略

接下來我給電腦下其他特殊的指令，分析如果沒有四張A的情形下，莊家和玩家的優勢變化。和完整一副牌的結果比較，我就能知道A這張牌在賭局中的效果。一如過去，幾天後我從一箱打孔卡中拿出我厚厚一疊的計算結果（我都是用這種方式來計算賭局）。IBM 704電腦只要花上十分鐘，就能完成一千人花上一年手動計算的工作量。結果往往讓我非常興奮，因為不是證明我的正確，就是讓我另有發現。以缺四張A為例，玩家的劣勢高達二・七二％——比起完整一副牌時的〇・二一％——差了二・五一％。雖然對莊家更有利，卻是很大的發現。

這結果證實了我在UCLA圖書館中經歷的頓悟時刻[6]，認為我能夠戰勝賭局。當賭局進行時，發出來的牌不同，會讓莊家與玩家之間的優勢不斷改變。數學結果顯示，如果拿掉特定的牌，優勢就會倒向一邊，換過來說，加上相同數量的特定牌，會讓優勢反轉到另一邊。意思是如果一副有很多A的牌，和另一副沒有A的牌相比，前者會讓玩家擁有很大的優勢。例如，當四張A全部集中在後半副的二十六張牌中，進行到後半副牌[7]時，A出現的機率就提高了一倍，此時玩家的優勢會從整副牌的負〇・二一％，增加二・五一個百分點，淨優勢成為二・三〇％。

每隔兩、三天我就會到電算中心去拿計算結果，每次計算的工程都是大約一千人花一年手算的工作量。我得出一旦拿掉任何四張相同數字[8]的牌對賭局的影響。拿掉四張A對玩家最不利，拿掉四張十點

---

[4] 鮑德溫後來表示，賭場〇・六二％的優勢應該是〇・三二％，算式上的誤差造成數字上的錯誤。

[5] 賭場二十一點規則隨著時間會改變，各賭場也不相同。我所計算的規則是在一般狀況下。

[6] 譯注：頓悟時刻（Eureka moment）：指思考過程中對原先不明白的道理產生深入分析後得到的領悟。此語來自古希臘故事：阿基米德幫國王確認皇冠是否為純金，卻百思不得其解。某天進入澡堂坐入浴池，水就滿出來，頓悟到利用水量來測體積的方法。他開心得連衣服都沒穿，就跑到街上大喊：「Eureka!」意思是：找到了。

[7] 後面一半二十六張牌裡有全部四張A的機率大約五・五％。

其次，莊家的優勢增加了一・九四％。不過拿掉四張小點數牌，像是二、三、四、五和六，對玩家就有很大的幫助。其中，拿掉四張五的影響最大，從莊家〇・二一％的優勢，一下子會變成玩家三・二九％的優勢。

此時，我能根據發牌的變化，設計不同的贏家策略。我利用MIT的IBM 704主機創造出像是數五算牌法（Five-Count System）、數十算牌法（Ten-Count System），以及我稱之為終極策略的基本結果。所謂終極策略是把每一張牌都設定一個值，代表對賭局的影響力，像每張A算負九，二點牌算正五，十點牌是負七等等。對多數人來說用心算會有點難，於是我後來發展出簡易算法也很管用。其中最好的一種是當數值小的牌（像是二、三、四、五、六）發出來時算正一，中間值牌（像是七、八、九）算零，數值大牌（像是十、J、Q、K、A）算負一。電腦結果也顯示，這種算法每個人都能了解，並且運用自如，即使今天也是一樣。

直覺上，這樣的結果很合理。例如，當莊家面前的牌總點數為十六時，他會加牌；當他加到大點數牌時會爆掉，加到小點數牌時就不會。如果發到五最好，總和就是二十一點。因此對莊家來說，小點數牌比大點數牌要好得多。換過來說，如果桌上的牌有比較高的機率出現A和十，兩張加起來是二十一點，也就是黑傑克（blackjack）的機率就會增加。此時無論玩家和莊家得到二十一點的機率都是四・五％。不過玩家若贏了，能得到賭注的一・五倍，莊家贏了則只能拿回玩家賭注，此時玩家具有優勢。

五點牌的算法相當簡單，只要還有五點牌沒發出來，玩家下的注就少一點，五點牌如果早發完了，賭注就大一點。當剩下的牌越少，五點牌被發完的可能性越高。當剩下二十六張牌時，五點牌發完的機率是五％，如果只剩十三張牌，機率就變成三〇％。此時玩家擁有三・二九％的優勢，相對於其他牌局，長久下來的贏面很大。

在真實的賭局上，我常用十點牌出現機率遞減的策略來贏錢。它非常好用，儘管計算結果顯示，十點牌的影響不如五點牌，因為十點牌的張數是五點牌的四倍。「十點致富」的機率越低，玩家的機會越大。

一九六〇年夏天我們全家從波士頓一路開車回到洛杉磯，我說服薇薇安在拉斯維加斯短暫停留，以便測試我的十點策略。我們在佛蒙特街上找了一家賭場坐下來。我換了兩百美元籌碼（相當於二〇一六年的一千六百美元）[9]，手中握著一張手掌大小的卡片，上面寫滿了策略筆記。我心想最好別用到卡片，以免引人注意。這張卡片和其他的不同，不只提醒我在莊家面前出現何種牌時的反應，還有該下多少注，以及十點牌機率出現變化時的決策。特別是一副牌有十六張十點牌，其他非十點牌有三十六張，我從「三六，一六」算起，用「三六／一六＝二・二五」表示非十點和十點牌的比例。

薇薇安和我坐在一起，為了陪我，她也跟著下注，一注二十五美分。我不時注意著非十點與十點牌各發出去多少張，計算剩下多少牌。當我要下注或決定如何處理手中的牌之前，都會重新計算比例：低於二・二五表示有比較多的十點牌；如果比例低到二・〇，玩家的優勢就會達到一％。比例越低，玩家的優勢越高。我下注的金額大致跟著比例變化而增減，大約在二美元至十美元之間。比例高時一律押一美元。

當我輸到三十二美元時，薇薇安開始緊張了。這時發牌員好心地說：「你最好再多換些錢來，因為

[8] 後來經過精確計算，真實的數字對賭客比較有利。不過不同賭場的規則不同，對結果有不同的影響。詳見Thorp (1962,1966), Griffin (1999), Wong (1994)。

[9] 本書橫跨時間超過八十年，這段時間內貨幣的價值變化劇烈。求精確的讀者可以參考本書附錄A當中轉換到目前幣值的換算表。

就快用到了。」薇薇安感到有些不妙，對我說：「我們走吧。」儘管輸錢，但我卻感到滿意，因為我的數十算牌法在賭場實戰的速度已經夠快，不需要看小抄了。小輸三十二美元還算是理論範圍之內，理論沒什麼缺陷。由於已經不需要再實驗，我就離開了。經濟上我更窮了，但卻希望十足。

我在MIT數學系的朋友聽到我的發現之後大感驚訝。有人認為我應該趕快把結果出版，以免被人捷足先登，竊取我的成果並占為己有。我對這個現象倒是處之泰然，因為以前就被耍過一次。當年在UCLA唸博士時，論文指導教授安格斯・泰勒建議我把研究成果[10]寄給加州一位著名數學家請求評論。我寄去之後卻石沉大海，音訊全無。想不到十一個月之後，在南加州的一場美國數學協會的會議上，泰勒教授與我親耳聽到這位大學者的演講，內容就是我的研究發現，他把它當作自己研究成果的一部分，並且以他個人的名義發表在一篇著名的數學期刊上。泰勒教授和我都嚇傻了。泰勒教授後來成為整個加州大學系統的學術副校長，是一位才德兼備的數學家，但當時他也無計可施，我們後來什麼也沒做。

在科學界的大發現時代中這種事屢見不鮮，往往有兩、三位學者各自在同一個領域裡研究，有名的像是牛頓和萊布尼茲（G. H. Leibniz）的微積分，達爾文和華萊士（A. R. Wallace）的進化論。在我研究二十一點的頭五年，計算工作還相當困難，但五年後當電腦的計算能力和普及性大幅提升時，研究就變得清楚簡單多了。

另一個讓論文發表變得簡單的原因，是解決問題變得更容易了。如果研究內容經由口耳相傳，其他人也能因此進行我的研究工作。我在大學時讀的科幻小說就有類似的情節，內容是一位劍橋大學的教授下面有二十位極為優秀的物理系研究生，他把他們分成四組，分別給予相當困難的研究工作。同學們都知道教授有正確解答，他們彼此間遲遲不肯做出結論。最後，教授故意跟他們說，俄羅斯科學家已經找到抵消地心引力的方法，他們的工作就是想辦法找出原因。一週之後，其中二組就找到解決方法了。

克勞帝・夏儂院士

為了保護我在二十一點上的研究成果，我選擇投稿給《美國國家科學院院刊》[11]。它是我所知出版時間最短的一份期刊，平均只要二、三個月，而且有很好的學術地位。它要求要有院士核准並推薦我的研究工作，我找到MIT裡唯一一位學院裡的數學院士克勞帝・夏儂。他是資訊理論界的著名學者，對當代的計算機、通訊等行業發展有極深遠的影響。

秘書處不太情願地安排了一個中午，讓我和夏儂做短暫會面[12]。秘書警告我，夏儂只有幾分鐘的時間，不可能延長，也沒耐心在他不感興趣的題目上。我到了他的辦公室，看到一個瘦削、中等身高，看起來有健身習慣的人。我大略講了一下研究二十一點的原因，同時把論文摘要拿給他看。

夏儂詳細地問了論文內容，了解我研究賭局的方法以及可能的缺陷。原本只有幾分鐘的緊張會面，變成一個半小時的愉快交談，後來我們還一起去了MIT的自助餐廳用午餐。他最後提到，我在這個理論領域有了突破性的發展，剩下的得靠更多細節的發掘和闡述。他建議我把論文題目從〈黑傑克賭

[10] 這項發現是功能性分析的一個例子，泰勒和其他數學家才是箇中高手。
[11] 譯注：《美國國家科學院院刊》（*Proceedings of the National Academy of Sciences*）：美國國家科學院的官方學術期刊，一九一五年創刊。
[12] 我們在一九六〇年九月二十九日會面，而後我在寫給一位數學家朋友伯霍德・史威瑟（Berthold Schweizer）的信中詳述會面的細節。

局的制勝策略〉（A Winning Strategy for Blackjack），改成〈二十一點的有效策略〉（A Favorable Strategy for Twenty-One）。這樣的題目看起來比較沉穩，學術性也高。期刊接受的論文有限，每個院士成員一年也只有幾頁的篇幅而已。因此我有點不情願地接受了夏農的建議，把文章篇幅濃縮。我答應他會盡快給他精簡版，好加速投稿程序[13]。

回到他的辦公室，夏農問我：「你除了賭局之外還研究些什麼？」我猶豫了一下，還是決定告訴他我的秘密研究，解釋輪盤遊戲是可以預測的，並且計畫做一個小型電腦來實驗預測能力，電腦是穿在身上藏在衣服裡。我提出這樣的想法後，兩人產生了熱烈的討論。幾個小時後，劍橋的天色已暗，我們互道再見，但彼此心中對未來計畫的工作感到興奮，尤其是擊敗賭場。

同時，我計畫在美國數學學會（American Mathematical Society）位於華盛頓的年度會議上，展示我的二十一點計算系統。我把題目訂為〈財富方程式：二十一點賭局遊戲〉（Fortune's Formula: The Game of Blackjack），並把摘要報告提交給學會，以製作大會手冊[14]。這份手冊集合了所有報告的總結及關鍵技術。

審查委員會收到我的摘要後，幾乎一致拒絕我的申請。後來，我在UCLA就認識的學者，同時也是委員會成員的約翰．塞福里奇（John Selfridge）說服了委員會，我是個如假包換的數學家，如果我證明是真的，那應該就是真的無誤。塞福里奇一度是發現最大質數的世界記錄保持人（所謂質數，是大於一且只能被一和自己整除的正整數）。

為何委員會要拒絕我的研究？專業數學家收到的審查請求往往都是作者聲稱解出了某些著名的問題，然而結果多半是怪咖的突發奇想，有些早就被其他數學家解出來了，或是證明過程中存在極簡單的錯誤。所謂的解答通常是很久以前就被證明無解的問題。例如只用圓規和直尺就能將任何角度做三等分。換句話說，在平面幾何中學到任何角度都可以二等分的方法之後，就以為稍微改一下題目，從二等分變成三等分也可以，殊不知因為這樣簡單的題目就變成了無解。

這個情況和賭局類似，因為許多數學家已經證明在多數的標準賭局中，不存在制勝法則。如果賭場的弱點被識破，它們不是修改規則，就是關門大吉。只要委員會要回絕某個主題，原因總是類似——數學家已證明賭場的制勝策略不存在——然而這卻是我想要證明的最大動力。

就在我要前往年會的兩天前傍晚，我接到《波士頓環球報》（*The Boston Globe*）的記者迪克・史都華（Dick Stewart）的電話，要求說一下我的研究，同時把我的照片也寄給了攝影師。我在電話裡簡短解說基本概念。第二天我的照片和史都華的文章上了報紙頭版⑮。幾個小時之內新聞就傳遍了全國⑯，更多照片被刊登出來。我們到達波士頓機場時，薇薇安已接到數百通邀約的留言，電話也接到手軟。每當電話鈴聲響起，寶貝女兒羅恩就被嚇得哇哇大哭。

---

⑬ 論文名稱是："A Favorable Strategy for Twenty-One," *Proceedings of the National Academy of Sciences*, vol. 47, No. 1, 1961, pp.110-112。

⑭ 見Thorp（1960）。〈財富方程式〉同樣被威廉・龐史東（William Poundstone）在二〇〇五的書中引用，描述二十一點、輪盤、股市和凱利準則。

⑮ "Can Beat Blackjack, Says Prof.," by Richard H. Stewart, *Boston Globe*, Jan. 24, 1961, p. 1.

⑯ 如《哥倫布電訊報》（*Columbus Dispatch*）、《拉斯維加斯太陽報》（*Las Vegas Sun*）、《邁阿密新聞報》（*Miami News*）、《紐約先鋒論壇報》（*New York Herald Tribune*）、《紐約世界電訊報》（*New York World Telegram*）、《太陽報》（*Sun*）、《華盛頓郵報》（*Washington Post*）以及《時代先驅紀事報》（*Times Herald*）（均為一九六一年）。

—第6章—
初試啼聲

三十分鐘後我們贏光了桌上的錢——以二十一點來說就是銀行破產了。賭場經理臉上的笑容不見了，他開始緊張了。

我搭機前往華盛頓，抵達時天色已暗，當年第一場雪剛飄下，沒多久就變成暴風雪。整個城市剛經過新任甘迺迪總統的就職典禮，街上仍擠滿了人。

美國數學學會的會議地點選在古老的威拉德酒店（Willard Hootel），原本預期只有四、五十位學者參加而已，但我到的時候赫然發現，會場只有站位，沒有座位，卻仍擠了數百人。除了數學家之外，還有運動太陽眼鏡公司、賣大尺寸尾戒的老闆，以及雪茄業者，還有拿著相機和筆記本的記者。在這類數學研討會上，我一如往常陳述事實結果，接著解釋如何經由計算五點牌來制勝，再來說明如果計算十點牌成功的機率會更高，並且暗示還有其他更好的算牌法。我簡短的技術說明顯然不能滿足聽眾，當我最後把五十份演講要點放在桌前，底下聽眾就像猛虎看到獵物般衝上前了，一下子搶個精光。

因應大家要求，主辦單位在我講解後另外舉行了一場記者會，之後又接受主要媒體和電台的訪問。在科學和技術層面上大致能接受並了解我所敘述的制勝策略，但賭場和記者們可不這麼認為。《華盛頓郵報》尖銳的社論中提到，一位數學家聲稱一項破解賭局的制勝法則，讓他們想起過去一則廣告：「給我一元，擁有雜草殺手。」下面還有一行小字：「只要抓住草根，死命拔起來就可以了。」一家賭場的發言人嘲笑地說，願意派計程車到機場來接這樣的人（我等這一台計程車已經超過五十年了）。還有一個人說我曾在他的賭場裡廣發問卷，詢問正確的二十一點規則。他認為我太過輕率，連賭場規則都不清楚。當年我開始進行研究時，的確有寄問卷給內華達州的二十六家賭場，目的是要了解各賭場間的規則是否一致。尤其，有沒有超乎常規偏頗。其中有十三家賭場回覆了我這個「太過輕率」的學者。

不久，《郵報》一位名叫湯姆・沃爾夫（Tom Wolfe）的年輕記者在我講解和會議結束後持續追蹤這個議題。他的報導[1]標題為：「數學家堅稱，這套方法可以戰勝賭場二十一點。」他對我的研究充滿好奇勝過懷疑，語帶同情但略有試探。沃爾夫後來成為美國最著名的作家之一。

當時華盛頓機場積雪深達兩呎，飛機停飛，我只有改搭火車回波士頓。在漫長的路途中，我想到把賭場研究拿進數學理論的研究可能會改變我的一生，生命本就夾雜著各種機會和選擇。而對生命中的各種機會，就如同面對手中的牌一樣。做出的選擇就像如何打出手中的牌，我選擇研究二十一點，結果出現了預期之外的契機。

生命中重要的是你做過的事

自從九月初次和克勞帝・夏儂會面之後，我們每週大約花二十小時一同研究輪盤賭局。同時我還有

❶ Thomas Wolfe, *Washington Post*, January 25,1961, p. A3.

教學、研究純數理論、參與系上事務、寫二十一點的研究論文，並且學著當個好爸爸。有一次在夏儂的辦公室進行輪盤研究，晚餐時他問我，什麼是生命中最重要的事。我認為他的未來應該會充滿掌聲與榮耀，一生保有熱情，但爭議始終存在。我至今仍然認為，生命中重要的是你做過的事，如何做到，花的時間是否值得，以及分享。

同時，全聯社報導了湯姆・沃爾夫的文章，導致上千封信和電話打爆了MIT數學系辦公室。秘書們因此忙了好幾個星期，耐著性子一一解釋。我決定對某些問題不再做回應，例如，有人寫了一封長達二十五頁的信，證明他是龐塞・萊昂投胎轉世[2]。雖然我沒回信，但他隨後又寫了另一封落落長的信，把他、我和萊昂連在一起，證明我在他的事蹟中占有一席之地。他聲稱我有責任進行這些研究！

另一位仁兄毛遂自薦當我的保鑣，他認為如果我去賭場踢館時會需要他。我沒回他信，但他過不久又來一封措辭充滿敵意的回信，宣稱他受過軍事訓練，也是一名神槍手。他說他能在二十五碼之外用點四五口徑的自動手槍直接命中我兩眼之間的眉心。他要求免費在我身邊，只要我讓他在一旁學習就行。他最後寫來的語帶警告，將來有一天我需要保護時他卻不在身邊，我一定會後悔。他挖苦我「就像過去那些他保護過的人一樣」。

大多數的信件是要求我提供論文的影本，並載明「如何做」的細節。一開始我還本著知識無價的學術精神，以MIT數學系的名義給了一些，後來要求的信件越來越多，我就放棄了。

在華盛頓年會之前，我沒想過會有如此大的回響，大家還會跟著照做。我原本期待學者們在看了我的研究之後，會驚訝我的成果，最終承認它們正確無誤。然而事實卻不是那回事，學術界一片靜悄悄，反倒是外面一群陌生人把我團團圍住，要我給他們隻字片語。這樣的「名聲」非我所願。

賭徒「曼尼」注資

外界給予我測試賭局的資金，從數千到十萬美元都有。對我而言，這正是在賭桌上驗證學術理論的機會。最後我決定前往內華達一趟，部分原因是要堵住一些學術的訕笑：「如果你真這麼聰明，為何還沒發財？」另一方面也希望替自己爭口氣，向讀者證明理論是可行的，儘管賭場對我的說法也覺得荒謬。某位賭場的發言人在電視節目中被問到對我的看法時說：「如果有一隻羔羊進了屠宰場，當然它可能會宰了屠夫，但我們永遠會賭屠夫贏。」

提供最多資金的是兩位來自紐約的千萬富翁。我姑且稱他們是X先生和Y先生。X先生前後多次打電話給我，我始終很猶豫，主要原因是從素昧平生的人手中拿一大筆錢，可能會有風險。不過最後我還是決定會面。

會面地點是我在劍橋的公寓，一個寒冷二月的午後，街邊路樹上一片葉子也沒有，整個光禿禿一片。天空呈現鐵灰色，街邊成排的木造樓房，木製牆柱上遍布坑洞，門框滲著煤灰，新雪被染成烏黑。下午四點天色已昏暗，對方有些遲到。過了好一會兒，一輛暗藍色的凱迪拉克轎車停在門口，車裡出來兩位漂亮的金髮女子，一位站在車窗旁邊，另一位則站在車後。我心想：**這些人是誰？X先生呢？**車窗旁邊那位美女扶著車門，一位白色頭髮，身材不高，穿著長版羊毛外套的男子走了出來。按了我家的門鈴，我立刻明白他就是X先生。他自稱是艾曼紐・「曼尼」・基墨爾[3]，年約六十五歲，來自紐澤西州楓

❷ 譯注：龐塞・萊昂（Ponce de León, 1474-1521）：文藝復興時期西班牙探險家。
❸ 譯注：艾曼紐・「曼尼」・基墨爾（Emmanuel "Manny" Kimmel）：當時著名的賽馬賭徒。

木（Maplewood）鎮的生意人，家裡很有錢。那兩位穿著貂皮大衣的女子是他的侄女。我看起來覺得有點像，但薇薇安的表情顯得不太相信。

基墨爾和我聊了幾個小時，內容大都圍繞在二十一點，他問了一些關於我研究的問題。薇薇安始終站在一旁，抱著十八個月大的女兒，和他的「侄女」們閒聊。有一段時間，比較年輕的那位「侄女」大方談論著個人私事，另一位把她拉到一旁，要她「冷靜點」。

我們討論結束，「曼尼」表示打算前往內華達。我答應他盡快安排時間過去，可能會是四月分春假的那一週。臨走時他從大衣口袋裡掏出一條手工珍珠項鍊送給薇薇安。[4]那條珍珠項鍊至今還在家中，放了超過五十年，只是鍊子不久就被羅恩弄壞了。

薇薇安對這次的賭場測試有些顧慮，但依舊支持。另一方面，雖然她對其中的細節感到費解難懂，但了解我大致還可以掌握，特別是數學和科學的部分。即使都是計算機推理，她相信只要是公平賭局，我的贏面很大。不過這次是真槍實彈，不是符號和方程式。賭場真有公平賭局嗎？還是作弊成性？抑或是用下藥和暴力對待我？要是那兩個「侄女」只是個晃子，讓我掉進金錢和女人的陷阱？還有沒有其他的風險？我又有誰可依靠？面對賭場的各種花招，他們有沒有能力保護我？萬一賠了錢，他們能忍受得了？

在我看來，當我的言論在全國各地發表後，那些批評和反駁我在鬼扯的聲音就逐漸消失。我堅信我是對的，我的家人、朋友、同僚也如此認為。即使賭場如歌利亞（Goliath）般巨大，贏錢如家常便飯，我只知道一件事：它是個短視、笨拙、援慢、遲鈍的怪物。我要用我的，而不是他的方法去迎戰。這些道理薇薇安也都懂，即使她對整件事仍有保留，認為我應該打安全牌，她還是認為我該去做。

在這段期間我經常利用不上課的每週三，來往紐約和波士頓之間，我去了「曼尼」位在曼哈頓的住處，看我測試十點算牌法。我有很多種不同算牌法，基墨爾卻鎖定十點算法。這對我來說正中下懷，因為我在實戰中已用過十點算法，其他的倒還沒用過。在十點算法中剩下的牌裡A和十點牌越多，下的注要越大。幾個小時後，「曼尼」的管家準備了午餐，之後繼續測試。每次結束時，基墨爾都會給我一百或一百五十美元支付我的費用，以及一根莎樂美肉腸❺。肉腸裡加了一種不知名的香料，每次回程的機艙內都飄著香味。

基墨爾的友人，也是這次測試的金主Y先生，這段時間偶爾也會出現。其中一位「侄女」有時也會來。Y先生名叫艾迪・漢德（Eddie Hand），是紐約上州（upstate）的經商富人，年約四十多歲，深色頭髮，身材中等，講話常常夾雜著粗俗的抱怨和幽默。幾個星期過去，我桌子前面的籌碼越堆越高，「曼尼」也顯得興致越來越高。經過大約六次左右，我們決定前往內華達。

我們的計畫主要有兩種。第一種我稱之為「狂野」（wild），意思是只要我們的優勢高於一%，就一把押注到賭桌的最高金額。這個策略贏的錢最多，但起伏也很大，所需要的資本也最多，以因應可能的損失。基墨爾和漢德表示他們起碼可以拿出十萬美元，如有必要還可以更多（這相當於二〇一六年的八十萬美元，有關通貨膨脹的換算表詳見附錄A）。

我自己都不太喜歡這個策略，因為對於賭場的真實世界我所知太少，他們會不會作弊或詐騙？如果輸到只剩不到五萬美元時怎麼辦？到時候每分鐘的賭注都超過我一個月的薪水。如果輸掉一半，基墨爾

❹保羅・歐尼爾（Paul O'Neil）在一九六四年《生活》（*Life*）雜誌以一個大體正確的故事、錯誤引用了我對這串珍珠的評論：「我們在早上做的第一件事就是評價它，值十六美元。」這兩個說法都錯了。康妮・布魯克（Connie Bruck）在一九九四年又重複錯誤，儘管我告訴她這部分是錯的，但一個好但是錯的摘錄句很難更正。

❺譯注：莎樂美肉腸（salami）：一種加了特殊香料的義大利肉腸，可直接食用，或搭配紅酒。

和漢德還會挺我嗎？如果到時候他們抽腿，本金只剩下五萬美元，會不會怪我一開始沒有保守一點？此外，我答應這場試驗主要是因為要測試自己的方法，而不是為了賺大錢。因此比較好的方法是只要贏一點就好，避免風險太大會出事。我計畫保守以對，當我的優勢超過一%，也只會押注最低金額的兩倍。要是二%就押四倍，萬一運氣好到有五%以上的優勢，最多也只會押到最低金額的十倍。因此押注金額會在五十至五百美元之間，這個數字一般賭場都可以接受。我還計畫最多賠到一萬美元。

「曼尼」不太情願地同意了。就在依然寒冷的四月下午，學校放春假時，我們約在紐約機場見面，聊了大約一個小時，便動身搭機前往內華達。約莫午夜時我們抵達雷諾，刺眼的燈光照映著漆黑的夜空。飛機接近盤旋落地前我第一次俯瞰這座城市，整個城市爬滿了猩紅色霓虹燈。我心想未來一週的命運，薇薇安比我更擔心，要我每天都要打電話回家。能和我熟悉的家人保持聯繫，讓我心情輕鬆不少。當時長途電話所費不貲，為了省錢，只要沒什麼大事，我都會打對方付費的長途電話，跟接線生說要找「愛德華・XX・索普」先生。中間的字母是我和薇薇安之間的暗語，代表賺了多少錢。如果字母放在「愛德華」前面，代表輸了多少。例如：A表示一千美元以內，B表示一千至二千美元之間，C表示兩千至三千美元之間，以此類推到Z。這樣可以涵蓋到兩萬五千至兩萬六千美元。薇薇安聽到人名後，便會告訴接線生：「索普先生此刻不在家」。

到達旅館後僅睡了幾小時，我們約在旅館吃早餐。依舊睡眼惺忪的我，仍打起精神吃了班乃迪克蛋和柳橙汁，外加一大杯黑咖啡，接著三人便起身前往賭場。第一家賭場在城外，我選了一張賭注小的賭桌，賭金可從一至十美元，打算先適應賭場的狀況再逐漸加碼，最後希望能賭五十至五百美元的桌子。在出發前，我一度堅持只要一萬美元的資本即可，不過我知道「曼尼」打算拿十萬美元出來——只要優勢超過一%，就會押十倍賭金（五百美元）——我則堅持先從小額賭桌開始熱身。我向「曼尼」解釋希望能按照我的步驟進行，但他顯然等不及。他的情緒越來越激動，原本白皙的膚色變得通紅，映著滿頭白髮更加顯眼。我後來才知道他平時在美國和古巴（共產黨進入前）的賭場玩，都是幾萬美元在輸贏。

一開始幾個小時我贏了幾美元，不過後來因為當天是耶穌受難日（Good Friday），賭場關門三小時。我們換到雷諾市區另一家賭場試試，這一家比較合我們的胃口，它會把牌發到最後一張，且允許玩家賭倍（double down），任何一對的牌也能分牌（split）。如果莊家打開的那張牌是A，賭場還允許玩家「買保險」（付原先賭注的一半），以防莊家第二張牌是十點牌，湊成二十一點。如果莊家真的是二十一點，就以兩倍的賠率付給玩家。當時有些賭場也有這樣的規則。

在享用一頓豐盛的晚餐和短暫休息後，我回到賭桌前面繼續玩了十五至二十分鐘，然後休息幾分鐘。我總是選擇人最少的賭桌，玩的速度也很慢，不時停下來思考，並瞄著已發出去的牌。賭場裡的人認為我犯了和許多人同樣的錯誤，那些方法理論上可以贏過賭場，但許多人試過之後卻都沒用。不過只要持續輸錢，賭場都會歡迎他們。而我每次都是賭一到十美元不等，輸錢的速度很慢，玩了八個小時也才輸了一百美元。這段時間「曼尼」的表情好像洗了三溫暖，狂喜、厭惡、興奮、到最後幾乎放棄了我這個秘密武器。

到了凌晨三點，大多數的賭桌都已收攤，我一個人占了一張，莊家的態度不佳，而我已十分疲倦，情緒也不太好。在幾次的言語交鋒後，莊家用最快的速度發牌。受到刺激的我當時認為練習得差不多了，把賭金上調到二至二十美元之間。很巧的是，我的運氣也變好了，連贏了好幾副牌，把前面輸的都補了回來，還倒贏了一點。我這時累極了，回到旅館倒頭就睡，時間已是清晨五點。不過在賭場裡根本沒有感覺，賭場裡沒有時鐘，通常也不會有窗戶，賭客在裡面根本不知道外面的日夜變化。在這個與現實世界脫節的地方，辨別外面晝夜變化的最好方法是用人潮多寡來判斷。

第二天我睡到中午才起床，打了對方付費的電話給薇薇安，用暗語說我要找愛德華・A・索普，意思是：「一切安好，我賺了一些錢，但不到一千美元。」聽到妻子的聲音讓我輕鬆不少，她跟接線生說，索普先生不在。

早餐後，「曼尼」和我再度出城去賭場，才幾分鐘我們就把賭注升到十至一百美元，我贏了二、三百美元。而那位興奮不已的金主原本只是在後面算牌，忍不住也決定下場一搏。二個小時後，我們已經贏了六百五十美元。此時賭場開始洗牌——賭場每幾輪就會全數洗一次牌，因為往往越後面的牌對玩家越有利，早洗牌就能降低玩家的優勢，我們於是決定離開。

我在賭桌的動作越來越快，越來越順，和發牌員的速度相差無幾，對於加碼下注也越來越有信心。到了下一家賭場時，賭注範圍已經加到五十至五百美元了。這已是我計算維持一萬美元資本安全下的最高賭注，心情上也比較接受，下注時還能保持冷靜及正確性，如果再進一步下更多的賭注則需要更多的準備。這段二十一點賭桌上的訓練時光對我的投資生涯有極大的助益，隨著金額的增加更顯出其價值。

艾迪・漢德星期六傍晚趕到，我們三人一同前往雷諾市中心著名的哈洛德（Harold）俱樂部。

最大的賭注

老哈洛德・史密斯（Harold Smith, Sr.）一九三〇年代開設這間賭場，門口排滿了賓果機台，在當時是全美著名的賭場之一。在全美高速公路共有兩千三百幅路邊廣告，甚至在海外也大篇幅打廣告。史密斯引進了許多創新的服務，像是女性發牌員，賭場二十四小時不打烊，以及每位賭客都能享受適當的顧客服務❻。這些策略帶來龐大的利潤，也吸引一批下大注的賭客。二十年前我的家人從芝加哥開車來到加州時，當時十歲的我根本弄不清楚公路廣告上的標語：「哈洛德俱樂部，雷諾，或是破產」是什麼意思，而今天我卻站在這兒。

「曼尼」、艾迪和我走進哈洛德俱樂部的一樓大廳，相對其他的賭場大廳，顯得明亮寬敞許多。我們走過一排排的吃角子老虎機，找了一張二十五至兩百五十美元的賭桌坐了下來，「曼尼」和艾迪則在一旁，開口問能否設五百美元為最低賭注，以免其他賭客下太小的賭注造成麻煩。這時賭場經理走過來，邀請我們到樓上的私人區域，那裡的賭注比較高。裡面只有三張賭桌，我選了其中一張，有專門的發牌員服務，環境再好不過。不過，十五分鐘後，我才贏了五百美元時，賭場老闆老史密斯和兒子史密斯從發牌員後方的小門緩緩走了出來。我確信他們認出了常來光顧的「曼尼」和艾迪，也看得出來賭場認為今天可能會輸一筆錢。一陣短暫有禮的寒暄過後，他們表明了來意：這桌的牌會常洗，以免我做出任何可能的動作。

他們吩咐發牌員，每當剩下十二至十五張牌時就洗牌，但即使這樣我還是贏。後來改為發出一半牌就重洗，到最後每玩二次就洗牌。我又贏了八十美元後才起身離開。

到了下一家賭場，賭注的上限只有三百美元，但規則頗佳。賭客可以保險，一對牌可以分牌，任何一組牌都可以賭倍。不過就算這樣，我的運氣卻不太好，四個小時後我輸了一千七百美元。我明白即使有優勢也有可能會輸錢，算牌者也有可能連輸幾個小時，甚至幾天。我靜靜等待牌運到來。

幾分鐘之後牌運來了，我的優勢突然變成五%，於是我把賭注加到最高三百美元，把所有剩下的籌

❻ David G. Schwartz, *Roll the Bones*, Gotham Books, New York, 2006.

碼都用上了。我心裡正想著萬一又輸光了，是掉頭走人還是再接再厲，看到手中是一對八點牌。這必須分牌，為什麼？因為十六點的牌很尷尬，繼續要牌可能會爆，如果按兵不動，莊家只要十七點就贏了。如果分牌，兩邊都是從八點開始，這只能算是普通牌。我從皮夾裡拿出三百美元放在第二張八點牌。隨後其中一張八點牌拿到一張三點牌，此時最好是賭倍，我又拿了三百美元。現在桌上放了九百美元賭注，是我玩過最大的。

莊家打開一張六點牌，然後又發了一張十點牌，加上蓋住的那張牌，莊家爆了，我贏了九百美元，虧損一下子只剩下八百美元。更好的是，優勢還在我這邊，我繼續下大注。下一副牌同樣很好，幾分鐘後我把損失全贏了回來，還倒賺了兩百五十五美元，我們收拾一下便離開賭場。

這是第二次「十點算牌法」在連輸之後碰上一連串讓人反應不過來的好運氣。我認知到這是一連串隨機賭局下可能出現的特徵[7]，這種特徵在我現實生活中的賭局和投資上一再出現[8]。

賭場拒絕我進場

第二天下午，我們三人再度出城。在開賭前，我撥個電話給薇薇安，回來時其他二人告訴我，賭場不讓我們玩了，只請我們吃一頓以資彌補，我問賭場經理原因為何，他很和善且有禮貌地解釋，他們看過我前一天的賭牌，對於我往往下大注就能賺錢感到困惑，認為其中必定有文章。

我從未仔細閱讀內華達州的賭場規則，賭場可以沒有理由就限制賭客進場——聽起來不可置信——賭場是屬於私人俱樂部，並沒有對一般大眾開放，因此可以只請想要請的賭客。例如膚色就曾是許多賭場的限制條件。

又過了一天，下午我們開車前往史達連市（Stateline），它位於太浩湖（Lake Tahoe）的南側，到處都是內華達與加州的交界處。在加州這一端看起來一切如常，汽車旅館、咖啡店、住宅區，跨到內華達州，賭場是合法的，賭場和旅館林立，緊鄰著加州邊界，盡可能吸引遊客前來內華達。

我們在車陣裡塞了好一會兒，在傍晚六點抵達一家規模頗大、金光閃閃的賭場。裡面擠滿了人，我機乎找不到可以賭二十一的位子。

我換了兩千美元的籌碼，「曼尼」這次再也無法忍受老是在一旁看著，堅持坐在我旁邊，聽我的指令來下注。這不是個好主意，因為他全無章法，只用自己過去的方式來玩，很快就失去優勢了。在賭桌上我無法明目張膽糾正他，只能暗中給他指示。同時，我還得算自己的牌，決定下多少注。「曼尼」顯得意氣風發，大多數時間根本沒在看我，手中的牌亂打，賭注也下得太大。沒多久我贏了一千三百美元，而「曼尼」因為敢下注，居然贏了兩千美元。這位大金主於是請我們吃晚餐和看秀。看完精采的秀，我們一起享用了菲力牛排和香檳。幾個小時後帳單拿來，猜猜多少？總共一萬一千美元，把贏的錢全部倒賠回去。

❼ Feller(1957)，(1968).

❽ 史上最偉大的債券投資人威廉・葛洛斯（William H. Gross）也曾在拉斯維加斯學過。他讀了《戰勝莊家》之後大受啟發，一九六六年夏天他前往賭城，用兩百美元的賭本賺回一萬美元。詳見William H. Gross, *Bill Gross on Investing*, Wiley, New York, 1997, 1998。他後來用到所學共同管理PIMCO兩兆美元的部位。

贏光了桌上的錢

晚餐後我們走到一家全新的、金碧輝煌的大型賭場「哈維的貨車輪」（Harvey's Wagon Wheel），一九四四年在沙加緬度的肉品批發商哈維（Harvey Grossman）和他太太盧埃琳（Llewellyn），在靠近加州邊境的內華達境內一棟只有一個房間的木屋起家。賭場名字是源自他們門上釘的貨車車輪。如今該地點已成為當地一棟高塔建築，經營賭場生意，另有一百九十七間房間的旅館。我在櫃台換了兩千美元的籌碼，自己找了張賭桌坐下。不過那桌的人大都只下一美元的賭注，賭牌的速度奇慢，還有蓋牌的習慣，讓我算起牌來很困難。

我一開始是賭五十至五百美元注，不過只要有人來同桌，我就會把賭注降到一美元。幾分鐘後賭場經理走過來，問我願不願意換到私人賭桌。我表示再好不過。他解釋賭場通常不願意看到賭客之間有心理壓力。但他同時微微一笑，安排了一張最小賭注二十五美元的賭桌。他清空賭桌，只安排我一人，後面有一小群人圍觀。大家都安靜無聲，彷彿在等待看一場宰殺肥羊的好戲。

我小贏了幾百美元之後，「曼尼」又加入了戰局。有了上次的經驗，他原來已經答應再也不上桌，這次又忍不住跳了下來。同樣地也沒有聽我的話，我盡力把場面hold住，除了算牌之外，同時下兩個人的注。我謹慎小心，但他顯得漫不經心，只不過這次他會跟著我的腳步增減他的賭注。這在實戰中非常重要，因為這樣才有可能保持優勢。三十分鐘後我們贏光了桌上的錢——以二十一點來說就是銀行破產了。賭場經理臉上的笑容不見了，他開始緊張了。

賭場員工也開始恐慌，發牌員向資深員工男友求救，他也是被這陣騷動吸引過來的。「幫幫我，拜託。」賭場經理試著向慌張的員工解釋。這時莊家的錢又補上了，人群越來越多。他們開始為我們幾個小蝦米喝采，對抗賭場大鯨魚。

兩個小時後，賭桌上錢又被我們掃光了。我們面對滿滿的籌碼，總數超過一萬七千美元，我贏了六千美元，「曼尼」不改豪擲本色，贏了一萬一千美元。這時我感到有些累了，因為從晚餐結束到現在我都一直在「曼尼」和我的賭桌前費心算牌，加上過去幾天頻繁上桌玩牌，我感到累極了。這樣下去算牌也容易出錯，於是我決定不玩了。我把所有籌碼裝在口袋，兩邊鼓鼓脹脹的，這真是意外之財。我走向櫃台兌現的沿途，三四位小姐不停在我面前出現，對我報以曖昧的微笑。

我拿回現金，走回賭桌，正好看到一幅慘況。「曼尼」還在賭桌上，可能感到手氣正順，他不願意下桌，不過我回來的時候他已經輸了好幾千美元回去。對我來說二十一點是一種數學遊戲，不是玩手氣。手氣這件事不論好壞都是隨機的，難以預測，同時也是短暫的，長期下來所謂的手氣都會顯得不重要。「曼尼」想不通這一點，當我試著拉他走，他反而亢奮地大叫：「我……才……不……要……離……開……這……裡！」接下來不過四十五分鐘左右，他便輸光了剛剛贏來的一萬一千美元。不過即使如此，當天回到旅館後結算，這趟旅程我們一共還贏了一萬三千美元。每天打電話給薇薇安時，我都告訴她漸入佳境，而這一天是最多的：我要找愛德華．M．索普（M表示贏了一萬兩千至一萬三千美元）。電話那頭薇薇安的聲音聽起來鬆了一口氣，高興地告訴接線生我不在家。

最後一天我們回到第一家俱樂部，我換了一千美元籌碼，很快就開始贏錢。人們紛紛竊竊私語，沒多久賭場老闆現身，當場給發牌員和經理下指示，只要我改變下注金額，發牌員就要重新洗牌。只要我改變玩的組數（我如今可以同時玩八組牌，比最好的發牌員還厲害），牌也會重洗。我看到上次來時的發牌員在後面，用敬畏的語調不斷地說，我今天的技術比上次又精進許多。當我抓鼻子時，發牌員也洗牌。我好奇問她是不是我只要抓鼻子就要洗牌，她說是的。我試著又抓了幾下鼻子，她真的就洗牌了。

我問她是否任何不尋常的動作都要重新洗牌，她說：「是的。」

這下子我和賭場是半斤八兩[9]，只要重新洗牌就會破壞我的優勢，我要求換大一點面額的籌碼——五十美元和一百美元，原本是二十美元——老闆走上前來表示賭場不會換給我。然後從身上拿出一副全新的牌，發牌員小心地展開，一開始牌面向下，然後再翻過來檢查。我問他們為何要展開牌檢查背面。雖然這是洗牌的標準動作，但鮮少人會認真檢查背面，但現在他們仔細檢查了足足兩分鐘。由於我戴著眼鏡，發牌員解釋他們認為我的視覺很不尋常，可以分辨牌背面的細微差異。我可能看得出下一張牌是什麼。我啞然失笑，不過驚恐的老闆的確在五分鐘內多拿來四副全新的牌。

換新牌對我而言沒差，他們很快就放棄這麼做。他們交頭接耳一陣子後，也沒有新對策。我問他們認為我有什麼法寶，發牌員說我應該會算所有已發出去的牌，因此才會知道有哪些牌還沒出現。這是小學生都明白的助記術（Mnemotechny，一種記憶訓練方法），當牌以某種形式排列時可以用適當的方法記下來。不過就我所知，雖然能記下來，卻無法跟上二十一點玩牌的速度。我當下和發牌員打賭，世界上沒有人能夠看到發出來三十八張牌之後，很快說出還有哪些牌沒發。

發牌員回頭問站在一旁的經理，是否可以接受挑戰。我則拿出五美元做賭注，他們二人不置可否。我追加至五十美元，他們仍保持沈默。在一旁全程觀看的艾迪・漢德追加到五百美元，他們仍不作聲，我們當下掉頭走人。

春假結束，我們這趟旅程也近尾聲。在三十個小時賭注頗大的過程中，我們一萬美元的本錢變成兩萬一千美元，其間最多的虧損也不超過一千三百美元。我們實驗基本上是成功的，賭桌上的實測也驗證了我的預期。日後如果還有這種二十一點之旅，我會把它和我的學術工作和家庭生活結合。當時我沒有任何要和「曼尼」及艾迪再來一次的計畫。

在返回波士頓的飛機上，我想起當初那位賭場發言人聽到我聲稱可以打敗二十一點時的揶揄：「如果有一隻羔羊進了屠宰場，當然它可能會宰了屠夫，但我們永遠會賭屠夫贏。」

羔羊的時代來臨了。

二十一點教會我許多事

三十多年後，康妮・布魯克為了她的著作《賭場大亨》（*Master of the Game*）與我相約見面，詢問我有關曼尼、基墨爾的背景資料。該書詳細敘述了史帝夫・羅斯（Steve Ross）如何從「繼承岳父的殯葬事業及停車場公司起家，打造世界級的媒體和娛樂王國：時代華納（Time Warner）」。當時停車場公司名為基尼服務公司（Kinney Service Corp.），一九四五年由一位作風低調的合夥人艾曼紐・基墨爾設立。基墨爾聲稱在一九二〇至三〇年代靠著走私和行騙致富，他與紐澤西梟雄艾伯納・「隆基」・齊威曼[10]（他在馬克・史都華（Mark Stuart）所編的《流氓記事》（*Gangster*）第二卷中曾有記載）被認為是一九三五年全美排名第二大勢力的大壞蛋。如今得知這些事蹟，我慶幸自己當時決定只拿一萬美元當資本，也只小贏一些；而不是豪擲十萬美元最後輸個精光[11]。不過整件事也反映出我當年有多麼天真，而妻子薇薇安是多麼有智慧。

---

❾ 我後來明瞭如果一開始下大注，早就應該占有優勢，如果分數持續有利就繼續下去，否則發牌員就會重新洗牌。

❿ 譯注：艾伯納・「隆基」・齊威曼（Abner "Longie" Zwillman, 1904-1959）：美國一九三〇年間禁酒令時期經營私酒生意的黑幫分子之一。電影《教父》（*Godfather*）就是以這個時代為背景的故事。

「曼尼」的朋友艾迪・漢德也是康妮・布魯克書中的人物。他的公司「替克萊斯勒運送汽車和貨車。」位於紐約州的水牛城，在業務上經常和貨車司機工會（Teamsters Union）鬧得不可開交。幾年後他把公司賣給雷達工業（Ryder Industries），後來在股票市場中我得知他收到雷達工業的認股權，以當時的價格計算價值約四千七百萬美元。當時他、基墨爾和我從雷諾飛往拉斯維加斯的途中，艾迪・漢德翻到《時代》雜誌的「里程碑」（Milestone）專欄時，突然變得多愁善感起來。文中的插圖提到兩位即將結婚的名女人，一位是智利銅礦的女繼承人，另一位是人稱「華麗蓋絲」（Gorgeous Gussy）的網球選手蓋絲・莫蘭（Gussy Moran），莫蘭曾甘冒大不韙，在溫布頓網球公開賽中露出蕾絲短褲[12]。

根據布魯克的記載，「曼尼」・基墨爾死於一九八二年，享年八十六歲，留下年輕的遺孀艾咪（Ivi），她就是當年在蕭瑟冬日下午和她妹妹、「曼尼」和我在波士頓家中見面的那位「侄女」[13]。「曼尼」告訴我，和他太太在一家珠寶店相識，他前任妻子過世後，兩人就結婚。二〇〇五年「歷史頻道」（The History Channel）為薇薇安和我製作了一小時的節目，探討我在二十一點的事蹟。艾咪也在節目中現身，她仍保有一九六四年我寫給「曼尼」的信，信中提到我在百家樂上的新發現。我最後一次和他說話時，艾迪・漢德已在南加州蒙切西托（Montecito）發跡並致富，沒多久他就搬到南法頤養天年。

二十一點教會我許多事，包括投資，以及整個世界如何運作。

⓫ 為何高額賭本會導致更大的風險，以致輸個精光？部分是技術上的原因，部分是心理上。技術上來說：賭本較大時會傾向下最大注（當時是五百美元），即使對自己的優勢不太明顯時也一樣。這會導致賭本金額的大幅波動，需要更長的時間才了解究竟發生了什麼事。

心理上：X和Y不了解我所說的，信心十足地走進賭場。一開始十美萬元的賭本，賠到剩下六萬美元時停了下來。此時我開始補救，手中拿著六萬美元，卻假裝有十萬美元賭本時下注。這中間的差別不只是表面的賭本金額，還有對賭客和投資人心理上虧光的實際金額。

另一個心理上的問題，當時我並不期待基墨爾會堅持用「射飛鏢」的方式，押大注，輸掉大部分賭金後，還興奮到不願意下賭桌。

⓬ 譯注：溫布頓網球公開賽（The Championships, Wimbledon）：職業網球四大公開賽之一，具有一百四十多年的歷史。溫布頓對選手服裝要求極為嚴格，所有選手必須身穿白衣、白褲和白鞋，連裝飾和花邊都不允許。一九四九年蓋絲・莫蘭在球場上露出蕾絲短褲，引起很大的爭議。

⓭ 艾咪和她母親及兩個姐妹在二次大戰後從愛沙尼亞難民營來到美國。

第7章 每個人都能算牌

他們的訕笑，
如今被報紙頭條文字給取代：
「拉斯維加斯賭場大亨要哭了，
規則改變——
因為玩家太聰明了。」

回到MIT之後，我仍然受到許多關注。每個星期我都會去兌現賭場贏的錢，每次一百美元。美元從一九六一年開始大幅貶值，用現在的價格計算，一百美元相當於現在的一千美元。

同時，我在MIT二年的研究期限將在六月三十日到期，只剩下三個多月。系主任W・T・「泰德」・馬丁（W. T. "Ted" Martin）希望我多待一年，並且告訴我夏儂教授對我高度讚賞。這是取得終身職的大好機會，不過接受與否依然是個困難的決定。MIT當時已是全世界公認的數學重鎮[1]，所扮演的角色也從二次大戰期間從事政府各項技術性計畫轉變為科學發展的核心。我找了一些人尋求意見，包括模控學（cybernetic）大師諾伯特・韋納（Norbert Wiener），後來的阿貝爾獎[2]得主艾沙道爾・辛格（Isadore Singer）。我所參與的C・L・E・摩爾導師課程[3]，後來培養出許多博士新貴，包括諾貝爾經濟學獎得主約翰・納許（John Nash），以及後來的費爾茲獎[4]得主保羅・科恩[5]。雖然諾貝爾獎沒有數學獎項，費爾茲和阿貝爾卻有同等地位。不過科恩早幾天先離開MIT了，他的研究室門上的名字才剛被刮掉。

我最後決定不繼續留下❻。從職業生涯的角度來看，我認為我有本錢和那些聰明絕頂的大人物相比，但我想我還需要更多數學方面的訓練。在我的領域裡，我也還沒有和任何資深教授或同事一同進行研究，而這些是學術領域中獲得晉升的重要關鍵。此外，我已經花了太多時間在二十一點，以及與夏儂教授建立預測輪盤的電腦模型。然而，和夏儂教授的合作項目並非我的領域，它本身既非數學，沒有學者會青睞，也不會有名聲，對我的學術領域並沒有幫助。諷刺的是，三十年後MIT成為開發穿戴式裝置的領頭羊，媒體實驗室（Media Lab）在網際網路的發展史上把夏儂和我列名為首位❼。

當時新墨西哥州立大學正在招徠年輕學者，提供補助金給成績優良的研究生。那時它才剛從國家科學基金會（National Science Foundation）獲得高達五百萬美元，相當於今日四千萬美元的「後人造衛星卓越贊助計畫」（Post-Sputnik Centers of Excellence Grant），目標是未來四年間開設博士班課程。

---

❶ Joel Segel, *Recountings* (A. K. Peters, Ltd. Wellesley, MA, 2009) 訴說MIT數學系的故事。

❷ 譯注：阿貝爾獎（Abel Prize）：數學界最高榮譽之一。

❸ 譯注：C・L・E・摩爾（Moore）導師課程（C.L.E. Moore Instructorship Program）：MIT數學系所開設課程。提供該系博士生畢業後在純數理論上提供教學和研究的的就業機會。

❹ 譯注：費爾茲獎（Fields Medal）：全名為「國際傑出數學發現獎」，每四年頒發一次，給對數學有卓越貢獻，但年齡不超過四十歲的數學家。

❺ 譯注：保羅・科恩（Paul Cohen）：美國數學家。

❻ 我家族和MIT之間的關係持續到後來二代。我的三個孫子同時進入MIT成為新鮮人。見"Triplets Celebrate After ALL are Accepted to Prestigious MIT...," *London Daily Mail*, Saturday, July 25, 2015.

❼ MIT的媒體實驗室記錄我們的電腦是在一九六六年推出，其實是錯誤的。可能是因為在《戰勝莊家》書中提到的改良版是一九六六年出現。真實的年份是一九六一年，我們在拉斯維加斯實驗成功。我們在之後許多出版刊物中再三解釋，澄清正確的日期是一九六一年八月我和夏儂完成了電腦，並列入MIT的記錄中。目前該裝置仍在MIT博物館。

它們也給我不錯的待遇，從MIT和華盛頓大學提供的一年六千六百美元，跳升到一年九千美元，還給我副教授的終身職。我另外每週要上六小時的課，課程由我選擇。它提供了我拓展數學研究資歷的機會，從教學中學習，從事我自己的研究，指導博士班學生，以及與學生共同合作。

即使同事們認為當地缺乏數學研究的風氣，去那兒是一個不明智的賭注。新墨西哥州大的位子對我而言，是開展下一階段生涯的最佳機會，更重要的是，新墨西哥州的天氣比較適合薇薇安和羅恩，距離洛杉磯也比較近。

寫《戰勝莊家》

我決定離開之時，同時答應寫一本有關二十一點的書。布萊斯德爾出版社〔Blaisdel，後來成為蘭登書屋（Random House）的分公司〕代表耶魯‧奧德曼（Yale Altman）也邀請我寫書，我從過去的記錄裡整理了十個章節交給他，他很高興地接受了。

一開始書名暫訂為《致富公式：二十一點制勝策略》。後來蘭登書屋費了九牛二虎之力從布萊斯德爾手中搶走版權，打算以交易手冊的形式上架，並且把書名改為《戰勝莊家》，規畫一九六二年十一月上市。上市之前，我有時間到內華達州的賭場再次測試我的策略。這和當初我賭二十一點時忐忑不安的心情截然不同。

接下來幾個月我致力於寫書。一九六一年夏天薇薇安和我整理行李，和羅恩一同待在洛杉磯，整個夏天只有寫書、研究數學、前往內華達賭二十一點、準備搬到新墨西哥、一週二十個小時和夏儂進行的輪盤研究，以及迎接我們的第二個孩子凱倫（Karen）中度過。現在回頭看看，真不曉得那段時間是怎麼熬過來的。

當年八月我從洛杉磯飛到拉斯維加斯，應一個「小夥子」的邀請去玩二十一點。當時我正在寫書，希望能研究賭場防止我的讀者運用我的策略賺大錢的因應措施。「小夥子」是哈佛大學法學院的學生，我在MIT時就與他接觸。他二十一歲生日那天開始玩二十一點，採用的是一種叫作「玩到底」（end play）的策略。這策略是由早期幾名賭客[8]開發出來的。基本原則是在賭局中一副牌從頭玩到尾，儘管當時賭客的策略並不完美，經常會出現極差的情況，有時候最後幾張牌會一直出現A和十點牌。此時就算平常玩得小心謹慎的賭客也會敢下大注。因為他們需要先存夠本錢以應付接下來的賺賠。賭場可能因此大賺，也有可能大賠，所以多數賭場不太歡迎這類賭客。「小夥子」就是其中之一，他已被多家賭場列為拒絕往來戶，為此他還找了好萊塢的化妝師，把他打扮得像一個中國人。把頭髮染黑，用剃刀小心修剪髮際線，穿上從中國城買來的衣服，看起來就像另外一個人。沒想到賭場經理一看到他，大笑地說：

「看看這個小夥子，穿得真像個中國人哪！」

薇薇安在這段期間幫我加快算牌的速度，模擬賭場裡煙霧繚繞的情境，以及賭桌上更複雜的對話。同時，我繼續進行算牌的研究，計算下注時的優勢，根據計算結果進行不同的策略。重點是把這些步驟合而為一，讓我可以輕鬆自在地執行，以提高技術難度。多次練習後，我已經可以輕鬆駕馭。

❽ 包括艾曼紐・基墨爾（《戰勝莊家》中的X先生）、傑西・馬坎（Jesse Marcum，《戰勝莊家》中來自南加州有點黑髮的小子）、羅素・古亭（Russell Gutting）（「二世」）、班哲明・史密斯（Benjamin F. Smith）以及F先生〔就是我口中的喬・伯恩斯坦（Joe Bernsbein），專欄作家赫布・卡昂（Herb Caen）《別叫它舊金山》（*Don't Call It Frisco*）書中的「銀狐」〕。馬坎是唯一一位長久採用此方法的人。

組隊揭發賭場出老千

「小夥子」提供我兩千五百美元的賭本，約合今天的兩萬美元。在拉斯維加斯他全程跟著我，戴著一只眼罩假裝獨眼龍，其他另一隻眼則盯著他的錢。我在金沙賭場時，賭場經理認出「小夥子」來，暗中告訴同僚「小夥子」又進城了。賭場業者發現「小夥子」所在之處，我都在一旁賭錢。因此所有發牌員開始勤洗牌，搞小動作。周圍也出現許多魁梧的壯漢，我開始擔心以後再來賭也會被如此對待。最後我只贏一點錢便回到洛杉磯。過了一個月，一九六一年九月，薇薇安、羅恩和我搬到新墨西哥州的拉斯克魯斯（Las Cruces），開始新生活。

雖然從「小夥子」那兒我感覺到賭場的小動作是一個嚴重的問題，可能會讓我原本可以贏錢最後成了輸家，但他卻沒告訴我它們是怎麼做的，以及如何能看得出來。同時，我正在動手寫的書可能會讓許多賭徒認為可以贏錢，如果莊家作弊，賭客就可能被吃乾抹淨。因此，我必須了解這些作弊手法並解釋給讀者，讓他們有機會認識並且避免上當。於是我又一次動身前往內華達。

同一時間我有機會和研究魔術及賭場學者羅素・T・伯恩哈特（Russell T. Barnhart）再度聯繫。我在一九六一年一月華盛頓那場學術會議之後就和他保持聯絡，在MIT那段時間兩人逐漸熟識，也與他在哥倫比亞大學附近的公寓見過面，討論賭局和魔術。有一次羅素邀請一位十七歲的神童波西・迪亞康尼斯（Perci Diaconis）和我見面，他在我面前露了一手花式玩牌，長達一個多小時，手法令我震驚。羅素和我談到波西的未來發展，他應該要走學術路線，當一個數學教授，還是一位職業魔術師？

我給他的建議是從心靈層面出發，盡可能思考想要發掘的有趣問題，只要願意，和聰明的人交往，和同僚及學生合作。選擇自己有興趣的主題，也有許多時間到處旅遊和從事研究。我的建議不知是否影響了迪亞康尼斯，他最後成為哈佛大學的數學教授，並獲麥克阿瑟基金會的「智者」榮譽。他研究撲克牌的洗牌理論，一般大眾比較熟知的是：只要公平洗七次牌[9]就足以讓一副牌完全洗好。

和「小夥子」的拉斯維加斯經歷之後，我告訴羅素賭場搞小動作的問題。他提議我帶著他和一位朋友米奇・麥克當戈（Mickey MacDougall）去賭場實測。米奇是一位魔術師，同時也很會算牌，他曾寫過一本《牌裡乾坤》[10]的書，敘述他在私人賭場裡出老千的經歷。他也曾在內華達博彩控制局（Nevada Gaming Control Board）擔任好幾年的特別顧問，在一些小型賭場裡出老千。羅素向一群匿名者募集了一萬美元，同意在扣除相關費用後，賺到的錢大家平分。

一九六二年一月，我們利用新墨西哥州大的年底假期在拉斯維加斯碰面，羅素是個看起來緊張的人，年紀約三十五歲，米奇則是六十多歲，個性外向。

我們選了間賭場，找了一張二十一點賭桌坐下來。我們的計畫是：我先小玩一段時間，直到米奇發出警示就停止。因此，我把押注的範圍拉大，每玩一小時就停下來看米奇或羅素是否有警示，也可以換到其他賭場。隔一段時間換賭場與換賭桌可以減少被賭場員工注意的機會。並且，每當有機會大贏時我就收手，有點小輸也會停下來，以防我們沒察覺到賭場出老千。從數學的角度來看，這些干擾對賭局沒有影響，就像是把一生中所有的賭局用不同時間和地點切成一段段，對我的優勢不會造成影響，也不會改變長期下來我所預期能贏的錢。這個原則同時適用於賭場和投資。

當米奇和羅素提示我被出老千時，我立即起身走人，我和他們一同討論賭場玩的把戲。米奇會示範

---

[9] 當然，七並不是洗牌的魔術數字。真正的洗牌次數視「隨機」的程度、洗牌的方式以及「隨機」的定義而定。

[10] 《牌裡乾坤》（*Danger in the Cards*）一書已絕版多年。

手法，起先速度很慢，後來漸漸加快到賭場發牌員的速度。當我看清楚之後，我們會回到同一個發牌員面前，下點小注來做實測。我因此更能看出賭桌上玩的把戲。

我在這段時間內功力精進不少，我們連贏了好幾場，創下了我生涯最長連贏十五場的記錄。到了第十六場時，賭場經理走過來問我們是怎麼辦到的，米奇回他：「有輸就有贏嘛！」二十分鐘後，從門口衝進來一個人，直接換掉我們的發牌員。由於事出突然，我索性把賭注降到最小，果然就連輸了好幾場。這時米奇給了提示，我起身就走。回到飯店後，米奇對我展示了後來那位發牌員所用的偷窺技巧。

這個手法就是在不被察覺的情況下，偷看下一張要發的牌，也就是最上面那張。如果那張牌對賭客有利，發牌員就會把牌藏在手下，發給賭客下一張牌，通常會比較差。當發牌員要發給自己，如果最上面那張牌對自己有利，就會發那一張，否則就會發下一張。老手和魔術師十分精通此道，即使先告訴你，讓你睜大眼睛看也看不出來。幾乎很難證明有沒有被偷換牌。當時在拉斯維加斯出老千十分普遍，我花了許多時間才學會各種技巧。無論我們到哪兒，都會很快察覺可能被耍了，有時會被賭場禁止下注，或是莊家每玩一場就重新洗牌。

到了最後幾天，我們飛到太浩－雷諾地區，拜訪米奇在內華達博彩控制局的友人。向他說明我們這次的經歷，並花了兩個小時演示了一連串賭場的老千把戲，包括秒發牌，做牌，故意弄丟或做記號等等。

我們列舉了十幾家賭場的名字，當然，依情節輕重，我們分成好幾類，從「肯定有鬼」到「看起來有」不等。雖然控制局的人員再三要求我們對所有賭場的行為進行指控或推測，我們心裡卻很明白，有些是真的，有些卻不一定。我感到不自在的地方是，對方一直引導我們不注意或誇大所觀察到的事，這跟我在學術上習慣的謹慎與求真不太一樣，也可能是控制局想知道我們指控它們的證據。

在聽完我們冗長的陳述之後，米奇的友人表示希望能進一步檢驗，並且給我機會回到賭場玩二十一點。這次羅素不知為何沒有參與，就在我猶豫少了羅素的保護時，米奇的友人已簽署了一份代理委託書給我。米奇認為這是個不錯的主意，他先前曾告訴我，賭場早就認識控制局裡的每個人，只要他們一出現，出老千的行為就立刻停止，直到他們離開。

我們從雷諾市中心的「河邊旅館」（Riverside Hotel）開始（這家旅館後來被拆掉，我心中一陣暗喜），下五至五十美元的賭注。場內賭客不多，我挑了張賭桌，坐在中間位置。我的「伙伴」裝作不認識我，在一旁閒晃之後，也坐了下來。發牌員是一位年輕小姐，第二局我拿到一組（十，六）的「殭屍」牌，莊家則有一張九點（或十點）牌。我要求加牌，怪事發生了，原本要發給我的那張牌被卡住了，這才發現那張牌卡在上面一張和其他牌中間。發牌員頓時滿臉通紅，一路紅到肩膀。站在我左後方的賭場經理目睹這一切，一如平常地問我要上面那張牌還是第二張！我瞥眼看到第二張牌是人頭牌，這會讓我爆掉。於是我大聲回答：「第二張牌會讓我爆掉，所以我要上面那張。」控制局人就算聾了應該也聽得到。不過第二張牌是八點，我還是爆了，我把籌碼一推就離開了。

我的「伙伴」跟著我走出去，我說：「你有看過這樣子，第二張牌一清二楚？」他竟回答：「第二張？什麼第二張？」他距離發牌員不過三呎遠，明明親眼目睹卻視而不見。我霎時了解他只不過是耍我而已。因此我藉故上洗手間，偷溜到另一家賭場去了。我賺了一些錢，人潮開始聚集，不過後來發牌員就換人了。我看看四周，「伙伴」又出現在人群裡，於是我又溜了。就這樣和他在不同賭場間大玩捉迷藏。

第二天早晨原本應該打道回府，結果一陣大雪讓機場一度關閉，我們三人差點回不去，幸好附近空軍基地的跑道上仍有一架飛機可起飛，我們及時趕上。後來得知這是當天最後一班飛機，接下來機場關閉了十一天[11]。機長是著名的飛行專家艾迪（Eddie，第一位每分鐘超過一英里速度的飛行員，人稱「快手艾迪」）二位養子中的一位，名叫威廉・F・瑞肯貝克（William F. Rickenbacker）。機上其他人員是《國家評論》（*National Review*）的員工。

這趟旅程讓我了解到，只要有專家提醒有人出老千，我玩得再好也不容易贏大錢。後來再造訪時，我還得改頭換面一番，維持低調，避免引起注目。米奇・麥克當戈告訴控制局的人員，過去八天和我在內華達賭場的觀察，發現作弊出老千的次數比過去五年他擔任控制局委員的總和還多[12]。這次經驗後他再也沒去找他們。羅素・伯恩哈特後來對各種賭局有了更深的研究，還因此寫了好幾本書。

我也漸漸感覺到，拉斯維加斯有著不為人知的陰暗面，而且行之有年。一九四九年一位暴徒據說因為不滿佛朗明哥（Flamingo）賭場的管理方式，在南加州槍殺了黑幫老大畢西・西格爾（Bugsy Siegel）。一九六〇年，艾爾瑞秋維加斯（El Rancho Vegas）賭場被一場離奇的無明火燒個精光，不過就在兩個星期前，恰好有一個混混被賭場強制驅離。一九六〇年代初期我剛進入賭場，每年有數千萬美元無聲無息地被拿走。這些錢逃避了稅賦，資助了黑道，舉國上下皆然。

就在我這趟旅程之後，許多人加入了算牌行列，不過他們當中很多人被無故監禁，本錢被拿走，有些人甚至在暗房裡被毒打一頓。賭場員工還在他們休息的時間，大剌剌走在街上搶奪醉漢的財物。到了一九七〇年代，情勢好轉一些，但就如同尼古拉斯・派勒吉（Nicholas Pileggi）所著的《賭場》（*Casino*）一書中描寫的真實情況——該書後來被改編成電影——這些人真是蛇鼠一窩。

從那時開始，內華達從畢西・西格爾眼中黑手黨的天堂，逐漸轉變成企業經營為主的娛樂中心。拉斯維加斯如今有了黑幫博物館（Mob Museum），對大眾開放參觀。現在位於內華達和大西洋城（Atlantic City）的賭場，作弊出老千的狀況已經相當稀少，不過有一些偏遠的小城鎮，規範比較不嚴謹的地區還是時有所聞。

《戰勝莊家》於一九六二年十一月出版，很快地獲得一致好評，銷售量也歷久不衰[13]。讀者對此感到新鮮又興奮，我相信如果大規模的上架，銷售量應該會更好。

新墨西哥州大數學系主任羅夫‧克羅奇（Ralph Crouch），同時也是《生活》（*Life*）雜誌的科學專欄主編，認為這個題材可以繼續發揮，用數學來打敗二十一點兼具科學和公眾的關注。他們同意寫一篇特稿，但遲遲沒有下文。同時間其他媒體也有在關注這個議題。《時代生活》（*Time's Life*）的姐妹刊物《運動畫刊》（*Sports Illustrated*）捷足先登，獲得我的同意刊出了一篇報導。

隨著時間經過，二十一點玩家面對的是賭場日益精進的對策。我們的一舉一動都被賭桌上方的鏡子看得一清二楚，我們長相被列在一本相簿中不斷拿來檢查，老實的算牌者被耍著好玩，只要一家賭場拒絕某人，他到哪兒都不受歡迎。

偽裝實驗

賭場因應的對策包括：發牌超過全部的一半就開始洗牌。這讓算牌者優勢盡失，但賭場的成本也因而增加。因為玩的速度變慢了，賭局的速度越慢，賭場獲利就越低。將賭場比喻成屠宰場，洗牌的時間

⓫ 這趟旅程的更多故事，詳見*Blackjack Forum* (Vol. XVII #1, Spring 1997, pp. 102-104, XX #1, Spring 2000, pp. 9-30, and XX #2, Summer 2000, pp.105-107) 中索普與伯恩哈特的書信。

⓬ 他在聯合專欄「誠實地說，賭城都在騙人」（Even "Honest" Vegas House Cheats）中提到我們這段經歷。

⓭ *Time*, "Games: 'Beating the Dealer'", January 25, 1963, p. 70.

越久就是工廠的產能減少。

然而，出老千可以讓錢的流通速度變快，賭場可保持高利潤。有一次我走進「拉斯維加斯大道」（Las Vegas Strip）旅館裡的酒吧，當時已是晚上十點，著名音樂家路易士・普里瑪（Louis Prima）和他的王牌歌手兼新婚妻子吉兒・麥歐納（Gia Maione）正在表演。她走向一張人潮洶湧的賭桌，所有人都因此停了下來，而我當時打算選張賭桌坐下來，卻發現每張賭桌上的發牌員都快抓狂了。當時所有的發牌員都戴著相同的橘黃色眼鏡，這種眼鏡能讓他們透過背面看到牌，如果牌對玩家有利，他們就會出手換下一張牌給玩家。發牌員的手法很快，如果賭桌坐滿了人，利潤是很可觀的。此時任何需要花時間等待，或是導致玩家帶著錢走人的事都不被允許。

通常，被賭場懷疑在算的人只會被禁止不准再玩二十一點，這是內華達州的法律規定。諷刺的是，許多沒在算牌的人發現自己和其他看起來會算牌的人也都被禁止了。我曾經做過偽裝實驗，包括戴隱形眼鏡、太陽眼鏡、戴假鬍子、變裝或是做出怪異舉動。這讓我爭取到更多的時間。有一次我從外面旅行回家，身上的變裝沒換下來，結果我的孩子根本認不出我。她們被一個長滿鬍子的人嚇哭了，當時羅恩和凱倫分別才五歲和三歲，不過至今她們都還記得這件事。唯一沒被嚇到的是傑夫（Jeff），當時他才一歲。

我在雷諾市也試過一次變裝。那一次我安排一些朋友和我一對夫婦友人見面，他們負責在賭場保護我，我則讓他們看我玩二十一點為回報。那對夫婦和我素昧平生，第一次見面時，夫婦看到的是一個身穿花色夏威夷襯衫、牛仔褲、戴著墨鏡的大鬍子男人，後來我們約在賭場大廳見面，我在二樓一間密室裡玩牌。我選了「三壘」的座位，那是離莊家最遠的一個位子。

那個位子最後才發到牌，我正好可以先多看幾張。我揮著手中的一疊鈔票，要買一堆籌碼。發牌員是一位迷人的年輕小姐，把籌碼推給我。我們聊天的時候侍者送來飲料，我順手拿了一杯，這個動作可以讓他們放下戒心。小姐跟我說她下桌的時間是清晨兩點，之後或許可以和我「辦些事」。同時，我緩步穩定的贏錢模式吸引了賭場經理的注意，他認為我在算牌，隨後就有一隊人馬在旁監視，到了凌晨一點，他們覺得時機成熟，走上前告訴我不歡迎我繼續在賭桌上。發牌員小姐一臉驚訝和失望。賭場經理很快把風聲放出去，我被好幾家賭場列為拒絕往來戶。

當天下午，我決定喬裝一次做試驗，在與同伴共進晚餐之前，我把鬍子剃掉，拿下眼鏡，換上隱形眼鏡，也換了髮型。穿上運動夾克搭配領帶——一副雞尾酒禮服的樣子——從頭到腳完全改觀。同伴們一看到我這樣子，一時之間沒人認得出來：「你——好？」他們的震驚正是我的快樂。

晚餐過後，我回到原本那張賭桌，坐在同樣的位置。發牌員還是同一位小姐，看著從口袋裡掏出幾枚籌碼，眼見我手中沒有一疊現鈔，手上又戴著戒指——她很快就對我失去興趣。為了不被識破，我刻意不發一語。直到女侍者端來雞尾酒，我壓低嗓子粗聲說了句：「牛奶」。賭桌上我還是贏錢。

過了不久賭場經理出現在面前，同樣一隊人馬跟在後面。但這次他們的目標不是我，而是坐在我旁邊那位仁兄——他運氣不好，坐在我旁邊。每次下注後拿到兩張牌，如果他認為有機會贏就會加碼下注，反之則縮手。他們認為他有作弊，觀察他整整一個多小時，他們和他交涉，要不就停止作弊，要不就離開，最後他被架走。而我，慢慢地贏了一桌籌碼，沒有人打擾我。第二天我在前一天被禁止進入的賭場也成功贏到錢。

至此，我很清楚要戰勝二十一點的方式不只是算牌，或是只關心本錢多寡而已。那張綠色的賭桌本身就是一個舞台，而我是其中一名演員。會算牌的人得表現出一副沒有威脅性的樣子，才能留在賭桌前。你可以扮成來自德州的醉漢牛仔，或是來自台灣的女暴發戶，巴不得趕快下好離手。你也可以是來自印第安納波里斯，已經輸了一大筆錢，顯得神經兮兮的會計師。或是一名絕色美女，攫取所有人目光，而根本不在乎她怎麼下注。

《戰勝莊家》熱銷

戴夫・舒爾曼（Dave Scherman）在一九六四年一月出版的《運動畫刊》中，刊出一篇〈再見，再見，黑傑克〉[14]，文中提到我的書《戰勝莊家》賣到缺貨；兩個月後《生活》雜誌刊出一篇長達九頁的專題[15]；我的書也榮登《紐約時報》的暢銷書排行榜。

書的出版帶來了預料之中和始料未及的後果。父親對我完成他部分的心願，表現出無聲的自豪，此外，父親的小妹透過《生活》雜誌的故事找到我，父親自從一九〇四年雙親離異後就再也沒見過她。當時父親只有六歲，而她才四歲，父親不時做夢與她相見。後來父親安排到愛荷華州與她見面，她有五個孩子，以及許多孫輩。不過最後他們沒有見到面，而那趟旅程回來後不久，父親就因心臟病發[16]而去世。

那篇文章發表後，數以千計的算牌者蜂擁來到拉斯維加斯，內華達州度假旅館協會（Nevada Resort Hotel Association）因而緊急開會密商。二十九年後，當時參加密會的維克・維克瑞（Vic Vickrey）這麼形容：

> 「我怎麼知道他怎麼做的？我猜他有數學頭腦和過目不忘的能力。」
>
> 說話的是西瑟・西蒙斯（Cecil Simmons），他是沙漠旅社（Desert Inn）的老闆。當時正在

打電話給金沙賭場經理卡爾・柯恩（Carl Cohen），那是一九六〇年代中期，他們正討論著一本衝擊拉斯維加斯賭場的書，尤其是二十一點。

「我只知道，」西蒙斯大吼：「這傢伙寫了一本書，教大家在二十一點上頭每賭必贏。我告訴你，這本書他媽的會毀了我們……我們的二十一點生意玩完了……」

索普的書在六〇年代是賭場經理們無論何時何地都在談論的話題……

……一場聲稱找到解決方法的會議……

我們……在沙漠旅社齊聚一堂……直到今天我仍不明白，我們為何要因為一個來自東岸的小夥子在這裡搞神秘……這跟聯盟調查局在紐約上州破壞的阿帕拉契亞會議（Appalachia）不一樣。

……他們每個人都打扮得像喬治・拉夫特電影裡的樣子[17]，嘴裡說著類似的話，每個人都喊著他找到方法了。

哈德－奈可・哈瑞（Hard-Knuckle Harry）的解決方法很簡單：「打斷幾條腿就好了。」

「不，哈德－奈可，不。」主席近乎咆哮：「我們大家都是合法經營，要像個合法業者的樣子。」

---

[14] Scherman, 1964.

[15] O'Neil, Paul. "The Professor Who Breaks the Bank," *Life*, March 27, 1964, pp. 80-91.

[16] 一九六六年四月。

[17] 譯注：喬治・拉夫特（George Raft, 1901-1980）：早期好萊塢黑幫型男演員的代表人物。

……最後大家同意要改變一些賭場規則……以限制這些算牌者[18]。

一九六四年四月一日愚人節——協會公布了結果：這是史上第一次，二十一點規則出現改變。一對分牌和賭倍會加以限制，每玩幾次後整副牌就會重洗。

《拉斯維加斯太陽報》一九六四年四月三日的社論做了後續的追蹤報導：「只要長期在內華達州的人都知道，玩家賭生態。」「愛德華・O・索普……很明顯地並非此道中人，對賭博生態一知半解。沒人發掘過這樣的事實，賭場居然在每一場賭局裡都占有優勢。」總結來說：「索普博士或許算是個專業的數學家，但他在賭博上還只是個小學生。賭場管制局主席愛德華・A・奧爾森（Edward A. Olsen）認為：「在平等的基礎上，根據哈洛德俱樂部的基恩・依凡斯（Gene Evans）的解釋……他們相信如果每玩一次就重新洗牌，玩家的機會比較好，因為所有的A和人頭都會重新出現。」

我告訴記者，這樣的改變不但對業績沒有幫助，好的算牌人仍舊會賺到錢。如同維克・維克瑞的報導：「傳統上二十一點玩家是不會算牌的……一旦違反這樣的規則，玩家就可能涉及違法……（幾週後）我們別無選擇，但必須強調，原本的規則對玩家比較有利。」賭場老闆們心知肚明，他們的辯解不被接受。過去幾週他們的訕笑如今被報紙頭條文字給取代：「拉斯維加斯賭場大亨要哭了，規則改變——因為玩家太聰明了。」[19]，「魔法擊敗了拉斯維加斯的撲克牌。」

從數學的角度開始，我建構了擊敗賭場的生態系。曾經被賭場視為無稽之談，願意提供免費的計程車接送的這個傻瓜，一度認為賭局是公平的，但最終我造就了秘密武器，用頭腦打敗一項運動。我自己被賭場管制局禁止進入賭場，因為我會作弊，而賭桌上的人大都也不會感謝我。不過當賭場大亨們恐慌時，我依舊感到心滿意足。只要坐在房間裡，運用數學原理，我就能改變周遭的世界，這感覺真好。

最後，我並沒有離開賭場，反而把心路歷程總結成《戰勝莊家》一書。賭場和玩家之間的二十一點戰爭，即使在算牌技術發明了超過五十年之後，依舊存在。

---

18 Vic Vickery, "Counting on Blackjack," *Las Vegas Style magazine*, May 1993, pp. 61, 67.

19 Carson City (UPI): *New York Journal-American*, April 3, 1964.

第8章 玩家與賭場的對決

大玩家在各桌之間遊走，
到了發出信號那桌就大額下注。
因為他原先不在這張賭桌，
不能說他在算牌。
整個過程就像是一場表演。

我的書出版之後，大批二十一點的玩家蜂擁至內華達。每個人手裡都拿著書中所附、手掌大小的策略卡，找尋適合他們等級的賭場準備大顯身手，許多其實根本不會算牌。當然，職業和業餘算牌者也加入戰局，他們之中有很多好手，有些甚至靠玩二十一點維生。然而，大部分的努力和堅持需要不斷練習（算牌），以及了解限制和規範。往往性格是影響成就的最大絆腳石。

二十一點可以被擊敗的事實吸引了大量的玩家，而後數十年間，二十一點取代了擲骰子遊戲成為賭桌上的新寵。然而，賭場此時陷入了一個迷思：他們該不該讓少數會算牌的人贏錢，以換取吸引絕大多數不會算牌的人來玩，好提高他們的營收；還是卡死這些算牌者的機會，即使影響二十一點的風潮也在所不惜？

當賭場採用新規則導致營收下滑，速度大於獲利成長時，他們反而改回舊辦法。然後，他們改造了發牌盒，一次可以放進四副、六副、甚至八副牌。這些方法都讓算牌變得更為困難，但對於採用「一高一低」策略[1]的人來說倒沒那麼難。因為無論幾副牌，玩法幾乎都一樣，「一高一低」策略本來就是計算還沒發出去的牌，無論是用一副還是多副牌都一樣。一個訓練有素的玩家還是會贏錢。

其中廣為人知但不可取的，是一家因應賭場而生的公司，名叫「葛里芬調查公司」（Griffin Investigations）。這是一家私人偵探社，一九六七年成立，創辦人是葛里芬兄弟貝佛利和羅伯特（Beverly and Robert）。這家公司聚集了罪犯、老千、公共危險分子，後來很快擴及到算牌者。表面上他們被賭場禁止進入，但其實賭場很借重他們的訊息。因為多數發牌員和賭場經理分不出誰是算牌者，誰又不是。往往無辜的人被認為有算牌嫌疑而被禁止在賭場門外。如果算牌者一旦被發現，就會被帶到後面房間裡痛打一頓。葛里芬調查公司最後被兩位頂級算牌者控告，其中一位是詹姆斯•葛洛斯金（James Grosjean），他是二十一點名人堂的成員。葛里芬調查公司最後在二〇〇五年宣告破產。

《決勝二十一點》

算牌者自成一個網絡，發展更新更好的技巧，《戰勝莊家》書中曾經介紹過其中一種。假設有五位玩家，每人有一萬美元賭本，各自獨立，平均每小時的報酬率為一%，也就是贏一百美元，五個人加起來每小時贏五百美元。假設把五個人的賭本合而為一，也就是五萬美元，由一個人下注，他就可以下原本五倍的賭注。因此，他預期每小時的獲利，以目標一%計算，也是五百美元。但後者的好處是，其他

[1] 在《戰勝莊家》中，我稱之為「完全算點法」。

四人可以在其他賭桌或賭場，假裝每人身上也有五萬美元的方式來下注[2]，這樣每小時平均就有兩千五百美元的獲利，比起原來的每小時五百美元要好得多。

接下來的發展就很明顯，有錢的企業家開始進入二十一點行業，招募和訓練賭客或玩家，提供他們賭本，贏了錢就分帳。比較知名的團隊像是湯米・海蘭（Tommy Hyland），也就今天大家熟知的MIT團隊，後來他們的故事被寫成《贏遍賭城》（*Bringing Down the House*）一書，二〇〇八年被改編成電影《決勝二十一點》。艾爾・法蘭賽西科（Al Francesco）極有遠見地組成了二十一點團隊，其事蹟被其中成員肯・奧斯頓（Ken Uston, 1935-1987）所披露[3]。奧斯頓所著的《百萬美金二十一點》（*Million Dollar Blackjack*）和《大玩家》（*The Big Player*）激勵了這類團隊如雨後春筍般出現，賭場也竭力防堵。肯・奧斯頓是二十一點歷史上富有傳奇色彩的人物，他有四分之一的亞洲血統，祖父是日本人，他出生時名叫肯尼斯・泉藏・确井，職業生涯從證券業開始，後來成為太平洋證券交易所最年輕的資深副總[4]。後來被二十一點所吸引，最終離開證券業成為職業玩家。

算牌者在賭場占有優勢時會盡可能少下注，而在對自己有利時大力加碼。理論上，資本雄厚的玩家在對自己有利時會勇敢押到一千美元，而對自己不利時只會下最小注，例如五美元。這樣的賭注差距為兩百：一，會引起賭場人員的注意。如果有利時押一千美元，但將差距縮為四：一，代表不利時得押兩百五十美元。這樣或許不會引起注意，但利潤也會減少。

解決之道是所謂的「大玩家」法。團隊成員分別坐在不同的二十一點賭桌上，追蹤各桌的出牌狀況，這時下的都是最小注。當牌對玩家有利時，他們便對大玩家發出暗號。這個大玩家在各桌之間遊走，到了發出信號那桌就大額下注。因為他原先不在這張賭桌，不能說他在算牌。整個過程就像是一場表演。大玩家有時打扮成酩酊大醉的暴發戶，身邊往往還有一位美麗的女伴。

終極策略

同時，二十一點社群❺也不斷在探索及開發不同的算牌法。這些大都源自我最初的計算模式——整副牌中已發出去多少不同的牌。每一張牌的分數代表這張牌對賭局的影響程度。分數越接近實際影響程度，該方法越能正確評估玩家的優勢。

為了解釋這個基本觀念，我以所謂的「終極策略」為例，每張牌所代表的整數是它對賭局的影響程度。表一中的數字截自《戰勝莊家》一書。第二列❻的數字代表該張牌發出去後，對玩家優勢的影響。第三列數字則是第二列數字乘以十三，四捨五入至整數位❼，是終極策略中的分數。由於每張牌的分數差異很大，多半要靠電腦計算。我用這個例子來解釋算分的基本原則——每張牌的分數與它的影響程度越接近，該方法就越有用。另一方面，不同牌的分數差異越大，計算起來就越困難❽。

---

❷ 在最佳的風險與報酬策略中，下注的大小是賭本的一定比例。如果在一個團體中，賭客不太清楚實際的賭資有多少，通常會自動降低下注金額。

❸ 譯注：據說艾爾是讀了本書作者的《戰勝莊家》才受到啟發。

❹ Google搜尋「二十一點名人堂」，會有許多有關法蘭賽西科、海蘭、奧斯頓，以及本章其他人物的事蹟。

❺ 日益普及後，二十一點社群也開始介入。關於算牌者的報導越來越多，後來網站也有許多討論。史丹福・王（Stanford Wong）的報導網站中，提供了最佳優勢的玩法和賭場地點；阿諾・辛德（Arnold Synder）在《二十一點論壇》（*Blackjack Forum*）季刊中披露二十多年間的頂尖玩家和理論學者的著作，提供了非常好的賭場競爭史；安東尼・柯提斯（Anthony Curtis）的《拉斯維加斯顧問》（*Las Vegas Advisor*）是一份月刊，提供當月最佳食物、住宿以及玩樂的資訊；霍爾・舒瓦茲（Howard Schwartz）的「賭客書局」（The Gambler's Book Store）則有最新的賭博書籍和資訊；理察・瑞德（Richard Reid）的網站：www.bjmath.com則有豐富的文章、研討會及討論資料。訊息的網絡快速增加，提供了更多最新的優勢玩法。

❻ 後來這些數字有經過更精確的計算，幾副牌的數量不同也有些微影響。

❼ 十三是比較適當的數字。

表一　一副牌中發出一張牌的效果與終極（算分）策略

牌（點數）	2	3	4	5	6	7	8	9	10	A
對優勢的影響	0.36	0.48	0.59	0.82	0.47	0.34	0.03	-0.23	-0.54	-0.68
分數	5	6	8	11	6	4	0	-3	-7	-9

有人說「高－低」策略或「完全算分」法可以平衡方法有效性和簡便性之間的衝突，這在一九六六年《戰勝莊家》修訂版中曾介紹過。至今頂尖專家仍在用這些方法，其中最簡單的是將所有牌的分數分為負一，零，正一共三類。從零開始，小點數牌二、三、四、五、六計為正一；中間點數七、八、九計為零，表示對賭局沒有影響；大點數——A與十點牌——計為負一，每出現一次就減一。

假設玩家採取的是「高－低」算法，第一輪出現六張牌：A、五、六、九、二、三，算法是從零開始，然後是負一加一加一加一加零加一等於三（-1+1+1+0+1+1=3）。在同一副牌當中——這是合理的規則——玩家在下一局擁有優勢。隨著牌繼續發下去，計算數值也會在零上下擺盪，當正數的時候對玩家有利，負數時對賭場有利。當剩下的牌越少，任何特定牌的影響便越大。好的玩家只需要看有多少牌已經發出去就可以簡單估計優劣勢。[9]

這樣的算法困難在哪？典型的試驗是當重新洗牌後，拿走一至三張牌而且蓋起來不讓人看見，然後開始算剩下的牌。此時玩家可以在牌發完之後，得出一個算出來的數字，然後把蓋起來的牌翻過來，測試自己是否算對。例如，假設一開始有一張牌被蓋起來拿走，剩下的牌算完後得出的數字是零。因為整副牌的數字總和也是零（讀者或許已經知道，一副五十二張的牌共有二十張負分和二十張正分），因此蓋起來的那張牌分數也應該是零，也就是七、八或九點。有時候算了半天還會算錯。

有一晚我在波多黎各和一位喜劇演員暨電視名人亨利・摩根（Henry Morgan）一起玩牌，他在一九五〇至六〇年代可是赫赫有名。賭場每次賭注的上限是五十美元，而當時我已經輸了一個多小時，就在牌快發完之際，莊家給自己一張十點牌，此時我可以把一整桌的七個位子都下注，以防其他玩家進來，這樣也許能多贏點錢。當時我用的是另一套算法[10]，二、三、四、五、六和七點牌是加一，八點牌是零，九、十和A是負一。此時莊家已經發完牌了，而我算出來的分數正好是零。因此很明顯莊家那張蓋起來的牌也是零分，也就是八點，莊家的總點數是十八點。此時莊重新洗牌，而我立刻把七個位子都下了注。不過其中很多副牌都是十七點，我清楚知道如果不繼續要牌必輸無疑，因此我大膽要牌，結果運氣不好，所有的牌都「爆」了。

此時莊家很輕蔑地看著我，笑著說：「你在算牌喔，兄弟。我賭你不知道我蓋住的這張牌。」[11]其他莊家也在一旁笑著看好戲。我說：「怎麼不知道？你那張牌是八點。」莊家笑著叫來其他發牌員和賭場經理，無禮地說這個美國佬知道他手中的牌是八點。接著就是一連串不堪入耳的西班牙文。

我當時已經很疲倦，想回房休息，過去一小時我已經算錯好多次，這次可能也算錯了（或許算錯了

---

[8] 對各種算牌系統優勢的討論請見 *The Theory of Blackjack* by Peter Griffin, 6th Edition, Huntington Press, 1999.

[9] 有一種簡單的算法是：估計桌上有多少「半副牌」。史丹福・王在《職業二十一點牌手》（*Professional Blackjack*, Pi Yee Press, 1994）中有敘述。

[10] 如果將「終極策略」中的表一的分數除以八，再四捨五入至最近的整數，就會得到一組零或一的數。不過如果如果除以七或九，就會得到一或減一的數。這正是我在波多黎各採用的數。

[11] 我在《戰勝莊家》中也引用過這段往事。

也好）。然後莊家在眾目睽睽下把牌翻過來，果然是一張八點！然後又是一陣嘰哩咕嚕的西班牙文。

這種算法的困難在於要許多時間練習，只要練習越多，時間就會越短，我發現只要算一副牌的時間在二十至二十五秒之間，就能應付所有的賭局。因此每次上場前我都會做些自我簡單測試，看看有沒有達到這個標準。有一位二十一點名人堂的高手曾經只花了三十三秒就算完兩副牌。不過我所見過最令人驚訝的是在拉斯維加斯的巴黎旅館（Paris Hotel）所舉辦的第三屆世界賭局保護大會（World Game Protection Conference），當天下午的娛樂節目是算牌競賽。這種比賽的關鍵是算牌法的選擇。最後的優勝者成績令我咋舌，是我看過最快的，才八・八秒。

莊家玩家鬥智

於此同時，賭場也開始引進新技術來防止算牌。攝影機和觀察員從賭桌上方的單面鏡（one-way mirror）中觀察玩家的一舉一動。如今，自動化技術日新月異，臉部辨識軟體，射頻識別晶片追蹤玩家的下注記錄[12]，電腦也能追蹤下注的模式和牌型，找出算牌者的特徵。機器洗牌防止許多算牌機會，賭局也不會中斷，只是賭場花了不少錢投資在這些設備上。

同時間，算牌者也在開發更佳的技巧來贏錢。其中一種方法是基於玩家與莊家一開始手中都只有二張牌的事實，第一張面朝上，第二張面朝下，壓在第一張牌下面。如果莊家的第一張是A或十點牌（K、Q、J、十），他通常會看一下第二張牌，確認是否為二十一點，如果真是二十一點，他就會攤牌，並把桌上賭注通吃。除了玩家也是二十一點之外，莊家的二十一點是全贏的。莊家看牌的方式通常是把兩張牌疊起來，稍微轉出一個小角來看第二張牌的點數。如果莊家不夠細心，或是不常換新牌，A

和十點牌通常會被輕微彎曲一點，此時精明的玩家可以判斷A和十點在誰手上，這可是極大的優勢。

有一群採取這種方法的人大都會策略性地聚集在一起，在賭場裡挑軟柿子吃，他們專找那些不太細心檢查牌的莊家下手。只要莊家手中不是二十一點，玩家就會繼續玩下去，預先知道莊家第二張牌是多大的優勢。有些賭場防止玩家如此作弊，要求莊家要等到所有玩家都完成下注後，才看自己的第二張牌，此時這張牌就可以直接亮牌。

在一九七〇年代，有一群人[13]開發出隱藏式電腦，並把它用在二十一點上。內華達州曾因應賭場業者的反彈，在一九八五年通過一條法律，允許賭場取締任何可協助玩家計算優勢的設備。但聰明的玩家還是找得到方法。當一副或多副牌進行洗牌時，其實未必洗得徹底。只要沒洗好的牌就能給予玩家預測出牌的機會。

早在一九六一至六二年間，我就思考過這個問題。我了解玩牌的方式會影響每場賭局的優勢變化，於是我設計了一個雙管齊下的策略：設計一個模擬洗牌的數學模型，以及實際去洗牌。

首先，我想到一種在一副牌裡判斷某張牌出現的方法。只要將一副牌洗好後，牌面朝上展開來，假設目標是黑桃A，同時假設前一張牌是紅心K。在洗牌和切牌時就得隨時注意這二張牌的位置。我們可以將黑桃A和紅心K（它的前一張牌）翻過來，讓這二張牌面朝上，其他牌面朝下，這樣就好追蹤了。這時只要洗牌並切牌，就有可能有一張甚至多張牌介於黑桃A和紅心K之間。這時注意力轉往紅心K，即使和黑桃A分開，只要在玩二十一點的過程中，紅心K一出現，你立刻就會知道黑桃A不遠了。即使

⓬ 譯注：射頻識別（Radio Frequency Identification, RFID）：一種以射頻無線電波自動辨識物件的技術。

⓭ 特別是凱斯・塔夫特（Keith Taft）。

多洗幾次或多切幾次牌，兩張牌之間只是會多出幾張牌而已。有時候多洗幾次牌和切牌之後，兩張牌的順序會顛倒，也就是說黑桃A可能會先出現，此時預測就失效了。但無論如何，只要牌沒洗乾淨，玩家就可以認定紅心K之後，黑桃A出現的機率高於平均值。更進一步想，只要把目標同時放在A張上，就會是極大的優勢。[14]

「A的位置」判斷法延伸出一種洗牌之後的小群組概念。賭場的洗牌方法通常很制式，這就提供分析判斷的機會。玩家藉由電腦輔助，可以追蹤一副牌裡A和十點牌比較集中的地方。這種分析能造成的優勢很可觀，偽裝的效果也好。因為這類玩家往往在一開始就發現了優勢，還沒看到牌就敢下大注。其他時候即使算牌分數不好，只要知道後面的牌有比較大的機會出現A和十點，他們也會提高賭注。

一九九七年薇薇安和我前往猶他州的聖喬治市，參加當地年度馬拉松，在來回的途中我們經過拉斯維加斯。我的朋友——以《二十一點理論》（*The Theory of Blackjack*）一書聞名的彼得・葛里芬（Peter Griffin，和前文的葛里芬兄弟無關）和「金銀島」（Treasure Island）賭場的經理喬・威爾考克斯（Joe Wilcox）答應我，只要我不在史迪夫・永利[15]的任何一家賭場玩二十一點，他就作東招待住宿、食物以及極棒的秀。喬提到當時賭場因為洗牌追蹤客（shuffle-tracker）的出現損失不少錢，暗示沒有人提出有效的洗牌方法以保障賭場的利益。在參觀金銀島及其他兩家賭場後，我找到了問題所在。其實只要用一點數學就能發明一種新的洗牌法，防止追蹤者。不過我將其列為秘方。

賭客和賭場之間的較勁不只在賭桌和暗室，還有在法庭上。內華達州允許賭場和賭客對簿公堂，紐澤西州則無。這兩個州的賭場業者為了保障自身利益，不約而同設下對自己有利的重重規則，洗牌也可以隨時進行。內華達州清楚定義「作弊」[16]係指「改變了決定（a）賭局結果；或（b）在賭局中賭注的金額或下注次數的標準」。因此，使用加鉛的骰子算是違反（a），在二十一點中看到牌決定加減賭注就算違反（b）。

就在賭場與算法者之間的戰爭打得火熱之際，拉斯維加斯本身也出現變化，早年黑道把持的現象在一九六四年的暢銷書《綠色叢林》（*The Green Felt Jungle*）中有很好的描述。一九八〇年代，黑道逐漸退場，企業經營的觀念慢慢成形，成就了億萬賭場大亨的出現，並逐漸走向世界。今天，厲害的玩家越來越多，但機會遽，後進者發現要贏大錢變得越來越困難。[17]

列名「二十一點名人堂」

職業玩家每年都會聚集在內華達州的「黑傑克大廳」[18]舉辦私人聚會，分享彼此的事蹟。聚會是由職業算牌專家馬克斯・魯賓（Max Rubin）作東，還有數百哩外南加州的巴羅那賭場（Barona Casino）提供贊助。全球當今及過往的最強玩家齊聚一堂。「二十一點名人堂」的成員是榮譽會員。他們的肖像

⑭ 我在〈法魯（Faro）遊戲的非隨機洗牌的應用〉（"Non-random Shuffling With Applications to the Game of Faro," *Journal of the American Statistical Association*, pp. 842-847, December 1973）一文中曾說明過。更多的延伸見*Gambling and Society*, edited by W. Eadington, Charles C. Thomas, Springfield, IL, 1975, as: "Probabilities and Strategies for the Game of Faro," pp. 531-560.

⑮ 譯注：史迪夫・永利（Steve Wynn, 1942-）：美國博彩商人，號稱「拉斯維加斯之父」。旗下的永利集團擁有龐大的賭場事業。

⑯ N. R. S. 465.015.

⑰ 凱文・布萊克伍德（Kevin Blackwood）和拉瑞・巴克（Larry Barker）所著《二十一點傳奇》（*Legends of Blackjack*, by Kevin Blackwood and Larry Barker, Kindle eBook, April 5, 2009）中有記錄一些職業玩家的故事。

⑱ "The Smartest Guy in the Room," by R.M. Schneiderman, *Newsweek*, Feb. 20, 2012, pp. 56-7.

展示在巴羅那的藝廊，他們在那裡吃喝玩樂全免費，唯有一條限制，就是不能玩牌。巴羅那從中可以受惠不少，因為只要加入這項聚會的賭場專家都必須宣誓，永遠不在這個賭場玩牌——這是賭場最划算的一筆投資。

我的三個孩子羅恩、凱倫和傑夫，二〇一三年隨我一同加入這個聚會，同時加入的還包括哈佛數學系碩士詹姆斯・葛洛斯金，他至今仍持續在開發新的方法增加優勢。我們和一個名叫「聖羅勒」（Holy Rollers）的年輕基督教團體談話，過去他們靠算牌賺了不少錢，如今像是俠盜羅賓漢一般，把錢從賭場（邪）移到教堂（正）和他們自己身上。在總共一百零二位賓客中，將近一半靠賭淨賺了一百萬美元以上，其他則是家人、配偶以及重要貴賓。其中一位傳奇人物是布萊爾・霍爾（Blair Hull），他所帶領的二十一點團隊在芝加哥選擇權交易所裡賺了好幾百萬美元，比爾・班特（Bill Benter）將賭場二十一點賺來的錢作為資本，在全世界各地建立了數十億美元的賽馬場生意。坐在我旁邊身穿「旅行家」（Traveler）衣服的台灣人，手中的購物袋裝滿了介紹他生平冒險事蹟的自傳。他在六年內賭遍六十四個國家的賭場，淨賺七百萬美元。最令人驚奇的是有一年在莫斯科，他推著裝滿鈔票的推車，在莫斯科街頭四處躲強盜小偷，居然能全身而退。

第二天我和MIT團隊成員張約翰（John Chang）共進午餐。他的事蹟在電影《決勝二十一點》[19]裡有演出，同桌的還有一位他的朋友。隨後，我們找了一家附近的賭場，想在一張二十一點賭桌前合照，但被拒絕。我們乾脆坐下來玩，賭注是一百至一萬美元。張和他的朋友拿出好幾捲百元美鈔來換籌碼，一捲五千美元。「我們的口袋就是我們的銀行。」他們說。莊家是一位和藹可親的東歐婦女，她渾然不知坐在她賭桌前的是何方神聖，張約翰故意犯了些初學者的錯誤，她則好心指導他正確的玩法。張有禮貌地謝謝她，表示會加以改進。二十分鐘後，賭場輸了數千美元，我們也順利找到員工幫我們在賭場門口拍了照。

一般玩家有機會戰勝賭場嗎？我的回答是在特定條件下是可能的。許多二十一點的規則都改了，贏錢變得更不容易。例如，二張牌就二十一點（黑傑克）的賠率大都從原來的三：二降到六：五，甚至一：一，這樣的賭桌碰都不要碰。許多管道都有提供賭場評等[20]的資訊，告訴我們哪裡的賭場規則比較好。

二〇〇八年我在拉斯維加斯第三屆世界賭局保護大會擔任主講人，被問到當我寫《戰勝莊家》時，有沒有預見對賭場業會有如此巨大的影響。我回答：一九六二年時我不知道這股力量會持續五年還是五十年，但現在我們知道它持續至今。

[19] 改編自班・馬茲瑞奇（Ben Mezrich），《擊潰東家》（*Bringing Daun the House*）。
[20] 史丹福・王的每月新聞有詳細報導。

第9章

電腦預測輪盤遊戲

關主先轉動輪盤，
而我們的輪盤電腦在計算一圈的時間後，會自動計算之後每轉一圈所需的時間，
直到關主出手撥動輪軸，
改變輪盤的速度為止。

現代輪盤遊戲的樣貌是在一七九六年法國巴黎首次出現。蒙地卡羅當地記載，十九世紀這個遊戲在富豪和皇室裡蔚為風潮。許多小說和歌曲中都有描述。輪盤遊戲的獎金高，設備亮眼，運氣成分極高，有時會贏到錢，但大部分都打水漂。不過對某些人來說，它是研究分析打破賭場優勢的好標的。對賭徒而言，這樣的方法太過複雜難以理解，但它就是有一股魅力，讓人產生莫名的希望。

有一種頗受歡迎的方法，稱為拉布謝爾（Labouchère）法，它是一種消去法，很適合用在輪盤這種輸贏機會各半的遊戲上。在輪盤遊戲中，押紅色或黑巴的賺賠是相同的，在總共三十八個機會中各占十八個。拉布謝爾法一開始要寫下一串數字，像是三、五和七，總數是十五，也就是玩家贏錢的目標。第一次下注是押第一個和最後一個數字的和，三加七，也就是十。如果贏了，下一注就把第一個和最後一個數字拿掉，押剩下的數字，也就是五。如果又贏了就達成目標。如果第一次輸了，就把十加入數字串中，變成三、五、七、十，下一注就押三＋十＝十

三。每次只要輸了，就把該數字加入數字串中，每次贏了就把那兩個數字從數字串中剔除。因此，玩家只要贏略超過三分之一的次數就能達標。這方法有沒有罩門？拉布謝爾法的缺點是，玩家從頭到尾一次都沒贏過。

然而，數學裡的機率理論告訴我們，假設輪盤中所有數字出現的機率都相同，且都是隨機的，那麼任何方法都是沒有用的。即使如此，十九世紀末偉大的統計學家卡爾・皮爾森（Karl Pearson, 1857-1936）從每天法國報紙記載的輪盤數字中，發現存在某種模式[1]，一時之間似乎看到了一線曙光。不過這種謎團的解決方式靠的是發現符合某種規則，而不是花時間觀察實際輪盤轉動的樣子。每天記錄輪盤數字的人純粹可能只是亂編，而皮爾森發現的統計模式也只是反映應了報紙記者編不出完美的隨機數字而已。

如果一般方法都不奏效，長期而言輪盤有沒有可能存在某種缺陷，讓某些數字出現的機率高過其他數字？一九四七年兩位芝加哥的研究生，艾伯特・希布斯（Albert Hibbs, 1924-2003）和羅伊・沃爾福（Roy Walford, 1924-2004）在雷諾賭場的輪盤裡，發現九這個數字特別常出現。他們拿出兩百美元實際測試，結果變成一萬兩千美元，隔了一年，他們在拉斯維加斯的宮殿俱樂部（Palace Club）找到一台輪盤，總共賺了三萬美元。他們決定休學，開著船到加勒比海流浪一年[2]。兩人後來各自在科學領域裡開創傑出的成就。希布斯成為加州理工學院噴射推進實驗室中太空科學研究的主持人，沃爾福成為UCLA醫學院的研究員，發現只要控制白老鼠攝取的熱量，壽命甚至可以增加一倍。希布斯後來曾寫

---

❶ Pearson, Karl, *The chances of death and other studies in evolution*, London, New York, E. Arnold, 1897.
❷ *Los Angeles Times*, Feb. 27, 2003, page B12, obiruary of Albert Hibbs. See also Wilson (1965, 1970).

道：「我期望征服太空，而我的室友沃爾福決定征服死亡。」❸

費曼當時應該碰到了有瑕疵的輪盤，才會對我說沒有辦法擊敗它，因為希布斯在加州理工讀物理博士學位時曾接受費曼的指導。在過去，這種有瑕疵的輪盤是各家賭場的賺錢利器，每間賭場對它們的賭具都呵護備至❹。

打敗輪盤

因此，克勞帝・夏儂和我在一九六〇年九月決定建立一套電腦系統來打敗輪盤。現實的狀況是，賭場在放進小白球繞軌道之前，只有幾秒鐘的時間讓賭客下注。

當時我正值MIT二年合約的最後一年，我們必須在九個月內完成這項工作，我們一週花二十個小時待在夏儂三層樓的木造房裡。房子是一八五八年在其中一座神秘湖（Mystic Lakes）畔興建的，離劍橋僅數英里遠。地下室是愛好工具零件者的天堂，布滿價值約十萬美元的電子、電器以及機械，還有數千種機電和電子零件——像是馬達、電晶體、開關、滑輪、齒輪、聚光器、變壓器等等。夏儂的孩提時期花了許多時間在電子、物理及化學實驗中度過，而我如今也很高興和這樣一個人共事。

我們花了一千五百美元，在雷諾買了一座翻修過但仍符合標準的輪盤。從MIT的實驗室借來一台閃光燈，和一個大型計時器。它們的作用和我當年拍下影像的實驗類似，能夠將影像細分至百分之一秒，可以更精確地計算時間。我們找了一間撞球室，因為那兒陳舊的大塊石板桌讓我們可以很穩固地在上面安裝輪盤。

我們的輪盤很制式，外觀的設計很複雜，整體看起來很吸引人。它由許多零件組成，上方是一個環狀軌道，每一局都由關主（croupier）從手中發出一顆小白球開始。小白球沿著軌道滾動，逐漸慢下來直到掉入下面一個錐狀的軌道中心，那是輪盤的轉軸所在，上面有許多印有編號的格子，而關主發球時，球的方向和軌道轉動的方向正好相反。

小白球的滾動過程相當複雜，包括好幾個不同面向，分析起來十分困難。我們依照原訂計畫，將球和轉軸的滾動分成幾個階段個別分析。

一開始是預測小白球什麼時候以及從哪個位置離開軌道。我們計算小白球繞著軌道一圈所需的時間，如果時間很短，表示球的速度很快，滾動的距離也會長。如果花的時間比較長，球的速度比較慢，沒多久就會掉下來。

為了要計算球速，我們設計了一個微型開關，當球通過特定記號處就會開始計時，當球第二次通過記號時就關掉，顯示的時間就是球繞行一圈所需的時間。

開關計時器的同時還會觸動一個閃光燈，閃光燈以高速頻率閃光，就像今天舞廳裡看到的一樣。我們把室內燈光調暗，每當按下開關時，閃光就會照到小白球。我們可以分析小白球位置和記號的差距，是超過還是落後，按下開關的時機有沒有差別。藉此修正小白球滾動一圈的時間，讓記錄更精確。我們

---

❸ 加州理工學院刊登的希布斯訃聞。見http://pr.caltech.edu/periodicals。

❹ 幾十年後，專業賭客比利・華特（Billy Walters）在《賭場魔法》（*Gambling Wizards* by Richard W. Munchkin, Huntington Press, Las Vegas, Nevada, 2002, pp. 16-18）一書談到〔如同《戰勝輪盤》（*Beating the Wheel* by Russell T. Barnhart, Carol Publishing, New York, 1992）一書所報導〕，我發現只要在任何一個輪盤前，用一副塑膠撲克牌和幾分鐘的時間，就能知道這個輪盤的分頻器、微動轉軸是否過高或過低、太鬆或太緊、哪個號碼會被影響。除此之外，我還會仔細檢查輪盤是否正確懸吊在轉軸上。

從數字和肉眼辨識分析按下開關的時間差，因此對時機點的掌握就會更加精確。經過一次又一次的練習，我們的時間誤差從〇・〇三秒精進到〇・〇一秒。不只如此，我們還得確保開關藏在身上時依舊能保有這樣的正確率，像是訓練腳拇指來控制開關。

我們發現可以預測小白球何時會放慢速度並從軌道掉下來，而且準確率很高。下一步是估計小白球從軌道盤旋到錐狀的軌道中心，落到轉軸上所需要的時間和滾動的距離。大多數的輪盤裝置都有葉片或導流板——標準有八片——當小白球落下時都會碰到。葉片的作用是讓小白球的落點變得隨機，路徑可以因此拉長或縮短，視落下時會碰到哪一塊葉片而定。我們發現這種增加不確定性的設計對我們的優勢影響不大，葉片反而成為我們預測小白球落點的參考。

最後，當小白球掉到轉軸上時，會在印有號碼的格子之間彈來彈去，對我們的預測來說是另一個不確定。

所有預測誤差是許多效應的總和，包括我們計時的誤差、小白球在轉軸格子上的彈跳、在盤旋落下時受到金屬物體阻擋造成的偏離、甚至輪盤本身都可能是傾斜的。假設所有的誤差大致呈現常態分配（或稱高斯或鐘形分配），我們需要計算預測誤差的標準差（一種衡量不確定性的指標）。一開始算出來的數字是真實結果前後共十六個數字（大約〇・四二圈），後來精進到前後共十個數字（〇・二六圈），這讓我們押注在預測數字上的平均獲利率達到四四%。如果我們同時押在預測數字及左右各二個數字，總共五個數字上時，不確定性降低了，優勢有四三%。

利用物理知識贏得輪盤遊戲，讓我想到另一種詭異的遊戲：俄羅斯輪盤。這個遊戲沒有贏家，但物理學卻可能會協助你存活下來。這個遊戲名稱最初是喬治・瑟德茲（georges Surdez）在一九三七年提出來的：

「你聽過俄羅斯輪盤嗎？」……一九一七年前後，在羅馬尼亞的俄羅斯軍人，長官有時會突然拔出左輪手槍，把一發子彈放進彈匣裡，轉動彈匣時突然扣上，用槍指著他的頭然後扣下扳機……

轉動左輪手槍的彈匣近似輪盤當中的轉軸，六個子彈匣中只有一個放了子彈，擦槍走火的機率是六分之一。不過加點潤滑劑，把槍直立起來，彈匣和地面平行，重力會把彈匣向下拉，子彈降到彈匣底部，左輪也會停下來。如果此時扣回去，有子彈的那格就正好在扳機上（這也是女性朋友不去玩這個遊戲的原因）。[5]重力決定了這個不均等重量彈匣的位置，關鍵在槍的方向。我那擔任地區助理副檢察官超過二十年的小女兒告訴我，近代的鑑定科學家才剛明白這個道理。

三度分隔

夏儂是個滿腹經綸、點子又多的人，和他一起工作十分愉快。有一次聊到訊息保密，他提到社會網絡理論的學者曾研究謠言傳播的速度以及所謂的守密。如果隨機找兩個人，假設都住在美國，通常只要串起兩、三個人就能建立起這兩人的聯繫，這稱為「三度分隔」（Three Degrees of Separation）理論。

[5] 感謝理察・柯恩（Richard Cohen）提供相關資料。

實驗方式是隨機找一個陌生人，請他說出他所認識的名人，往往他所提到的某個名人，會跟你也認識的某個名人之間彼此熟識。只要（1）你先找你的名人朋友，（2）你的朋友找到他認識的名人朋友，然後（3）這些名人就會找到這個陌生人。這時你和這個陌生人之間就形成了「二度分隔」。

我一生中每次做這個實驗，往往都會得到不錯的結果。有一次從曼哈頓到紐澤西州普林斯頓的火車上，我注意到坐在旁邊精心打扮，舉止優雅，看起來身為母親的女士，突然間開始坐立不安。她不懂英語、法語或西班牙語，只會說德語，而我的德語並不好。她告訴我她不知道幾點會到費城，我告訴她時間後，順便和她聊天。她是匈牙利布達佩斯的經濟官員，正要前往費城參加會議。我決定試試「分隔理論」的遊戲。

「你認識一個住在布達佩斯，姓史耐塔（Sinetar）的人嗎？」

「當然，他們家族很有名。」她回答：「有個電影製片人叫作米克羅斯・史耐塔（Miklos Sinetar）；還有許多工程師、心理學家也都姓這個姓。」

「好的，」我說：「他們是我太太的親戚。」

我，連接薇薇安，連接住在布達佩斯的史耐塔，再連到隔壁座的經濟學家。算是二度分隔。到目前為止，我和任何陌生人之間的聯繫從未超過三個人。

這個觀念到了一九九〇年約翰・桂爾（John Guare）膾炙人口的百老匯劇本用了「六度分隔」一詞，才成為大眾琅琅上口的詞句。「分隔」的說法早在一九六九年便已在數學家之間流傳，當時稱為埃爾德什數（Erdös number）[6]，這個名稱源自於多產的匈牙利數學家保羅・埃爾德什（Paul Erdös），表示任何人和埃爾德什之間，依據論文共同作者（co-author）的連結。如果你和埃爾德什共同發表一篇論文，你的埃爾德什數就是一，如果數字不是一，但論文與另一位埃爾德什數為一的人共同發表，你的數字就是二，以此類推。

陌生人之間的連接點越少，表示謠言散布得越快且越廣。如果你有一個投資上的好點子，最好的方法是保密。一九九八年《紐約時報》的科學版曾有文章說，數學家已發現了網路能「讓地球變小」，只要用一個名人的觀念，加上一九六七年社會學家發展出來的六度分隔理論就行。不過在一九六〇年，克勞帝・夏儂可還不知道這些。

他很喜歡做一些精巧的小工具，其中一樣是擲出一枚硬幣時，能控制硬幣在空中轉多少圈才落地——他可以決定——的機器，無論最後是人頭還是字。他還從他的工作室（也稱為玩具室）拉了一條訊號線到廚房，可以叫他的妻子貝蒂（Betty）過來一下。

我們在工作之餘，夏儂還教我拋接三顆球的特技，他可以騎在獨輪車上表演。他在樹樁之間架起一根鐵桿，在上面走來走去，鼓勵我學學這個類似平衡木的裝置。有時候他還會結合二、三種特技一起表演：拋接三顆球、騎獨輪車、加上走在繩索上。有一天我看到二大塊形狀像雪靴的泡棉，底部磨損得很厲害，他說他曾穿著它在家門前的神秘湖上行走。鄰居們看到都嚇壞了，以為夏儂可以在湖面上走路。我試了一下，發現走起路來很難不跌倒。

我們之間合作得很愉快，因為當時我們對科學都極有興趣，這些修修補補和做些小玩意只是樂趣的一部分，讓我們的好奇心能無限發揮。

美式的輪盤遊戲上，小白球可以掉在上面三十八個格子中的任一個。其中三十六格編號一至三十

---

❻ 譯注：埃爾德什數（Erdös number）：描述數學論文中作者與埃爾德什的「合作距離」的一種方式。

六，紅黑各十八個。綠色格只有零和零零兩個，分別位於轉軸兩端，將其他三十六格分為兩半，各十八個。押注單一號碼中獎賠率是三十五：一，意思是除拿回原先的賭注外，還贏得三十五倍賭注的獎金。如果沒有零和零零二格，這樣的遊戲算是公平。因為平均而言，任何一個數字每三十六次會出現一次，押一元就中可得三十五元，其他三十五格各輸一元，最後結果不輸不贏。然而，因為有零和零零二格，情況變得不一樣。下注者押一元就中得到三十五元，但剩下三十七次都輸，每次輸一元，總共三十八次押注淨輸二元。莊家在面對玩家押單一號碼時的優勢為二元除以三十八元，也就是五・二六％。歐式的輪盤好一點，只有一個零的格子，沒有零零格。

關於情勢有利時賭盤押注的大小，夏儂推薦我去看一九五六年約翰・凱利的論文[7]。我把它當作下注二十一點、輪盤以及其他賭局、運動博彩、股市[8]等等的指引。在輪盤遊戲中，凱利策略認為，多押注一些號碼（像是前後連號），可以大幅減少損失的風險，增加一些期望報酬，是很值得做的。他不建議單押一個號碼。

遊戲開始時，闞主先轉動輪盤，而我們的輪盤電腦在計算一圈的時間後，會自動計算之後每轉一圈所需的時間，直到闞主出手撥動輪軸，改變輪盤的速度為止。同時電腦會反覆傳送一連串的八個音階Do、Re、Mi……就像鋼琴的中間音C、D、E……C（高八度），然後再重複。至於小白球的時間計算，我們選擇小白球在軌道上最後三、四圈時開始計時，離球掉落到轉軸的時間越接近，我們的預測越準確。剩下三圈的時間足夠我們下注。電腦的計時開關在小白球第一次經過參考點時就觸動開始，一旦啟動，音階就會播放，當球再次經過參考點時，也就是繞了一圈，音階就會停止，最後發出來的音就代表某組號碼，接著就可以下注。萬一算錯了小白球在軌道上的滾動圈數，音階就不會停，我們也不會下注，除非假裝做做樣子。預測值的音發出來的同時，電腦這一局的預測工作就告一段落，此時電腦的計時顯示會歸零。

我和「曼尼」、艾迪在內華達測試我的二十一點算牌法時，夏儂和我同時在進行這項輪盤號碼的預測工作。那次前往賭場正好是個觀摩的機會，看看實際輪盤的運作是否印證我們在實驗室做的。我發現許多輪盤都有點傾斜，這點我們早已發現，並且在預測模型中做了改善，因為傾斜的輪盤會讓小白球落下的位置集中在某些區域上。我告訴夏儂，半個籌碼甚至一個籌碼高的傾斜度很常見。在實驗室我們拿過一個硬幣（大約半個籌碼厚）放在輪盤的三隻腳中的一隻上，發現傾斜度帶來不少優勢。

第一個穿戴裝置

幾個月多方嘗試的實驗，終於接近最後階段。我們把實驗分為兩部分，由兩人分工。一人穿戴電腦，當時這台電腦有十二個電晶體，每個大約有一個香煙盒大小。資料開關藏到鞋底，由腳拇指控制。電腦計算出來的預測值由無線電傳輸，用的是改良後的遙控飛機遙控器，到處都買得到，也不太貴。另一個人負責下注，身上要帶著無線電接收器，接收器會播放代表要下注的那組號碼。我們得裝作彼此不認識，以免被識破。

負責下注的人耳中戴著一個小型喇叭，連接一條非常細的線到接收器上，負責聽收到的音階聲。線

❼ Kelly, J.L., "A New Interpretation of Information Rate," *Bell System Technical Journal*, Vol. 35, 1956, pp. 917-926.

❽ Thorp, Edward O., "Optimal Gambling Systems for Favorable Games," *Review of the International Statistical Institute*, Vol. 37, 1969, pp. 273-293. "The Kelly Criterion in Blackjack, Sports Betting, and the Stock Market," *Handbook of Asset and Liability Management*, Volume 1, S.A. Zenios and W.T. Ziemba, editors. Elsivier, New York, 2006.

藏在衣服裡，其他人看不到，我們還用透明強力膠黏起來，外觀塗上皮膚和毛髮的顏色。只是銅線很脆弱，只有頭髮半徑粗細，很容易斷掉。夏儂建議用極細的鋼絲取代銅線。經過一個小時的電話查詢，我們找到一家麻州沃開斯特（Worcester）的供應商，買到需要的鋼絲。

一九六一年四月至五月間，我們的計畫十分熱烈地進行著。因為六月初我要陪薇薇安和未滿兩週歲的女兒羅恩回洛杉磯一趟，之後在秋天到新墨西哥州立大學報到，因此需要在短時間內完成電腦裝置。不過事與願違，薇薇安、羅恩和我回到洛杉磯幾週後，我還得帶著紅眼從洛杉磯飛回波士頓。一個陽光普照的清晨七點，我出現在夏儂家的台階上，我在那兒待了三個星期，不眠不休地工作，希望早日完成。經過多次調整與測試，我們完成了。一台可以穿戴式的電腦在一九六一年六月正式上線。

回到洛杉磯，我告訴薇薇安預測輪盤的電腦已經就緒，夏儂和我想去實戰測試。薇薇安和我在八月飛往拉斯維加斯，和夏儂與他的妻子貝蒂會合。我們把電腦放在旅館的隔壁房間裡，出去找適合的輪盤，我相信我們的裝置可以擊敗任何一台輪盤。找了許多，最後我們選了一家環境不錯的賭場，然後找個地方晚餐，順便討論一下明天的計畫。

第二天一大早我們正式著裝。夏儂穿上電腦和無線電發射器，在鞋子裡藏好開關，以便用腳拇指控制。我戴上換了鋼絲的無線電接收器，將微型喇叭塞進右耳裡。正當我著裝完畢準備出發時，夏儂抬起頭來，露出俏皮的微笑說：「你知不知道究竟為什麼要這麼做？」

後來當我們真的在輪盤桌邊廝殺時，夏儂會開玩笑似的用一些奇怪的聲音傳到我耳裡（其實只是一些音樂）。如今回想起來，看著全副武裝的自己，我不禁仔細想想，究竟為什麼要這麼做。

當時我正站在人生的轉捩點，面對兩條截然不同的道路。我可以成為職業賭手，只要靠二十一點和輪盤每年賺個幾百萬美元，還可以裝外行，玩玩其他種賭局，把賺來的錢吐一點回去，像是擲骰子或百家樂。

另一種選擇是繼續我的學術生涯。會這麼做是因為個性使然，也是我所想要做的。希臘哲學家赫拉克利特曾說：「性格即命運」（Character is destiny）❾。

我們四個人抵達賭場，薇薇安和貝蒂在外面散步聊天，我和夏儂裝作陌生人。夏儂在賭場的經驗比我少，他十分緊張，所幸外表看不太出來。他站在輪盤旁，計算小白球繞行時間，外人看不出來他究竟在做什麼，只像一個記錄每一次的號碼，但看起來卻每玩必輸的人。同時間，我坐得遠遠的，離輪盤和夏儂都有段距離。

夏儂等待闞主轉動輪軸，以輪軸上的綠色零號作為參考點，他選了個小白球可能掉落的位置，腳拇指踩下藏在鞋裡的開關，頓時發出不小的聲響。當綠色零號繞了一圈時踩下開關，中間的時間就是小白球滾動一圈所需的時間。待會第二聲之後，八個音階——Do、Re、Mi……會在我耳中響起，輪軸每轉一圈便重複一次。這時電腦不僅算出輪軸的轉速，也可預測小白球掉落的位置。即使輪軸的摩擦力很小，速度慢慢減緩，電腦也可以計算並調整預測。當闞主重新轉動輪盤時，夏儂也有足夠的時間重新計時。

我準備要下注了。闞主擲出小白球，小白球沿著輪盤上緣的軌道滾動，夏儂計算著每次經過參考點的時間。當他認為只剩下三、四圈時，便踩下鞋中開關。音樂聲響起，直到小白球又繞行一圈，夏儂又踩下開關。咔！音樂聲停了。最後一個音告訴我應該押哪一組數字。由於只是實驗，我押了十分錢的籌

❾ 譯注：赫拉克利特（Heraclitus, 540BC-480BC）：希臘哲學家，愛菲斯派代表人物。

碼。幾次以後，神奇的電腦發威了，幾毛錢變成了一堆錢。我每次押五個號碼，這在歐洲很常見，法文稱為「voisinage」，意思是「鄰居」。

我們原先已記在輪盤上的數字分作八組，每組五個，其中零和零零各重覆一次，總共有四十個數字，我們稱之為五個一組的「八等分」。平均而言，五個數字各押一塊錢，在三十八次嘗試中會贏五次，換句話說，會有八分之一的機率贏錢，其他全輸。相當於每三十八元會輸兩元，劣勢有五・三%。然而，我們的電腦可以讓贏錢的機率提高到五分之一，優勢四四%。

但是問題來了。我們一路贏的同時，站在一旁的女士突然神色怪異地看著我。我知道該離開了，但不知究竟是什麼原因。我跑到廁所照鏡子一看，只見微型喇叭像一隻異類昆蟲般掛在我耳朵上。更嚴重的是，儘管我們把籌碼換大，還是不太能夠下大注。原因在於微型喇叭的線，雖然已換成鋼絲，它仍然很脆弱，時常故障，造成訊息很大的干擾，也影響到下注的意願。我們經常要到旅館修理後才能再戴上。

除此之外，電腦的運作算是成功的。我們知道得要用較粗的線，同時得留長頭髮蓋住耳朵和脖子才行。我們一度說服太太們試著戴一次，用她們漂亮的長髮遮住機器。

我在下注時，沒有理會夏儂，看不出來有何異樣，也不會有人知道我們四人的關係。即使如此，我知道一旦東窗事發，賭場的作法很簡單，只要在小白球擲出前說一句「停止下注」就可以了。通常這句話會等到小白球快落下時才會說。為了防止這種事發生，我們得想辦法不讓他們注意到我們一直贏錢。我在二十一點的經驗告訴我這並不容易，因為我、薇薇安、夏儂和貝蒂都沒排練過，也不懂假裝和誤導別人。由於我在二十一點的事蹟，不太可能長時間不被認出來，我們四個人也不想花太多時間在這上面。因此，帶著些許複雜的心情，我們擱置了整個計畫。後來我認為當時這個決定是對的。

今天ＭＩＴ媒體實驗室陳列了我們當年的設備，稱為第一個穿戴裝置[10]，上面寫著：「穿戴在身上的電腦，並發揮其功能。」一九六一年底我完成了第二部穿戴式電腦：一個預測命運輪盤或金錢輪盤的開關。這個裝置是用腳指頭控制開關，輸入並計算資料，而微型喇叭則負責資料輸出。總共只用了一組電晶體，且只需一個人即可操作[11]，大小和一個火柴盒類似，用在賭場上十分適合。不過，這個遊戲的動作很少，很難隱藏我必須等到最後一刻才下注的情況。好幾次我要在賠率四十：一的時候下注，闕主卻又轉動一下輪盤，一切又要重來。

一九六六年，我們終於完成並公開我們設計的輪盤系統[12]，使用起來清楚簡單，我們甚至不用示範。後來我公開了內部細節[13]，一位加州大學聖塔克魯茲分校的數學教授打電話給我，我向他解釋了其中的功用。聖塔克魯茲分校是著名的物理學家團體「幸福派」（Eudaemonic Pie）的所在地，他們用了十分先進的技術建造了輪盤電腦。如同我們所研究的，他們做出了四四％的優勢，但硬體裝置上卻遇到了麻煩[14]。後來，這個團體靠著輪盤電腦搞了不少錢。

夏儂和我也曾討論過做一個二十一點的穿戴裝置，程式設計是基於我的算牌法，電腦可以算牌，提供最佳建議，勝率比最厲害的人還高出一倍。這可能是史上第一次電腦在賭局上贏過人類的記錄。後

---

[10] "A Brief History of Wearable Computing" timeline – MIT Media Lab, www.media.mit.edu/wearables/lizzy/timeline.html.

[11] O'Neil, Paul, "The Professor Who Breaks the Bank," *Life*, March 27, 1964, pp. 80-91.

[12] Thorp, Edward O., *Beat The Dealer*, 2nd Edition, Vintage, New York, 1966.

[13] Thorp, Edward O., "Systems for Roulette I," *Gambling Times*, January/February 1979; Thorp, Edward O., "Physical Prediction of Roulette I, II, III, IV," *Gambling Times*, May, July, August, October 1979; Thorp, Edward O., *The Mathematics of Gambling*, Lyle Stuart, Secaucus, New Jersey, 1984.

[14] Bass, Thomas A., *The Endaemonic Pie*, Houghton Mifflin, New York, 1985.

來，電腦更為精進在各種遊戲上。

它的跳棋越下越好，西洋棋可以打敗棋王，也能玩答題的益智遊戲。後來真有人做出來標榜穿戴式的二十一點電腦。在當時，內華達法令並沒有禁止使用這些裝置，不過隨著使用的人越來越多，二十一點和輪盤的利潤越來越少。到了一九八五年五月三十日[15]，內華達通過了一項緊急措施，禁止使用任何可預測賭局結果，分析出現機率，提供下注策略，以及追蹤出牌記錄的裝置。違反者除了罰款，還會被關。這種廣泛的立法解釋讓《戰勝莊家》書裡提供的手掌大小策略卡片都會被取締。到了二〇〇九年，有人在iPhone上寫了一個二十一點算牌及策略建議的應用程式。賭場還提醒玩家在賭桌上使用是違法的。

夏儂和我在後來數年間仍不斷討論有關輪盤預測的問題，後來漸漸了解之後我們也就不再談了。我還記得在一九六五年底一九六六年初之間寫給他的最後一封信，那封信討論的是股票市場，但印象深刻的是他在黑板上寫下二的十一次方，也就是二〇四八，代表一塊錢連續賺了十一次的報酬。他認為是可以作為投資目標。我在回信時告訴他，投資在小型利基型股的特殊方法，每年應可獲得三〇％的報酬，假以時日二的十一次方也不是不可能。夏儂後來告訴我為何有如此自信，即使如此，後來真正的報酬也只接近二〇％。

我們最後一次見面是在一九六八年舊金山的一場數學會議上。他對我說的最後一句話，帶點感傷，也帶點鼓勵：「在我們兩人離開人世之前，再一起大幹一場吧！」

二〇〇一年夏儂去世，貝蒂捐出了他大部分的論文和文物給ＭＩＴ博物館，包括那個輪盤電腦。這台電腦在二〇〇八年春天出借給德國帕德彭（Paderborn）的海因斯尼克斯多夫電腦博物館（Heinz Nixdorf Computer Museum）展覽，頭八週吸引了三萬五千人次參觀。

一九六一年八月，當夏儂走進拉斯維加斯的輪盤賭場時，他用的是其他人後來見過，當時只有我們四個人知道的東西。那是世界上第一台穿戴式電腦。對我而言，穿戴式電腦即如其名：一部穿在人們身上的電腦，以便完成想要的功能。儘管我們的發明對後來的發展，尤其像蘋果手錶這樣的穿戴裝置影響不大。

二十一點和輪盤之後，我不禁在想，其他賭場遊戲是不是也能被破解？

⓯ 維基百科中有一位仁兄宣稱我們的電腦被用來「欺騙」輪盤。這不是事實。我們本身和其他人後來使用輪盤和二十一點的電腦，都沒有被內華達州強大的反作弊單位控告。這也是為何後來內華達州立法單位通過法律，要特別取締這些裝置。

第10章

其他賭場遊戲的優勢

我們發現，賭百家樂玩家拿到九點「天生贏家」，就有機會贏錢。用洗好的八副牌實測八點「天生贏家」，也有相同的結果。

一九六一年九月，我們在拉斯維加斯測試輪盤電腦後一個月，薇薇安、羅恩和我舉家搬到新墨西哥州的拉斯克魯斯，開始新墨西哥州大數學系教授的生涯。拉斯克魯斯是一個三萬七千人的小鎮，位於主要水源格蘭德河（Rio Grande）的附近，散布在遼闊的沙漠中。最近的大城市是南方約四十五英里的艾爾帕索（El Paso），新墨西哥州大在新墨西哥大學所在地阿爾伯克基（Albuquerque）北方約兩百英里，是該州排名第二的州立大學。我剛到之時，學校正要從農業學院轉型成綜合大學。校園東側是一座名叫「A」的山丘，「A」是農學院學生「Aggies」的簡稱，有人說當地足球隊員學到的第一個字母會是B，而不是A。

我們在新墨西哥州度過了難忘的四年。第二個女兒凱倫和小兒子傑夫都在艾爾帕索出生。離家二十英里是白沙飛彈靶場（White Sands Proving Ground）及國家自然保護區，在那兒可以避暑，炙熱的陽光會被白色石膏沙丘完全反射[1]。

我在新墨西哥州重拾了兒時對文學的愛好，

利用小型望遠鏡仰望當地的星空。我和當地居民，也是新墨西哥州大榮譽教授克萊德．湯博（Clyde Tombaugh, 1906-97）共進過午餐，從他身上學到許多天文知識，克萊德在一九三〇年即為世界知名學者，在亞利桑那州福萊格斯塔夫（Flagstaff）的洛威爾天文觀測站（Lowell Observatory）發現了冥王星，後來被認定為是矮行星（dwarf planet）。我的學生威廉・E・「比爾」・沃登（William E. "Bill" Walden）在洛斯阿拉莫斯（Los Alamos）工作，特別找了一個下午安排我與斯塔尼斯拉夫・烏拉姆（Stanislaw Ulam, 1909-84）見面，他是二十世紀最偉大的數學家之一，曾參與曼哈頓計畫，並建造出原子彈。後來他更瘋狂地造出了氫彈，建造熱核武的烏拉姆－泰勒藍圖[2]。

在新墨西哥州大指導研究生及進行數學研究的同時，我在思考有沒有可能運用所學試著擊敗其他類型的賭局。其中一項是我在內華達州二十一點之旅中看到的百家樂。詹姆士・龐德在伊恩・弗萊明（Ian Flaming）《皇家夜總會》（*Casino Royale*）一書和同名電影中都有玩過。這種遊戲在歐洲流傳已久，風險不小，傳到美國後，拉斯維加斯的賭場把規則做了修改。因為玩起來像是二十一點，自然會吸引我的注意。所幸，電腦科學專家，同時也對應用數學極感興趣的比爾・沃登樂意加入我的研究行列。一九六二年我們開始研究百家樂，目標是用我的算牌法找出破解之道。

❶ 譯注：白沙國家自然保護區為美國著名的自然保護區，涵蓋約二七五平方英里的石膏晶體白色沙丘，是世界上最大的石膏沙丘，這裡的沙呈現純白，主要成分是硫酸鈣，也就是石膏。

❷ Ulam, S.M., *Adventures of a Mathematician*, Scribner's, New York, 1976.

百家樂算牌

內華達州的百家樂總共用了八副牌，共四百一十六張。每張牌面的值和二十一點玩法相近，差別是只取個位數。因此，A是一點，二到九代表本身點數，十和J、Q、K代表的是零，而非十點。遊戲開始時，牌先洗好，用一張空白「切卡」插進末端牌附近的位置，然後把所有四百一十六張放進俗稱「鞋盒」的長方形牌盒中。抽出第一張牌，上面的數字代表要先抽出來放棄的牌，也稱為「燒掉」（burned）。如果第一張牌是十或人頭，前十張牌都會被燒掉。

賭桌共有十二個座位，坐滿玩家及抬轎者（通常是賭場員工或喬裝玩家，目的是下注及吸引玩家跟近），主要的人是莊家和玩家。

玩家下注後，莊家在每人前方下注區發兩張牌，牌面向下。莊家把自己的牌翻過來，加總兩張牌的點數，但只取個位數字。例如，九＋九＝十八點，就取八。如果前兩張牌的總和是八或九，稱為「天生贏家」（natural），且不再補牌。如果莊家和玩家都沒有「天生贏家」，玩家可以補一張牌或不補牌，依規則而定[3]。最後總和高者為贏，如果莊家和玩家同分，則分別拿回原來的賭金。

我們運用二十一點相同的算牌法來分析百家樂，因為兩種遊戲很類似。一開始是調整內華達版百家樂賭場對莊家和玩家的優勢[4]，對莊家來說，所有人都下注後，優勢有一・〇五八％；如果沒有同分，優勢成為一・一六九％。而玩家的優勢分別是一・二三五％和一・三六五％。這是假設玩家沒有在計算已經發出哪些牌的情況。優勢在莊家和玩家之間是不同的，因為補第三張牌的規則不同，且賭莊家贏錢後還要讓賭場抽五％。

如果玩家會算牌呢？

為了找出這個答案，比爾・沃登和我[5]證明了我們所謂的「算牌基本理論」，意思是在精確的數學計算中，發出去的牌越多，算牌者越有利。因此越靠近最後面的牌情勢越好。我們發現就算不明顯但也觀察得到。

百家樂的優勢機會並不多，主要是因為發出一張牌對賭局的影響只有二十一點的九分之一[6]，因此對賭場優勢的影響[7]不大。百家樂的賭場優勢大得多，超過一%。

然而，除了莊家和玩的正常下注外，百家樂還有四種例外的下注結果：莊家九點「天生贏家」、玩家九點「天生贏家」、莊家八點「天生贏家」，以及玩家八點「天生贏家」。如果莊家的兩張牌和（個位數）是九，就是九點「天生贏家」，此時賠率是九：一，意思是下一塊錢贏九塊錢。其他三種以此類推。

如果不會算牌就很麻煩，賭場優勢在莊家或玩家任一方有九點「天生贏家」時變成五・一%，八點「天生贏家」時是五・四七%。但是我們發現雖然算牌者無法擊敗莊家和玩家的正常下注，但可以擊敗例外下注。當我合理預測並藉由電腦驗證，發現例外下注的變動隨著牌的發出變化相當大。牌發了三分之一的時候，機會最容易出現，而且發出去的牌越多越明顯。

我們設計了一個算牌法實測。當剩下的牌有很多九點牌時，賭玩家拿到九點「天生贏家」就有機會

---

❸ 這些規則讓賭場的優勢相當於同時下兩注時。
❹ Thorp and Walden (1966).
❺ Thorp and Walden (1973).
❻ Griffin (1995), Thorp (1984), Vancura (1996).
❼ Griffin (1995), Thorp (1984), Vancura (1996).

贏錢。用洗好的八副牌實測八點「天生贏家」也有相同的結果。

賭場測試時，我邀請數學系主任羅夫‧克羅奇一起參與。我們用八副牌來算，假設還有很多牌沒發，包括許多八點和九點牌，這樣算牌較二十一點困難許多，因為總數有四百一十六張牌，九點牌和八點牌各三十二張，我們還必須追蹤。

羅夫和我遇過的其他數學系系主任大不相同。中等身高，態度和藹，精神飽滿又健談，個性極端外向。這和多數內向的數學家有明顯差異。有句玩笑話：「如何分辨數學家是外向還內向？」答案是「如果他和你說話時猛看自己的鞋子，他就是內向；如果老看著你的鞋子，那就是外向」。在系上的派對中，他會特調「拉斯克魯斯潘趣（punch）酒」來營造氣氛。那是一種調酒，在一個超大碗裡倒進二加崙以上的Bacardi蘭姆酒，加上冰柳橙汁、鳳梨汁以及檸檬汁。薇薇安和我躲開好幾次這類的派對，因為我們想保持基本形象。多年後，女兒無意間發現製作潘趣酒的配方和作法時——蘭姆酒占了絕大部分——她們懷疑有人喝了還會站得好好的。

我經常被問到怎樣才能作為一個成功的算牌者這類問題。我發現只有學術上的知識是不夠的，你必須思慮敏捷，訓練有素，且依循規則，以及適合的個性，包括在牌、人、環境之間轉換心態。如果表現出一副賭場老手的樣子就更好了。

我認為羅夫很適合，他的高爾夫球友凱伊‧哈芬也是。哈芬（Kay Hafen）是學校的管理階層，我們三人組成百樂團隊，凱伊是個低調、冷靜、臨危不亂的人。實測時我帶領他們兩人，他們學習速度很快，妻子們雖然從未參加過這種遊戲，也都願意在一旁觀察我們實測的狀況。放假時，我們六個人常常相約在城裡散心。

一九六三年春假期間我們開車前往拉斯維加斯，抵達杜尼斯旅館時已晚上九點，正好有一桌百家樂剛開始，賭桌周圍繞了一圈絲絨繩，將百家樂與其他區域隔開。我們裝作彼此不認識分別走進去。馬蹄型的桌子兩邊各放六張椅子，幾位女性「抬轎人」已經就座，我也找了一張位子坐下，儘管我在二十一點領域已有名氣，在這兒卻沒被人認出來，至少一開始還沒有。

剛開始，觀眾在絨絲繩外聚集，看看是不是一場值得下注的賭局。下注的限額是五至兩千美元，例外下注限額是五至一百美元，當時幣值約為二〇一六年的十倍。

就在這時有人喊道：「這裡有人寫過書喔。」賭場經理眼睛突然回過神，跑到附近電話區打電話。妻子們在樓上聽到電話內容，經理的臉色逐漸和緩下來，他們知道「打敗二十一點是一回事，打敗百家樂是另一回事」。女眷們還聽到他說：「哈哈，讓他玩吧，我們也陪他玩玩。」

咖啡和螺絲

我們第一個晚上很愉快，一開始四百一十六張牌洗好後，各家牌的優勢都指向賭場，於是我一開始只押最小的五美元注給莊家，追蹤八點和九點牌，以及剩下多少張還沒發，靜靜等待運勢回轉。我設定了大注的金額，預期每小時可贏一百美元，希望能夠避免太多關注而被禁止再玩。

大約過了四十五分鐘，一輪八副牌發完，玩過二輪後，我起來休息一會兒，羅夫和凱伊接替我上場，他們兩人採分工制，羅夫負責看八點「天生贏家」，凱伊則負責九點的。這樣算牌變得容易得多，因為只要分別追蹤兩張牌就行了，而不用等三張。又玩過一輪，他們休息，我接替上場又玩了兩輪，就這樣輪流下去。凌晨三點莊家收攤，我們贏了大約五、六百美元，大致符合原先的預期。

第二天晚上，我一坐上座位時，就發現氣氛不太對，賭場員工遠遠站著，一副不懷好意的樣子——

抬轎者的動作也怪怪的。前一天晚上從我開始發牌，然後是一、兩位玩家，接著有六位女性抬轎者分坐在十二張座位上。不久，一些玩家被這個看似熱絡的景象吸引而加入。當座位坐滿人時，其中一個抬轎者突然站起來離開，留下一個座位，這對下注者是一個強烈的訊號：只剩一個座位，有本事就來吧。不久一位新玩家加入，又有另一位抬轎者起身。這種抬轎者來來去去的戲碼整晚都在上演。但是這一天，我身邊的抬轎者一個都沒走，眼睛直盯著我。我有一陣子喉嚨其癢無比，忍不住劇烈咳嗽，坐在一旁的抬轎者一副不敢靠近我，想走卻又被命令待在座位上的窘樣，讓躲在一旁的太太們忍不住大笑。

我們不斷贏錢的同時，其他玩家則專心看自己的牌。薇薇安注意到一位染成金色頭髮的亞洲女子，長長的手指甲塗著鮮紅色指甲油，臉上化著濃妝，全身珠光寶氣。她每一把都下兩千美元上限的賭注，但輸多贏少。後來知道她擁有一家連鎖超市，但幾個小時內就輸掉其中一家。這些下大注的賭客對百家樂貢獻不少，光是一九九五年，內華達州的百家樂賺得的利潤大約是二十一點的一半，但桌數只有二十一點的五十分之一。[8] 一張百家樂賭桌的利潤是二十一點賭桌的二十五倍。

到了凌晨三點莊家收攤，這是第二天晚上，計算完賺賠後，羅夫和凱伊回到酒吧小酌兩杯，賭場經理和幾位員工也在那兒，帶著發牌盒和八副牌，彼此交頭接耳並把牌攤開來一一檢驗，看看有沒有被摺牌、捲牌、做記號以及任何可證明我們贏錢的線索。

第三天晚上賭場所有員工對我的敵意更明顯了，他們注視著我的每個動作。我故意經常拿大拇指摸後耳根來誤導他們，他們認定我在牌上塗東西，做記號，像凡士林一樣的透明物質，要用特殊眼鏡才看得見。我希望他們再花一個晚上檢查每張牌，即使根本什麼都沒有。有趣的是，前兩晚他們一直提供我飲料，而我只要黑咖啡加奶精，糖另外放。這一晚卻什麼都沒給。氣氛十分肅殺，但我們照贏不誤。

第四天晚上我們又回到賭桌，氣氛突然又變了樣。賭場經理和他的嘍囉們面帶微笑，心情輕鬆，看起來很歡迎我的到來。他們主動端來「咖啡、奶精、糖，正是您要的」。第一輪我仍然專注，也贏了錢，然後喝了咖啡……突然之間我好像完全失去思考能力，我無法再算牌了！我大吃一驚，因為我已經練到不受噪音、煙霧、人們對話、快速發牌的壓力、輸贏的心情起伏，以及酒精飲料的影響。一定是意想不到的事發生了！我拿起籌碼轉身就走，羅夫和凱伊接替我。

太太發現我的瞳孔放大，此時曾擔任護士的貝拉米亞・哈芬（Bellamia Hafen）說，她過去曾看過這種現象，大都是吸毒後被送到醫院。我十分睏倦，但薇薇安、伊索貝爾・克羅奇（Isobel Crouch），以及貝拉米亞硬是給我灌黑咖啡，攙扶著我走了好幾個小時，直到毒品效用漸漸消退。羅夫和凱伊後來接著玩了四輪，直到深夜才回來，我們又贏了。

我們三人仔細討論後，第五天晚上我決定再回到賭桌上，臉上不再有笑容，侍者又端來咖啡、奶精和糖，我說：「不用，謝謝，只要給我水就好。」其他兩位同伴低聲警告。隔了好久水才端來，我想裡面一定有文章。我試著滴了一滴水在我的舌頭上，啊呀，味道好像一大杯滿滿小蘇打粉的飲料，舌頭一陣刺痛，只一滴就足以讓我倒下，很難想像喝下一大口會怎樣。

帶著麻木的頭腦和放大的瞳孔，我又做了一次黑咖啡加走路的療程。同時羅夫和凱伊也被要求離開，永遠不得再進賭場，就算是他們的朋友也一樣。

我們充分休息了一整天後，前往金沙賭場的百家樂。我帶著賭本找了個位子，心中把每小時的贏錢目標從一百美元調高到一千美元，因為我認為杜尼斯應該會跟金沙有所聯繫，我應該很快就會被趕出

❽ Vancura (1996).

去。兩個半小時後我贏了兩千五百美元，此時金沙的共同擁有人之一卡爾·柯恩和另一位高級主管走過來，表明招待我一個免費的賭桌旁的位子。柯恩過去曾有過一個特別的記錄，當年法蘭克·辛納屈[9]曾在這個賭場鬧事，柯恩就曾教訓過他，還不准他再回來。那時辛納屈還是這個賭場的老闆之一。柯恩此時告訴我，不准在他的賭場賭。我問為什麼，他說：「莫須有，我只是不想你在這兒賭。」他的身旁站著一位我從未見過的彪形大漢，多說無益，我就離開了。

總結過去六天的試驗，我們證明了算牌的方法可行。我們將數學理論加以驗證並證明。那時著名的凱利方程式（用於賭局和投資）尚未出現，但這趟旅行卻還有驚心動魄的後續。

我們一行六人第二天離開拉斯維加斯，開車返回拉斯克魯斯。在北亞利桑那州的一段下坡路中間，我們當時的時速約六十五英里。突然之間油門卡死，陡直的下坡路難以剎車，時速飆到八十英里，車子失去控制。

我不假思索大力踩住剎車，手剎車也拉上，同時降低排檔用檔剎放慢車速，最後乾脆熄火。好不容易車停了下來，幸好有位懂車的好心人經過協助我們，打開引擎蓋找出加速器鎖死的原因。他發現有一根長長的螺絲被鬆開，他從未見過這現象，也難以理解。他修理完畢後，我們才得以重新上路，直到平安回家才鬆了一口氣。

我們已證明了理論在賭桌上的可行性。後來杜尼斯和金沙分別取消了八點和九點的「天生贏家」賭注。

在新墨西哥州的那段日子，我開始把寫書的版稅和賭場賺來的錢投入股市。但我忽略了金融市場的千變萬化，加上運氣也不好，結果十分慘淡。我發現投資有另一種不確定，我決心要弄懂它，或許機率理論在選股上會給我一些幫助。

我發現有個地方的賭場比內華達州要好得多。我在《戰勝莊家》的方法，有機會讓我在這個世界上最大的賭場中占有優勢。華爾街？我很好奇，也決心一探究竟。我開始自修金融市場的知識，用我在賭場中實作的心得，用自己的方式闖出一片天。

❾譯注：法蘭克・辛納屈（Frank Sinatra, 1915-1998）：美國著名男歌手，奧斯卡獎得主，綽號瘦皮猴。他是美國二十世紀流行音樂的代表人物之一，聲音低沈有磁性為特色。著名的歌曲有〈My Way〉、〈New York, New York〉等。

第二部

打敗華爾街

第11章 華爾街：地表最偉大的賭場

我和卡索夫每週碰面一次，共同開發出認股權證的公平價格模型，結果發現大部分的權證市價都高估了。最好的方式就是放空它們。

賭博是投資的簡化版，兩者之間對我來說有著驚人的相似處。賭局可以被擊敗，投資績效也可能比市場平均要好，兩者均可以用數學、統計及電腦方法分析，也需要用到現金管理的技巧，在風險－報酬之間取捨並取得適當平衡。如果大膽下注，即使每一注你都有優勢，也有可能導致災難[1]。諾貝爾獎得主操盤的巨額避險基金「長期資本管理」也會犯錯，一九九八年破產時，幾乎動搖了美國的金融體系。另一方面，太過小心只押小注，多數現金閒置在桌上也不是好事。心理學已分析投資和賭博有著相似的行為，好的投資人通常也善於賭博。

因為挑戰新知及樂於探索金融市場的奧秘，我在一九六四年夏天開始自修相關知識。我經常進出比佛利山莊的馬丁戴爾（Martindale）書店，遍讀股市經典著作，像是葛拉漢（B. Graham）與陶德（D. Dodd）的《證券分析》（*Security Analysis*），愛德華（R. D. Edwards）和麥基（J. Magee）在技術分析上的著作，以及其他有關基本面及技術面的書籍和期刊，但如同鯨魚的長鬚能夠在大量海水中過濾出有養分的微型磷蝦，我逐漸建立了基本觀念。再者，與賭場相似的是，我很驚訝大多數人其實知道的並不多，這和二十一點雷同，為此我大受鼓舞。我的第一筆投資是來自我的教育基金，但以虧損收場。

幾年前我對投資還一無所知時，就聽說有一家公司的股價就像跳樓大拍賣，公司名稱是Electric Autolite（EA），產品是替福特汽車提供車用電池。報紙上對這個產業前景相當看好，直說未來前景可期：包括技術創新、大量新訂單，以及跳躍式的營收成長（同樣的，四十年後大家對電池製造商的預期也是如此）。

當時我手中有些從二十一點賭桌上賺來的錢，加上賣書的版稅，決定在家庭和學術生涯之外開始嘗試投資，希望能累積資本。我買了一百股的EA股票，每股價格四十美元，兩年後的股價慘跌到每股二十美元，四千美元本金賠掉一半。我不知道該不該賣，幾經考慮，最後決定抱著股票，等待有一天回到買進價，因此沒有停損。這跟賭客一旦輸錢，反而會堅持留在賭桌直到回本一樣。這支股票又過了四年才回到我原先的成本價，我才拿回四千美元本金。五十年後，全世界科技股的投資人也經歷了我這段經驗，等待了十五年[2]，科技指數才回到二〇〇〇年三月十日的最高點[3]。

❶ 凱利準則有提到過度下注的危險，即使有優勢也是一樣。
❷ 那斯達克綜合指數在二〇一五年四月超越二〇〇〇年三月的高點。然而，經過通膨調整後，投資人仍然有二〇%的差距。
❸ 譯注：指的是那斯達克指數，在網路科技泡沫化期間，於二〇〇〇年三月十日曾創下當時的天價五〇四八・六二點，隨後泡沫破滅，指數一路下滑，二〇〇二年十月觸及最低點一一一四・一一點。跌幅將近八成。直到二〇一五年四月再度創下新高。

兩個錯誤：亂射飛鏢和錨定效應

多年以後，有一天午餐後開車回家的路上，我和薇薇安談到投資EA股票的這段往事，我問她：「當時我犯了什麼錯？」

薇薇安一眼就看穿我的心思。她說：「首先，你買了一支你並不了解的東西，這跟在股票清單上任意射飛鏢沒什麼兩樣。如果你買的是一支低成本的共同基金（那時還沒有這種東西）[4]，或許風險較低，但可以獲得類似的報酬。」我認為當時看了有關EA公司的故事，認為EA是絕佳的投資想法是錯的。仔細研究之後，發現多數的選股、建議以及推薦都沒有價值。

薇薇安點出了我思慮上的第二個錯誤，那就是我的出場計畫，那次的經驗是等回本才出場。我所關心的只有股價，說穿了也只是我的買進價而已。近幾十年來，行為金融理論學者開始分析了心理盲點，認為這持續極大地困擾大多數投資人，稱之為「錨定效應」（anchoring，某個價格對你來說很有意義，但對市場來說並非如此）。因為我並沒有預測能力，任何出場策略都比什麼都不做來得好。就以我所犯的第一個錯誤來說，用一點都不相關的標準——我的成本價——在找賣點，而不是關注在經濟基本面、現金或其他投資機會是不是比較好等等。

「錨定效應」是一種微妙且廣泛存在於投資理念的謬誤。例如，我的前鄰居，姑且稱為戴維斯先生，看到他家房子的價格從他一九八〇年代中期買進的兩百萬美元，漲到一九八八至八九年的三百五十萬。此時他決定賣房，開的價格就被自己「定錨」在三百五十萬。然而，往後十年間房市變得不景氣，他的房價跌到二百二十萬，但他仍想賣在當初設定的三百五十萬。最後二〇〇〇年時，在股市榮景及網路股狂飆的效應下推升了房價，他最後脫手賣在三百二十五萬。這種思考被「定錨」的例子不勝枚舉。

即便最後的結局還不差，賣到了想賣的價錢，但如果早點脫手，可能會有截然不同的結果。

戴維斯先生和我有時會相約一起慢跑，聊一些他喜歡的主題：財富管理和投資。後來他聽從我的建議，加入了一個限定資格、只為少數人配置管理資金的組織，也就是俗稱的避險基金，一般認為避險基金能夠獲得不錯的投資收益。他希望每年稅後能有一〇%的報酬率就好，並且相較於房地產和股票市場來得穩定[5]。我建議他先賣出現有的房子，大約可拿回三百三十萬，然後搬到一戶一百萬的新家，扣除成本和稅，手中大約還有一百六十萬的可運用資金。如果全數投資在我建議的避險基金上，每年增值一〇%，十一年後將會有四百五十六萬五千美元。加上一百萬的房子，即使房價先跌後漲回到原點，戴維斯先生在二〇〇〇年時將會有五百五十萬五千美元，而不是三百二十五萬。

我自己在房地產買賣土地和日常生活上也犯過「錨定效應」的錯誤。有一天開車回家路上遇到塞車，一輛休旅車硬是要切到我前面，我當時必須選擇讓路，或是「堅守我的權利」但可能會撞上護欄。我幾乎每天都會碰上這種事，這一次我也沒理由要讓，因為休旅車是侵犯了「我的」空間（錨定在此：我把自己放在一個抽象的移動空間中，因為一直以來它對我都有意義，並且讓它主導我的駕駛行為）。我們這一排一共約有七十輛車，在往新港海灘（Newport Beach）的左轉道上排隊。平時左轉有二線道，但此時因為施工縮成一線，每隔大約兩分鐘才輪到左轉燈，一次只能讓二十輛車左轉。萬一好容易等到左轉燈亮，這輛可惡的休旅車正好是最後一輛左轉車？因為這確實是「我的」空間，我有考慮跟車

❹《伯格與共同基金》（*Bogle on Mutual Funds*）英文版頁一六九—一七〇中說：「指數投資的觀念是……在一九七六年被引進……到共同基金裡」。在約翰・伯格（John Bogle）的自傳中也提到這點。

❺根據富達（Fidelity）研究機構二〇〇七年二月的報告，一九六三至二〇〇五年間，股市平均每年報酬率可達一〇%，比住宅不動產的報酬高出四%；如果計算一八三五至二〇〇五年間，每年更高出五・五%。債券投資報酬也高於住宅不動產。

導致闖紅燈的風險？或者是因為讓路導致多等兩分鐘。這些事在別人眼中看起來幼稚可笑，對我卻可能是鐵板一塊。只是我常發覺自己有這樣的行為。

在經歷過投資經驗上許多錨定的蠢事後，我發現路上每個駕駛都差不多幼稚。在投資上變得理性，也讓我在駕駛上同樣如此。

達拉斯兩位長期保險業投資「專家」帶領我進入這個市場。他們聲稱投資人壽保險公司賺了不少錢，根據他們提供的數字，A. M. Best[6]的三A等級中的公司，在過去二十四年間每一檔都賺錢，並且認為未來也將繼續。果然，他們所挑選的常勝軍在我買進後達到高峰，最後全都賠錢。

這給我上了一課：千萬別假設投資人所謂的「動能」（momentum），長期的上漲或下跌會永遠持續下去，除非你只是舉例。

仔細想想所謂的「動能」，我懷疑過去價格是否真能拿來預測未來走勢。為了測試，我分析線圖，由股票（或商品）價格走勢來預測未來的變化。我在新墨西哥州大教書時，拉斯克魯斯當地的加拿大籍友人諾曼（Norman）介紹我看這些技術分析的書。我花了好幾個月檢驗他的資料和預測值，還是找不出什麼名堂。正如薇薇安在一開始所說，這只是在浪費時間。諾曼長年奉行線圖理論，但回報卻不多，只要看看他磨損的鞋子和破舊的衣服就略知一二。他太太身上過時舊式的服飾也說明了他們曾經風光一時。

我為了錯誤的投資決策，向市場先生繳了不少學費[7]。班傑明‧葛拉漢曾以著名的寓言角色市場先生來形容股價會在公司真實價值的上下不停擺動。股價上漲令人亢奮，跌到葛拉漢認為的內在價值（intrinsic value）以下時又會垂頭喪氣。一九六〇年代初期銀的需求高於供給，我曾預期銀價會大漲，就算扣除掉熔幣成本，銀的價值依舊遠高於價格，其中包括了銀的成本和利潤。當年資助我和米奇‧麥克當戈和羅素・伯恩哈特二十一點之旅的比爾・瑞肯貝克，就買進了許多銀圓收藏起來，等待有一天價格上漲。

銀價後來的走勢緩慢上揚，主因是新的熔幣供給增加，還有來自印度珠寶上取下來，大約五十億盎司的純銀。一旦需求逐漸消化這些新的供給，銀價再度緩步走高。當銀價突破每盎司一・二九美元的時候，含銀量九〇%的銀幣，其價值比它的面額還高。銀幣逐漸不流通了，因為大多數被拿去熔掉，取出裡面的銀來賣。美國政府後來下令禁止熔幣，結果銀幣被大量囤積。

我堅信經濟學上的供需分析是正確的，因此在瑞士銀行開了一個戶頭開始買銀，當地的掮客提供交易服務，也不忘大力推薦，從中賺走不少佣金。他們建議抵押三分之一，意思是每買價值一美元的銀，只要存三分之一的錢在帳戶即可，其餘的資金由瑞士銀行借給我。當然，這樣我就能買到三倍數量的銀，他們也能賺到三倍的佣金，銀行也樂於收到借款利息，還有每月的保管費用。

銀價如預期上漲，掮客們建議把帳上賺到的錢拿出來再向銀行融資，買進更多的銀。當銀價衝上每盎司二・四美元時，我帳上的銀已經比本金還多。帳面上也出現可觀的獲利。然而，當我決定拿出利潤再融資時，代表二・四美元的銀價中，有一・六美元是來自銀行的借款。如同買房子只有三分之一的自備款。不久銀價開始下跌，一些人急著出售兌現，價格便鬆動起來。後來比我借更多錢的人，被債主強制拋售手中的銀，因為再不賣就還不出錢了——意思是剩下的還不夠還借款。這樣導致價格壓力更大

---

❻ 譯注：A. M. Best：評鑑保險公司財務狀況的評等公司，三A等級是最高評級。

❼ 見 *The Warren Buffett Way* by Robert G. Hagstrom, Jr., Wiley, New York, 1994, pp. 50-51, and *The Warren Buffett Portfolio*, by Roberg G. Hagstrom, Jr., Wiley, New York, 1999, pp. 143-144.

了，一般的借款人也撐不住，銀價很快狂瀉到一．六美元，我剛好賣掉還錢，但自此之後銀價止跌回升。那次的教訓讓我學到，即使經濟學上的供需分析無誤，我卻忽略了風險的評估，導致背負太多槓桿。這數千美元的學費讓我在後來的五十年間建立起以風險管理為首的投資哲學。二〇〇八年全世界的金融巨擘都沒有學到這點，背負了過多的槓桿。

從那次失敗的投資經驗裡，我還學到業務員或掮客的利益和客戶是不同的，客戶最好好自為之。這是經濟學上著名的代理問題（agency problem）。代理人或經理人的利益，往往與老闆或所有人不相同。公司股東利益往往會被自肥的執行長侵蝕，董事會成員一定感同身受。

經過這些教訓，我開始相信教科書所言不假，市場上的超額利潤非常少見，稍縱即逝，只有最聰明或取得第一手消息的投資人能快速取得。我接受了多數人的想法，決定再試一次。

認股權證就像樂透

一九六五年六月，我開始第二個夏天的自修課。這次是經濟學、金融理論及股票市場。信箱裡寄來一本記載著我認購認股權證（warrant）買賣下單的小冊子，我坐在草地的躺椅上，努力吸收證券市場如何運作，這對我是一大啟示。

小冊子解釋了股票權證是由公司發行，給予投資人一個在到期日前能夠以特定價格買進股票的權利，特定價格又稱為執行價格（exercise price）。例如，一九六四年時百利（Sperry Rand）公司的認股權證上，明定在一九六七年九月十五日前，投資人可用二十八美元買一股公司普通股。當股價高於二十八美元時，這個認股權證就有價值；如果股價低於二十八美元，投資人在市場上用更低的價格就能買到一股，此時認股權證就沒有價值了。

認股權證就像樂透，只要還沒到期，如果有任何機會讓股價高於執行價，讓權證「在價內」（into the money），就算價格非常低，還是會有一點價值。距離到期日越長，或是股價越高，權證就越有價值。這股票和權證價格之間的關係很單純，不用研究複雜的損益表或公司的經營項目。我當時得出一個大略的想法，因為權證價格和股價之間的關係可能是同向，「避險」的想法就油然而生。我可以在任何權證價格失真（mispricing）的機會，利用這個關係降低風險。

為了形成套利組合，找兩個價格走勢相同的證券，像是認股權證和普通股，它們經常買賣，也常出現錯價。此時買進相對低估的證券，同時放空賣出相對高估的證券。如果比例和數量計算得宜，即使價格出現大跌，兩者的賺—賠也會互相抵消。如果兩者之間的錯價如預期消失，把雙方的部位結清就可賺取中間的價差。

幾天後我想到一個認股權證和普通股套利的方法。我們打包行李從新墨西哥州大搬回南加州，成為加州大學爾灣分校（UCI）數學系的創辦人。在拉斯克魯斯的四年間，我學習到更多數學上的知識，指導天才學生的博士論文，以及在專業數學期刊上發表一系列的文章。但我們比較想住在南加州，孩子可以就近探望祖父母，以及我的兄弟姐妹和他們的家人，離老朋友們也近。我自己也喜歡UCI所強調的教師與學生在不同領域之間彼此合作的風氣。

《戰勝市場》

一九六五年九月，我第一天到UCI上課，資訊電腦系的系主任朱利安・費德曼（Julian

Feldman）問起我過去的工作經歷。當我提到認股權證理論價格和套利的想法時，他提到另一位新進教授，經濟系的希恩・卡索夫（Sheen Kassouf, 1928-2005），他的博士論文就是這個題目[8]。費德曼介紹我倆認識，我發現卡索夫在一九六二年就提出和我相同的觀念，而他靠著放空高估的權證和套利，在三年間把十萬美元的本金翻倍。

我知道如果兩人合作，可以更快開發出理論與實務兼具的套利投資模式。後來我們每週碰面一次，共同開發出認股權證的公平價格模型，結果發現大部分的權證市價都高估了。最好的方式就是放空它們。放空的意思是向券商借某人手中的證券，然後以市價賣掉，收到一筆錢後，再依借券合約的要求，在某時間內以當時價格買回來同一檔證券，再把買回來的證券歸還。如果買回的價格低於一開始的賣出價，你就賺錢了；反之，就賠錢。

放空賣出價格高估的權證平均而言是有利可圖，但風險不小。買股票也一樣。當買進普通股來避險放空的權證時，可以將大部分的風險互抵。我們的最佳化模型模擬歷史資料顯示，此套利策略可在低風險中獲取每年二五%的報酬，即使面臨一九二九年股市大崩盤也一樣。我和卡索夫在建構理論的同時，也拿出自己的錢實際操作，結果也是每年大約二五%的獲利。

我們把投資理論和套利實務結果寫成《戰勝市場》（*Beat the Market*）[9]一書，一九六六年完稿，一九六七年由蘭登書屋出版。書中我們擴大到其他有價證券類型，像是可轉換債券（convertible bond）。和二十一點的作法類似，我願意把研究心得公開分享，其中一個原因是我相信不久後會有他人發現同樣的情形，科學上的研究終究會成為公共財，我也可以因此激發更多靈感。

就在我和卡索夫共同出版《戰勝市場》之後，對於後續發展套利投資有不同的想法，於是我們暫時停止兩人之間的合作。身為經濟學家，卡索夫認為他對公司價值的了解已經足夠，可以發展不同於中立避險（neutral hedge）的策略。所謂中立避險指的是擁有足夠的買賣部位，市場無論漲跌都不會賠錢。卡索夫想要根據他的研究修正多（long）空（short）的部位，以期價格在上漲或下跌時有一方可以獲利較高。而我自己曾有過糟糕的選股經驗，也缺乏分析公司背景的能力，我比較想要利用套利來保護可能的價格變化風險，無論方向為何。我決定持續研究理論並自行投資。

一九六七年，我的研究出現了突破，我利用歐坎剃刀（Ocam's razor）——原理本身就不僅僅只有一種解釋，只要從最簡單的開始就好——以及看似成理的方式導出了認股權證的「正確」價格公式。有了公式的協助，我能夠分辨哪些權證有錯價，並且錯了多少。同年我用這個公式去投資套利店頭市場（over-the-counter, OTC）的權證和選擇權，後來還加入可轉換公司債。股票選擇權和權證類似，主要的差別是權證大都是公司自己發行，選擇權則不是。可轉換公司債就像是一張普通債券，加上額外一個轉換一定股數的發行公司股票的權利，持有者如果想換就能換。

有了公式的輔佐，我的信心更強了，獲利也更好。此時我發現，投資機會俯拾皆是，我自己的一點資本已不敷使用。我進入了人生的下一階段，開始幫親戚朋友管理避險投資組合。

---

❽ Kassouf, Sheen T., *Evaluation of Convertible Securities*, Analytical Publishers Co., 602 Vanderbilt Street, Brooklyn, New York 11218, 1962。總結認股權證和可轉換債券間的避險策略。

❾ 在《戰勝市場》書中有更多有關我們的投資理論。見www.edwardothorp.com。

—第12章—

和巴菲特玩橋牌

股票市場也是一個不完美訊息的遊戲，甚至和橋牌一樣也會有騙局。無怪乎被譽為史上最偉大投資人的巴菲特，也會沉迷於橋牌。

我的投資人名號慢慢傳遍了UCI，學校裡的朋友和同事紛紛要我幫他們管錢。我用《戰勝市場》書裡所用到的認股權證套利方法管理了好幾個帳戶。最小的帳戶金額只有兩萬五千美元。其中包括UCI研究所所長魯夫・華都・傑羅（Ralph Waldo Gerald）和他太太「冰霜」（Frosty），這個綽號是源自於她的滿頭白髮。魯夫是一位傑出的醫學及生物學家[1]，也是國家科學院的會員。個性溫文儒雅，充滿好奇心，並且學識淵博，喜歡和我討論一些重大議題。他有一位親戚，也是偉大的股票市場理論及哲學大師班傑明・葛拉漢，葛拉漢和陶德一九三四年首次出版《證券分析》[2]一書，是股票基本分析的劃時代巨著，多次修訂及再版。魯夫通過葛拉漢的介紹認識了華倫・巴菲特，並且成為他早期的投資人之一——巴菲特合夥公司（Buffett Partnership Ltd.）。

巴菲特是葛拉漢最偉大的學生，被譽為有史以來最成功的投資人。一九五六年他二十五歲時成立了第一家公司——巴菲特聯合投資公司（Buffett Associates Ltd.），資本額十萬零一百美元。他曾開玩笑對我說，他只出了零頭一百美元[3]。後來陸續開了十多家性質類似的公司後，一九六二年初將其合併為巴菲特合夥公司。一九五六年至一九六八年的十二年間，巴菲特管理的基金年複合報酬率達到二九・五%，他分得報酬的四分之一，超過六%。這段時間他沒有賠過錢，而大型股和小型股各有四年的報酬率是負數。扣除巴菲特的抽成後，魯夫每年還有二四%的報酬，比股市多數老手都高。一般小型股平均每年有一九%的報酬率，大型股則有一〇%。未扣除稅負前，每一美元巴菲特的投資最後會變成十六・二九元，他自己的每一美元投資，不扣除費用時，會成為二十八・八美元。

為何魯夫要把積蓄從他幼時就投資，每年能淨賺二四%的巴菲特（當時三十八歲），轉到只有幾年經驗，過去淨績效二〇%，年僅三十六歲的索普？因為一九六七年股市大好，買大型股的投資人在兩年間平均年報酬三八%，小型股更飆漲一五〇%[4]！巴菲特表示當時已經很難發掘被低估的公司，幾年之間他清算了合夥公司，投資人可以把錢拿回去，或者跟著巴菲特帶著部分資本買下持有兩家公司。其中一家是深陷困境的小型紡織公司，名叫波克夏海瑟威，如今巴菲特擁有四分之一的股份，他的管理費收入和資產隨著投資績效水漲船高。

魯夫選擇把所有的投資套現並轉換到我這裡，是因為他很欣賞《戰勝市場》和我其他著作裡的分析

---

❶ 讀者可參考他在科學上的傑出研究，以及在國家科學研究院的經歷。網址：www.nap.edu/books, in *Biographical Memoirs* v.53 (1982), National Academy of Sciences。當年傑羅把錢從巴菲特那裡提出來，成為我的第一位投資人，一九七四年去世。他的妻子「冰霜」獨自生活數年後也去世。兩人去世後，部分在PNP的投資捐給加州大學爾灣分校。

❷ 一九四〇年的第二版在二〇〇二年由麥格羅希爾（McGraw-Hill）再版。

❸ 有些巴菲特的傳記寫十萬零五百美元。我回憶和巴菲特的談話，確認我的數字是正確的。二〇〇八年蘭登書屋出版，愛莉絲・施羅德（Alice schroeder）著的《雪球》（*The Snowball*）也確認了這一點。

❹ 資本報酬率資料來自Ibboton Associates（二〇〇七年）。

方法。他不只想要親自測試，後來我才知道，他也想看看寫這些東西出來的人是不是也做得到。一九六八年夏天，魯夫邀請薇薇安和我到他家，和巴菲特及其夫人蘇西（Susie）共進晚餐。

和巴菲特談複利

魯夫在新港海灘的海景丘的家可以眺望新港灣外的太平洋，以及卡塔利那島（Catalina Island）西側的壯麗落日景象。我們坐定後，魯夫的太太「冰霜」請大家先自我介紹。蘇西・巴菲特介紹自己時說很想當一名夜店歌手，巴菲特也鼓勵她這麼做。她也提到參與過的公益活動，像是公平住房（Fair Housing），以及基督教與猶太教的全國會議等。

華倫・巴菲特說話速度很快，帶著內布拉斯加的口音，喜歡說笑話，談論奇聞軼事，引喻雋永話語。他愛打橋牌，天生喜歡邏輯、計量和數學。聊了大半天，天色漸晚，我逐漸了解他的投資理念集中在發掘和買進被低估的公司，經過幾年的發酵，他預期這些投資的報酬率都會超越市場。所謂市場通常是以道瓊工業平均指數（Dow Jones Industrial Average）或史坦普五百指數（S&P 500）。和他的老師葛拉漢一樣，巴菲特也投資認股權證和可轉換公司債進行避險和套利。而這正是我與他的共通處。巴菲特當時並不認識我，他也藉機觀察我是否能稱職管理魯夫的投資。

我們談論到複利時，巴菲特舉了一個他所喜愛的例子來說明複利的威力。如果一六二六年當時住在曼哈頓的印第安人，將彼得・曼紐[5]付給他們的二十四美元，投資在年報酬率八％的商品，今天不但可以拿回整個曼哈頓島，還能連帶將島上的所有設施全買下來[6]。巴菲特說他曾被問到如何吸引這麼多的百萬富翁來投資，他笑著告訴我說：「我說，我自己就是其中之一。」

只有三個數字的骰子

後來巴菲特問我是否聽過一種只有三個數字的骰子。他最近聽過，認為未來幾年會流行起來，讓許多聰明的人想破腦袋。一般骰子的數字是從一到六，每面不同，但這種骰子可能會有重複的數字，巴菲特提到的這種骰子只有二到三個不同的數字，往往用在賭博上。首先你先選一個「最好的」。然後擲出骰子，點數高者贏。平均來說我能贏你，即使你選了比較好的骰子。不過每個人應該都知道，沒有「最好的」骰子。假設三個骰子為A、B、C，就算A贏B，B又贏C，也不能說A比B好，B比C好，A就一定比C好。

很多人搞不清楚，他們認為事物應該遵循數學傳遞法則（transitive rule）：如果A比B好，且B比C好，則A一定比C好。例如：將上面的**好**換成**長**、**重**、**老**、**多**或**大**都成立。不過有些關係並不依循這個法則，像是小孩子玩的「剪刀、石頭、布」就是一個例子。石頭贏剪刀，剪刀贏布，而布贏石頭。這種為非傳遞法則。

另一個非傳遞法則的例子是投資偏好造成的實際影響。往往可以看到兩兩相比時，候選人A的支

---

❺ 彼得‧曼紐（Peter Minuit, 1580-1638），荷蘭在美國的殖民地州長，他協助建立了新阿姆斯特丹，也就是今天的紐約市。後來他進入荷蘭西印度公司，協助公司在美國設立據點。一六二六年他來到曼哈頓島，是第一位登島的殖民地長官。曼紐用價值六十荷蘭盾（Dutch guilder）的飾品，向島上一名阿爾岡昆（Algonquian）族人買下曼哈頓島，後來計算價值約為二十四美元。

❻ 從一六二六至一九六八共三百四十二年，二十四美元在每年八％的年複合報酬率下，會成為六‧四七兆美元，大約是當時全美經濟規模的八分之一。如果計算到二〇一三年，會成長為兩百零六兆美元，足夠買下半個世界：二〇一三年美國的淨資產約一百兆美元（七十七兆家戶資產，加上二十三兆政府資產），而美國約占全世界資產規模的二五％，全世界的淨資產估計有四百兆美元。

持度高過候選人B，B高過C，而C又高過A的情況。這樣的選舉投票偏好是非傳遞性的。誰最後會當選？關鍵會依選舉過程的結構而定。諾貝爾經濟學獎得主、數理經濟學家肯尼斯・艾羅（Kenneth Arrow）表示，沒有任何選舉過程能符合所有直覺式的天然特質。《發現》（*Discover*）雜誌在類似題目的文章[7]中質疑，越「合理」的選舉過程，像用全國共和黨和民主黨的投票比例來看，約翰・麥肯都應該被共和黨提名並且登上總統寶座，而不是小布希[8]。

回到新港海灘的骰子問題。我告訴巴菲特如果三個骰子分別是：A（三，三，三，三，三，三）、B（六，五，二，二，二，二）、C（四，四，四，四，一，一），則測試結果應該是A有三分之二的機會贏B，B有九分之五的機會贏C，而C有三分之二的機會贏A。用其他方式也可組成這樣非傳遞性骰子。我以前就用過這個問題考過別人，讓對手先選骰子。對方三個骰子都試過但還是輸多贏少，對方根本沒轍。而我也因此通過了巴菲特的測試[9]。

巴菲特當下邀請魯夫和我另約時間在他翡翠灣（Emerald Bay）的家中玩一下午橋牌。這個高檔地方位於加州拉古納海灘的北方，通常只有富豪才能去，家中也有壯觀的私人海灘及海景。巴菲特和我的談話中，讓我更加清楚我們兩人投資方法的差異。他分析公司是為了買下股權，甚至購併，因此價錢越趨便宜，他越有足夠的「安全邊際」（margin of safety）去抵禦未知變化和不確定性。在他的觀念裡，這種機會在多數投資人對某間公司或股市大盤極度悲觀時經常出現：「當別人貪婪時要恐懼，在別人恐懼時要貪婪。」他的目標是長期報酬在市場水準之上，大部分時間他都在衡量績效相對於市場表現。

相反地，我不會評斷不同產業的價值，而是比較同一家公司的不同有價證券間的相對價差，我可以藉由組成一個套利組合，買進相對低估、賣出相對高估的證券，由此無論股市是漲是跌，我都會有正報酬。巴菲特不太在意股價在數個月、甚至數年的波動，因為他相信長期而言，股市是會上漲的。只要長期穩定的打敗市場，他的財富也就會跟著水漲船高，而且速度比市場還快。他的目標是累積資產，而我則善於運用數學來解決有趣的難題，過去是賭場，現在是投資。賺錢獲利能驗證我的理論也能用在現實世界。巴菲特年紀很小就開始投資，終其一生成就不凡。而我選擇當數學家作為人生道路，看起來簡單得多，也讓我有自由的時間與家人生活，在學術界裡追求理想。

巴菲特在翡翠灣的房子後來在阿諾・史瓦辛格（《魔鬼終結者》男主角）二〇〇三年成功選上加州州長時曾受到矚目。一開始，身為阿諾的支持者，巴菲特擔任他的經濟顧問。有一次競選活動主題是如何削減加州的預算赤字，這個問題的根源是一九七八年加州選民公投通過的十三號減稅建議案（Proposition 13）。這個法案訂立了財產稅不超過房屋評價的一%，而且每年評價的漲幅限制在二%以內。後來加州房地產大漲，但財產稅都一直停留在當時市價的一%以下，導致稅基遭到侵蝕，預算赤字暴增。房屋只有在出售時才能被重新估價，因此，相同房屋之間的稅差距很大，完全看最後一次換手是什麼時候而定。也導致了屋主之間稅負不公的現象。十三號建議案減少了屋主每年的房屋稅支出，也助

❼ "May the Best Man Lose," *Discover* Magazine, Nov. 2000, pp. 85-91. 更多選舉矛盾的研究，請見Poundstone, William, Gaming the Vote: Why Elections Aren't Fair (and What We Can Do About It), Hill and Wang, N.Y. (2008) and Saari, Donald G, "A Chaotic Exploration of Aggregation Paradoxes," *SIAM Review*, Vol. 37, pp. 37-52, March 1995 and *A Mathematician Looks at Voting*, American Mathematical Society, 2001.

❽ 譯注：約翰・麥肯（John MaCain, 1936-）：美國共和黨重量級參議員。二〇〇〇年曾和小布希（George W. Bush）在共和黨內爭取總統候選人提名失敗，二〇〇八年代表共和黨參選總統，後來敗給民主黨的歐巴馬。

❾ 更多的傳遞法則的骰子遊戲，見Gardner, Martin, *The Colossal Book of Mathematics*, Norton, N.Y. (2001), and Finkelstein, Mark and Thorp, Edward, "Nontransitive Dice with Equal Means, in *Optimal Play: Mathematical Studies of Games and Gambling*, Stewart N. Ethier and William R. Eadington, editors, University of Nevada, Reno (2007).

長了加州房價的氣焰。

商業活動比起住房市場更加變本加厲。金主設立公司，擁有房地產但並不買賣房屋，而是買賣擁有房產的公司。由於房產的擁有者（公司）不變，可以永遠保有原始估價，繳交極低的房屋稅，而不用繳交高房價下買賣房屋的稅負。一九七八年至今州政府的收入根本無法消除預算赤字，削減教育和執法機關的預算表面上解決了赤字問題，政客們也不用背負愚蠢和浪費公帑的罵名。

巴菲特當然知道州政府的財政困窘，曾公開呼籲阿諾打造一個公平的財產稅制。他指出，依照十三號建議案，他在一九六〇年代購買位於翡翠灣的房子，現在價值好幾百萬美元，但財產稅計算的房價卻比不上他在奧瑪哈（Omaha）老家的七十萬美元市價。這位準州長當然擔心因此流失不少選票，回應說：「我告訴巴菲特，如果他再提第十三號建議案，他就要罰五百下仰臥起坐。」巴菲特因此不再擔任阿諾的顧問。

此外，每當我回想起巴菲特，他最愛的橋牌——以及非傳遞式的骰子遊戲時，我想到橋牌的叫牌（bidding）制度和骰子遊戲可能有點相像。有沒有可能無論你用哪一種叫牌法，都會有另一種叫牌法可以贏過它，因此沒有最好的叫牌法？如果是，任何發明所謂「更好的」叫牌法恐怕只是在狗追尾巴，新的方法贏過現有的，但可能會輸給已經被淘汰的舊方法。

有沒有人能回答這問題？或許當電腦能像專家一般叫牌和出牌時就行。但如何做？讓電腦玩過去無數次橋牌後，歸納出所有方法之間的優劣關係，然後一直試下去。

假設沒有一種叫牌法是最好的，最好的辦法就是要求對手揭露他們的叫牌策略，如果他們照做，我們就能選擇適當的策略來應對，並給予致命一擊。如果對手也學乖了，要求你們先選叫牌法，兩邊就會僵在那裡。這個時候要不就抽籤決定，或是用某種隨機選取的方式決定。

數學家稱橋牌是一種不完美訊息的遊戲。四個人分為兩組彼此競爭，每人手中的牌其他人都看不到，而叫牌是彼此透露訊息的方式。玩者從叫牌和已打出來的牌當中判斷誰還有什麼牌。股票市場也是一個不完美訊息的遊戲，甚至和橋牌一樣也會有騙局。股票市場和橋牌一樣，都希望能得到更多的訊息並加以運用。無怪乎被譽為史上最偉大投資人的巴菲特也會沉迷於橋牌。

預言巴菲特成為首富

我對巴菲特的頭腦和方法印象極為深刻，加上他在投資上的績效卓著，我對薇薇安說過，總有一天巴菲特會成為全美最富有的人。巴菲特對於被低估的公司有著驚人的判斷力，因此能夠比一般投資人更早享受複利的成果。即使後來身家暴增，他仍然依賴這個與生俱來的天分。巴菲特了解複利的威力，並且終身奉行至今。

我的預言在一九九三年初成真，那一年他榮登全球首富，直到後來被比爾‧蓋茲超越。二〇〇七年他再度攀上首富，二〇〇八年又被蓋茲取代，兩人後來成為橋牌牌友。後來，巴菲特成為競標的商品，在電子灣（eBay）上，有位亞洲投資人用兩百萬美元標到與他共進午餐的機會，這筆錢則捐作公益。

魯夫將巴菲特寫給合夥人的信影印給我，只有短短兩頁。這給我的啟示是，最好的狀況是拿我自己的錢，加上少數幾位合夥人即可，就像巴菲特一樣。

當時，我管理的資產大約有四十萬美元。以每年二五％的報酬計算，帳戶每年可進帳十萬美元，我收取的績效費用是獲利的二〇％，每年可進帳兩萬美元，和我當時擔任教授的待遇差不多。我把所有帳戶的資產轉進單一帳戶，這樣管理起來比較省力。尤其是一些特別的權證套利很難在每個帳戶重複操作，最好是一步到位。

創辦避險基金

當時我正在思考生涯的下一步，有一天接到紐約一位年輕股票經紀人，名叫傑・雷根（Jay Regan）的電話。他讀了我的《戰勝市場》，表明希望採取有限合夥人的方式，以我的可轉換公司債套利模式來進行投資。我仔細考慮之後認為，他可以幫我管理帳戶和維持避險基金的運作，而我只需要專心在投資機會選擇及進一步研究市場。於是我邀請他到我UCI數學系辦公室會面，那是一九六九年。

雷根比我年輕十歲，當時年僅二十七歲，中等身高，一頭扁平紅髮，臉上長著雀斑，社交能力強。他畢業於達特茅斯學院哲學研究所，很快就抓住我的投資方法。

我們於是組成一個團隊，我負責提供投資想法，他則試著將想法在「街上」[10]付諸實行。我分析並計算下單數量之後，交付他分給多個經紀商執行交易，他另外還要負責稅負、會計以及法律規範等文書工作。這些都是我不想碰的，我可以因此專注在研究上。

我們同意管理一個全新的投資合夥人帳戶，以我在《戰勝市場》的方法為主。我在新港海灘是投資核心及交易發動者，他在紐約則是業務和交易單位。我們初期以五百萬美元為籌資目標，如果每年扣除費用後有二〇%的報酬，收取其中的二〇%作為績效費，這樣我們每年可分得五百萬美元的四%，就是二十萬美元。這遠超過當數學教授以及原本管理的小帳所賺的錢。

我們運作架構就是今天熟知的避險基金。在美國，避險基金就是私人限定合夥的帳戶，由一人或多人管理（最糟的情況是他們自己的錢全部虧光），而投資人（或限定的合夥人）的損失是有限的。投資人的角色很被動，不會參與投資管理。在當時，這種基金的規範很少，一般來說，投資人不超過九十九人，也不會向公眾募集資金。在海外設立的避險基金，也稱為境外基金，則有可能是以公司或信託的方式呈現。

雖然避險基金在當時並不多見，但它不是新的觀念。傑若米・紐曼（Jerome Newman）和巴菲特的導師葛拉漢早在一九三六年[11]就開始這樣的業務。在專業的管理下，投資人希望有更好的報酬，而經理人的利益經由分潤（profit sharing）的設計，與投資或多或少有所連結。「避險基金」這個名詞是一位名叫阿弗雷德・溫斯洛・瓊斯（Alfred Winslow Jones）的記者新創者。他曾經研究過這樣的投資方式，並發表文章。一九四九年他自己設立了一個這樣的基金，除了買進他認為便宜的股票之外，他也會同時放空他認為被高估的股票去限制或「規避」風險。當股價下跌，放空的部位便會賺錢，股價上漲就損失。因此當市場下跌，放空的投資人便有錢賺，像瓊斯這樣的基金，績效就可能比較穩定。雖然瓊斯的基金一開始沒引起太多注意，不過到了一九六六年《財星》（*Fortune*）雜誌記者凱洛・魯米斯（Carlo Loomis）寫了一篇〈沒人追得上瓊斯〉的專文，公布瓊斯的避險基金打敗所有數百檔共同基金過去十年的績效，而且是遠勝[12]。

我明白找到適合的投資人的確不容易，尤其是一九六七至六八年間股市行情不佳，對一些避險基金來說十分難熬[13]，到了一九六九年市場開始走跌，大型股平均跌幅九％，小型股則大跌了二五％。多數

---

⑩ 譯注：意指華爾街。

⑪ 詳見Schroeder, loc. cit.

⑫ Loomis, Carol, "The Jones Nobody Keeps Up With," Personal Investing, *Fortune*, April 1966.

的避險基金因虧損連連而關門大吉[14]。雖然我提過利用「市場中立」（market-neutral）的套利策略可以保護本金，但我們的想法抵擋不了投資人的恐慌。我們最後和十四位有限合夥人（包括我自己）簽下合約，每人至少五萬美元。我自己名列第一位合夥人，雷根則跑到法院，想辦法找到其他避險基金裡的合夥人名單，一個個打電話推銷，說明我的方法，特別強調我的書及大學教授的地位。直到十月底才一共募了一百四十萬美元，但我們決定開張，讓基金的成長經由實際的報酬，以及往後可能吸引到更多的資金和新的投資人而增加。可轉換避險公司〔Convertible Hedge Associates，後來更名為普林斯頓新港合夥（Princeton Newport Partners，簡稱PNP）〕於一九六九年十一月三日星期一正式在東西岸同時開幕。《華爾街見聞》（*Wall Street Letter*）[15]報導了我們開幕的消息，在當年市場一片潰敗，許多避險基金關門大吉之下，顯得極為突出：

> **資金在移動**。正當許多避險基金在今年表現不佳之時紛紛收攤，一些新的投資合夥公司仍然成立。其中一家新成立的是可轉換避險公司，由愛德華・索普和傑・雷根合夥成立。索普就是那位建立電腦系統打敗拉斯維加斯二十一點的名人，賭場甚至因此修改了規則，他也寫了一本《戰勝市場》。雷根過去曾和布契爾&謝爾德（Butcher & Sherrerd）、奇德（Kidder）、皮巴迪和懷特（Peabody and White）、威爾德（Weld）合作。
>
> 這家新公司的合夥人包括迪克・所羅門（Dick salomon），他是理茲（Ritz）的雷凡－查爾斯（Lanvin-Charles）公司董事長；查理・依凡斯（Charlie Evans）〔依凡－皮孔（Evan-Picone）公司〕；鮑伯・依凡斯（Bob Evans）〔派拉蒙影業（Paramount Pictures）〕，以及雷諾食品（Reynolds Foods, Ltd.）總裁唐・庫里（Don Kouri）。

剛開始二個月，我們便達到四%的報酬，賺到五萬六千美元，同時期史坦普五百指數下跌五%。我分到五千六百美元，這個數字比在大學教書兩個月都多。

至此，很明顯我站在人生的十字路口，我可以利用我的數學專業來開發套利策略，也可能因此致富，或是更加精進學術領域的研究。我喜歡大學的教學和研究，只要我願意可以一直待下去。我的計量金融策略可以幫助投資人賺錢，雖然低調，但隨著時間經過應該會被人看見及肯定。

巴菲特在寫給魯夫的信中應該給了我不錯的評價，因為他們不但加入我們，而且他們的信託基金持續保持投資，直到魯夫和他妻子「冰霜」相繼去世為止。和巴菲特之間往來對我一生產生了兩個重要的影響：我把重心轉到自己的避險基金事業，以及投資在他大為成功的公司，轉型後的波克夏海瑟威。

⓭ 一九六八年避險基金數量還很少，幾乎沒有人理會。總資產大約只有二〇一六年的千分之一不到。在一九六八年，前二十大避險基金的規模從八千萬至一千兩百萬美元不等。當時總共只有大約一百五十檔基金，總資產大約在十至二十億美元之間。經過半個世紀後，總資產規模成長到兩兆美元以上。因為貨幣價值只有四十八年前的十分之一，避險基金資產占國民生產毛額（GNP）的比重在一九六八至二〇一六年期間也成長了一百多倍。

⓮ Robertson, Wyndham and Haines, Angela, "The Hedge Funds' Dubious Prospects, A Report on Twenty-Eight Funds," Personal Investing, *Fortune*, October 1970.他們彙集了一九六八年十二月三十一日當時最大的一批避險基金資料，最大的贏家是「巴菲特合夥」，十二年後因為股價過高，公司價值被高估而宣布收攤。其他基金中唯一資產有成長的是「史坦哈特，費恩，波克維茲公司」（Steinhardt, Fine, Berkowitz & Co.）。

⓯ *The Wall Street Letter*, Myron Kandel, Editor, Nov. 17, 1969.

第13章

進入合夥關係

我們的機器整天沒日沒夜地運作。
把套利指示和目標價，
以及未來幾天可能遇到的各種情境
一一列上，
一共好幾百頁。
每張表都是手掌大小，
長寬分別是十一及十七英寸，
厚達數英寸。

一九六九年我們成立的普林斯頓新港合夥（PNP）公司在當時是個創舉。我們專注於可轉換證券的套利——認股權證、選擇權、可轉換債券和特別股，以及其他後來陸續引進的衍生性商品。避險並不是新觀念，但我們大膽嘗試創新[1]。一開始，我們設計每一種套利，包括同一公司的股票和可轉換證券，以減少股價漲跌所帶來的風險。後來發展出其他的避險策略，進一步保護投資組合的利率風險、市場風險，以及偶爾發生預期以外的價格波動所導致的大幅損失。我們用數學公式、經濟模型、電腦系統來管理基金。這種幾乎完全依賴計量方法的管理方式十分獨特，使我們成為最早一批之後被稱為計量金融的投資新血，並且改變了華爾街。

我們從一開始就有把握基金財富會逐漸增加，但當時我告訴朋友和同事這樣的目標時，只有薇薇安相信我，即使他們都知道我在賭場的成就，卻仍然抱持懷疑。薇薇安既不是科學家也不是數學家，但她有兩種最好的特質：她的問題總是切中要點，並且清楚掌握原則。她花了好幾個小時幫我拍攝輪盤小白球的滾動軌跡，我才得以運用機器預測出現的號碼。她也曾玩過數千次的二十一點，以便讓我練習算牌。她還幫我編輯《戰勝莊家》和《戰勝市場》，並且溝通合約的內容。

PNP的前身，也就是可轉換避險公司的那五年，我的計畫是找出兩個價格走勢密切，但出現錯價及不一致的證券，藉由建構套利投資組合來降低風險。這樣的套利組合是同時買進價格被低估的證券，並賣出相對價格高估的證券來規避風險。因為兩個證券價格最終會走勢一致，我預期結合兩者套利能降低風險，同時會有超額報酬。我利用數學方法證實它們的存在，包括衡量同一家公司的認股權證、選擇權，或可轉換公司債與股票之間的合理價格。

押注在我研究的套利組合，就像是押注在我占有優勢的二十一點賭局上。在二十一點賭桌上，我可以估計預期報酬和風險，並且決定拿多少賭注出來押。和過去不同的是，當時我只有一萬美元，現在則是一百四十萬。最大的賭注不再是五百美元，華爾街賭場是沒有賭金限制的。我們一開始的每個套利組合的投資金額是五萬至十萬美元。

為了找尋投資機會，我在UCI找了一些學生，每天下午紐約剛收盤，他們就到我下單交易的兩家券商的辦公室，收集數百檔認股權證、可轉換公司債、特別股以及同一家公司普通股的收盤價。像是特別股定期配發股利，普通股則不一定會發，就算有發，每次的股利金額也不一樣。特別股股利的配發是優先於普通股股利。通常來說，特別股的股利是固定的，像債券一樣，但風險高得多。因為它的清償順

❶ 在那一年以前，「套利管理公司」（Arbitrage Management Co.）曾開始採用《戰勝市場》裡的避險策略。其他人大都採用諾貝爾經濟學獎得主哈利・馬可維茲（Harry Markowitz）和約翰・薛頓（John Shelton）頂尖的金融學教授的財務理論。後來「套利管理公司」雖然有獲利，但仍不足以維持，三年後依然關門大吉。

位是在普通債券之後。所謂的可轉換特別股則是在一定條件下可換回一定數量的普通股，和可轉換公司債很像，但安全性較低，它也是在所有債券投資人都拿到利息後才能配發股息。這給了我們很多的投資機會。

一九六九年我在自家開始我的投資事業，房子的屋況正好反映了我們的經濟狀況。八年前我剛抵達新墨西哥州大時，我們租了一間九百平方英尺的房子，有四間很小的臥室，而且很快就住滿了人。我們的二女兒凱倫幾個月後出生，接著是兒子傑夫第二年報到。然後，我用賭場裡算牌賺的錢，加上寫書的版稅投資在股市，也買了我們第一幢房子。幾年後全家搬到ＵＣＩ，我們在新港海灘找到一幢二層樓房，比較大也舒適得多。我們把它拿來當作ＰＮＰ西岸總部。

薇薇安和我在屋外搭了一個頗大的二樓空間，蓋了樓梯供上下樓使用。在樓內是我做研究的地方，我在數學象限上畫滿了資料點，表示我們設下的有利情況，讓我很快可以察覺並進行交易。每天我們把可轉換證券和股票收盤價格用顏色區分，畫在可轉換證券的象限圖上。我另外寫了一個公式，讓電腦畫出一條可轉換證券「公平價格」（fair price）的曲線。這條線的好處是我們可以一目了然判斷是否出現有利可圖的機會。如果資料點的位置在曲線的上方，表示可轉換證券的價格被高估，這時套利機會就來了：放空可轉換證券，買進股票。直到資料點位置和曲線相差不遠，則表示市場價格位於合理價格附近，原本的套利部位應該沖回，不需要再加。資料點在曲線下方表示應該買進可轉換證券，並放空股票。資料點和曲線之間的距離代表套利空間有多大。如果套利空間符合我們設定的目標，第二天就會下單。資料點和曲線的斜率則代表避險比率，意思是每一單位的可轉換證券要用多少股普通股組成套利組合。包括可轉換公司債、特別股、認股權證以及選擇權。

我在二樓的小屋裡工作了幾個月，深受蜂窩和蟲鳴鳥叫的干擾，薇薇安於是幫我在一幢辦公大樓的二樓租了一間辦公室，我買了新電腦，雇用了幾個人；設計了一個套利交易的表格，上面列出達到我們設定的報酬下，股價與可轉換證券間的關係。此外，我們還要建立新的套利組合，表中也列出因應避險比率變化，該調整的部位（也就是俗稱的動態避險）。因為股價會波動，一旦達到目標我們就要結清。

我們的電腦耗電量極大，辦公室常常十分悶熱，因此必須長年打開窗戶通風，用電風扇把熱氣往外吹。即使在加州冬天最冷時也一樣。我們的房東沒有因此多收我們的電費，而是從房租裡自行吸收。我曾計算過電費的支出可能比房租還高，我們因此省下不少錢。

每天收盤後，我便打電話給紐約的雷根，下達明天的交易指示，他也回報前一天交易結果，往往我已預先更新了交易資訊。到了第二天他再回報我建議的交易結果，日復一日。

為了和合夥人與其他客戶有良好的溝通，我們定期發行最新版的機密私募備忘錄（Confidential Private Placement Memorandom），用來解釋公司運作、合夥人投資目標、費用結構以及潛在風險，包含我們實際投資情況的概述，省略複雜的數學公式、圖形、以及計算。

舉一個《戰勝市場》以外的實例。一九七〇年美國電報電話公司（AT&T）出售三千一百萬股普通股的認股權證，認股價格為每股十二・五美元。公司可募集三・八七五億美元，是當時發行金額最大的認股權證。雖然在價格上沒有太多錯價，但權證的價格走勢反映了一九七五年到期前未來股價的可能走向。我們押的部位占了整體淨資產的很大比例。

巴舍利耶的選擇權定價理論

我們依據一九〇〇年法國數學家路易斯・巴舍利耶（Louis Bachelier）的博士論文發展出來的公

式，決定數千筆交易指示。巴舍利耶用數學開發出在巴黎交易所（the Bouse）交易的選擇權定價理論。他的指導教授——名滿天下的數學家亨利・龐加萊並沒有很重視巴舍利耶的這份努力，巴舍利耶終其一生都只是個沒沒無聞的教授。同時期另一位二十六歲的瑞士專利文書人員亞伯特・愛因斯坦剛出版一系列論文著作改變了全球物理界，那一年是被稱為「奇蹟之年」（miraculous year）的一九〇五年[2]。其中一篇是相對論的初稿，帶來重力理論的革命，也開啟了核子時代。另一篇論文討論的是光的粒子性質，成為後來量子力學的濫觴。但愛因斯坦影響我的是另一篇論文。

在那篇論文裡，愛因斯坦解釋了一八二七年植物學家羅伯・布朗（Robert Brown）難以理解的發現。布朗用顯微鏡觀察到水中漂流的花粉，在光的照射下，每粒花粉的反光顯示出不規則的隨機運動。愛因斯坦了解這是因為花粉周圍的水流不停衝擊所致，因而寫了一個公式預測粒子的隨機運動。那時還沒有聽過或見過分子或原子（分子是原子以各種不同形式利用電子連結在一起），它們的存在一直有爭議。這篇論文最後證明了原子和分子的存在，後來成為物理界最廣為引用的論文之一。

可是連愛因斯坦也不知道，他的方程式所敘述花粉的布朗運動（Brownian motion），本質上與巴舍利耶在五年前的論文中描述不規則變動的股票價格是一樣的。巴舍利耶用他的公式推導出特定股票的選擇權公平價格，但他和愛因斯坦的際遇大不同，巴舍利耶一直藉藉無名，直到一九五〇年代，著名的經濟學家保羅・薩謬爾森（一九七〇年諾貝爾經濟學獎得主）偶然在巴黎圖書館裡看到，並將它翻成英文，一九六四年他的論文《股票市價的隨機特質》（*The Random Character of Stock Market Prices*）的英文版，由保羅・庫特納（Paul Cootner）編輯，ＭＩＴ出版社發行。在我早期自修財務金融課程時，這本科學分析應用在金融學的論文集深深影響我及許多人。

巴舍利耶曾假設股價的變動是依據鐘形分配，也稱作常態分配或高斯分配。但這與實際價格分配並不一致，只要時間拉長即可發現。到了一九六〇年代，學術界用其他較符合實情的機率分配證明了巴舍利耶股價變動理論[3]。即使如此，新的選擇權評價公式（同樣適用於認股權證）卻仍未能用在實際交易上，因為其中有兩個變數無法用實際數據估計。其中一個是股價從今天至認股權證到期日之間的成長率；另一個是到期日時認股權證各種情境之收益折現因子（discount factor）。

所謂折現因子，是衡量投資人評估不確定收益的方式。舉例來說，如果你擲一個硬幣——假設出現字和人像的機會相同——出現人像可得二元，出現文字則什麼都沒有，則這組不確定收益的平均值為一元。方法是將每一種收益乘上出現的次數（例如一次），再除以總共投擲次數（二次）。不過投資人寧願直接拿確定的一元。雖然兩種投資的預期報酬相同，人們會選擇風險低的。我由於在大蕭條時期出生，以及早期的投資經驗，導致我採用降低風險為投資方法的特質。

回到一九六七年，我當時已明白認股權證的價值。雖然沒有百分之百確定，但依據直覺，我認為認股權證評價公式裡的成長率和折現因子可以被所謂的無風險利率代替[4]，方式是選擇與權證同一天到期的美國國庫券（US Treasury Bill）票息[5]。於是公式裡兩個未知變數採用了同一個實務交易工具。我在

---

❷ 欲窺全貌，請參閱Annus Mirabilis: 1905, *Albert Einstein and the Theory of Relativity*, by John and Mary Gribbin, Penguin, New York, 2005.

❸ 相關主題請見Case M. Sprenkle in *The Random Character of Stock Market Prices*, Paul H. Cootner, editor, MIT Press (1964).

❹ 經濟學家和財務理論學者在「布萊克—休斯」模型上有一個長期的假設：美國的長期債券和短期國庫券是沒有風險的。其立論在於，政府可以無限制印鈔以支付利息和償付本金。但國會內對於舉債上限是否要提高往往爭論不休，例如二〇一三年的政府衝突，凸顯了這種說法的謬誤。美國當然應該償付國債，但它也可以選擇違約。違約是有可能的，因為投資人會買進風險較高的債券以收取較多的利息，舉債上限的爭議會提高美國的債務成本。提高債務上限的結果是借更多的債。

一九六七年開始使用這個公式[6]，應用在自己和投資人的投資，績效相當優異。一九六九年，費雪・布萊克（Fischer Black, 1938-95）和麥倫・休斯（Myron Scholes）某種程度受到《戰勝市場》書中的影響[7]，一九七二和七三年證明出可用的公式[8]，當時我還不認識他們。麥倫・休斯和羅伯・墨頓（Robert Merton）於一九九七年獲得諾貝爾經濟學獎。諾貝爾獎委員會了解費雪・布萊克的貢獻，一般認為如果他不是因為罹患喉癌早兩年去世，一定可以同獲殊榮。

打敗史坦普五百指數

有了公式的幫助，PNP在成立初期二個月間，也就是一九六九年十一月至十二月間，報酬率達三・二%，而同時期史坦普五百指數跌了四・八%，來回相差八%。一九七〇年我們獲利一三%，同時期史坦普五百上揚三・七%。一九七一年分別是二六・七%與一三・九%，我們的投資人多賺了一三%。一九七二年史坦普表現較佳，全年報酬率一八・五%，而我們是一二%。難道我們比較差？不是，它反而凸顯我們做到想要達到的目標，無論行情好或壞，我們的獲利高卻也很穩定。避險防止我們的損失，但也放棄了大漲的機會。我們每年報酬率的變化幾乎取決於套利投資的質量，而非行情的漲跌。一九七三年至七四年我們迎來第一次考驗，那段時間股市走空頭，起因之一是阿拉伯國家禁運石油。油價因而飆漲至天價，用物價調整後，直到二〇〇八年每桶突破一百四十美元才被打破。

一九七三年史坦普五百指數下跌一五・二%，我們賺了六・五%，打敗指數超過二〇%。一九七四年股市投資人受傷更重，史坦普五百指數又暴跌二七・一%，而我們獲利九%，兩者之間相差超過三六%。經過這兩年空頭洗禮，PNP的合夥人每一千元的投資成長為一千一百六十元。史坦普五百的投資人每一千元投資剩下六百一十八元。而且，PNP頭六年每個月都獲利，直到一九七四年初才出現第一次單月虧損，幅度不到一%。從一九七三年一月十一日的高點，到一九七四年十月三日的底部，股市總共跌了四八・二%，是大蕭條以來最嚴重的一段空頭時期。即使是華倫・巴菲特當時也曾說，他及時收攤的決定對他的合夥人來說是正確的❾。

合夥人的口袋裡多了不少錢，口耳相傳之下，其他投資人也聽說了我們的績效。公司的資產從一開始的一百四十萬成長到七百四十萬，管理費用也順勢水漲船高。因為投資公司法限制合夥人數最多不能超過九十九人，如果公司資產想要到一億美元，平均每個投資人至少得有一百萬才行。因此我們需要高資產人士及機構法人的資金，對他們來說可能只是一小部分，對我們的幫助可不小。我們歡迎具有知識及經驗的高資產人士，這樣比較好評估他們的風險水平，並為他們提供投資顧問。為了增加新資本，我們計畫控制新合夥人的人數，改以提高最低進入門檻的方式，從最初的五萬美元，提高到十萬，後來一路調高到二十五萬、一百萬、最後是一千萬。新合夥人需要經過謹慎的查閱背景資料。這並不困難，因為他們的事業常常見諸報章雜誌，或是我們原本就認識。

---

❺ 關於我所做的研究，請參閱我在《維蒙》（*Wilmott*）雜誌，二〇〇二年九月、十二月和二〇〇三年一月發表的文章。或參考網站：www.edwardthorp.com。關於這些方法的推理過程，請參閱 *Mathematics and Plausible Reasoning*, volumes I and II, by George Polya, Princeton University Press, 1954。以及他的基本觀念：*How to Solve It*, Second Edition, Doubleday,1957。

❻ 有關討論的背景，請參閱：*Derivatives: Models on Models*, by Haug, Espen Gaarder, Wiley, New York, 2007, pp. 27-44。

❼ 他們在最著名的文章中提及了：Black F. and Scholes, M., "The Pricing of Options and Corporate Liabilities," *Journal of Political Economy*, Vol. 81, May-Jun 1973, pp. 637-654.

❽ 事實上，他們所導出的方程式和我使用推理所驗證的結果相同。

❾ 參見：*Buffet: The Making of an American Capitalist*, by Roger Lowenstein, Random House, New York, 1995, page 156.

我們同時修正原本每年二〇%利潤的績效費用，加入「新高水位」（new high water）的條款。意思是如果某一年虧了錢，我們會計入未來的績效，在未來的獲利中扣除之後，再計算我們的績效費用。這有助於將我們的利潤與客戶結合，自那次修正後，我們每年都獲利，甚至每季都獲利，虧損計算從未發生過。

隨著規模擴大，PNP在紐約和新港海灘的辦公室也跟著擴張，並雇用更多人。我在UCI擔任數學教授期間，找了許多很有天分的人，對我來說，管理和決策變得重要。因此我開始建立自己的管理風格，用親自走動代替永無止境的正式會議，我在學校時就非常不喜歡開會。通常我會直接走到每一位員工面前跟他們說同一件事。

我先解釋我們未來的計畫和方向，以及希望每個人的工作，並且根據他們的回應來調整工作角色及工作量。我需要能夠主動跟上工作進度的同仁，而不是需要我在旁邊指導才行，許多工作是我們創造出來的，投資方也是創新的，我必須教他們一套獨特的方式。雇用剛從學校畢業的年輕人，是因為他們還沒有被過去的工作定型。教導年輕運動員比較容易，重新訓練一個基礎不佳的人難度就高了。

在我們這樣的小公司，員工之間的合作特別重要。我不太可能在面試時就能了解這個新進人員與我們公司文化之間是否相合，每個人都有六個月的試用期，有時候試用期間內，在雙方都同意的情況下，可以提前成為正式員工。

隨著管理經驗增加，我逐步修正公司策略。我的秘書每隔一個星期五就會請病假，我小心地詢問她在辦公室的一位朋友，她告訴我她要去排隊預約髮型師，還有其他私人事務要辦。她計算每年的給薪病假，因為不用白不用。在這樣的制度下，員工利用病假出去辦私事，還可以領薪水，比起沒用病假的人享受更多的福利。我把這種經濟學上稱之為反常動力[10]的制度改掉，換成每個人都有自己的給薪假，依據假日加班時數、休假和病假。員工可任意使用這些假，只要在不影響原來工作下都行。

為了吸引和留住高級人才，我給的薪水和紅利高於業界平均，而他們的生產力和工作效率遠高於平均，這麼做其實讓我們的獲利更好。高薪酬也降低離職率，這也節省不少時間和金錢，否則還得重新教導新人我們公司的制度和投資方法，對高級主管來說，這麼做讓員工不太會離開出去自行創業。

同一時期，整個市場的投資機會持續擴張。一九七三年四月間，原本成立已久的芝加哥商品交易所，改制成新型態的芝加哥期權交易所（Chicago Board Options Exchange, CBOE），開啟選擇權交易。在此之前，選擇權只有在店頭市場（over-the-counter, OTC）買賣，買賣雙方只能經由證券經紀人代為尋找證券交易的對手，經紀人收取相當高的費用[11]，又很沒效率。CBOE提供各式選擇權，以標準制式的規格呈現，買賣均在交易所進行，就像紐約證交所的股票交易一樣。買賣雙方的成本均大幅降低，成交量便大幅提高。

為了因應市場變化，我用HP9830A的新型電腦，將我在一九六七年開發出來的公式寫成電腦程式，來計算選擇權的公平價值。這台電腦相當美觀，品質優良，大小和一部大型字典差不多。它最稱道的是繪圖功能，用各色墨水取代過去畫得五顏六色的圖形。每一個選擇權的理論價格均有一條曲線代替，曲線上的每一點代表在某個股票價格之下，選擇權的公平價格。當我們用彩色點描出選擇權的真實市價後，和曲線相比較。如果市價的點高於理論曲線，代表該選擇權價格過高，此時可以賣出選擇權同時買

[10] 譯注：反常動力（perverse incentive）：具有反效果的激勵措施。

[11] 價值數百兆美元的衍生性商品合約在店頭市場交易，銀行和券商深愛交易的高手續費率，一直抗拒標準化合約出現。很多店頭市場的合約擔保品不足，常會有潛在的金融危機的風險，如同我們在二〇〇八至二〇〇九年所見。交易所交易的標準化合約可以消除這項疑慮。

進現股以避險。兩者之間的距離代表錯價的程度。同樣地，低於理論曲線的點表示選擇權價值被低估，以及低估的程度。此時避險的方向反過來，買進選擇權，放空股票。曲線上面的斜率會自動表示在規避選擇權的風險下，應該持有／放空的股數。

電腦計算公式可以得出所有可能股價下的選擇權理論的公平價格。換句話說，在選擇權未到期前，股票波動性（衡量每日股價變動百分比的指標）、美國國庫券利率、股票股息都是計算選擇權價格的數據。

CBOE開幕前幾個月，我已準備用選擇權公式來交易，當時我認為沒有其他人了解這些。PNP勢必大獲全勝。不久後我收到一封信，是一位素昧平生的人，名叫費雪・布萊克寄來他所寫的一篇論文，他在出版前寄了一份副本給我。他自稱歆羡我的工作，並且他和麥倫・修斯從我的《戰勝市場》裡得到Delta避險的靈感，更進一步發展選擇權的定價公式。我看了一下論文內容，發現公式和我用的一樣。好消息是他們證明了我當時憑直覺得出的公式是正確的，壞消息是公式已見諸大眾，每個人都會用。所幸，這還需要一段時間。當CBOE開張時，我們還是唯一一個用公式進行交易的投資人[12]。在交易所大廳裡，感覺像是拿著槍砲對決弓箭。

為了更快速應用公式價格，避免他人學會導致價差快速消失，我們要求選擇權交易所讓場內交易員可以用手持式程式計算機，但被交易所拒絕，讓後進者在交易所老鳥面前沒有優勢。我們退而求其次，要求能用無線電對講機與場內交易員通話，同樣被拒絕。我想起當年在拉斯維加斯因為算牌遇到的相似命運。最後我們提供場內交易員一張印好的交易表，上面寫滿了選擇權標的。每天我們的高速印表機連夜印出來，再用限時專送寄到位於普林斯頓及芝加哥的辦公室。有了這張表，和手持式計算機就沒什麼兩樣。

由於公司和交易所的交易員都需要這張表，每次我們都用Z型（Z-fold）摺疊紙夾了好幾層複寫紙，我們的機器整天沒日沒夜地運作。把套利指示和目標價，以及未來幾天可能遇到的各種情境一一列上，一共好幾百頁。每張表都是手掌大小，長寬分別十一及十七英寸，厚達數英寸。一九七四年《華爾街日報》頭版曾經報導過[13]，當老鳥交易員自認為競爭力夠時，手持程式計算機計算選擇權價格的禁令已解凍，並且迅速成為業界的基本配備。

薇薇安的支持

這段時間我全心全意在教學和事業上，薇薇安幾乎是獨力扶養三個年幼的孩子。同時她還撥出時間替一位優秀的國會議員助選。她在科羅納岱瑪（Corona del Mar）設立競選辦公室，同黨的對手試著阻止她，但沒有成功。她替候選人募款、招募選舉義工，發起電話拜票攻勢。選舉結果揭曉，她支持的候選人當選了，但功勞卻被她同黨其他兩人搶走，並因此在黨內平步青雲。雖然薇薇安才是最大的功臣，但她從未想過個人的出路或藉此吹噓，在我們五十五年的婚姻中，我從未聽過她吹捧自己。最近的一次是有一回我稱讚她衣著的配色及家中的擺設十分具有設計眼光，她看著我彷彿在說：「我本來就有一副好眼光。」

⓬ 幾年後，我聽說有位交易員諮詢過布萊克，並且在CBOE開始交易時也使用公式價格。

⓭ "Computer Formulas Are One Man's Secret to Success in Market," by Jonathan R. Laing, *Wall Street Journal*, Sept. 23, 1974, p. 1.

她也曾經默默地組織了一個龐大的電話助選團，幫助加州州政府選出第一位黑人官員。除此之外，她對個人的影響力也是如此。有一次她遇到一位女士，向她抱怨「這些猶太人」！薇薇安的多位親人在二次大戰時死於納粹集中營，因此當她面對這位女士的抱怨時，我們都以為她會痛罵她一頓。但她沒有，她認為那位女士只是不了解，單純地厭惡而已。薇薇安極有耐心地對她潛移默化，因為這位女士本性並不壞。後來她們兩人終其一生都是好友。

薇薇安的洞察力也幫助我面對投資界各式各樣的人物，其中許多人缺乏道德素養。她總是受人歡迎，也因此她具有另一種天生的特質：只要有人跟她傾訴個人生活的點滴片段，她就能拼湊出這個人完整的人格面貌，並且不斷分析及驗證一貫性。因此她在判斷人格、動機、預期未來行為上總是正確無誤。每當我介紹生意上和專業上的人給她認識時，她總是能很快做出判斷，令我驚異不已。她往往能從很小的事情上做出判斷，我常常難以置信。經過一次又一次的驗證，她這種卡珊德拉型[14]的特質證明她總是對的。

有一次和一位朋友初次見面後，她對我說：「這個人很貪心，不真誠，你不能相信他。」

「妳怎麼知道？」我問。

她說：「從他開車的樣子可以判斷他很貪心，他的笑容顯示這個人不真誠，眼睛也從來不笑，他只是在唬弄你。他太太的眼神看起來很哀傷，一點也不加分。她在家看到的丈夫和出門在外的是兩個人。」

幾年後，這位名叫葛倫的「朋友」也成立了一家避險基金，我們也投資了一些。後來基金的其中一筆投資虧了兩百萬美元，部分是因為詐騙，因為律師後來發現其實只有一百萬的虧損。葛倫將其中一些錢從原本的合夥人轉到後來的一批人身上，而他自己也能從中獲益。有一次我們遇到，他辯稱他聯絡不上二十幾位原本的合夥人。我表示我有一張清單，有大部分合夥人的資料，三位沒有資料的合夥人也可以從共同的朋友間找到。他立刻改口說不會付這些錢，而且根據合夥人條款，每個合夥人得分別提出仲裁。他心知平均每人五萬美元，可能連律師費都不夠，同時費時費事。他拒絕了我的提議，只同意整體做一次性仲裁。他還狡猾地建議，因為他和所有人失去聯繫，或許我們可以試試少數個別仲裁，他或許會改變心意。我問他律師為何會忍受這種缺德的行為，他竟然回嗆：「法學院可沒教過道德。」

結識各界名流

隨著PNP的蓬勃發展，我也認識了不少新朋友。有些時候人們找上我不是因為投資績效好，而是因為當時的稅法，像保羅・紐曼⓯。稅法的規定遠遠落後我們合約提供的選項，像是抵稅條款，直到多年後法規才改變。股票交易虧損得以扣抵聯邦及州政府稅。我曾經因為這樣受邀在洛杉磯二十世紀福斯（Twentiech Century-Fox）與保羅・紐曼和他的律師共進午餐，並一同觀賞他主演的《火燒摩天樓》（*The Towering Inferno*）。

電影院位於比佛利高中旁，比佛利高中是南加州唯一校園裡有油井的高中。我到達時，保羅・紐曼一身T恤、牛仔褲和合身的夾克，款式相當別致。我想起一九四〇年代沒錢時常常穿的Levi's牛仔褲，雖然款式舊、褪色，卻十分乾淨。五十年後的今天，我常常驚訝人們願意花大錢去穿刻意弄破洞和補靪滿

⓮譯注：卡珊德拉（Cassandra）：希臘女神，具有預言的能力。
⓯譯注：保羅・紐曼（Paul Newman, 1925-2008）：美國著名電影明星，也是賽車手、投資家及環保人士，得過奧斯卡影帝及多項影壇終身成就獎。

身的牛仔褲，比我高中穿的還差。

我對保羅・紐曼的藍色眼珠印象極為深刻，比電影上看起來更藍。第一次見面他顯得有點害羞，一開始都不說話，在一旁靜靜打量我。過了許久他終於開口：「要來點啤酒嗎？」我說：「好。」他頓時看起來輕鬆不少，知道我跟一般人沒兩樣。午餐我吃了他推薦的三明治，他問起我二十一點的算牌方法，也問我有沒有考慮做全職。高手多半會偽裝，也喜歡單獨行動，我估計好一點每年可以賺個三十萬美元。「你為什麼不做？」他問我。我說，我比較想做避險基金[16]。他說每年得繳六百萬美元的稅，希望有辦法合法少繳一點，這也是這次午餐會面的主要原因。這次會面其實沒什麼結果，保羅的律師認為我提議的減稅方法不錯，但需要比較多的考量。他建議保羅，像他這樣高知名度的民主黨員，不要冒險受到共和黨稅法的牽連。

我們跟好萊塢之間的關係不止於此。早期合夥人中有兩位分別是鮑伯・依凡斯和他兄弟查理。鮑伯的電影事業一直不太順利，直到一九六六年當Gulf and Western接管派拉蒙影業後，指名鮑伯・依凡斯為製片主管。之後八年間他替派拉蒙拍了許多叫好又叫座的電影，包括《單身公寓》（*The Odd Couple*）、《失嬰記》（*Rosemary's Baby*）、《愛的故事》（*Love Story*）、《唐人街》（*Chinatown*）以及《教父》。一九九七年達斯汀・霍夫曼（Dustin Hoffman）主演的《桃色風雲搖擺狗》（*Wag the Dog*），其實就是依凡斯的翻版，包括外貌、習慣和怪癖。

一九七一至七二年間，我前往鮑伯位於比佛利山莊的豪宅，說明在投資上所採取的交易型態。鮑伯和查理正在後院泳池游泳，頭戴帽子和太陽眼鏡。我坐在池邊解釋著可轉換證券的套利基本觀念。當時鮑伯的第三任妻子（他總共有七任）是女演員艾莉・麥克勞（Ali MacGraw），我當時倒希望她能現身一下，問我有關市場錯綜複雜的關係，但當時她外出旅行去了。艾莉曾主演《愛的故事》，一九七〇年被提名奧斯卡最佳女主角。二十年後，五十二歲的她仍被《時人》（*People*）雜誌選為全球五十位最美麗的女性之一。

另一位著名編劇查爾斯・A・考夫曼（Charles A. Kaufman, 1904-91）也是我的合夥人，同時也介紹其他投資人加入，有些人可能因此主動找上我們。他所寫的《佛洛伊德》（*Freud*）於一九六三年提名為最佳劇本。考夫曼在洛杉磯的會計師同時幫許多拉斯維加斯的賭場做會計帳。有一次考夫曼邀薇薇安和我，以及會計師夫婦共進晚餐，目的是要我說明交易策略以及會計實務。席間話題轉到二十一點，我提到賭場出老千，還有兩本帳簿的事，會計師表現出不可置信和震驚的樣子。他太太是一位直言不諱，曾擔任廣告女郎的美麗女子，看來應毫不知情。這位會計師的人脈應該遠超過他口中所說的，因為就在那頓晚飯之後，我就收到要求加入成為合夥人的信件，其中多人與拉斯維加斯的關係匪淺。像是蒙・達里茲（Moe Dalitz, 1899-1989）、貝爾登・卡特里曼（Beldon Katleman, 1914-88）。雷根和我很快達成共識，不打算讓他們加入。

我對會計師一向敬謝不敏的事始於一九六二年的夏天[17]。有一次我收到美國國庫署的來信，國庫署正在調查內華達賭場業可能逃漏稅的事，他們相信一部分業者挪走了大批現金，沒有申報賭場課稅所得。其中一位臥底小組成員，姑且稱為約翰，長得極像當年紅極一時的電視影集《洋場私探》（*Mannix*）及《黑色手銬》（*Tightrope*），以及多部電影的男演員麥可・康納斯（Mike Connors）。我們相約在UCLA校園旁韋斯伍德村（Westwood Village）的「漢堡小村」吃午餐。約翰看起來一副要瞞過賭場

16 *Fortune's Formula*, p. 172，我和保羅・紐曼同樣引用了錯誤的報告。
17 *Beat the Dealer*, 1966 edition, pp. 167ff.

眼睛的裝扮，戴著一頂寬邊帽、牛仔裝，身分證明顯示他是來自德州的有錢人，名叫凱許・安德森（這也是國庫署式的幽默）。他開著一輛紅色凱迪拉克敞篷車，車頂是白色。

在拉斯維加斯，約翰在二十一點賭桌上下大注，因而被帶到後面小房間去，小房間是用來清點從賭桌帶回來的鈔票，清點後加蓋封印，放入一個個盒中。他說他看到兩本帳簿和兩台計算機。一台是計算真正的現金數，另一台算的數字比較少，用來呈報政府單位。身為政府官員，約翰詢問我如何下大注贏二十一點，把贏的錢歸回國庫署，因為他們看起來像是等著被宰的凱子。

辭去全職教授

薇薇安和我，以及公司合夥人都因投資賺了一些錢。一九六九年我們開業之初，我曾預測我們的財富將快速累積，雷根的財富也會水漲船高。我在黃色報告用紙上寫下了公司未來的一些假設，包括報酬率、資產成長率以及稅率。我預期到了一九七五年我們就會成為百萬富翁，同時把這些預測寄給雷根。

果然，到了一九七五年，我們真成了百萬富翁，家庭生活也因此獲得了改善。薇薇安和我把整個家重新整理了一番。一九六四年我在拉斯克魯斯，從一位學生手中買了一輛二手的紅色福斯汽車，開了十年。一九七五年我換了一輛紅色保時捷九一一S，薇薇安原本一整個衣櫃的廉價衣服，也慢慢換成具有設計感的服裝、手提包和鞋子。過去假期只能參加平價旅遊，或是利用出差之便，現在可以嘗試遊輪，或參加海外旅遊團，住高檔一點的飯店。

我們的生活水準已遠超過同儕及朋友，讓他們產生了我意想不到的疏離感，尤其是我們感到十分聰明、風趣以及有教養的朋友。另一方面，我們也沒有打進橘郡富人的圈子裡，因為我們業務上的伙伴散居在美國各地，薇薇安常說：「我們真是裡外不是人。」

我在數學上興趣的轉變也影響了我和UCI系上同事間的關係。這在大學間很常見，研究往往指的是純粹的理論發展。簡單來說，是發展抽象數學，或是滿足自己的學術成就感。

我的博士論文就是純數學，之後十五年間也都是如此。但自從開始研究賭局之後，我對應用數學也產生了極大興趣，想用數學來解決現實世界的問題。如今金融市場正站在我面前，PNP有著無數難題待解，充滿樂趣，也帶來報酬。我成為應用數學家，而在純數學的科系中，我的專業也顯得不倫不類。

同時，數學系也面臨了一些問題。系上的研究經費和加州政府對大學的補助日益縮水，這在系內引發嚴重的派系爭奪。為了減緩衝突，系上引進了外部人士擔任系主任，但經過三年激烈震盪後還是離開。後來，我成為一個各方都可接受的人，暫時擔任系主任一職。

這項任命比我想像的還糟。像是我發現有一位助理教授根本沒來上課，他的時間不是花在北邊四百英里外舊金山灣區的女朋友身上，就是在雷諾和太浩湖的賭場裡。他會算牌，有時甚至會打電話問我算牌上的問題。另一位助理教授每個月要花上兩千美元的電話費，比起其他二十五位教授的總和兩百美元還多上十倍。我問他原因，他回答說是數學研究所需，但檢查帳單後發現，他總共只打兩個在紐約市的號碼。我試打過去，接電話的分別是他母親及一家音樂唱片行。事情揭穿後，他竟然惱羞成怒，一點悔意也沒有。

另外一位教授從系上的檔案中私自拿了另一位教授的私人求職記錄。我發現了以後要求他交回，但被拒絕。那些檔案裡包括一些他自寫的信，涉及他的競爭對手，內容有些不堪，他擔心我這個系主任知道會揭發他。誇張的是，我要求行政人員紀律處分這些行為，行政人員居然拒絕執行，我感到萬分訝異和挫折。

這樣龐大行政體系的問題之一，是大家寧願放棄原則也不願得罪人。我向副主任，也是我的好友請教，他雖然已有終身教授職資格，但他拒絕申請。他曾說：「因為這樣我還得與一群跳梁小丑朝夕相處。」我十分了解他的意思。另一方面，我還沒有被困在這裡，還有PNP可以依靠。我認為，**如果沒有人挺我，為何還要勉強？**我選擇進入數學系，而不是非得進來不可，現在是時候該離開了。

一開始，我轉任UCI的管理學院研究所，在那裡教財務數學。但發現和數學系一樣，派系林立，背後說三道四，暗箭傷人的情況並沒有比較好。永遠有開不完的會，為小錢爭得面紅耳赤，不扯別人後腿就無法拉人家下台，以及學術界約定俗成的「不發表就完蛋」文化[18]。我認為是該離開學術界了。即使面對如此環境，這依然是一個困難的決定。我聽過不止一人說過，一輩子最大的願望就是在加州大學擔任終身教職。它曾經也是我的夢想，過去幾年我雇了許多UCI的學生和正式教職員，但僅有一位沒有終身職的人願意加入我的投資事業。其他人都認為它是件可怕的事。當然，他們當中有些人後來懊悔不已。

我漸漸減少全職教學工作，一九八二年正式辭去UCI全職教授職。放棄我曾經終身盼望的工作，多少有點失落感，我仍舊熱愛教學和研究，但更想追求更好的出路。我依舊和朋友保持聯繫，一起合作研究，同時也自由地做想做的事。兒時的夢想如今實現，我持續在研討會中分享工作心得，在數學、金融、賭博刊物中發表文章。

過去的我，在數學家、物理學家、金融經濟學家的角色之間擺盪，如今將要從學術象牙塔走向華爾街。

[18] 譯注：見本書第五章。

第14章 計量革命的先驅

我看過之後，認為布萊克的方法可行，只是我的積分法更簡單。我心知如果連布萊克都不知道答案，那就沒人會知道了。結果為了保有我和合夥人的優勢，我默默地把答案放回手提包。

當布萊克和休斯發表選擇權定價公式時，我早已在實務上用同樣的方法了。我深知要維持PNP的優勢，必須要發展更快的方法評價認股權證、選擇權、可轉換公司債以及其他衍生性證券，以便領先那些求知若渴的博士群，冀望發表更多論文以取得學術上的地位，除了核心部分仍須保密外，我有時也會發表一些比較次要的題目，這些主題往往不久後也會被其他人發現。

在布萊克和休斯發表選擇權公式之前，我已發展更一般化的型態，包括經紀商持有的放空部位（因為可以手握現金）直到反向結清為止。文章發表後，我在維也納舉行的國際統計組織（International Statistical Institute）進行報告。[1] 此外我也延伸出配息股票的選擇權模型，因為實務上我交易了非常多的股票買權（call option）和認股權證。芝加哥期權交易所（CBOE）隨後在一九七四年宣布開放交易

[1] "Extensions of the Black-Scholes Option Model," Thorp, Edward O., Contributed Papers 39th Session of the International Statistical Institute, Vienna Austria, August 1973, pp. 1029-1036.

賣權（put option）。這類選擇權商品和買權一樣，統稱為美式選擇權（American Options），以便與歐式選擇權做區隔。歐式選擇權只有在到期日才能執行權利，而美式選擇權在到期日前任一天都可以執行。

如果標的股票沒有配股息，布萊克和休斯的公式原本計算歐式買權，也可以用來計算CBOE所交易的美式買權。歐式賣權可以用歐式買權的公式導出，但美式賣權和歐式賣權不同，至今仍沒有一個一般化的公式。我自己能用電腦和獨創的「積分法」來評價選擇權，計算出任何準確度下「仍未解」的美式賣權的數值。一九七三年秋天我描述了這個方法的輪廓，我的員工寫出電腦程式正確計算了賣權價值。「積分法」比布萊克─休斯的方法還好一些。布萊克─休斯的方法是建構在特殊模型下求得的股價[2]，正確性有侷限。我的方法可以從不同假設的股價機率分配求得選擇權價值解。

把公式放回手提包

一九七四年五月我在芝加哥和費雪・布萊克相約晚餐，他邀請我在芝加哥大學半年一度的「證券價格研究中心」（Center for Research in Security Prices, CRSP）的會議上做專題演講。布萊克當時三十多歲，身材瘦高，一頭後梳的黑髮配上一副厚重的眼鏡，他的演講關注在被廣泛討論的金融議題上，有條理，有邏輯，且簡明扼要。他的筆記精簡清晰，充分反映他的風格，假以時日一定能成為金融學界及實務金融界最具創造力和影響力的人物[3]。我帶著自己開發出來的美式賣權計算方法，原本準備拿給他看，希望他能知道其他人是如何解決這個問題。我打算等到布萊克告訴我他的方法及遇到的困難後，才把我的解答拿出來。等到我看過之後，認為他的方法可行，只是我的積分法更簡單。我心知如果連布萊克都不知道答案，那就沒人會知道了。結果為了保有我和合夥人的優勢，我默默地把我的答案放回手提包。到了一九七七年，另外兩種賣權計算方法才被發表在學術期刊上❹。

我除了美式賣權之外，和同事們持續解決其他衍生性商品的評價問題，保持領先學術論文發表的速度。從一九六七年至一九八八年PNP宣布結束營運為止，這些研究成果為金融工具的拓展帶來極重要的交易優勢。

這些交易策略有些很簡單，連理論都用不上。其中一項是馬麗卡特（Mary Carter）油漆公司的認股權證。該公司一九〇八年成立，一九五八年由第二代接手，展開對同業的購併，後來進入巴哈馬群島的度假中心和賭場的業務。最後乾脆把公司名稱都改成「度假國際」（Resorts International），把原本油漆本業都拋掉了。一九七二年公司發行認股權證，價格二十七美分，當時股價在八美元左右。權證價格低得可憐，幾乎沒價值。因為執行價格在四十美元，除非股價可以暴漲到四十美元以上才有價值。不過我的模型計算出來的結果，權證價格應為四美元。因此我們把可動用的資金盡可能買進，價格每單位二十七美分買了一萬零八百個單位，加上手續費的總成本約三千二百美元。同時我們放空八百股，價格是每股八美元。後來股價一度跌到一塊半，我們的放空部位賺了大約五千美元。此時我們的收益包括「免

❷ 這是所謂股價變化的對數常態（lognormal）模型。不同於過去但無法運用在選擇權評價的雙峰（bimodal）收益型態的分配。這通常出現在一家公司收購另一家公司時。

❸ Perry Mehrling, *Fischer Black and the Revolutionary Idea of Finance*, Wiley, New York, 2005.

❹ 請參閱："Option Pricing: The American Put," by Parkinson, Michael, *Journal of Business 1977*, v50(1), pp. 21-36; "The Valuation of American Put Options," by Breuman, Michael J. and Schwartz, Eduardo, *Journal of Finance 1977*, v32(2), pp. 449-462.

費」的證股權證以及大約一千八百美元現金。雖然權證幾乎沒有價值，但我們的模型仍顯示值得擁有，因此決定放在一旁暫時按兵不動。

六年後，一九七八年的某日我突然接到一通電話，對方一開口就要跟我買手中的那些權證。原來「度假國際」這六年間在紐澤西州的大西洋城買了地產，成功地將賭城帶進來，進駐在大西洋城。一九七八年五月二十六日，該賭城開幕，成為全美第一個內華達州以外的賭場。因為最早取得執照，賭場沒有競爭對手，等於坐收暴利，直到一九七九年底第二家賭場出現，才結束這種獨占地位。然而當時股價已經來到每股十五美元，大漲十倍之多，權證價格也漲到三至四美元之間。由於我們的模型顯示權證價值介於七到八美元，因此非但沒有賣掉手中的權證，反而再加碼買進更多，同時也放空股票避險。就這樣一路買進權證並放空股票，股價一路衝上每股一百美元！最後我將原本二十七美分和一路買進的權證賣在每單位一百美元以上的價格，扣除放空的損失，總共賺進一百多萬[5]。同時，二十一點團隊運用我的算法在大西洋城賭場大放異采。那時因為剛起步，賭場環境相對溫和，二十一點的規則也不嚴苛。諷刺的是，當他們從二十一點賭桌上拿走百萬美元的同時，我在股票市場也賺了百萬。

在一九七三至一九七六年十月間，PNP的合夥人總共賺了四八・九%。這段期間一般投資人在股市則是大洗三溫暖，史坦普指數前兩年大跌三八%之後，一九七五至一九七六年十月又大漲了六一%，一來一回只上漲了一%！而PNP在這段期間每季都獲利。

在一般的觀念裡，股市上漲總比下跌要好[6]。可是舉一個極端的例子，如果以每個月月底的數值[7]來計算，一九二九年八月至一九三二年六月間，史坦普指數暴跌了八三・四%，投資一塊錢只剩下十六・六美分。如果從十六・六美分要漲回到一塊錢，指數必須上漲六・〇二倍才行，漲幅高達五〇二%！事實上直到一九五〇年十一月我們才看到指數漲回原先的水準，足足花了十八年。這十八年間平均每年漲幅為一〇・二%，接近長期平均。

一九七〇年代間，投資的範圍和複雜度不斷提高，公司的有價證券種類包括：可轉換公司債、特別股、認股權證，以及買權和賣權。這些證券價值都源自標的股票價格，因此統稱為衍生性商品（derivatives）。十年間衍生性商品的數量、型態及成交值都大幅增加。所謂的財務工程師（financial engineering）也創造出新式商品，以降低投資風險，同時增加收入。我用自己的方法去評價這些衍生性商品的價格，PNP對可轉換公司債的評價能力遠優於同業。利用衍生性工具套利是PNP十九年間主要的獲利來源。這種套利模式後來在許多避險基金上都看得到，像是堡壘（Citadel）、史塔克（Stark）、艾略特（Elliott）等等。這些基金的規模都在數十億美元以上。

---

❺ 安德魯・托比亞斯（Andrew Tobias）在他的著作《金錢天使》（*Money Angles*, Simon and Schuster, New York (1984) pp. 68-72）中提到，用我和其他人的戶頭進套利。

❻ 如果你第一年賺了二〇%，第二年賺了三〇%，用一・二×一・三得到一・五六，就是投入一塊錢，賺錢後再投資，連續二年後的資產倍數。兩年間賺了五六%，而不是二〇%+三〇%=五〇%。如果只把表中的數字**相加**，得到一一・七%，看起來並不壞。但如果在一九七三年投資一塊錢，要計算賺錢或賠錢，應該是把連續數年的數字**相乘**，結果得到負〇・五%。投資一塊錢在第一年間稱為「財富相對值」（在年底的財富數值）。例如，第一年賺了一二%，財富相對值就是一・一二。如果我們只把PNP的報酬數字相加，結果是四二・一%，和真實結果四八・九%差距很大。在這種狀況下，四八・九%是連續期間**相乘**的財富相對值。

❼ 史坦普指數的月底數值來自Ibbotson。由於大蕭條一般是通貨緊縮，基於通貨膨脹調整的結果或「實際」回報不那麼極端。

可轉債：公司未來的樂透彩券

今天的可轉換公司債形式也許已經變得更複雜，然而基本觀念仍然很簡單。假設有一家XYZ公司在二〇〇五年七月一日發行每單位面額一千美元的債券，到了二〇二〇年七月一日到期日會用一千美元「面額」（face amount）贖回。期間每年配發面額六%的利息，每半年付一次，相當於每次三%，也就是三十美元，分別在一月一日和七月一日配發。這看起來像是一般普通的債券，然而，可轉換債券多了些特徵：擁有選擇權的人可以在債券到期日（二〇二〇年七月一日）前轉換成二十股XYZ公司的普通股。因此，這張債券同時擁有一般債券及選擇權的特徵。債券的市價可以想像是兩者的總和。首先是一般債券的部分，價格會受到利率和公司財務狀況的波動，這算是這張債券的「底限」（floor）價值。

另一方面，可轉換債券的選擇權價值和普通股的價格有關。在這個例子裡，如果股價是五十美元，這張債券換成二十股普通股之後，價值也是一千美元。此時轉換與否都無利可圖。不過，如果股價漲到七十五美元，二十股的價值就是一千五百美元。這時債券可以立刻轉換成股票後出售，獲得一千五百美元。

為什麼公司要發行這種債券？因為這額外的選擇權或可轉換特徵，讓投資人手中握有一張公司未來的樂透彩券，公司也因此可以減少債券的利息支出。

正當PNP用選擇權評價方式建立可轉換公司債的模式時，也順便評價其他的衍生性商品。我們的套利風險都很低，一九七〇年代我所追蹤的兩百檔標的當中，八〇%都是賺錢的，一〇%平盤出場，只有一〇%是虧損，平均虧損和獲利相比要低得多。

長尾風險最可怕

為了創造更穩定的獲利，我們運用所有的工具將風險規避掉，讓利率波動不至於影響我們的投資組合（包括信用和期間的風險[8]）。我們同時也將整體股市超出預期的波動，對投資組合的影響消除。從一九八〇年代開始，這些技術被許多現代投資銀行和避險基金所運用。有些時候他們採用了我們覺得不太優的技術，像是風險值（VaR）。那是估計風險發生時對投資組合影響的數量工具，在最有可能出現的九五％情境中選擇最差的，但是忽略了剩下五％的極端「長尾」（tails），這些極端值都是極大的風險。風險值在方法上最大的缺點，就是沒有完整考慮到那五％極端值。但這些極端值才是災難所在。極端事件下股價的波動會超出人們在高斯或常態機率分配下的預期。一九八七年十月十九日當天史坦普五百指數暴跌二三％，一位著名的金融系教授表示，如果盤古開天後一百三十億年以來每天股市都開盤，出現這樣的機會了不起只有一次，少到根本可以忽略。

另一種今日普遍使用的工具是「壓力測試」（stress-test），模擬在過去主要股災的情境下，投資組合會受到的影響。二〇〇八年，有一檔規模高達數十億美元，由頂尖計量團隊操盤，模擬了一九八七年股災、波斯灣戰爭、卡崔娜颶風、一九九八年長期資本管理危機、二〇〇〇至二〇〇二年科技泡沫、伊拉克戰爭等等的情境，得到結果顯示，這些事件在二〇〇八年該基金的投資組合中，最多虧損大約五億美元，對照一百三十億美元的基金規模，虧損不超過四％。不過真實的結果是：歷經二〇〇八年的金融海嘯，到了二〇〇九年的最低點，這檔基金虧損超過五〇％。差點關門倒閉，直到二〇一二年才收復所

❽ 更精確地說，「存續期間」（duration）是一組付款的現金流的加權平均期間。

有的虧損。二〇〇八年的信用崩盤危機和他們測試的過去事件完全不同，僅僅重演過去事蹟的測試並不適當，看這個例子就知道。

從更廣的層面來看，我們分析研究長尾風險，試著問自己一些極端的情況。像是：「萬一市場在一天之內暴跌二五%？」此後十多年我們的投資組合很少遇到麻煩。後來，隨著我們交易範圍和數量的增加，我們把主要券商換成高盛，當時我也問他們一個問題：「萬一高盛位於紐約的大樓被恐怖分子的核子彈摧毀，整棟樓倒在紐約港時，我們的帳戶會怎樣？」他們回答：「我們在科羅拉多州的鐵山（Iron Mountain）地下存有備援。」

華爾街還有另一種風險是電腦和算式無法保障的，那就是詐騙。一九六〇年代在賭場被發牌員出老千的經驗，讓我早有心理準備面對投資世界更大規模的騙局。金融的新聞就揭露過每天層出不窮的新式騙錢術。

當通膨來臨，物價膨脹率上升到兩位數時，原物料、貴金屬價格以及相關選擇權的買賣成為大家熱議的話題。而在我們公司裡，我比較XYZ公司的市價，和內部評價模型的價格後，向主要券商下單賣出大量的選擇權。

但是令我驚訝的是，我發現XYZ的賣出選擇權價格還不到我計算價格的一半！我又向業務員要到公司財務報告並仔細研究，發現XYZ賣出選擇權時先認列收入，但都沒有提到任何準備金，以因應隨時可能發生的買回要求。每一檔被賣出的選擇權都應該要有收到權利金兩倍以上的準備，如果按正常會計程序，這家公司的淨值根本是負值，並且每賣一檔選擇權就越嚴重。

至此很明顯，他們必須不斷賣越來越多的選擇權，用收到的現金應付來自「前朝」投資人要求贖回的需要。這是典型的「龐氏騙局」，最後一定會以悲劇收場，到時該怎麼辦？

我決定做一次實驗。我從片斷的訊息中拼揍出公司營收、選擇權發行量以及前期贖回率。估計公司至少還能運用八個月以上。結果後來它還撐了十個月。我大膽買進總價值四千美元，六個月到期的選擇權，四個月後獲利一倍出場。幾個月後東窗事發，公司面臨瓦解，負責人逃之夭夭，主管機關再次介入調查。

投資黃金期貨

PNP面臨的下一個挑戰緊接著到來。一九七九至一九八二年間市場極度扭曲。美國短期國庫券的收益率登上兩位數，一九八一年一度高達一五%。固定房貸利率則衝破一八%。通貨膨脹接踵而來。這些前所未有的價格波動給予我們另一個賺錢獲利的機會，其中一項是黃金期貨市場。

在當時，兩個月期的黃金現貨價格交易在每盎司四百美元左右，十四個月的期貨已站上五百美元。我們買進四百美元的現貨同時賣出五百美元的期貨。如果二個月後我們拿到黃金，只要花一點成本收藏起來，一年後用五百美元賣出，一年的報酬率就有二五%。其間我們盡量避掉各種風險，幸運的話偶爾還會有「臨門一腳」——某些會讓價格更高的情況——提高報酬率。我們用類似的手法交易銀和銅，走勢大致符合我們的預期。只有一項例外，我們取得買進的銅礦後不久，居然在倉庫裡被偷走了一些，導致後來賣出時交貨延遲了幾天，幸好倉庫的保險負擔了這筆費用。

在當時的高利率時代，存貸公司蒙受大量損失。原因是存貸公司從存款戶手中取得短期資金，轉貸給長期固定房貸戶。一旦短期利率飆高，存貸公司的現金成本就會突然大增，而他們從固定房貸戶手中取得的利息卻沒有增加。這種短期借款利率和長期放款利率之間的錯配，導致許多存貸公司在一九八〇年代面臨紓困，納稅人為此付出數千億美元買單[9]。

存貸公司的崩解其實可以用適當的規範去預期和防止，但這並沒有發生。金融市場不久就發生了極大的震盪。

在此同時，PNP跨足到下一個新的投資型態。

---

❾ 在利率上漲的初期，存貸機構藉由賣出賣權取得大量權利金，再以便宜的價格買進政府國民抵押協會（Government National Mortgage Assaciation, GNMA）債券。債券的面額是一千美元，以面額的百分比報價，因此報價九八的債券表示賣價九百八十美元。我們從存貸機構買進的賣權，讓我們在權利期間內把債券賣給存貸機構，當時我們賣權的期間在十二至十八個月。如果債券價格下跌，我們可以在九十八美元以下買進，再賣給銀行，價格是合約內定下的九十八美元。如果債券價格上揚，賣權就變得毫無價值。賣權價格和標的證券價格的走勢相反，我們便可買進GNMA期貨（在未來以特定價格買進GNMA債券的合約）。期貨合約每天都要計算損益。如果債券價格下跌，我們需要放一些現金以彌補期貨市場的損失，即使未來我們可能會因執行賣權而收到現金也是一樣，因為現金收益和借款額度是有限的，受限於我們有多少避險部位。計算最大的避險部位，我們需要考慮未來十八個月間GNMA債券最低可能跌到的價位。假設是八十五，也就是跌一三％，我們就會放兩倍的保證金額度以策安全，也就是跌二六％，價格跌到七十二。這在預期以外的事突然發生時，債券價格跌到六十八，我們的部位還能賺錢。

第15章

飛黃騰達……

PNP從一百四十萬美元的小型合夥公司，
成長到華爾街首屈一指的數學、分析以及電腦運算的投資公司。
而接下來的八年兩個月期間，我們的資本額從二千八百六十萬美元成長到二億七千三百萬，
投資部位超過十億。

一九七九年十一月一日，我們成立PNP的十週年，史坦普五百指數在這十年間包含股息的年化報酬率是四・六％，小型股指數是八・五％，兩者的波動都比PNP來得大。而且，PNP十年間總報酬率為四〇九％，年化報酬率一七・七％，扣除費用後也有一四・一％。公司一開始成立時募集了一百四十萬美元的資金，成長到十年後的二千八百六十萬。一九七九年底我們立下未來十年的目標：在八〇年代將我們的專業拓展到新的投資領域。對我而言，這代表可以運用計量金融解決更多有趣的問題。對我的合夥人來說，則是另一個資本累積的機會，投資報酬率會更好。

第一項我稱為指標計畫（Indicators Project），目標是研究公司的各項財務特徵或指標，判斷是否能用來預測股價報酬。這種方式最早出現在一九六五年，稱為價值線（Value Line），它運用各種訊息，像是宣布獲利超預期、本益比（P/E ratio），以及股票動能的排序〔從I（最佳）到V（最差）〕等，提供投資人的相關服務。其中具有正向動能的股票是

指，近期股價強勢上漲，負向動能則是近期大幅下跌。

整個計畫的主持人是傑若米・貝索（Jerome Baesel）博士。他是一位有天分、思慮清晰的年輕經濟學家。我和他曾在今日UCI的Paul Merage商學院❶一同教過金融課程，他不僅在這個計畫裡擔任要角，往後在其他工作上也是好伙伴。另外像是史帝夫・水澤（Steve Mizusawa），一九七二年他和其他一些UCI的學生，在我的指導下，進行暑假特殊的數學計畫，探討二十一點的算牌機制。他們做得非常好，因此一九七三年我需要電腦技術好的人選時，史帝夫就入選了。他擁有電腦科學與物理雙學位，負責公司的電腦操作及相關的研究工作。後來他也成為PNP的合夥人及好友。

計畫的重心在兩套龐大股票數據庫及電腦運算能力。第一套是由芝加哥大學股價研究中心（Center for Research in Security Price, CSRP）提供的數據；第二套是由Compustat提供的公司資產負債表和損益表資訊。我們系統化分析指標的分數中，有好幾項與歷史表現有極高的相關性。包括獲利率❷（每年獲利除以股價）、股利率、淨值／股價比、動能、放空股數（目前公司股票有多少被放空）、獲利驚奇指數（獲利數字與分析師預估有重大且預期外的差異）、公司員工、董事、大股東等人的買賣，以及營收股價比。我們分別研究每一項數據，然後嘗試綜合起來判斷。當歷史軌跡明白顯示未來的價格走勢，我們就會建立一個名為「複合指標多元資產系統」（Multiple Indicator Diversified Asset System, MIDAS）的機制，拿來操作個別的多／空（long / short）避險基金（買進「好的」股票，賣出「不好的」股票）。MIDAS的威力在於它能應用在數兆美元的股票市場上，可以支援相當大金額的投資。

同時間有兩位金融系教授布魯斯・賈克伯（Bruce Jacobs）和肯尼斯・李維（Kenneth Levy）也在做同樣的研究。我在一九八六年秋天柏克萊大學的一場金融研討會上聽他們報告研究成果。我們的方法相當成功，一直用到一九八八年PNP收攤為止，而賈克伯和李維也用他們的方法管理數十億美元❸的資金。

到了一九八五年，我們位於新港海灘和紐澤西普林斯頓的辦公室均在成長，各雇用了約四十名員工。我負責新港海灘的辦公室，雷根負責普林斯頓。當時我們交易的範圍還遍及全球，倫敦的時間比紐約早五個小時，我們的交易員因此必須很早到公司，更新歐洲市場的數據後，提供紐約上午九點半開盤[4]，以及美國本土各地的選擇權市場（芝加哥期權交易所（CBOE），美國商品交易所（AMEX），太平洋岸，費城）做準備。在新港海灘和普林斯頓之間有三小時的時差，每天早上六點我們便將最新收盤價輸入電腦，得出新的交易指示，供東岸辦公室使用。此外，亞洲市場開盤時間多數是美國的深夜，但東京交易所認股權證和可轉換證券市場十分重要，新港與普林斯頓之間的電腦熱線每天早上六點就開始，整個白天幾乎都不間斷，直到傍晚才結束。

我們同時也在擴張新的交易型態，有些甚至是我們的創舉[5]。一九八三年高盛向我們提出一種大額一次性交易的方式，起因於政府將美國電報電話公司（AT&T）的獨占地位分拆。除了新公司名稱沿用AT&T之外，另外成立七家俗稱「七兄弟」的地區性電話公司[6]。根據分拆原則，每十股舊的AT&T

---

❶ 後來改為管理學院研究所。

❷ 獲利率是獲利／股價（E/P），E是年度獲利（過去十二個月或預估未來十二個月都可以，由個人決定）。這是本益比（P/E）的倒數，但E/P的判斷更好，因為當E是零或負數時，本益比的解釋會有問題。

❸ *Market Neutral Strategies*, Bruce I. Jacobs and Kenneth N. Levy editors, Wiley, New Jersey, 2005.

❹ 紐約證交所的交易，從一九七四年十月一日開始是每週一至週五上午十點至下午四點，一九八五年九月三十日開始開盤時間提前至九點半。

❺ 包括利率交換（要避掉我們部位的利率風險），以現金購買的債券部位，以現金購買的商品部位，封閉型基金價格低於清算價值時買進以鎖住獲利，以及一些特殊交易。

股票，可以換十股新的AT&T，以及七兄弟每家一股的股票。新公司股票價格的總和，要高於舊的AT&T股票，以增加交易的吸引力（只是當下單買進時不需要先備好現金，直到交割才要。同樣的，賣出時也不會立刻得到錢，直到交易完成）。

PNP買了五百萬股舊的AT&T股票，每股六十六美元，總成本是三．三億，大部分是用經紀商的融資來支付，當股票賣出時再還錢。為了規避持有這些舊AT&T股票的風險，我們同時放空了未來可以用舊股換的新股，包括五百萬股新的AT&T，以及七兄弟每家五十萬股的股票。我們經由高盛處理五百萬股新的AT&T股票的一半交易，價值也是三．三億的一半。我桌上有一塊金黃色的金屬牌子，大家稱作「交易玩具」，上面標注著一九八三年十二月一日，紀念紐約證交所單筆交易最大金額的記錄。兩個半月後，PNP在AT&T股票上淨賺了一百六十萬美元。

而且，成群的博士生跟隨我的腳步，擴大運用衍生性商品理論並應用在華爾街計量金融的革命上，他們也直接促進避險基金、投資銀行以及其他機構的投資。一部分來自賣方——銷售新式商品——業務推動這類新發明的計量衍生性證券的銷售。這類商品某種程度破壞了全球金融體系的秩序，帶來一連串的潛在危機，帶給所有投資人極大的挑戰。

道瓊指數慘跌

一九八七年十月十六日星期五當天，道瓊工業平均指數大跌四%，該指數每日平均漲跌只有一%左右，四%的跌幅算是相當大，只不過還不至於造成恐慌。然而市場波動也因此變得更大了。

隔週一早上開盤，我們觀察市場持續在跌，到了中午我照例和薇薇安一同午餐時已跌了七%，相較一九二九年十月二十八及二十九日兩天分別跌了一三％和一二％，當天上午盤跌幅已超過一半，大蕭條的警訊來了。後來市場繼續下跌，公司同事直接打電話找我，告訴我道瓊指數已跌了四百點，相當於一八％，創下單日最大跌幅記錄，恐慌情緒快速蔓延。薇薇安問我是否要暫停午餐先回公司，她擔心ＰＮＰ及我們個人資產會遭受嚴重損失。我告訴她勢已至此，我能做的其實有限。我們的投資不是被避險部位保護得好好的，就是一起跌下去。我相信前者比較可能。「你會怎麼做？」她問。我告訴她，首先我們可以繼續輕鬆午餐，短暫回公司看一下，然後回家靜靜思考。

回到辦公室時，紐約股市已經收盤了，道瓊暴跌五百零八點，二三％！是史上最慘的一天。美國股市四分之一的市值憑空「消失」了。一天之內全國的資產減少了五％，並且恐慌情緒蔓延到全世界，對絕大多數的學院派理論學者來說，這幾乎是絕對不可能發生的事，像是太陽突然失去光芒，或是地球停止轉動一樣。多數在分析股價時都會用一種名為**對數常態分配**來解釋。這在解釋過去歷史上一般大小的價格變動上相當合適，但它仍然大幅低估了劇烈波動的可能性。像是布萊克—休斯的選擇權評價模型就是採用對數常態分配的假設。我們深知這些股價學術模型的限制，內部的研究顯示，部分指標其實有更好的解釋能力[7]，特別是在很少見的價格出現大變化時。因此即使我們對暴跌感到驚訝，卻不會像多數人那樣恐慌。

雖然沒有什麼重要的外在事件能解釋這一天的崩盤，當天傍晚我仔細思考，我問我自己：**為什麼會發生？明天會不會繼續崩盤？這場股災會不會帶來獲利機會？**我相信原因出在一種名為「投資組合保

❻ 譯注：一九八四年，美國司法部依據「反托拉斯法」分拆原本獨占電報電話業務的ＡＴ＆Ｔ，拆成一家專營長途電話業務，名稱沿用ＡＴ＆Ｔ，以及七家「貝爾七兄弟」，專營各地區的電話服務。

險」的新金融商品上。如果我早點注意到它被大量應用，應該可以預見這場災難。這項投資技術是由計量公司李蘭、歐布萊恩及魯賓斯坦（Leland, O'Brien and Rubinstein）開發並大量宣傳。假設某企業的退休金及利潤分享計畫是由一組股票投資組合而成，它全自動在股市下跌時提供保護機制。方式是由一套內部開發或委託外部投資組合保險的程式控制，當市場大跌時自動賣出股票並轉往買進美國國庫券。詳細步驟如下：每當股價下跌到一定百分比，就啟動售出股票並買進國庫券，如果後來股價回升，資金就回過頭來買股票，直到滿手股票為止。

這次的股災大約有六百億美元的股票部位是採用這種技術管理，大部分是交由電腦執行。當星期五收盤下跌四%時，保護機制啟動，下達賣股票買國庫券的指示，到星期一開盤時執行。到了星期一股價進一步下跌後，引發另一波投資組合保護機制。同時，股價持續重挫，一般投資人也恐慌了，緊接著跳下來賣出手中的持股，賣壓更重了。這樣的「反饋」持續整天，導致這場股災慘劇。投資組合保險原本是設計來保護投資人免於市場大跌，諷刺的是，它的原意竟然成為崩盤的原因。

在說明我接下來的措施前，得先說明一種現象。投資組合保險在股市大跌時持續賣股是一件昂貴的機制，因為當股市回升時還得將它們買回來，一賣一買都受市場價格影響[8]，需要多付許多佣金及手續費給經紀商。

機構法人的手續費或許比一般投資人要來得低，但是多數機構法人採用投資組合保險時，不會只買賣個別股票，也會買賣未來特定日期的史坦普指數一籃子成分的期貨。類似這種期貨合約在交易所交易，可以買賣各式各樣的資產，像是債券、貨幣、金屬、原油及天然氣、農產品（玉米、小麥、豬腩等）。期貨合約大都是標準規格，有特定的交易日期，像是一張在二〇一七年九月交割的黃金期貨合約，數量是一百盎司。交易所介於買賣雙方之間，雙方都必須交付一筆保證金給交易所，以確保交易完成。保證金大都是合約價值的一部分金額，因為期貨合約是可以拿來交易的標的資產，買賣雙方的保證金在每天收盤後會結算，這樣的機制也引發了崩盤。

紅盤規則之下的套利法

一九八七年十月之前，史坦普指數期貨已出現好幾年，它能快速且低成本的提高曝險部位〔買進或作多（go long）〕或提供保護〔賣出或作空（go short）〕。一般來說，期貨合約的價格與史坦普五百指數相差不遠，因為一旦差距過大，同時買低賣高的無風險套利者就會介入，通常價差就會因此收斂。我們從一九八二年芝加哥商品交易所推出期貨的第一天就使用這種方法獲利。

經過整夜的思考，我得出投資組合保險的大規模反饋機制很可能是星期一崩盤的主因。第一天開盤後史坦普指數期貨交易在一八五至一九〇的價位，現貨則在二二〇附近，兩者差距三十至三十五點是前所未見的。在我們這種套利者的眼中，兩者價格應該只有一至二點的差距而已。但當時機構法人仍在大規模放空期貨，只是現貨部位已經沒有跌那麼多，因為飽受驚嚇的套利者還沒想到要抓住這個價差機會。在正常狀態下，期貨價格低於現貨，套利者會放空一籃子股票，代表賣出指數，然後買進價格較低

❼ 我最近重讀諾貝爾獎得主哈利・馬可維茲在《金融大師》（*Masters of Finance*, IMCA, Greenwood Village, CO, 2014, p. 109）的訪問稿，學到馬可維茲和烏斯曼（Usmen）在史坦普五百指數的日變動值得到相同的結果，我們拿兩百檔股票的價格試算也得到類似的答案。他們在一九八七年前完成的這些工作，一開始是被出版社拒絕（！），後來在一九九〇年得到諾貝爾獎後，只在一九九六年其他某個期刊上出現過。

❽ 市場面對市價單的影響，在買單部分，平均來說，是前一筆價格或更高價，賣單部分，是前一筆價格或更低價。

的期貨做避險。一旦期貨與現貨價格收斂，套利者會結清避險部位，回補放空部位，兩者之間的價差就是利潤。但是，一九八七年十月二十日星期二，許多股票都因為「紅盤規則」（uptick rule）變得難以放空。

這項規則出自一九三四年證券交易法（第十條a-1）。它明確指出，除了某些例外情況下，放空交易惟有在股價高於前一盤時才能進行（稱為紅盤）。這項規則認為能防止放空者故意讓股價崩跌。眼見期貨和現貨指數間存在前所未有的價差，潛在利潤巨大無比，我想要放空股票、買進期貨賺價差。當時現貨指數較期貨高出一五％，也就是三十點。換句話說幾天之內就會有一五％的報酬率，但因為股價持續下跌，股價見紅的屈指可數，這該怎麼辦？

我想了個辦法。我找到交易室主管，他是公司合夥人之一，收入大部分來自管理費用的分紅，我告訴他不論價格多少，買進價格五百萬美元的指數期貨（當時在一九〇左右），同時下單放空現貨，當時指數在二二〇左右，不過不是放空完全避險需要的五百萬美元，而是一千萬美元。我放空兩倍價值的股票，估計因紅盤規則的限制，只有一半的交易能成交，這樣我就完成套利了，萬一沒有剛好一半成交，套利的一五％利潤提供了保護，不太容易面臨損失。

我詳細解釋這個出人意表的作法為何能在危機中創造獲利。但是這幾天的市場超出了交易室主管的經驗與想像。恐懼上身之下，他拒絕這樣的交易策略。我告訴他這是為了公司利益，希望他立刻執行，至少他可以為我個人帳戶操作。不過如果這樣，我會在之後告訴所有的合夥人我個人的獲利，而他是屬於合夥人之一，無法從我這裡分到利潤。

我的理由是，如果因為紅盤規則造成只有一半的放空部位成交，我們的套利所得大約會有七十五萬美元。如果放空完全無成交（這是最極端狀況），我們的期貨部位因為是極度折價——指數必須再跌一五%，我們才會開始虧損。另一個極端是所有放空部位全數成交，不過在市場恐慌下，這其實不太可能。就算所有放空交易全部成交，我們要面臨虧損，市場指數得大漲一四%才行。為了保護這個機會存在，我告訴交易室主管，一旦放空交易成交一半，就立刻把其他交易指示取消。後來當他接受我的指示並完成第一部分的交易時，我又立刻下了同樣數量的交易。最後我們成交大約一半的數量，接近最佳避險狀態。大約有九百萬的期貨多單及一千萬的放空部位，鎖住大約一百萬的利潤。如果交易室主管沒有花時間跟我討論並拒絕執行，我們可能交易得更多，可以鎖住好幾百萬美元。

那年十月底我們結算大約是「持平」（flat，也就是不賺不賠），而史坦普指數則是大跌了二二%。拉長時間看，當年八月至十二月的五個月間，指數也跌了二二%，而PNP反而賺了九%[9]。

一九六九至七九年的第一個十年間，PNP從一百四十萬美元的小型合夥公司，成長到華爾街首屈一指的數學、分析以及電腦運算的投資公司。而接下來一九七九年十一月一日至一九八八年一月一日的八年兩個月期間，我們的資本額從二千八百六十萬美元成長到二億七千三百萬，投資部位超過十億。合夥人扣除費用前年化報酬率達二二・八%，扣除費用後也有一八・二%。同時期史坦普指數年複合成長率為一一・五%，小型股年化報酬率為一七・三%。統計數字[10]證實，我們的風險遠低於指數。我們沒有一年虧損，甚至連一季也沒有[11]。

---

❾ 在此PNP這段難熬的會計期間長達五個月，是因為一九八七年PNP的會計年度從十月三十一日改為十二月三十一日。

❿ 一般用的比率包括：夏普比率、索丁諾比率、下跌的分配、MAR比率（年報酬率除以最大跌幅）。請參閱威廉・辛巴（William Ziemba）在《維蒙》雜誌的三篇系列文章：〈偉大的投資人〉（Wilmott magazine: "The Great Investors," March, May and July 2006）。

⓫ 史坦普五百指數在三十二個季度裡有十一個季度下跌，小型股則有十三個季度。

我們同時提供了優良的投資商品，讓總投資額成長到十億美元。

這些商品包括：

1. 當期的可轉換證、認股權證及選擇權；運用最先進的電腦分析模型和交易系統，我們因而成為日本認股權證市場最大的玩家。
2. 統計套利：運用電腦分析模型及交易系統，將股價即時數據輸進兩百萬美元的電腦中心，自動產生電子下單指示並傳送至交易所。這個八英尺見方的空間裡每天成交一、兩百萬股，大約是紐約證交所每日成交量的一％至二％。
3. 所羅門兄弟[12]的一群利率專家後來加入我們，他們在十八個月內替所羅門兄弟賺進了五千萬美元。
4. 「複合指標多元資產系統」（MIDAS）：應用指標來預測股市走勢的系統，是進入我們資產管理的入口。
5. OSM合夥人：「組合避險基金」是投資其他優良的避險基金的產品。

不過，所有事情註定會面臨結束。

[12] 譯注：所羅門兄弟（Salomon Brothers）：華爾街著名投資銀行，一九一〇年三個所羅門兄弟與他人合夥成立，專注於債券業務，後來在股票、資產證券化、衍生性商品均有一席之地。一九九〇年代末期被旅行家（Traveler's）集團購併，後又成為花旗集團旗下，二〇〇三年後公司名稱正式消失。

第16章

……被迫收攤

那一年PNP的報酬率只有普通水準的四%，除了數百萬美元的法律費用支出外，整個普林斯頓團隊花費不少精力在攻防辯護上，沒有太多時間處理投資管理的事。我感覺PNP的發展將受到限制，於是請辭離開。

一九八七年十二月十七日星期四中午時分，大約五十名荷槍實彈的武裝人員突襲我們位於紐澤西州普林斯頓的三樓辦公室。他們分別是國稅局、聯邦調查局（FBI）以及郵局官員。我們公司的員工一律被搜查後才能離開公司，並且不准再回來。官員們扣押了好幾百箱書籍和記錄文件，包括名片盒都被收走。他們還仔細搜查廢紙簍，檢查天花板裡的空間。搜查行動直到第二天早晨才結束。

這次行動是由紐約南區檢察官魯道夫・朱利安尼（Rudolph Guliani）所指揮，為了追捕所謂的華爾街金融罪犯。當時身為檢察官，後來成為辯護律師的朱利安尼搜索我們的真實目的，是為了取得起訴德崇證券（Drexel Burnham）的麥可・米爾肯和高盛的羅伯・菲曼的進一步犯罪證據[1]。我的合夥人傑・雷根與他們兩人均熟識，經常與他們接觸。菲曼甚至是雷根在達特茅斯學院唸書時的室友。朱利安尼深信雷根與他們之間關係匪淺，但雷根否認與他們合作。

捲入德崇案

檢察單位利用搜查的資料和離職員工的證詞釐清案情，但諷刺的是，雷根是普林斯頓辦公室的交易員，檢警居然還帶著他飛到新港海灘找我們提供證詞。我們再三強調他不是公司的關鍵人物。然而，公司實際運作上，每個辦公室對其業務各負其責，而普林斯頓辦公室雇用了他。最後公司有五位員工被檢察官依操縱股價、股票暫存假賣出[2]、逃漏稅、郵件和電話詐欺等多達六十四項罪名起訴。除了傑・雷根之外，另外四名被告為交易室主任、可轉換交易室主管、財務長及其助理，另外還有德崇證券的可轉換交易員。

我和新港海灘辦公室總共四十多名員工，對普林斯頓的這類行為其實一無所知。我們從未涉入或負責違法的情事。兩間辦公室相隔超過兩千英里，運作模式不同、功能不同，企業文化也不一樣。

當局這次行動主因是他們掌握了三卷交易室對話的錄音帶，錄音帶保存了許多年，但不知去向。交易室對話會錄音是普林斯頓辦公室的標準動作，整個華爾街也都這麼做，記錄交易室的所有電話對話。主要目的是保留記錄，以解決萬一在下單和執行與交易對手有爭議時的佐證。我們每年成交量高達一百八十億股，難免有疏漏。例如我們在日本交易所大量買賣一家名叫Enco的認股權證，交易員會重複我們的指示，以確認訊息的正確性。如果事後有誤，錄音便可用來佐證

我們當時因為單量的錯誤造成避險部位兩百萬美元的損失。交易室的對話錄音是連續性的，通常會錄下最近四小時的對話，新的錄音會覆蓋舊的，但如果遇上爭議待釐清，交易員會保留這些爭議的交易錄音。後來，因為Enco拒絕承認是他們的疏失，我們交易員還原當時的錄音，另外還附上兩段其他的錄音，證明Enco多次向我們交易員確認交易內容，我針對仲裁和訴訟提出的證據證明了清白。不過這意味

著我們需要另外兩份錄音，可以保存八天以上，以防萬一需要佐證之用。我們向Enco的管理階層展示證據，證明事實與他們員工陳述有所出入，並且要求賠償。通常經紀商會彌補損失，但這次Enco拒絕賠償，並且威脅我們如果提出訴訟，就不再和我們往來。我們了解日本前四大證券經紀商掌握了日本認股權證及可轉換債券的市場，彼此會互通訊息共同進退。這類交易占我們利潤的大部分，權衡之下，我們吞下了兩百萬美元的損失。後來我們把三份錄音當作標準流程，他們顯然後來忘記了，一九八七年後，政府從幾百箱文件中找到這些錄音並逮到他們。

政府後來動用「組織犯罪取締法」（Racketeer Influenced and Corrupt Organization Act, RICO），它原本是用來打擊幫派刑事犯罪的法令，但這是第一次用來對付證券業被告。這個案件成為指標，被告後來一共交了兩千多萬美元的保釋金。

牽累合夥人

檢察官為了進一步施壓，開始接觸我們的合夥人，並且發傳票給他們，要求他們到紐約法庭向陪審團作證。我們的合夥人是被動參與這些活動，可想而知這些傳票在這個案子的作用不大。雷根和其他合夥人只是覺得不堪其擾，有些人或許會因此退出合夥人行列，決定把錢贖回。

❶ 譯注：麥可．米爾肯（Michael Milken）和羅伯．菲曼（Robert Freeman）：二人均為一九八〇年代垃圾債券投資風潮的代表人物。其中米爾肯被稱為「垃圾債券之王」。

❷ 譯注：股票暫存假賣出（stock parking）：將股票假賣出，實際上暫存在其他人帳戶上，通常是規避稅負與隱匿資產的手段。

我們的一位投資人曾告訴我們，在一個炎熱的八月下午，乾燥的空氣中飄著松香，像是在太浩湖畔難以忘懷的氣味。那時她剛從家鄉北卡羅萊納回來，載了一車雜物，正要準備搬袋子時，發現對面街邊停了一輛轎車，上面布滿氧化的痕跡。車子明顯是外地來的，不是附近鄰居的。這時從車上下來兩個邋遢的人走向她，交給她紐約檢察官的傳票，要求她到紐約法庭，在陪審團面前為普林斯頓新港的案子作證。

我們的客戶身材修長，舉止優雅，有著藝術家的氣質。她是舊金山灣區社會組織的成員。她請兩人幫忙提袋子並開始聊天。聊天過程中她一再表示，不太了解普林斯頓新港的案子，但她可以提供協助，並且她也想到紐約玩一趟。她要求住在她最喜愛的飯店，招待她看音樂劇，並預訂好餐廳，可以嗎？他們能不能提供大都會博物館（Metropolitan）、古根漢博物館（Guggenheim）及惠特尼美術館（Whitney）的展覽訊息？

這兩個送傳票的信差十分難堪地離開。她再也沒聽到任何朱利安尼的消息。

不過不是每一位客戶都能如此沉著冷靜。但我們九十多位合夥人一位都沒走，也沒人把錢贖回。朱利安尼的策略只是虛張聲勢而已。我們的合夥人沒有一位出庭應訊。儘管如此，我們仍預期如果雷根沒有幫朱利安尼指認米爾肯和菲曼，他會進一步破壞我們的聲譽。

果不其然，我們的合夥人陸續被檢察官警告，RICO將會擴大解釋他們的合夥資產，調查層級也會升高到普林斯頓的高階主管。為此我感到十分不滿，同時，普林斯頓辦公室也沒有將所有訊息讓我知道。例如，當局要求以交易室的錄音作為證物時，我要求檢視，但過了好幾個星期才拿到。並且，PNP的律師在之前都有了錄音拷貝，況且他還不是這些被告的律師。在我一再要求之下，才拿到證物的拷貝，其中一名被告的顧問聽了內容之後大發雷霆，要求PNP的律師銷毀。我了解所有的證物之後，明白自己為何被牽連進來。很明顯地對話內容會讓這些當事人相當難堪。

被告的律師費用估計要一、兩千萬美元，官司要打多久沒人知道。如果最終判決有罪，他們得自行負擔法律費用；如果最後無罪，公司將要負擔這筆費用。為了盡快了結此案，我和被告們協商，支付每人兩百五十萬美元，作為公司負擔的所有法律費用。除了這筆錢之外，公司還得負擔本身訴訟的支出。

那一年PNP的報酬率只有普通水準的四%，除了數百萬美元的法律費用支出外，整個普林斯頓團隊花費不少精力在攻防辯護上，沒有太多時間處理投資管理的事。一九八八年底，我感覺PNP的發展將受到限制，於是請辭離開。許多合夥人也都紛紛求去，公司更顯困難。

魯道夫・朱利安尼在一九八九年初請辭紐約檢察官的職務，一年後投入紐約市長的選舉，但沒選上。後來因為多年打擊黑幫和華爾街金融犯罪的形象，四年後他捲土重來，這次成功當上紐約市長，並且一做就是兩任。

一九八九年八月法院宣判，被告們被判三個月徒刑，並科以罰款。判決書引用RICO的條款，這些條款同時被引用在米爾肯和菲曼身上。他們最後請求認罪協商，只是情勢很快出現變化。在PNP案子引用RICO詐欺罪宣判後兩個月，美國司法部兩度針對「前曼哈頓檢察官魯道夫・朱利安尼引用黑道詐欺罪起訴華爾街金融犯罪的爭議提請解釋」。PNP的被告於是提請第二輪上訴，要求駁回詐欺及逃稅的判決，堅稱對這六名被告的有罪判決只是為了針對其中主要兩個人。一九九二年一月，檢察官眼見米爾肯和菲曼已定罪，目標已經達成，因此撤銷了對PNP四、五人和德崇證券交易員的控訴。不過普林斯頓辦公室的交易室主任，和德崇證券交易員被告仍須面對罰款及三個月的牢獄。直到一九九二年九月，聯邦法官最終判定廢止這項判決。

打擊犯罪？打壓創新？

表面上，PNP的案子僅僅顯示了聯邦檢察官打擊金融犯罪，不過細究原因，則必須回到一九七〇年代，一線公司經常要面對向華爾街和銀行業的融資需求，尤其是其他尚在發展階段的新公司，更需要抓住可以融資的機會。當時一位名叫麥可．米爾肯的年輕人，聯手一家華爾街的老券商——德崇證券——進行了一種金融創新，為這些公司搭起新型態的籌資管道。米爾肯的團隊承銷發行低信評高利率的債券——也就是俗稱的垃圾債券（Junk Bonds）——其中有些還附有可轉換或認股權證的特性，能購買或轉換公司股票。高利率是對承擔債券可能違約的投資人的一部分補償。這項商品填補了企業求資若渴的心態，米爾肯的團隊成為華爾街史上最偉大的融資專家。

這項創新嚇壞了老式美國企業。一開始它們不知所措，就像是在暗夜行車時，被車頭燈照亮的一群呆立的麋鹿。另一群企業家有了德崇證券無窮盡的資金挹注，大肆展開敵意購併。多數舊式企業因為經理人及董事的經營績效差，股東利益受到壓抑，資本報酬率差，股價也變得廉價。這時一群接管團隊進來了，重整公司，提高報酬率，讓公司開始有價值。這些轉型的公司變得潛力無窮，新的老闆願意付出比市價更高的價錢買下公司。

過去許多美國大型企業的管理者與董事，長期以來享有狩獵度假小屋、私人飛機，舉辦慈善捐款塑造巨人形象，大肆提高薪資、退休金、現金紅利、股票分紅及選擇權，以及黃金降落傘[3]。這些好處由他們占盡，但卻由公司買單，股東像是一盤散沙難以監督這樣的行為。這在經濟學上稱為管理階層（或是稱為代理人）與股東之間的利益衝突（conflict of interest），或稱代理問題（agency problem）。這個問題至今仍然存在。其中一個例子是二〇〇〇年，全美企業管理階層提撥給自己的股票選擇權，價值高達整體市值的一四％。到了二〇〇八年這些貪婪無能的公司高層造成了史上最嚴重的金融風暴，導致聯邦政府動用納稅人的錢紓困這些企業，以免美國經濟崩潰。

在「德崇集資」的號召下，越來越多人會去拯救深陷泥淖的企業，這是有效的，政府應該多點同理心——這些舊式企業擁有大量資金，同時對於政治有一定程度的影響力。華爾街的某些作為或許會帶來危害，但德崇證券的隕落象徵著這些企業免於被其他人接管的命運。

舊金融業者在這波檢察官調查包括米爾肯集團和許多類似組織及客戶❹違反證交法的過程中，顯得相當幸運。然而，相對於層出不窮的違規詐騙，其實很難判定某些行為到底有多壞，因為往往被抓到的只是少數，即使他們被起訴，也只有少部分人會被定罪。德崇證券的案子特別不一樣，檢調單位一開始就設定盡可能找出違法亂紀的事蹟。這就像一名駕駛在一年內被舉發三次酒駕，但是他的鄰居更常這麼做，只是從來沒有被攔檢。誰的罪行比較大？假設剛才那位仁兄只有三次酒駕，但很倒楣每次都被抓到，鄰居上百次酒駕卻從沒出過事，怎麼會這樣？如果我告訴你，這兩個人是業務上的競爭對手，而那位交通警察從第一位仁兄身上拿到不少業績，誰的罪行比較大？

政府的公器此時成為某些人夢想的踏腳石。深具野心的魯道夫·朱利安尼深知早期的聯邦檢察官湯瑪士·E·杜威❺在一九三〇年代大力查緝私酒，一場政治豪賭讓他當上了紐約州長，還差點成為一九

❸ 譯注：黃金降落傘（golden parachutes）：企業管理上的一種針對公司經營階層的補償協議，當公司股權或控制權產生變動時，無論是主動或被動離開的高階主管都可以獲得一筆高額的離職金。這種設計有時是經營階層為了保護自己在購併案中能夠全身而退，也有讓收購者知難而退的用意。

❹ *Den of Thieves* by James B. Stewart, Simon and Schuster, New York, 1991.

❺ 譯注：湯瑪士·E·杜威（Thomas E. Dewey, 1902-1971）：早期美國共和黨政治人物。一九四三至一九五五年間擔任紐約州長，一九四四和一九四八年二度代表共和黨角逐美國總統，但都失敗。

四八年的美國總統。查緝金融不法和內線交易是最完美的台階。

如果PNP依然存在到二〇一五年，資產價值會變成多少？我根本無法想像，不過幸運的是，一家名叫「堡壘投資集團」的公司，使用早年我們在PNP的市場中立模型避險策略，於一九九〇年在芝加哥開業，由前任避險基金經理人法蘭克・梅爾（Frank Meyer）和他所發掘的一位計量神童肯・葛里芬（Ken Griffin）共同操盤[6]。後者在哈佛唸書時，躲在宿舍裡開始買賣選擇權和可轉換債券。我曾和兩人見過面，大致描述了PNP的工作和獲利要點，並且給了他們好幾箱文件，都是過去認股權證和可轉換公司債的發行條款。這些文件價值不菲，因為別的地方都已經找不到了。

堡壘在一九九〇年低調開業（我是第一位限制合夥人[7]），草創時期只有幾百萬美元資本和一名員工，就是葛里芬。二十五年後，他成為管理兩百億美元資產、手下有一千名員工的經理人，年化報酬率達到二〇%。二〇一五年葛里芬個人身價達到五十六億美元[8]。

PNP關門歇業的同時，我領悟到「生命要花在值得花的地方」。當J・保羅・蓋提成為世界首富時[9]，他的心情卻很低落。他說他一生中最快樂的時光是十六歲那年，在加州馬里布（Malibu）海灘衝浪的那段日子[10]。二〇〇〇年《洛杉磯時報雜誌》（*Los Angeles Times Magazine*）訪問了博通（Broadcom）的百萬富翁亨利・T・尼克勞斯三世（Henry T. Nicholas III），這樣描述著蓋提[11]：「現在是凌晨一點半，他剛滿四十歲，仍在他昏暗的辦公室。他已經好幾天沒看到太太和孩子了。『那可是他打拚的動力。』『上一次和妻子史黛西（Stacey）散步時，她說她很懷念過去的日子，當我在TRW（國際綜合運輸公司聯合會）時，我們窩在一間小公寓裡。她說她很想回到那段時光。』但他們不可能走回頭路了，因為他放不下。」（他們後來離婚了。）

我原以為自己能繼續扮演著PNP合夥人的角色，但如果真是這樣，除了部分工作外，我得對許多並不感興趣的瑣事負責。因此我改變心意，逐步退出PNP在新港海灘的角色。在證券業的幾位重要人物手下做了好幾份工作，像是大型避險基金D. E. Shaw[12]，財務工程公司Barra，以及管理數十億美元退休基金和分潤計畫的威耶豪瑟（Weyerhaeuser）投資集團。然後找上費雪・布萊克，他那時正在高盛，因為聽說他有意建置交易認股權證，特別是可轉債的電腦分析系統[13]。由於我們設計了當時最先進的系統，並且拿來出售。他特別飛過來，花了兩天時間向史帝夫和我學習系統操作。他詳細記下筆記，但最後卻說這套系統和他們的電腦之間轉換程式碼的成本太高。

---

❻ 參見：*The Quants* by Scott Patterson, Crown, New York, 2010.

❼ 與「堡壘投資集團」的史考特・拉弗特（Scott Rafferty）的對話。

❽ 富比士四百大富豪名單似乎漏掉一些原本應該列名其中的人物。例如，華倫・巴菲特在一九八二年開始編製名單時就應列入，但直到一九八五年才列入！還有《彭博商業週刊》（*Bloomberg Businessweek*）二〇一四年五月八日的文章〈一百三十億的神秘天使〉（The $13 Billion Mystery Angels）作者札卡里・米德（Zachary Mider）也被漏掉了。米德過去曾是PNP的職員，一九八九年自行創業後，在二十五年間賺了一百三十億美元，我們的計量方法和電腦演算提供了不少協助。

❾ 譯注：J・保羅・蓋提（J. Paul Getty, 1892-1976）：二十世紀初著名的石油大亨，其創立的蓋提石油公司在一九五三年在科威特開挖油井成功，成為首富長達二十年。

❿ 有關保羅・蓋提的一些事蹟，請參閱J. Paul Getty, *How to Be Rich: The Success of a Billionaire Businessman*, Playboy Press, New York, 1965.

⓫ *Los Angeles Times Magazine*, January 23, 2000, pp. 10ff and p. 35.

⓬ 當D. E. Shaw雇用我們幾名主要員工時，要求這些員工花六小時向他們簡報所有在PNP的事。

⓭ 那是個結合債信品質惡化和信用違約風險的計畫，我相信在當時是獨一無二的。

—第17章—

休養生息

馬多夫的報酬記錄高到難以置信。
而且，當股市下跌的時期，
這樣的策略應該會小賠——
但馬多夫卻沒有任何虧損記錄。

喬瑟夫・海勒和柯特・馮內果（Kurt Vonnegut）在一位億萬富翁舉辦的宴會上聊天。馮內果對海勒說，他覺得這位億萬富翁一天賺的錢可能比海勒所寫的著名小說《第二十二條軍規》的版稅還多[1]。海勒回答，他有著富翁不曾擁有過的東西。馮內果好奇地問是什麼，海勒說：「我頭腦裡豐富的知識。」[2]

PNP關門之時，薇薇安和我的財富已足夠一生花用，雖然PNP事件對我們來說傷害不小，也因此少了未來可能數十億美元的財富，但我們卻因此做了更多想做的事：互相照應、與家人和朋友生活在一起、旅行、追求感興趣的事物。就像〈活在當下〉（Enjoy Yourself）的歌詞：「享受生活」（It's later than you think）。薇薇安和我正享受著永遠嫌不夠的事——在一起的時光。在華爾街成功賺到的是財富，我們的成功則是擁有最棒的生活。

這段時我偶然間發現了史上最大的金融醜聞。二○○八年十二月十一日星期四下午，我看到一則十七年前就預期到的新聞。在紐約的兒子傑夫特地打電話給我，告訴我伯尼・馬多夫（Bernie Madoff）承認詐騙投資的錢，金額高達五百億美元，堪稱史上最大的龐氏騙局。「你說對了！……在一九九一年就說對了！」他說。

一九九一年春天，某個溫暖的星期一早晨，我走進一間知名國際企管顧問公司在紐約的辦公室。該公司的投資委員會委託我擔任獨立顧問，來檢視他們避險基金的投資狀況。我花了幾天時間研究基金的歷史績效、公司結構、經理人背景，並進行實地查核。其中一位經理人個性偏執，當我在他辦公室和他會面時，他連他用哪個牌子的電腦都不肯透露。我上洗手間時他還陪著我一起去，好像擔心我在途中會打聽到任何有用的蛛絲馬跡。

我最後批准了他們的投資組合，只排除其中一項，我沒有加入伯尼・馬多夫的投資。這筆投資過去每個月大約都有一％到二％的報酬率，時間長達兩年。而且，他們得知馬多夫的其他客戶超過十年的投資績效，每個月都賺錢。

馬多夫聲稱採用的是一種名為「分離執行」（split-strike）價格的策略：他買進股票，同時以更高的執行價賣出買權（sell call option），用拿到的權利金再買進一個價格較低的賣權（buy put option）。

❶ 譯注：喬瑟夫・海勒（Joseph Heller, 1923-1999）：美國作家，獨創黑色幽默的文筆，《第二十二條軍規》（*Catch-22*）是他第一部長篇小說，出版於一九六一年。

❷ *The New Yorker*, May 16, 2005.

拆穿龐氏騙局

我先解釋一下，依照財務理論，投資組合裡如果有許多不同執行價格的選擇權，權利金互抵，長期下來對投資組合報酬的影響會接近零。我們預期，隨著時間經過，客戶投資組合的報酬率應該會和單純股票投資報酬率差不多。馬多夫的報酬記錄高到難以置信。而且，當股市下跌的時期，這樣的策略應該會小賠——但馬多夫卻沒有任何虧損記錄。檢查帳戶報表後發現，在應該出現虧損的月份，卻神奇地因為放空史坦普指數期貨而反敗為勝。同樣地，應該大賺的月份也被「抹平」了。

我懷疑這是詐欺，進而要求客戶安排我和馬多夫團隊在他們曼哈頓第三大道著名的唇膏大樓（Lipstick Building）十七樓的辦公室會面。馬多夫那個星期人在歐洲，後來我們知道他只是到處找錢。他的兄長彼得・馬多夫（Peter Madoff）擔任稽核及電腦部門主管，不許我走進公司大門。

我問了客戶當中負責馬多夫年度查核和會計人員，得知這些工作長期以來都被一人掌握，他是馬多夫從一九六〇年代以來就認識的朋友及鄰居，這樣看起來更像詐騙了。我問客戶平日多久才會收到交易確認單，答案居然是在交易發生後每週統一寄出一至二次。我建議他們讓我們公司派員詳細分析他們的每筆交易，以釐清我的疑慮，到底是不是造假。在分析大約一百六十筆選擇權的交易後，發現大約有一半的交易沒有在交易所成交，這和馬多夫所說的不一致。另一半交易，馬多夫回報給客戶兩個帳戶的總成交量遠超過交易所的成交量。針對這些交易，我還問了貝爾斯登（Bear Stearns）有關交易所內價量不衝突的交易中，買賣權的交易方身分[3]，然而都沒有查到馬多夫的公司。

我告訴客戶，這些交易很可能是假的，馬多夫的投資運作很可能是詐欺。客戶陷入兩難：如果我是對的，關閉了馬多夫的帳，保障了資產，也維護了名譽，避免了未來的法律程序[4]。他的疑慮是——萬一我錯了，他就形同犧牲了一筆最好的投資❺。我回答自己不太可能會錯，同時已經取得外部證明，這些交易並不存在。他收到的交易單只是看起來煞有其事，我指出如果他忽略這件事，對他的工作將會是一個不定時炸彈。這句話打動了他，他關閉了馬多夫的帳戶，拿回了資金。之後的十八年間，他一定看到許多馬多夫的投資人大賺其錢，我想他一定不止一次後悔找我當顧問。

後來我嘗試透過管道找出其他投資馬多夫的錢。有趣的是這些客戶之間的關係互不揭露，即使彼此心照不宣也一樣，避免互相拖下水。即使如此，在我努力追蹤之下，仍舊找出大約五億美元的資金來源，實際金額肯定比這要多得多。其中一位投資人的記錄顯示，馬多夫的績效從一九七九年以來每個月都賺錢，年化報酬率達到二〇%。後來有人告訴我，還有人從一九六〇年代至今也是每月都獲利。馬多夫的投資已經運作超過二十年！

由於已經證明馬多夫向我的客戶提供造假的交易，也用同樣的手法和其他幾位投資人往來，我幾乎可以確定他就是詐騙。我向我周遭的親友提出警告，並預期這樣的龐氏騙局再擴大下去總有一天會造成災難。龐氏騙局假造獲利給投資人，再用其他投資人的資金來填補獲利，但資金需求越來越多，以致必須不斷找新的投資人進來才行。新的投資人也要獲利，這個騙局便越滾越大。時間拖得越長，投資額便越大，當市場崩盤時，問題也就越棘手。

這段時間馬多夫在證券業的聲名遠播，一度還擔任那斯達克交易所的主席，管理美國最大的股票店

❸ 我們從四十個選擇權的未被證明是假的交易中選出十個做樣本。

❹ 一般制式的法律程序，請見狄更斯《荒涼山莊》（*Bleak House*）詹狄士對詹狄士（Jarndyce vs. Jarndyce）的訴訟案。

❺ 如果馬多夫真的每年都賺二〇%，其他投資機會最多每年賺一六%的話，他們每年只少了四%。

頭市場。諷刺的是，政府是交易所的主其事者，證管會（SEC）負責定期查核。

這樣的騙局難道從來都沒有人發覺？哈利・馬科波洛斯（Harry Markopoulos）的故事等於給了答案。哈利的老闆曾經質疑他，為何他和馬多夫的策略如此相近，但馬多夫的績效卻更好，還更穩定？哈利研究了半天，利用計量金融的方法證明馬多夫不可能會有這麼好的績效，方法和我用的其實一樣。雖然他並沒有逐一查驗每一筆交易是否造假，也沒法證明他的質疑具有說服力。但在之後的十年間，哈利不斷嘗試要求證管會調查，但都沒有被當作一回事，後來證管會的波士頓辦公室裝模作樣地進行了一場查核，最終還是要求哈利撤銷了對馬多夫龐氏騙局的調查。

後來在二〇〇九年八月三十一日一份厚達四百七十七頁的報告：〈證管會在揭發伯尼・馬多夫的龐氏騙局裡失職的調查──公開版〉[6]，揭露證管會自一九九二年起內部調查和文件顯示一再失職，直到二〇〇八年馬多夫承認犯行為止。包括對於顯而易見線索的追蹤、指名投訴，以及明顯違反證交法的行為。並且證管會直到二〇一〇年七月持續隱匿及銷毀文件，[7]不止是馬多夫的案件，還有主要的金融機構，像是高盛、美國銀行（Bank of America），以及SAC資本顧問（SAC Capital Advisors）。二〇一三年底，SAC資本顧問因內線交易被罰款十八億美元，並且失去投資顧問資格。

在我發現馬多夫騙局的十年後，《巴隆》（*Barron's*）週刊舉辦了一場避險基金投資研討會，由《華爾街日報》的週刊報導了相關的金融資訊及深入分析，頭版文章[8]便是有史以來績效最好的經理人──伯尼・馬多夫。他沒有如一般避險基金收取一%的管理費，外加二〇%的績效費用。推測他應該是從客戶的巨額交易中，向經紀商收取低費率作為回饋。

即使《巴隆》週刊曾公開報導對它的質疑，許多人也不斷提出詐騙的指控，主管機關仍舊不聞不問，馬多夫的數千名投資人和受託人也在彼此照應。那麼詐騙什麼時候才會結束？答案是當沒有足夠錢付給投資人時，所有的龐氏騙局都是這樣。伯尼・馬多夫（音似「剽竊」（Made-off），後面加上「你的錢」）在二〇〇八年十二月十一日終於承認，從頭到尾都是他一人主導了整場騙局。這種說法實在難以令人置信，但應該是為了保護他的公司。不過一人之力可以跳過十七樓整層的電腦系統運作，以及二十多名員工的眼睛——可能根本不知道——每天在數千個帳戶之間進行數十億美元的假交易，實在匪夷所思。

八個月後，二〇〇九年八月十一日，每天審核馬多夫基金運作的前財務長法蘭克・迪帕斯凱利二世（Frank DiPascali, Jr.），被證管會在美國紐約南區的地方法院起訴。當中明白指出，證管會知道伯尼・馬多夫投資證券，「早在一九六〇年代便開始管理投資人的帳戶」。然而，證管會聲稱「分離執行」的策略直到一九九二年才開始，而我在查核帳戶記錄時早就發現了。馬多夫認罪後告訴法官，從一九九〇年代初才開始挪用客戶的錢[9]，但這個犯罪帝國在當時已頗具規模，且至少已運作了二十年。馬多夫聲稱他的兄長彼得、兩個兒子馬克（Mark）和安德魯（Andrew）、公司高管，以及經手日常業務的妻子露絲（Ruth），在這長達四十年詐騙中完全不知情，也不是同謀。除了他隻手遮天的詐騙行為之外，馬多夫還經常在他各地的豪宅之間往來度假，出國旅行，以便籌措更多的錢。將世界各地的錢乾坤大挪移，包括許多是來自銀行。他支付高額的信託費用給管理資金的人，這些人在他不在的時候負責執行這些極為複雜的騙局。

---

⑥ "Investigation of Failure of the SEC to Uncover Bernard Madoff's Ponzi Scheme—Public Version." Report No. OIG-509.
⑦ Rothfeld, Michael and Strasburg, Jenny, "SEC Accused of Destroying Files," *The Wall Street Journal*, August 18, 2011, p. C2.
⑧ Arvedlund, Erin E., "Don't Ask, Don't Tell," *Barron's*, May 7, 2001.
⑨ "Bernard Madoff Gets 150 Years in Jail for Epic Fraud" (Update 7), Bloomberg.com, June 29, 2009.

伯尼・馬多夫在向法官陳述時，供稱他自一九九一年才開始這場投資騙局。這不是事實。我在詳細調查時，就發現他已經做了好幾十年了。證管會對迪帕斯凱利訴狀中——可能引用迪帕斯凱利自己的說法——利用電腦化和分離執行的策略是自一九九二年，這也和我提供給客戶查核報告的時間點（一九八九至一九九一年）不吻合。彼得・馬多夫、迪帕斯凱利，以及其他幾位認罪的職員後來均處以罰款和監禁。

整起馬多夫詐騙的金額高達五百億美元，後來許多被騙的投資人估算甚至高達六百五十億[10]。為了公平分配剩餘的資金，破產信託必須設法確認當初每位受害人原始的投資金額，要怎麼賠償，以及賠給誰。幾位從投資人身上募得數十億美元的「經手人」從中抽走數億美元費用，還聲稱仔細確認過馬多夫策略的合法性。這股投資風潮讓他們在政治圈及社交圈裡呼風喚雨。有一位投資人在記錄上[11]居然提領的錢比他投資的金額多出五十億美元！事實上馬多夫把這些錢拿來支付高額的管理費。交易記錄顯示真正付出的交易佣金其實很少，足以在事前讓投資人、顧問及主管機關有所警覺。

官方後來公布總共一千三百多位過去及現在馬多夫的投資人名單，包括數百位不太有錢的佛羅里達地區的退休族，以及許多知名人士、億萬富豪，還有非營利組織像是慈善團體和大學等等。如果這些投資人如此輕易被騙了數十年，所謂「效率市場」理論認為，投資人總是可以快速及理性收集所有公開可獲得的訊息，作為投資判斷依據的說法，根本不可靠。

專家也被騙

在馬多夫眾多的投資人中，不乏知名的金融投資顧問，其中有一位我在一九九一年一場會議中聽他報告。那年我正好揭發了馬多夫的騙局。那位仁兄是我認識好多年的朋友，常叫他小名「奈德」，他應該十分清楚馬多夫詐騙的細節。後來從一九九〇年中期之後我們就失去聯繫，但我意外地在二〇〇八年的官方名單中看到他的名字。而且，一位我們共同認識的朋友告訴我，奈德靠投資顧問的工作早已賺進好幾億美元，卻在馬多夫承認犯行的那個星期還在投資他的基金。

我回想奈德為何如此相信馬多夫的真正原因。我認為他並不是壞人，相反地，我認為他可能患有所謂的「認知失調」（cognitive dissonance）。意思是當他十分相信某件事情時，會自動排除與它相左的訊息。尼古丁成癮的人往往會否認吸煙對健康的危害。政治圈裡的人物往往對自己行為上的謊言、犯罪，以及其他道德上的瑕疵視若無睹，但對不同政黨人士的相同行為卻大聲責難和抨擊。

我認為，即使我當初告訴奈德我的任何想法，無論多麼苦口婆心或合情合理，對結果的幫助都不會太大。其他人應該也有類似的經驗。當奈德做出投資決定時，大概只會找他認識的人，問問他們的想法，然後以大多數人的意見為意見。一旦想通這點，我立刻停止與他分享我的看法。

奈德向多數人尋求諮詢的作法在某些時候會奏效，像是猜桶子裡有多少顆豆子，或南瓜有多重等等。多數人猜測的平均值往往比一個人瞎猜好得多[12]。這種現象也稱為群眾智慧（wisdom of crowds）。

---

⑩ 新聞披露："Bernard L. Madoff Charged in Eleven-Count Criminal Information," *U.S. Attorney for the Southern District of New York*, March 10, 2009.

⑪ 在信託機構清算馬多夫的資產後，「當馬多夫被捕時，皮考爾（Jeffry M. Picower）的帳戶已經透支了六十億美元」。資料來源：*The New York Times*, Sunday, July 4, 2009, page B2.，引用 *The New York Times* by Diana B. Henriques, October 2, 2009, page B5。

⑫ 兩邊各一半的人猜測值的平均，至少會比一個人估計值的一半要更接近正確值。這裡有趣的地方是，眾人的共識常常比較好。

但太過簡化的作法有其缺點，馬多夫的例子就是。馬多夫不是騙子就是投資天才，群眾認為他是投資天才時卻往往是錯的。我常稱群眾智慧的壞處就像是旅鼠的盲從[13]。

討價還價的藝術

一九九一年我公司員工只有四個人，史帝夫・水澤負責日本認股權證的套利[14]，一位當我的助理，我自己管理自己避險基金投資組合，另外請一位茱蒂・麥克考伊（Judy McCoy）協助我，負責稅務及財務報表，協助史帝夫的工作，並支援辦公室日常業務。

身處享受生活及回到投資世界的矛盾之間，我試著找出更節省時間的方法，將我們統計套利的知識轉化為獲利。和史帝夫討論之後，我決定要找一位合夥人將軟體授權並收取費用，而史帝夫仍為執行交易的關鍵人物。

我找上PNP時期一位成功的商品交易員，名叫布魯斯・科夫納（Bruce Kovner）。科夫納一九七〇年代加入商品公司（Commodibies Corporation），後來自行成立商品避險基金，為他自己及投資人賺進數十億美元的財富。

一九八〇年代前後，我和UCI另一位金融學教授、也是PNP合夥人之一的傑瑞・巴塞爾（Jerry baesel）一同前往紐約，一個午後和布魯斯相約在他曼哈頓的家，了解他的想法以及如何在市場上賺錢的方法。科夫納一直以來都是個通曉各種知識的人，對產業連接和關係看得比其他人透徹。

當時他發現大型油輪處於超額供給狀態，老舊的油輪被拿來賤賣，價錢只比殘值高出一些。科夫納於是組織了一個合夥投資公司進場撿便宜，而我是其中限定合夥人之一。有趣的是，按照我們的作法，通常會依殘值賣出油輪選擇權，以保有大部分的價值。但當時的情況是：歷史經驗顯示，油輪的需求波動相當大，價格也起伏不定。幾年之內我們翻修了一艘四十七萬五千噸的巨型油輪，名為「海上皇后號」（Empress Des Mers），它能夠載滿油行駛到海運航線上，我常想我對這艘油輪的所有權在駕駛座前方二十英尺那塊甲板上。後來他們評估買進另一艘前所未有的超級油輪，六十五萬噸級的「海上巨人號」（Seawise Giant）。只是很不幸在我們代賣家保管期間，油輪停泊在波斯灣的哈格島（Kharg Island）上，被伊拉克戰爭的砲火炸毀，油輪失火後沉沒。「海上皇后號」則一直營運到二十一世紀才除役，平均每年報酬率可達三○%。二○○四年以殘值賣出，價格約二千三百萬美元，仍遠高於當年的買進價六百萬。

科夫納表示他希望能成立由他完全主導的避險基金。而我建議由我們提供軟體，完整的統計套利系統，以及收取授權費（毛利有一五%）。我們可以訓練他們的員工，以及後續的顧問服務。授權費會依時間遞減，同時還提供版本更新。然而，每當我們接近談妥時，又會被加上其他的條件。我們同意其中一部分，但發現這樣的事情層出不窮，不會有結果，於是我當下立刻叫停。

大多數人都有過和二手車商、家具商或房地產經紀商打交道的經驗，對過程應該很熟悉，簡單來說就是討價還價。例如，你想用三十萬美元買下一棟房子，開價二十五萬，賣方還價二十九萬，你把買價抬高到二十六萬五千……最後成交價為二十七萬五千。過程中可能充滿奉承、爾虞我詐、甚至帶點哄騙的成分。有沒有方法讓過程簡單一點，賣家開出價格，買家決定要或不要？無論如何，這是美國多數商

⓭ 譯注：旅鼠（lemmings）的盲從：泛指團體中的盲目跟隨行為，也稱為旅鼠效應（lemming's effect）。

⓮ "The Money Man: A Three-time Winner," *Forbes*, November 25, 1991, pp. 96-7.

店目前做生意的方式，如果沒有充分比價，誰敢下手？

然而在企業運作上，討價還價更是常見，過去基金經理人也曾跟我討價還價。這種討價還價怎麼進行？以剛才買賣房子的例子，假設賣家最底價為二十六萬，買方最高願意出到二十九萬（賣方可能得知買方在另一筆買賣曾開到二十八萬九千，就猜得到他願意出到二十九萬了），此時雙方可能接受的價格就介於二十六萬至二十九萬之間，即使雙方當時並不知道這個區間，這三萬美元的區間就是「待價而沽」，討價還價的目的就是買賣雙方在這三萬美元當中折衝，盡可能分到較多。

換句話說，如果買方只願出到二十七萬，而賣方最低價為二十八萬，「待價而沽」的區間不存在，交易也就不會發生。

我們目前已居住超過二十年的房子也是靠討價還價而來。當時我們決定在新港海灘的山丘上找一個擁有絕佳視野的地方蓋一棟新宅。一九七九年當地房地產景氣並不好，房子開價四十三萬五千。我們開價三十六萬五千，經過一陣討價還價後，我們開價到四十萬，對方堅持四十一萬。我們加到四十萬五千，這已是我們的最高價了，但仍被拒絕。於是我們轉身離開，幾天後賣方鬆口接受四十萬五千美元的價格，但這次我們不接受了，為什麼？

在我們已出到最高價時，成交與否對我來說已經沒有差別。賣方此時用這種方式離間我們，我們也不打算跟他再談下去。這筆交易的吸引力變小了，我們的最高價自然也就低於四十萬五千美元。同時我們也在看其他房子，不久後我們買了一棟更棒、更新的房子，並在這裡度過二十二年的快樂時光。至於第一棟沒買成的房子一直過了十年才賣出去。

巧合的是，當我們賣掉這棟房子時，也經歷過一次可能吃虧的討價還價過程。就在打算賣出一年後，我們在同一個週末意外接到二位買家的報價。我們開價五百四十九萬五千美元，實際打算五百萬左右就可賣出。第一位買家開價四百六十萬，同時請一位生意上的伙伴和我們談。這位仁兄咄咄逼人的態度和對房子吹毛求疵的批評，看得出來是要壓低價格。很明顯要離間我和仲介之間的關係。另一位買家開價五百萬，是一個合適的家庭，認為這房子就是他們要的。我們最後接受第二家的報價，即使第一家要求我們再考慮，暗示報價會超過五百萬，同時不會再請先前那位咄咄逼人的仁兄來談。但是這樣的作法感覺實在太差。原因是：他們沒有為另一方開出的底線付出任何代價。對我們來說，即使有一點可能性賣到更高價，但不足以承擔可能會交易失敗的風險。

省的必須大於賠的

知道什麼時候該討價還價，什麼時候該按兵不動是交易員的本事。在PNP時期，我們的交易室主管通常會省下一大筆錢。舉例來說，假設我們要買進一萬股的微軟（Microsoft）股票，目前報價畫面上有五萬股掛在七十一元買盤（bid）價，一萬股掛在七十一又四分之一元的賣盤（ask）價。我們可以直接用七十一又四分之一元買進一萬股，或者，我們的交易員報價七十一又八分之一買進一萬股，看看是否有人願意接受。如果成交——通常都會——我們就能省下一千兩百五十元（1/8×10,000＝$1,250）的成本。

這聽起來很棒，但有沒有風險？當然有。如果微軟股票一直都交易在七十一又四分之一或更高的價格，我們掛出七十一又八分之一的買進價就無法成交，這時一旦股價開始上揚，我們的利潤就會快速壓縮。簡而言之，我們可能省下八分之一元的蠅頭小利二十次，卻可能一次喪失十元的利潤。誰喜歡這樣？至少我不會。

我曾經問過交易員，他如何能區分某些交易可以重複進行八分之一點的報價，以抵消可能失去的投資機會？他並沒有辦法清楚說出理由。同樣的問題我拿去問華爾街的交易員，也問不出個所以然來，沒有人能清楚展示他們省下來的成本大於機會損失。

金融市場是現代經濟的基礎，交易是原始的行為。現代金融理論因而大量分析市場如何運作，包括數據的檢驗和建構理論，以解釋他們觀察到的現象。他們認為交易的發生，有時是來自買方，有時來自賣方，原因各有不同。有些參與者沒有優勢——沒有特殊的訊息——也許多數人認為自己具有優勢。其中一個例子是噪音交易者[15]，像是指數基金賣股票只是因為指數下跌，買股票只是因為指數上漲，不動產套現只是為了繳稅，或是共同基金買賣股票只是反映額外的申購或贖回而已。當然，某種程度這些訊息還是有些價值，這樣的例子往往並不完全貼切。

另一種交易是由具有優勢的交易員發動，像是一九八〇年代伊凡・博斯基著名的非法內線交易案[16]等等——這樣的例子至今仍隨處可見；或是第一手取得公司盈餘報告、公司接管，或利率變動等公開訊息並立刻採取合法交易行動者。

這些事情重要嗎？每股差八分之一美元又怎樣？我們的統計套利模型每年交易量高達十五億股，每年可省下約兩億美元。像是已故參議員艾佛瑞特・德克森（Everett Dirksen）談論國會預算時的名言：「這裡十億，那裡十億，我們談的可都是真錢哪！」[17]

只能選一位，而且無法回頭

交易員和討價還價的事讓我想起在行為心理學上的兩種極端型態：滿足化者（satisficers）和極大

化者（maximizers）。當極大化者去購物時，無論是要找雜工、買汽油、規畫旅行，總會希望找到最後（最大）可能的交易，花再多時間和體力也在所不惜。只要錯過最好的交易便會遺憾自責。另一種所謂滿足化者只要取得接近最佳的交易就夠了。搜尋和決策的成本、失去接近最佳機會的風險，以及可能再也不會有同樣好的選擇都是決定的因素。

這又讓我聯想起數學上所謂秘書或婚姻問題[18]。假設你面試一群人，需要從中選出一位，並且一次只能考慮一位，一旦拒絕某人就無法反悔。最佳的策略是：先看過前面三七%的人，然後選擇下一位你認為比前面三七%更好的人即可。如果一直都沒有更好的出現，就只能選最後一位。

這個想法在我UCLA研究生時期，將博士主修由物理轉為數學時曾發生過。我的論文指導教授安格斯・泰勒，決定讓我和其他博士候選人分別提出針對學生的數學議題。我的數學底子相對較差，這些議題對數學底子好的人來說會很感興趣，也會吸引其他系所的新面孔參加。而我完全被難倒了，直到最後一刻才決定主題：「每個年輕女孩應該知道的事。」不過我並沒有告訴大家我要講這個題目。結果當天教室坐滿了人，全都是生面孔。尤其欣慰的是，和多數題目都是男性觀眾不同，這次男女生都有。從他們的問題和事後的反應看來，他們並沒有失望，我讀到所謂的婚姻問題，利用淺顯易懂的數學做了很好的詮釋。

---

[15] 譯注：噪音交易者（noise trader）：最早由凱爾（Kyle, 1985）及布萊克（Black, 1986）分別提出，意思是無法獲得內部訊息，非理性地將市場噪音當作資訊進行交易的投資人。

[16] 譯注：伊凡・博斯基（Ivan Boesky, 1937-）：美國一九八〇年代著名的股票套利之王，後來牽扯到股票內線交易，被判三年半監禁，並沒收八千萬美元所得，另罰款五千萬美元，並終身不得進行證券交易。

[17] 譯注：此句指的是國會議員審查預算時的草率，如同市場喊價一樣。

[18] 現在標題可能會改成：「其他的重要問題」。

—第18章—

騙術與危害

記者們往往根本不知道股價下跌是統計上的常態還是特殊例子。然後，人們再度錯誤地去看圖說故事，就像我們在賭場中常見的景象，圖形為本的交易方式，以及故事為本的投資行為。

當我的生活重心從打敗賭局轉到研究股票市場時，我曾天真地認為遠離了充滿老千的世界，進入了一個規則和法治公平對待所有投資人的新境地。然而，我體認到越大的市場就會有越大的賊。伯尼・馬多夫的龐氏騙局只是二〇〇八和二〇〇九年間較大的一個例子而已。當市場暴跌，再也吸引不了任何新資金進場維持整個騙局。這些騙局有大到八十億美元的銀行大規模詐騙，到數億美元的小拐小騙（還有一些避險基金），以及數百萬美元的不動產、抵押權，以及年金的詐騙案。這些騙子的數量符合一條簡單的數學規則：當經濟規模縮水，騙子的數量就越多。

網路和電子設備的興起創造了另一種新型態的詐騙機會。二〇〇〇年八月二十五日星期五，我的侄女當娜（Dana）在股市收盤後打電話給我，她對股票有著濃厚的興趣。

「你知道一支叫作Emulex的股票嗎？」她問。

「不知道，怎麼了？」

「沒有啦，我買了一些，只是今天開盤後就大跌，從一百一十三跌到四十五，然後暫停交易。」

「有什麼消息嗎？」我問。

「我不知道。」

「好的，我的建議是什麼都別做。我想這應該是另一個網路詐騙，這家公司應該沒什麼變化。」

我們很快就知道出了什麼事：一位二十三歲的大學生在他工作的電子新聞服務平台Internet Wire上面發送了一則新聞，指Emulex（股票代號EMLX）發布官方新聞，公司總裁已宣布辭職，因為過去兩年極佳的獲利數字要面臨修正，可能因此由盈轉虧，並且證管會已經介入調查。這則假新聞很快傳遍市場，股價因此暴跌五六％，並且暫停交易。這位放假消息的仁兄曾經因為放空Emulex股票賠了十萬美元，這次假消息事件讓他倒賺了二十五萬，不過他隔週就被逮捕。這段過程中Emulex的公司市值從原本四十一億，最低暴跌到十六億，二十五億瞬間蒸發。雖然當天稍晚收復了大部分的損失，收盤還是跌了七・三一美元，收在一〇五・七五美元，跌幅六・六％，相當於二・七億的市值。其間忍痛殺出的人蒙受極大損失。十一天後嫌犯被捕，當天股價收在一〇〇・一三美元，下跌一一・四％，再也沒有回到原來的價位。

根據「效率市場理論」，市場訂出的價格能真實反映所有可獲得的資訊。不過十五分鐘內反映一則假新聞導致暴跌六〇％，難道代表價格反映了理性的訊息？我曾請教信奉效率市場理論的人，股價在經過十一天後仍未能回到原來水準的原因，Emulex的消息還是很好，所以呢？

效率市場的支持者漸漸接受了少部分可能偏離理論價格的現象。他們承認市場對Emulex惡作劇事件的反應可能就屬於這現象，但如同報導中所指出的，網路上到處充斥著這些無稽之談，特別是在聊天室裡，Emulex只是一串大規模套利者嘗試欺騙大眾並從中獲利的例子之一[1]。

這件事過後不久，二〇〇〇年九月二十一日，《紐約時報》的頭版頭條報導〈證管會表示，青少年的課後新寵：網路股票詐騙〉（SEC Says Teenager Had After-School Hobby: Online Stock Fraud）。一位十五歲的紐澤西高中生雷伯德，利用十一次網路股票詐騙賺了二十七萬三千美元。一開始他用父親的名義開股票帳戶，買進一些乏人問津的冷門股，然後在網路聊天室裡大量散播這檔「目前才二美元的股票『很快』就會飆到二十美元」的訊息。這樣的訊息就像是幸運餅裡的籤詩一樣有價值。效率市場者理性認為，投資人很快便會提高買價，而雷伯德設定了一個高價獲利出場。雷伯德後來向證管會自首，歸還二十七萬三千美元的獲利所得，另加上一萬兩千美元利息。不過這筆錢要彌補投資人損失其實難上加難，光是身分認定和評估損害程度就是一件不可能的任務。如果追問雷伯德的父親，他會怎麼說？

「他只不過是個孩子嘛。」

一九八〇年代初期，我碰上馬多夫投資案的十年前，認識了一位名氣很大的投資經理人。這位外匯交易高手每個月的報酬率總是在一%、二%、三%，有時甚至會有四%，看起來從沒虧過。我請新港海灘辦公室一位同事喬治．蕭（George Shows）實地拜訪位在拉荷亞（La Jolla）附近的這位J．大衛．多米奈里（J. David Dominelli）先生。喬治帶回來一份驚人的績效記錄和一些廣告文宣，但卻沒發現任何交易活動的跡象。我們要求查核財務報表、資產證明、交易證明等文件，都被四兩撥千斤地拒絕。於是開始懷疑是龐氏騙局，因此沒有投資。兩年後，一九八四年多米奈里的騙局破功了，他捲款兩億美元，受害者多達一千人，包括許多聖地牙哥當地的社會人士、政治人物以及金融業菁英。

一九八四年，我偶然發現一家標榜為金融界開發新型高科技電腦產品的公司，正要找資金來完成研發並行銷他們的產品，他們的故事很有說服力，營運計畫也合乎邏輯。我們的電腦專家史帝夫．水澤先生也大加讚賞。因此我和幾位朋友共同投資了一些錢，同意將來獲利的二〇%要分給他們。第二年的報表顯示無營收，只有大量的研發支出，然而卻認列了獲利，並且拿走了二〇%。可是明明報表中沒有獲利，只有支出啊！為何就這樣拿走我們的錢？他們宣稱研發所產生的價值遠超過付出去的錢，而從這些超額價值當中分錢，就好像從銀行提款一樣自然！我們最終把那筆錢拿了回來。

那家公司後來管理不善，原本擁有的技術優勢也已不再，競爭者麥克・彭博（Michael Bloomberg）推出類似的產品並超越他們，成為普及性最高的金融資訊平台，每年賺進數十億美元。幾年後，他們其中兩人開了間避險基金公司。由於深知其為人，我警告周遭親友切勿投資。二〇〇八年，他們因挪用數億美元的資本而被捕，又是龐氏騙局。

無效率市場

舞弊、欺瞞以及騙局，幾乎在每天的財經新聞當中都看得到。在我五十年的投資生涯當中更從來沒斷過。

早在十七世紀有金融市場交易開始，惡意、詐騙、狂熱和大規模金融不理性的行為就一直伴隨著我們，遠比網路出現還早得多[2]。不過層出不窮的詐騙也沒有受到效率市場學說信徒的重視。前UCI教授羅伯特・荷根（Robert Haugen）是一位效率市場學說的批評者，也寫過好幾本書質疑這個理論。在

❶ 在EMLX騙局發生的數週後，《洛杉磯時報》報導，證管會後來進行了一場「網路大掃蕩」，控告了三十三家公司行號和個人利用網路的聊天室、網站以及電子郵件散布消息，哄抬股價，標的包含了七十家小型股，獲利超過一千萬美元。

❷ 參見兩本可讀性高又有娛樂性的書：查爾斯・麥凱（Charles MacKay）的《異常流行幻象與群眾瘋狂》（*Extraordinary Popular Delusions and the Madness of Crowds*）；以及近期的喬瑟夫・鮑嘉茲（Joseph Bulgatz）的《龐氏騙局：火星來的入侵者及異常流行幻象》（*Ponzi Schemes, Invaders from Mars and Other Extraordinary Popular Delusions*）。

UCLA的研討會上，荷根發表一篇論文：〈市場爭議：傳統思維的突破〉（The Market Debate: A Break from Tradition），內容陳述市場無效率的一面。他說尤金・法馬（Eugene Fama）——效率市場學說之父，同時也是二〇一三年諾貝爾經濟學獎共同得獎者——「在觀眾席上指著我，稱我為罪犯，他說他相信上帝知道股票市場是有效率的。他又說越相信行為金融學鬼話的人，離地獄之火應該不遠了。」[3]

高頻交易是偷跑行為

過去數年間，所謂高頻交易（high-frequency trader, HFT）是利用電腦從市場交易中大賺其錢，他們經由進入買賣雙方之間，從每年交易之中賺一些些蠅頭小利。這些嗜血的電腦程式比的是速度，看誰能搶在別人前面，時間是以微秒（microseconds）計算。這種交易的原理是源於自然法則，傳送到交易所的電子訊號不會比光速快，速度的極限大約是每微秒一千英尺。因此區位變得很重要，公司願意付出高額成本，只為了把電腦盡可能離交易所近一點。近期的報告[4]指出，交易所大部分的交易都是這類程式交易，每年創造出二百一十億美元的利潤，大約是美國股市市值的〇・一%。一家大型投資公司跟我兒子傑夫說，他們「有些客戶帳戶裡只有幾百萬，但每天成交額都有好幾億」。我曾想過像波克夏海瑟威的A股每股要價八九三七五・三七美元[5]，不知道有沒有交易程式在賺它的錢。

這些方法的細節不是過於複雜，就是還沒攤在陽光下，在一些交易所，像是那斯達克有一套機制[6]，允許高頻交易可以在所有人之前三十毫秒搶先看到客戶的下單。如果看到是買單，高頻交易可以先買，價格因而被抬高，然後再賣回給客戶，賺中間一點價差。如果看到是賣單，高頻交易可以先賣，把價格壓低後，再用低價買回來。這跟維基百科中所說「股票經紀人執行交易時，利用提前獲知訊息，延後客戶交易而享有利益的非法行為」的偷跑行為，有什麼兩樣？

有些證券業人士辯稱，從投資人交易中挖出財富某種程度上增進了市場效率，「因為市場需要流動性」。不過諾貝爾經濟學獎得主保羅・克魯曼（Paul Krugman）卻極力反對[7]，認為高頻交易只是從一般投資人手中奪走財富的一種方式，沒有任何好處，並且浪費社會資源，因為消耗了資源，卻沒有創造任何社會財富。

一般人交易越多，輸給電腦的也就越多，買進並持有（buy and hold）的策略看來比頻繁交易來得好。除非出現極大的優勢。還有另一個原因：極少的聯邦稅。就算每股平均只有幾分錢，也會降低報酬

---

[3] 請見Haugen, *The New Finance: The Case Against Efficient Markets*, SecondEdition (1999), p. 96-71。

[4] 莎爾・艾諾克（Sal Arnuk）和喬瑟夫・莎陸吉（Joseph Saluzzi）所寫的《華爾街上的毒藥股票交易單》（*Toxic Equity Trading Order Flow on Wall Street*），是一本交易白皮書，見www.themistrading.com。以及湯姆・菲爾列斯（Tom Fairless）在《財金新聞》（*Financial News*）上的文章〈運用演算法的交易員每年賺走210億美元〉（Algo Traders Take $21bn in Annual Profits），文中引用泰伯團體的研究。

[5] 取自二〇〇九年七月二十四日下午一點二十二分《紐約時報》的報導。

[6] "Traders Profit With Computers Set at High Speed," by Charles Duhigg, *The New York Times*, Friday, July 24, 2009, Page A1, and "SEC Starts Crackdown on 'Flash' Trading Techniques," by Charles Duhigg, *The New York Times*, Wednesday, August 5, 2009, P. B1. See also: (1) Patterson, Scott, and Geoffrey Rogow, "What's Behind High-Frequency Trading," *The Wall Street Journal*, Saturday/Sunday, August 1-2, 2009, P. B1. (2) Wilmott, Paul, "Hurrying Into the Next Panic?", *The New York Times*, Wednesday, July 29, 2009, P. A19.

[7] Krugman, Paul, "Rewarding Bad Actors," *New York Times*, Monday, August 3, 2009, P. A19. See also O'Brien, Matthew, "High Speed Trading Isn't About Efficiency – It's About Cheating." *The Atlantic*, February 2014.

[8] 美國股市的交易量每年都不相同，其中高頻交易所占的比例也常變化。

率。減少交易，把這些錢省下來，放到美國國庫券上，如果每年三十兆美元的交易去掉一半[8]，〇・一%的稅（每股三十元的股票只收三分錢）就是一百五十億美元。

報告的誤導

常態性的財務報告也會誤導投資人。「獲利隱憂導致股市大跌」，《紐約時報》企業版頭條常這樣寫。[9]文章寫道：「投資人持續憂慮第三季季報，股價下挫。」這是大跌？我們再看看：「道瓊工業平均指數（DJIA）下跌二・九六點，收盤在一〇六二八・三六點。」只有〇・〇三%而已。對照平均每天大約一%的波動，歷史數據顯示，波動比〇・〇三三%大的交易日占了九七%。每年低於這個數字的交易天數不到八天，真的很難說投資人很憂慮。

道瓊工業平均指數是將三十檔成分股價格加總後平均，乘上一個參數後而得。參數會因股利、股票分割等公司活動而持續調整。目前這個參數大約是五，意思是任何一支股票如果收盤上漲了一・二五點，道瓊指數收盤就會上漲六點多，但一般只會上漲三點多，漲幅〇・〇三%。史坦普五百指數同一日只跌了〇・〇四%，和道瓊差不多。只有那斯達克指數的跌幅大一些，下跌三二・八點，跌幅〇・九%。比這個波動大的天數超過三分之二。

接下來會怎樣？故事會說股市對於獲利不如預期已在前一日反應，但指數的反應小到幾乎沒有任何意義。記者犯了兩個錯誤：首先，他認為統計上的噪音代表某種意義；其次，他忽略了另一半——那些上漲的股為什麼會漲——是這些股票上漲才抵消了下跌的壓力。

現今財經新聞充斥著價格不明顯波動下的各種解釋。記者們往往根本不知道股價下跌是統計上的常態還是特殊例子。然後，人們再度錯誤地去看圖說故事，就像我們在賭場中常見的景象，圖形為本的交易方式，以及故事為本的投資行為。

❾ *The New York Times*, September 28, 2000.

—第19章—

買低賣高

統計套利產品最棒的地方是可以任人設計想要抵銷的因子。

投資組合本身已是市場中立，多空雙方的市場因子已被互相抵消。可以針對個別因子做到通貨膨脹中立、油價中立等等。

當然，這得付出代價：降低風險意味著限制投資組合可能的獲利空間。

二〇〇〇年春季某個溫暖的艷陽天，距離我家六百英尺的新港海灘一處山丘上，可以眺望三十英尺外的太平洋外海，看到箭牌（Wrigley）所屬二十六英尺長的卡特琳娜島（Catalina Island），好像一艘巨輪延伸至海中央。在左方六十英里處是差不多大小的聖克萊門第島（San Clemente Island）的頂端，海岸離我所站的山丘約兩哩半，中間隔著寬闊的沙灘和白色的海浪。新港是全球最大的小型船舶停泊港，約有八千艘各式小船和動力船舶，也有全球最豪華的豪宅聚落之一。每次我在這兒度假時，都會懷疑身邊擁有的一切是不是真實的。

用完早餐後，太陽已從我身後完全升起，照著西方時尚島（Fashion Island）上的金融塔，裡面有著繁忙的業務和各式零售商店。當摩天大樓完全在艷陽的照拂下時，我正在車上開往三英里外的辦公室路上。我和史帝夫從一九九二年開始合作的統計套利模式已成功運作了八年。

我們的電腦交易在第一個小時便交易了一百多萬股，賺進了四十萬美元。基金規模三・四億美元。而我們會買進價值五・四億，也放空等值的股票。電腦的模擬和經驗顯示投資組合接近市場中立，意思是市場的平均變化對投資組合價值的波動有著極低的相關性。我們的市場中立用財務理論中的貝他（beta）值來計算，平均只有〇・〇六。貝他為零時，投資組合的價格波動與市場毫無關聯，此時為完全的市場中立。市場的貝他值為一，有正貝他的投資組合會和市場波動的方向相同，數值越大越明顯；負貝他值的投資組合與市場波動呈現反向。我們的風險調整後的超額報酬，也就是超過類似風險下的年化報酬率，財務理論稱為阿爾法（Alpha），平均每年有二〇％。意思是過去我們每年二六％的平均獲利率（未扣除費用）可以分作三部分：無風險國庫券有五％、與市場相關的部分有一％、另外就是較同類風險投資更高的二〇％。

利用我們的模型，電腦每天會算出大約一千多檔大型、在紐約證交所和美國證交所最常交易的股票「公平」（fair）價格。市場專家將交易量大的股票稱為具有「流動性」（liquid），這些股票在交易時比較容易，過程中也比較不會引起價格的漲跌。交易所的新價格會輸入電腦，和我們模型的公平價格做比較。當真實價格和公平價格差距到一定程度時，我們就會買進低估者，賣出高估者。

為了控制風險，我們對單一公司持股設有總價值的限制，這樣的風險控管很有效。我們每天、每週、每月的結果都呈現「正向偏斜」（positively skewed），意思是以天、週、月來看，我們賺錢的機會遠大於賠錢。

我每天從電腦螢幕上觀察到有趣的交易部位，包括賺最大與賠最多的。如果有部位賺賠金額太大，我會很快察覺。如果一切如常，我會下樓到史帝夫的辦公室，他往往正在看彭博資訊的螢幕，查閱一些可能對我們持股有重大影響的新聞。當他發現預料之外的事件，像是宣布購併、接管、分割或組織重整，他就會把那檔股票列為限制股：不要建立部位，並且結清已有部位。

史帝夫才剛剛說服最常往來的經紀商調降我們的手續費，每股少〇・一六美分。這可省下不少錢。我們所有的股票部位，無論多或空，週轉率大約是每兩個星期週轉一次，一年大約二十五次。以目前的持有水平來說，我們賣出約五・四億美元的股票，另外買進五・四億的新股票，總共十・〇八億美元的交易量；放空部位也一樣有十・〇八億。一年多空雙方交易二十五次的意思是每年五十四億的交易量，換算成股數是每年十五億股[1]。當避險基金的傳奇經理人麥可・史坦哈特（Michael Steinhardt）退休時，他也很驚訝自己每年可以交易十億股的股票。

史帝夫為我們一年減少了一百六十萬美元的手續費。即便如此，經紀商每年還是從我們身上賺走一千四百三十萬美元，他們很能夠維持本身的競爭力。

「統計套利」這個名稱有何由來？**套利**（Arbitrage）最初是指一組買賣互抵的部位，鎖住特定利潤。舉例來說，在倫敦交易所賣出一盎司三百美元的黃金，同一天在紐約交易所買進一盎司二百九十美元，利潤就有十美元。如果融資和從紐約運送黃金到倫敦的成本總共五美元，淨利潤就是五美元。這就是套利的最初型態。

後來套利形式出現改變，只要大部分的風險可以被抵消就行，只是這樣的情況下雖有可能獲利，但不是確定會有。例如，所謂的購併套利（merger arbitrage），A公司股價一百元，想要購併B公司，而B公司股價只有七十元，購併的換股條件是一股A公司的股票可以換一股B公司的股票。市場於是會很快反應，A公司股價會下跌，好比跌到八十八元，而B公司股價跳升到八十三元。這時購併套利者進入，用八十三元買進一股B公司股票，另外以八十八元放空一股A公司股票。如果交易在三個月內完成，套利者會賺到中間的五元利潤，相對成本八十三元，報酬率大約六%。但是這樣的交易直到所有法律程序和股東會同意後才正式生效，風險是萬一協商失敗，AB兩家公司股價反向走升（跌），假設兩家公司股價分別回到原本的水準，套利者會因放空A公司損失十二元（100-88），買進B公司損失十三元（83-70）。總共損失二十五元，對照成本八十三元，損失達三〇％。套利者除非相信購併失敗的機會不大，否則不太會去承擔這種風險。

我們的投資組合具有低風險的特性，但是由於多空部位都不小，我們期望在統計上大部分的多空部位都能有獲利。這又回到二十一點算牌的概念，只是部位大得多。我們平均的交易規模是五萬四千美元，每天大約有一百萬筆這樣的交易，開盤後平均每六秒就有一筆。

當我回到辦公室，開始思考整個統計套利的過程。我在UCI管理學院研究所教金融學時，和隔壁辦公室的傑若米．貝索教授常有互動，經常會有激盪腦力的討論。我邀請他到PNP做全職工作，主要負責指導我所構想出來的指標研究計畫。傑若米和我都不相信效率市場理論。我從二十一點身上得到太多無效率的證明，從華倫．巴菲特和朋友的投資經驗，以及自己在PNP賺錢的例子身上也可得知，我們從來不問：**市場是有效率的嗎？**而是問：**市場是怎麼無效率的，程度又有多少？**以及**我們怎麼利用它？**

這個研究計畫的用意，是要發掘證券的歷史報酬數據和其他性質和指標之間的關聯。在基本面評分和技術面的考量下，我們考慮的是每股盈餘和股價之間的比率，也就是俗稱的獲利率；公司清算或「帳面」價值與市價之間的比率；以及公司總市值（規模）。今天我們的方法早已被業界普遍使用，但回到一九七九年間，這些方法受到當時許多學術界的批評，他們認為市場價格已充分反映了這些資訊。只是

❶由數學家詹姆斯．西蒙斯操盤的「大獎章」基金，和我們作法相近，但規模大很多。每年都有極高的週轉率，目前已不接受新的投資人加入。如今西蒙斯和他的團隊另成立「文藝復興科技公司」，這可能是有史以來最成功的避險基金。

實際市場參與者不這麼認為。隨著時間過去，終於證明我們是對的。因為高質量的數據庫隨著新式電腦普及而不斷出現，也可以開始計算這些數字。

這過程中我們感到十分幸運，一位研究員[2]很快地發現統計套利背後的基本原理。他將過去兩週的股票依賺賠順序排列，過去漲很多的股票在往後幾週大都表現不佳，比大盤指數還差，而過去下跌的股票往往後來表現不錯。歷史數據來看，買進過去下跌最多的十分之一的公司，同時放空過去上漲最多的十分之一的公司，每年會有二〇%的報酬。我們稱之為「泥巴」（MUD）體系，意思是「最好，最壞」（most-up, most-down）的股票。UCI數學家威廉・F・多諾霍（William F. Donoghue）曾開玩笑說：「索普，我的建議是買低賣高。」投資組合的多頭股票部位會跟著市場起伏，放空部位會走反向，兩邊的力量大致可將市場波動抵消。這給了我們所要的，也就是市場中立投資組合。然而投資組合的價值仍然受到影響而波動，幅度不亞於一般投資。這使得我們暫且將統計套利模型放在一邊。

不過我們所不知道的是，幾年後一位任職於摩根士丹利的聰明研究員蓋瑞・邦伯加（Gerry Bamberger），做出了與我們模型十分相近的產品，但波動低了很多。大約從一九八三年開始交易這個策略，有點經驗累積之後，他的信心增強不少，投資規模也跟著擴大。到了一九八五年，他的統計套利已成為摩根士丹利主要的獲利來源。然而這份功勞和獎賞卻沒有算在邦伯加身上[3]，同時他的老闆納西歐・塔爾塔利亞（Nunzio Tartaglia）還想要擴大，失望的邦伯加只有遞出辭呈。

為了分散公司獲利來源，PNP也開始尋找金主來開發成功計量策略。邦伯加離開摩根士丹利後開始和我們接觸，他的策略是高週轉率、市場中立、加上低風險，在任何時候多頭和空頭部位都不少。這跟我們的統計套利策略很相像，但我們只知道一些他投資組合的基本特性，在選股的細節也所知有限，因此最好的辦法就是聽他的。我答應邦伯加，除非公司經他同意或訊息已經公開，否則我不會透露任何訊息。他因此與我見面，把策略運作方式詳細解釋給我聽。

邦伯加是個高瘦的正統猶太人，看問題先從本質著手，也很有幽默感。他在新港海灘工作了數週，徹夜測試他的系統。如果我覺得滿意，就會請他投入資金。他每天提個棕色紙袋，裡面永遠裝的是一份鮪魚沙拉三明治當午餐。後來我忍不住問他：「你這樣拿鮪魚三明治當午餐有多久了？」他說：「過去六年每天都這樣。」他還是個老煙槍，而我對煙味極度敏感，因此一直以來我們沒有雇用吸煙者，辦公室裡也不許有煙味。我們為此溝通後達成協議：當邦伯加煙癮犯了，他會自動到一樓的小花園去吞雲吐霧，這在南加州還好，在東岸寒冬時節就是個大考驗。

邦伯加的統計套利模型最大的好處是解決了我們在一九七九至八〇年間發現的漲跌效果。我們過去規避了市場風險，但他利用交易個別產業來降低個別風險。為了計算他的系統在過去績效及應用在實際交易上，我們動用了PNP高達兩百萬美元，幅員一千一百平方英尺的電腦機房設備。裡面是類似洗衣機大小的超大容量銀行數據磁碟機，以及如冰箱大小的磁帶和中央處理器（CPU）。放在可以移動的平台上，底下鋪滿蜿蜒的電纜、電線以及各種連接器。

電腦機房還有自身的安全系統。萬一發生火災，機房會自動噴出不可燃的鹵素氣體，時間長達八十秒。這時機房內助燃和呼吸用的氧氣會很有限，我們因此還演習在最短時間內撤離，同時採用手動開關鹵素氣閥。

在一九八〇年代中期，我們的裝備算是相當先進，隨著電腦體積越來越小，越來越便宜，今天一支

❷ 大衛・吉爾邦（David Gelbaum）。

❸ 另詳見Richard Bookstaber, *A Demon of Our Design*, Wiley, New York, 2008。

行動電話都可以儲存數兆位元（gigabytes）的資料。機房裡有冷卻系統，保持溫度在華氏六十度，機房門為密閉式，也有空氣清淨系統維持室內空氣清潔。吸煙者每抽一根煙都排放出不少微型粒子，邦伯加後來半開玩笑地同意，他可以在機房裡吞雲吐霧了。

我們對測試結果感到滿意後，同意合資成立公司，由PNP出資，邦伯加在紐約擔任主要運作者，公司名稱叫作BOSS合夥，意思是「邦伯加（加上）歐克利・桑頓證券」〔Bamberger (plus) Oakley Sutton Securities〕，作為PNP運作的後盾。資本額從三千萬美元開始，後來提高到六千萬，BOSS在一九八五年獲利二五至三〇％，到了一九八八年逐漸降到一五％。這期間包括獲利的下滑和朱利安尼對PNP的攻擊，使得邦伯加心灰意冷[4]，最後他選擇帶著百萬身價退休。

同時，我將統計套利的觀念進一步延伸。一九八八年一月開始應用我的新方法交易，在此之前，我們躲過了一九八七年的股災。我們是怎麼做到的？一九八七年十月那場股災，史坦普指數暴跌了二二％，而我們賺了七％。電腦模擬顯示我們新的統計套利方法績效卓著，平穩度過了那場災難。

統計套利

為了進一步控制風險，我將邦伯加的產業分類法改為統計上的因子分析法（factor analysis）。因子是同時存在於不同公司之間的共同特質，這些特質驅使著市場價格的上漲或下跌。任何一檔股票每天的報酬可以區分為市場因素及其他因素，後者通常稱為殘差（residual）因子。財務理論及實務已定出許多的因子來解釋股票價格的變化原因。有些像是特定產業的因子（例如原油或金融），影響特定的股票價格，其他因子像是市場本身、短期和長期利率、通貨膨脹等。這往往會影響所有的股票。

統計套利產品最棒的地方是可以任人設計想要抵銷的因子。投資組合本身已是市場中立，多空雙方的市場因子已被互相抵消。同樣的方式可以針對個別因子做到通貨膨脹中立、油價中立等等。當然，這得付出代價：降低風險意味著限制投資組合可能的獲利空間。達到了市場中立、通貨膨脹中立、油價中立等，降低了風險，也減少了獲利可能。

我們將這個新方法稱為STAR，意思是「統計套利」（STatistical ARbitrage）。應一位投資人要求我們將交易記錄輸入Barra，那是一家全球知名研究及開發金融商品的公司。他們用E2模型來測試我們的STAR，E2模型有五十五個產業因子和十三個總體經濟因子。結果發現我們的報酬基本上是市場中立，而且沒有顯示出任何運氣的成分。

我們的改良模型比邦伯加的更好，邦伯加的模型在模擬下報酬率會逐年降低，而且在一九八七年之後，摩根士丹利利用這套方法擴大其投資規模，建立起九億美元的多頭和九億美元的空頭部位，報酬率也是逐年下降。有謠言說它們後來還賠了六％至一二％，對這個商品來說是個嚴峻的考驗。

摩根士丹利內部負責統計套利的人陸續離開計量團隊，其中一位是大衛・E・蕭（David E. Shaw），他過去曾是哥倫比亞大學的電腦科學系教授，被華爾街重金禮聘來利用電腦程式尋找投資機會。

一九八八年春天，蕭來到新港海灘，我們討論他的統計套利改善計畫。PNP對他的想法印象深刻，原本打算投資一千萬美元當作他的創業資金，但最後我們沒有繼續下去，原因是我們已經有了很棒

❹ Scott Patterson, *The Quants: How a New Breed of Math Whizzes Conquered Wall Street and Nearly Destroyed It*, Crown, New York, 2010.

的統計套利產品，他後來找到資金，在華爾街成立了史上最成功的計量分析公司，幾年後他還擔任總統的科學委員會顧問。他運用統計套利為獲利核心，延伸到避險和套利領域（這也是PNP的業務），從學術界雇用大量的計量天才。二〇一四年，富比世將他名列全美第一百三十四名富豪，總資產三十八億美元。他當年雇用其中一位天才名叫傑夫・貝佐斯（Jeff Bazos），一九九四年幫蕭研究產業機會時，想到在網路上開書店的靈感，於是離開公司創立了一家名叫亞馬遜（Amazon）的公司。二〇一四年他的身價達三百億美元，名列全美第十五大富豪。

一九八八年，PNP面臨各種壓力，營運開始走下坡之際，我們還是開發出更簡單且更有威力的統計套利技術，但是PNP最終並沒有採用[5]。因為我想要讓經營簡單化，我們只想集中在兩個主要的領域：日本認股權證套利和投資其他避險基金，這樣只需要少數人即可運作[6]。結果這兩項都運作得不錯。

對於新開發的統計套利技術我不急於立刻使用，我認為投資人會使用其他相同的系統持續創新，原本的系統就會逐漸失去價值。四年後，我的好友兼過去的合夥人貝索告訴我利用統計套利獲得超額報酬的事蹟。此外D. E. Shaw公司（D. E. Shaw & Company）雇用了許多前摩根士丹利計量團隊成員，和以前PNP的資深員工共同成立避險基金。我曾問過前摩根士丹利的員工是否知道他們公司統計套利的起源，但沒人知道。其中一對夫妻曾聽過一位不知名的傳奇人物發現了這套系統。很明顯，蓋瑞・邦伯加的貢獻已經被全然抹殺。

開新公司：稜線合夥

由於我們的統計套利仍舊有效，貝索對我說其中一位前客戶——數十億美元規模的退休基金及利潤分享計畫——希望能買斷整個系統。任何一個具有優勢的股市交易系統都希望限制投資，以確保超額報酬持續存在。其中一個理由是，當買進被低估的證券時會拉高價格，這樣會減少甚至讓錯價消失；放空被高估的證券會壓低價格，也會讓錯價縮水。因此，大量交易會影響打敗市場的機會，因為交易市場本身就會影響價格。

因為我們的統計套利方法幾乎都已經電腦化，史帝夫和我只要少數員工的協助就可維持運作，這讓我們有足夠的時間去享受人生，我們因此決定照這樣走下去。我們的合作打一開始就很順利，軟體運作得也很好，起初先模擬，後來就投入真的資金，一九九二年八月正式上線。

我同時也可以管理自己的資金，經由設立新的投資合夥公司，可以更有效且有利地進行投資。一九九四年八月我成立了「稜線合夥」（Ridgeline Partners），專門從事機構法人交易。在八年又一季的時間裡年化報酬率達到一八%。

本書附錄E披露某個大型管理帳戶的績效，公司名稱以XYZ代替。同一時間史坦普五百指數年化報酬率為七・七七%，年化標準差為一五・〇七%，皆較本身的長期趨勢低。而XYZ在無使用槓桿的情形下，未扣除相關費用前的績效是每年一八・二一%，比史坦普指數的表現多出一倍不止，而以標準差衡量的風險才六・六八%。XYZ的報酬——風險比例為二・七三%，較史坦普指數高出五倍以上。若以三個月國庫券的平均利率為五%計算，史坦普指數的夏普比率僅〇・一八，而XYZ則有一・九八[7]。

❺ 這是基於統計學概念中的「主要成分」，我們稱作ETS，意思是「股票交易系統 Equity Trading System」。

❻ *Forbes*, November 25, 1991, pp. 96-99, "A Three Time Winner," and Shaw, Thorp and Ziemba, "Risk Arbitrage in the Nikkei Put Warrant Market of 1989-1990," *App*. Math. Fin. 2, 243-271 (1995).

附錄E的圖形是XYZ的績效比較，說明了兩個主要的現象：首先，從一九九二年八月十二日到一九九八年十月初為止，績效呈現穩定增長；其次，從一九九八年十月到二〇〇〇年九月十三日的四年間，報酬率表現更好。這段期間還包括了大型避險基金長期資本管理崩潰，以及六個月後的大反彈。一九九八年第四季至一九九九年第一季之後，成長率又重回前面第一階段的穩定成長，只是上下波動更為劇烈[8]。

造成波動劇烈的原因，可能是那場延遲且具爭議的總統大選（小布希最後勝選），也有可能是經濟情勢轉變。政府支出大增且減稅，造成政府預算從盈餘變為赤字。更多的不確定性是來自網路泡沫破滅以及九一一恐怖攻擊事件。

「稜線合夥」的收費方式是每年一%的管理費，以及報酬率淨增加的二〇%作為績效費用。如果績效不如預期，我們會自動調降費用，其間我們總共退還了一百多萬美元。今天許多貪婪的避險基金經理人會認為我們的績效費用太不合理，但我們的客戶卻樂於支付，我們幾乎永遠都在他們的投資名單中。目前的合夥人大都沒有新增資本的限制，有時為了維持高報酬率，我們不惜退還投資本金，降低基金規模。

我們當然可以像其他避險基金經理人一樣，利用提高績效費用比例或增加資本額來提高收入，但這樣做會降低合夥人的報酬率。如此一來，投資人只能靠風險調整後，俗稱阿爾法的超額利潤來賺錢，而非經濟理論預測下的正常利潤。因此，我寧願限制合夥人數，同時站在他們的立場進行投資。

一九九八年八月，規模四十億美元的長期資本管理（LTCM）避險基金幾乎賠光，它們是運用高槓桿，投資部位高達一千億美元，一旦破產，後果不堪設想。有人認為會動搖全球金融體系。美國聯準會定調LTCM是「大到不能倒」（too big to fail），並透過經紀商和銀行進行紓困，它們每一家都有投資LTCM。於此同時，亞洲部分經濟體也受到波及，另外俄羅斯債務也面臨違約。

這些事件的加乘效果使得金融市場更加震盪。這些市場崩潰到底是增加我們的收益率，還是讓我們的統計套利失靈？這段期間避險基金大都受到重傷，有些重押亞洲股票的基金損失慘重。金融機構突然抽走銀根，高槓桿的避險基金被迫出清部位。我們曾聽過大型統計套利部位因此關門大吉。因為它們必須很快出清資產以套現。這股去槓桿和清算的危機和二〇〇八年所發生的很相像，只是後者規模更大。

假設這麼大的變動波及到統計套利的部位，我們預期自己的投資組合也會面臨虧損。因為當其他人大賣我們持有多頭部位的股票時，股價大跌，我們也會受傷；同樣地，即使我們擁有放空部位，在大跌之後空頭快速回補，股價開始反彈下，我們也有可能會虧錢。實際發生的是，在九月最後一個交易日的最後四小時，股市出現小幅下跌之後，十月一開始就是連續六天大跌。我們的投資組合也跌了四・二%，是過去從未見過的[9]。由於前一個季度剛過，我認為原因出在統計套利部位非自願出清以套現所導致。所幸剛結束的第三季，我們的報酬率是史上最佳。

雖然十月初的狀況不好，後來我們仍舊把損失的部分全賺回來，維持九月以來的正報酬，並且之後連續六個月都如此，直到一九九九年二月。這段時間我們的報酬率高達五四・五%。到了一九九九年八月年度結束，「稜線合夥」過去十二個月的報酬率達到七二・四%。這是市場中立策略，加上不到二倍

---

[7] 譯注：夏普比率（Sharpe Ratio）：衡量投資組合在風險下的超額報酬比率，數值越大越好。在本例中，史坦普指數的夏普比率為(7.77%-5%)/(15.07%)≒0.18，XYZ的夏普比率為(18.21%-5%)/(6.68%)≒1.98。

[8] 圖形顯示，第二階段的波動相對第一階段要大得多，比較波動和成長率的時候，採用對數常態的圖形比較適當。以XYZ的績效圖來說，請見Edward O. Thorp, "Statistical Arbitrage, Part VI," *Wilmott*, July 2005, pp. 34-36.

[9] 根據報導，西蒙斯的文藝復興合夥在二〇〇八年八月也有類似的經驗。短短幾天內就跌掉八%，但當年隨後反彈漲了一倍。

槓桿的結果。我們一些合夥人問過去是否曾見過這樣的報酬，我回答，以市場中立策略過去三十五年來從未發生過這樣的情形，但我們不會認為這是常態，未來也不容易再有這樣的績效。

我們在「稜線合夥」與XYZ公司總共管理了四億美元的統計套利及七千萬美元的其他策略。當年PNP最高也不過二・七二億美元。並且和PNP鼎盛時期的八十名員工相比，我們「稜線合夥」包括我在內只有六名員工[10]，同樣面對外界強大的競爭對手。它們當中有些雇用了數百名員工，包括為數不少的數學、統計學、電腦科學、物理學、財務學以及經濟學博士。我們則高度依賴自動化，組織扁平但具獲利能力的營運模式。

二〇〇二年秋天我們決定結束公司營運。二〇〇一及二〇〇二年的報酬率雖然也不差，但開始走下坡。我相信是因為大量避險基金的出現，統計套利程式被廣泛應用所致。一九九八年我目睹摩根士丹利大肆擴張統計套利團隊，導致影響我的報酬，太多避險基金湧入統計套利[11]，利潤可想而知就會下滑。

不過決定收攤的更重要原因是我認為賺夠了，薇薇安和我想要享受和孩子們及他們的家庭時光，還有旅行、閱讀和學習。我的人生再一次做出了改變。

然而，我對既有的投資仍然保有興趣，像是一九九〇年我和兒子傑夫開始接觸的互助儲蓄（mutual saving）和貸款轉換（loan conversion）。

❿ 辦公室裡這六個人還有其他工作，在這個計畫中其實只有相當於三個半的全職人員。

⓫ 從事像堡壘這樣的避險基金相同的統計套利時，通常在技術、人員以及後來需要建立並執行高頻交易的專家都應備齊。有關高頻交易，請見麥可・路易斯（Michael Lewis）的《快閃大對決》（*Flash Boys*）；在二〇〇五年，也就是我們離開統計套利業務的三年後，史帝夫和我與傑瑞・貝索合作，看看是否值得再做。巴索曾在摩根士丹利資產管理工作。我們得到的結論是：利潤並不高。模擬結果顯示，在未使用槓桿的情形下，報酬率只有一〇%左右，和其他我們可做的投資相比沒有吸引力。並且，我們在電腦裡放入了一個壓縮檔，上面標示「增加人員和數據才重啟」。不過，如果我們在二〇〇八至二〇〇九年經濟危機時重啟這個程式，我相信報酬應該會和一九九八至一九九九的「奇蹟之年」差不多。

—第20章—

滿手銀行股

我把這種開戶買股的過程比喻成種橡樹種子，希望種子都能長成一棵棵橡樹。只是這些種子有點奇特。它們可能休眠好幾個月，甚至幾年，也許永遠都沉睡不起。只是一旦成長，就會成為一棵棵搖錢樹。

一九九〇年某一天，我那位企業家兒子傑夫突然打電話給我，要我在互助儲蓄及貸款協會[1]開一個帳戶。我感到奇怪，如果避險基金每年可以賺二〇%，為何還要把錢放在只有五%利潤的投資上？傑夫回答我：「你怎麼會想成放著有些錢在那兒沒人管？」我說：「接著說下去。」然後他開始解釋如何運作。

當時全美有數千家互助儲蓄及貸款協會。它的起源是由一群人將存款集中在一起，讓需要錢的人來借，並支付利息給存款人。協會是由存款者「共同」擁有，意思是整個協會運作所增加的價值，也由所有存款人所共同「擁有」。隨著時間經過，存款人來來去去，當離開時卻帶不走屬於自己的那部分。協會的價值是無法分割的。

美國的存款機構十分龐大，但在一九七〇年代末期開始出現疲態，直到一九八〇年代慢慢掀起倒閉潮，許多機構需要新的資金以維持其運作，為經營不善的機構填滿其虧損，或是挹注新出現的大型存款機構。

互助機構可以藉由募資吸引新的存款人，但這是一段漫長且不確定的過程，而它們的對手，由股東擁有的「股份制」存貸公司需要資金時，可以從資本市場中出售股票籌資。面對這樣的競爭，部分互助機構的創業經理人想出了辦法，將協會改成股份制公司。過去無法分割的、價值數十億美元的公司，如今可以分割了。

存貸公司掛牌上市

它的作法如下：假設有一家名叫「魔法杖」（Magic Wand）的存貸機構，面值一千萬美元，每年淨利一百萬。如果「魔法杖」是一家股份分割制銀行，發行一百萬股，每股面值十美元，每年每股可賺一美元，也就是面值的一〇%。如果「魔法杖」公司股票的交易價格等同於它的面值，每股股價就是十美元。

回到原先的情況。假設管理階層決定要將「魔法杖」從原本的協會制轉變為股份制，新發行一百萬股的股票，每股十美元，可籌得一千萬美元的資金。股票上市（IPO）後，「魔法杖」有了一千萬的新資金，及原本存款人一千萬的本金，股本變成兩千萬。在股數不變的情況下（一百萬股），每股面值成了十美元現金加上十美元的原股本，總共是二十美元。

此時如果在市場上賣出股票時價格會是多少？原股的價值和其他類似存貸公司相比，大約就是十美元，外加十美元現金，我們預期新股的股價也是二十美元。

❶ 譯注：互助儲蓄及貸款協會（mutual savings and loan associations）：最早起源於一八一六年美國麻州，機構由所有出資存款者所有，存款拿來做不動產抵押貸款、購買公司債和其他股票，以收益來支付利息。

花二十美元買一股價值十美元的股票，誰吃虧？沒人吃虧。但最初的存款人如果沒有在發行新股前另外認購以補足他們的股份，就相當於將利潤拱手讓人。所幸，股票上市前，存款人有比其他外部投資人更早順位去認購股票。往往還有其他類型的人順位也很高，誰？……答案是內部人士：包括職員、董事，以及擁有股票選擇權的員工及受益計畫者。這些內部人士可能會侵蝕存款人的價值，也因為如此，管理階層很願意做股份制的轉換。

假設我們預見了「魔法杖」存貸的一切，在股票公開上市的資格期限日前成為存款人。在期限日後銀行宣布要轉換成股份制，會選擇一家投資銀行來輔導股票的發行，並取得許可。「魔法杖」於是成立了一個稱為「轉換中心」的臨時部門，負責發行一堆文件，像是公開說明書，載明轉換條件和資格限制、參與順位，以及過去幾年銀行的財務報表等背景資料。文件中的認股書可以讓我們（存款人）最多認購新發行一百萬股的一%，也就是一萬股[2]，每股認購價十美元。我們於是匯了十萬美元，希望能認到一萬股上限。但過往的經驗告訴我，實際上認購的數目會介於零到一萬股之間。幾個星期後我們被通知買到了九千股，收到了認股書並存到股票帳戶中。此外還收到一張一萬零一百九十一．七八美元的支票。其中一萬美元是未認到一千股的股款退回，一百九十一．七八美元則是這段代收股款十萬美元期間，以五%計算的十四天利息。

我們的股價表現如何？上市時價格十二美元，數週後慢慢上漲到十六美元，但還是低於市場當中同類型股票交易的每股二十美元。

股價的確不會到二十美元，為什麼？首先，「魔法杖」的每股現金少於十美元以上，因為承銷商會抽走幾個百分點當手續費，每股的帳面價值會略低於二十美元，假設是十九．三美元。第二，其他存貸公司的市價近期可能偏弱，受此影響，「魔法杖」的股價也有可能低於面值。第三，管理階層需要一些時間好好運用新募集的錢，前兩年每股獲利可能不會有兩美元。儘管如此，我們還是在數週內大賺六〇%。

這種短期暴利的事有很多人在玩，這些人俗稱為「投機分子」，幾天賺飽了就一走了之。而我對於經營良好的公司還會持有數個月，甚至數年。如果股價進一步漲過面值，獲利還可以更上層樓。而且，長期持有超過一年的資本利得，稅率也比較低。

總之，存貸公司掛牌上市對買方是有利的，但多數例子並不一定像「魔法杖」這麼優❸。短期利潤大多介於一〇%至二五%之間，少數例子還會有虧損。

有些人會提供分析這些掛牌交易存貸公司的服務，避免投資到表現不佳的標的。當然，你也可以自行判斷。

傑夫和我各自開了數百個儲蓄帳戶。有些用郵寄就搞定，但多數要親自辦理。那段時間不論我們到何地出差，都會調查一下是否要去當地的存貸公司開戶。

有一個例子，一家規模頗大的存貸公司要轉換成股份制銀行並掛牌上市。該銀行要求開戶須親自辦理，不能用郵寄。銀行的競爭力也比較差。傑夫要我女婿理察和我搭機飛往達拉斯。

我們到達時，排在我們旁邊的也是等著要開戶的兩個人，一位三十多歲來自比佛利山莊的年輕人和

---

❷ 不同的機構公開發行時，存款戶所能申購的股數都不相同。不過大致上會介於〇・二五%至一%之間。

❸ 例如，「魔法杖」的價值為五美元，而不是十美元，管理階層知道最終的企業價值是三美元，每股賣出的成本是一美元，首次公開發行的買方得到的價值是十一美元（$5+$10-$3-$1=$11），相對原始成本是十美元。然而市場不會立刻了解這些狀況，股價一開始會交易在十一美元以下。並且，整個存貸公司的市價都會下跌，引發新股價格更大的賣壓。如果市場了解管理階層的貪婪把戲——自己拿走三美元——或是沒有能力投入新的資本時，股價也會下跌。

他的女朋友。他們相當低調，就像CIA探員一樣，戴著墨鏡和我們聊起天來。得知我們來自外地，他們追問我們是不是像他們一樣也來玩存貸股票的遊戲。我們則表現出一副天真的模樣，他認真地給我一張名片，有趣的是，我還留了下來。幾個月後《新聞週刊》（*Newsweek*）刊出了一篇有關我的報導，我影印下來寄給他，表明很高興當天在銀行遇見他。一年後，我在達拉斯那家存貸銀行的投資賺了八萬五千美元出場。

種子長成搖錢樹

我把這種開戶買股的過程比喻成種橡樹種子，希望種子都能長成一棵棵橡樹。只是這些種子有點奇特。它們可能休眠好幾個月，甚至幾年，也許永遠都沉睡不起。只是一旦成長，就會成為一棵棵搖錢樹。這樣的「農場」值不值得經營？

我們開了好幾百個存款帳戶，也排擠了我們其他投資。存摺和定存單所付的利息很低，我們犧牲了原本可多賺一〇%至一五%的利潤來維持帳戶存在。這也是所謂的「機會成本」[4]。所幸，公司同事茱蒂・麥克考伊處理得相當好。

這些存貸帳戶後來每年幫我們淨賺一百萬美元。這樣的情況長達二十多年才逐漸消退。互助存貸公司幾乎都轉型了，機會也越來越少。

除此之外，開戶的人數增多，分攤的人變多，利潤自然也越來越薄。投資人把大量的錢放在定存單、儲蓄帳戶以及支票帳戶上，希望未來能多分到一些股票。圈住的資金越多，整個遊戲的成本就越高，我們的利潤也大減。至今我們仍保有舊帳戶，但已很少花精力再去開新戶。即使如此，在我們首次開戶的二十五年後，二〇一四年仍然是個不錯的一年。

同時，我其他的投資表現也都很好，其中一項是巴菲特的波克夏海瑟威。

❹ 機會成本（opportunity cost）是指我們放棄的選項的價值。也可以是資本可投資在其他機會上的利潤，包括我們把時間耗在存貸公司，因而無法進行其他事情的價值。

—第21章—

最後一口煙

三十年前波克夏股東會規模小很多，如今已成為專為波克夏百萬富翁們舉辦的大型跨日慶典，非正式的名稱叫作「為資本家舉辦的胡士托音樂節」。

經過十二年的好光景，華倫・巴菲特認為股市已經過熱，一九六九年十月他宣布結束巴菲特合夥有限公司的業務，合夥人可以拿回至少五六％的現金，以及大約三〇％至三五％左右的各式零股，如果不想持有這些股票，也可以賣給巴菲特的兩家公司以換取等值現金——分別是分散零售（Diversified Retailing），以及一家位於新英格蘭的紡織公司，名叫波克夏海瑟威。巴菲特曾說過一句名言：「那是我投資生涯當中第一次相信，大部分的人不是專業的股票投資人，就是被動的債券投資人。」

後來我讀巴菲特的信，也沒有看出來波克夏海瑟威會成為巴菲特合夥投資的主體。巴菲特的長期投資人，也是我們之間的介紹人魯夫・傑羅也沒看出來[1]。退還給合夥人的每一億美元當中，巴菲特就占了兩千五百萬。他最後擁有波克夏將近一半的持股。

波克夏是巴菲特和他的導師班傑明・葛拉漢口中所稱的「雪茄屁股」（cigar butt）——你只能從地上撿起來再吸一口。一九九〇年《富比世》雜誌[2]在其短篇特稿中曾提到：「（巴菲特）一九六五年以每股十二美元買下波克夏海瑟威紡織廠，在一九六九年解散其投資公司後（當時已成長三十倍），他決定[3]利用波克夏海瑟威作為主要的投資平台。波克夏紡織公司的本業其實一團亂（於一九八五年結束其本業），但投資業務卻大幅成長。」

由於專注在PNP的經營，我從一九六九年以後就沒和巴菲特聯絡。直到一九八三年，我首次聽到一間名為波克夏海瑟威的投資公司，績效相當卓著，但當時我並不知道這是巴菲特的投資平台，因為一九六九年之後就再也沒有關注過他了。當時波克夏的股價是每股四十二美元，但不是隨便可買得到。到了一九八三年股價已經超過九百美元，我立刻意識到，當年的「雪茄屁股」如今已成為一盒昂貴的哈瓦那雪茄了。儘管相隔十四年股價已成長了二十三倍，我仍然用每股九八二・五美元首度[4]買進，並且持續加碼。相反地，二〇〇四年有次我和舊金山某家銀行的董事長聊天，他提到他母親曾經是巴菲特合夥有限公司的合夥人之一，當年公司收攤時，他母親收到一些波克夏的股份。「太棒了，」我說，「用今天的股價（當時大約每股八萬美元）來看，她現在應該很有錢。」「但是很不幸，」他說：「她在每股七十九美元時就賣掉了，當時已經賺了好幾倍。」

如果問我的建議，我會建議親人、朋友以及了解需要長期持有的人們買進它，即使面臨未來的波動也不要停止。對於不了解背後的原因或是害怕價格大幅波動的人，我就不太會推薦。有時候，對方的反

---

❶ 巴菲特合夥有限公司結束之後，巴菲特到處收購波克夏的股票，有的向朋友、同僚，也有前合夥人。根據《雪球》作者施羅德的描述，當時許多股票是沒有過戶的，只能私下交易。
❷ *Forbes* 400, October 22, 1990 p. 122.
❸ 安靜地。
❹ 巴菲特根本不清楚子女早就把股票賣光。而我則是在他女兒蘇西（Susie）賣出最後一批股票時開始買進。

應令人沮喪。

一九八五年，我家中的清潔人員凱洛琳（Carolyn），因為一次意外車禍收到一筆六千美元的和解金。她想拿來投資並打算用在五歲和六歲兩個孩子身上，直到上大學為止。她央求好幾個星期，要我給她一些建議，但她完全不懂證券和投資，我拒絕了。然而她找了一位算命師，說我可以幫她賺兩、三倍，堅持要我給建議。我一時心軟，告訴她如果買我所建議的股票，沒有我的指示絕對不可賣出。她答應了。我透過一個券商好友替她找了一間低手續費的券商，幫她買進二股波克夏海瑟威的股票（當時每股兩千五百美元）。她後來辭去清潔工作，改當上班族，我們便失去聯繫。一九八七年十月股災前，波克夏的股價漲到每股五千美元。後來我從朋友的口中得知，凱洛琳在股災後將近最低點的兩千六百美元把持股賣光。十六年後，到了二〇〇三年第一季，她的孩子想必已經大學畢業，波克夏的股價漲到每股六萬至七萬四千美元[5]。

為資本家舉辦的胡士托音樂節

在兒子傑夫的建議下，我太太和我、大女兒羅恩以及她的丈夫布萊恩（Brian）和女兒艾娃（Ava），還有傑夫一行人在二〇〇三年五月前往巴菲特故鄉，內布拉斯加的奧瑪哈，參加每年固定在當地舉辦的年度股東大會。我事先寫了信給巴菲特，提到我們會去參加大會，同時七歲的艾娃也是波克夏的股東，還說有問題要當面問他。雖然一九六九年後我們就沒再聯繫過，他仍記得當年的會面，並且說會全神貫注準備艾娃的問題。

股東會時間是在星期六上午，我們在星期四搭機抵達，打算待到星期日或星期一才離開。三十年前股東會規模小很多，如今已成為專為波克夏百萬富翁們舉辦的大型跨日慶典，非正式的名稱叫作「為資本家舉辦的胡士托音樂節」（Woodstock for Capitalists）❻。

我們首先看了波克夏所投資的公司介紹，像是「冰雪皇后」（Dairy Queen，冰淇淋連鎖店）、「玻塞姆珠寶」（Borsheims Jewelry，最大的獨立珠寶商），以及為股東特別安排的「年度週末大會」。內布拉斯加家具城（最大的獨立家具商），當然還有加州人最愛的See's Candies。我們遇到的每一位波克夏員工——人數多且背景不同——看起來有能力、有禮貌、訓練有素。更重要的是，光是看這一批員工的自我學習精神（想想看我的公司才多少人）就不虛此行。星期五晚上我們在巴菲特最愛的Gorat's牛排館用餐，一塊又大又美味的去骨丁骨牛排才十八・九五美元。巴菲特和他事業上的伙伴查理・蒙格（Charlie Munger）已預定了星期六晚上的位子，點了「股東特餐」，我們也跟著預定了位子。

星期六的早上七點半大會開始，早到的人可以先看影片。我們睡到自然醒，再慢慢散步到奧瑪哈市民體育館，到的時候已經快九點半了。巴菲特和蒙格已站在台上，我們經過一群不知所云的抗議人士——第一次遇到？——穿著印有控訴巴菲特和公司支持墮胎的T恤。他們展示一些流產的血腥照片，

---

❺「一般」的投資人傾向把錢從看起來會跌的股票轉往看起來會漲的股票。這種策略被稱為追逐報酬策略。一項自一九九一至二〇〇四年美國股票型共同基金的研究發現，投資人這種行為使得每年少了一・六%的報酬：Friesen, Geoffrey C. and Sapp, Travis R.A., "Mutual Fund Flows and Investor Returns: An Empirical Examination of Fund Investor Timing Ability," *Journal of Banking and Finance*, Sept. 2007。結論則可參考：Mark Hulbert, "Buying High and Selling Low," *New York Times*, July 12, 2009, Mutual Fund Report, p. 18.

❻譯注：胡士托（Woodstock）音樂節：一九六九年八月十五日在紐約伯利恆鎮白湖村，舉辦了一場超過四十萬人次的搖滾音樂節。原本計畫三天的節目還多延長了一天，成為搖滾音樂史上的重要事件。

控訴公司支持墮胎。

奧瑪哈市民體育館裡擠了滿場一萬四千人，我們被安排在一間超過兩千人的擁擠大廳裡。巴菲特和蒙格出現在大型電視螢幕中，一開始先回顧波克夏過去一年，並回答股東問題。股東席上安排了十支麥克風，每支都排了長長的隊伍等著發言。艾娃排在第九支，那是我們覺得隊伍最短的一排。每個問題和回答都很冗長，一個小時後，我們覺得艾娃不知還得等多久才輪得到，想想就離開了。體育館外還有波克夏所投資公司的攤位，你可以買See's Candies、成套的百科全書，也可以花八美元和巴菲特的人形立牌合照。薇薇安說：「他們真是不放過任何機會。」

波克夏從一九六〇年代只做單純的選股，後來將整個集團分為三大事業群。第一是純公司普通股，像是可口可樂、吉列以及《華盛頓郵報》。第二是完全持有或掌握經營權的公司，像是魏斯可金融（Wesco Financial）、世界百科全書（World Book Encyclopedia），以及克萊頓房屋（Clyton Homes）。根據二〇〇三年報，這樣的公司大致有六十六家，員工總共十七萬二千人，這些案子都是巴菲特和蒙格所策劃，由公司一個十六人的「大團隊」所管理。第三也是最重要的部分，就是保險事業群，大部分是指「蓋可」（政府員工保險公司）[7]和再保公司「通用再保」（General Re）。

我們在當地的機場碰面並共進午餐，一同參觀利捷航空（NetJets）的展覽。星期六晚上回到Gorat's，我們星期五吃的是丁骨牛排，星期六換成「股東特餐」，價錢多了三美元。蒙格不太願意在餐廳裡談論公事，我則提及一個關於他年輕時的傳聞。蒙格當年在哈佛法學院，我的一位朋友保羅・馬克斯（Paul Marx）幾年後也從那裡畢業，據他轉述蒙格簡直是個傳奇人物——很多人說他是哈佛法學院有史以來最聰明的人。蒙格大一新生那年就常常嚇唬教授，有一次課堂上他被點名回答問題，當時他手中根本沒有資料。蒙格不假思索地回答：「教授，你告訴我實情，我就告訴你法條。」[8]當天我拿著便條紙請他簽名時，他還喃喃自語：「很久以前的事了，好久了……」

奧瑪哈漸漸成為傳奇。這個中西部的小鎮在上個世紀達到顛峰，許多居民因此搬到郊區，整個奧瑪哈市顯得寧靜且空曠。星期日我們參觀了奧瑪哈的精緻藝術博物館，裡面展出的是巴菲特的兒子霍爾（Howard）的攝影作品。此外，奧瑪哈動物園也值得一提，那兒有兩座龐大、圓頂的動物棲息地，可直接走進去參觀。星期日下午當地突然發出龍捲風警報，旅館裡的人全部被帶往體育館的地下室。當我們等待龍捲風的同時，女婿布萊恩・帝旭納（Brian Tichenor）信步走到四樓，看到外面有一群水平的平衡架，上面鎖著一輛輛建築用的起重機，固定在垂直的支架上，可以防止龍捲風的侵襲。不過高低落差產生的搖晃讓他手中的汽水罐不停滋滋作響，幸好沒有發生意外。龍捲風經過整個城鎮，只帶來零星的損害。美國中部的龍捲風帶從奧瑪哈到達拉斯，平均每年有八十個龍捲風襲擊，比世界上任何地方都多。

奧瑪哈機場因龍捲風關閉，導致三萬名前來參加波克夏週末的人錯過班機，只能等待機場重新開放。我們認為至少會延誤兩天，為此我們舉行了家庭會議，一個小時之內，傑夫便包下一架私人飛機。第二天早晨我們搭了十分鐘的車程前往附近小型地區機場，很快便上了飛機——不用等待，不用排隊，沒有行李檢查的麻煩，也不用全身X光檢查和搜身。我們的座機有兩個引擎，兩名機師，一名空服員，還有一頓豐盛的午餐。七歲的艾娃曾對所有人說以後不想再坐飛機，因為來程時從新港海灘到奧瑪哈總共花了十個小時，包括在達拉斯因暴雨延遲。而回程時我們總共只花了兩小時。

---

❼ 譯注：「蓋可」（GEICO）：全美第二大私人客戶汽車保險公司，也是美國最大直銷保險公司，業務遍及全美。
❽ 保羅・馬克斯告訴我這個故事。

表二　波克夏海瑟威A類股與史坦普五百指數總報酬比較（四個期間）

日期	波克夏A股價格	波克夏A股年化報酬率	史坦普五百指數年化報酬率	波克夏A股每年的優勢
12/31/1980	425	———	———	———
12/31/1990	6,675	31.70 %	13.93 %	17.77 %
12/29/2000	71,000	26.67 %	17.46 %	9.21 %
12/31/2010	120,450	5.42 %	1.41 %	4.01 %
12/30/2016	244,121	12.50 %	12.47 %	0.03%

多年來波克夏都有股東慈善捐款的活動，每年公司都會讓每一名股東捐款X元，一開始X等於一美元，後來逐漸提高，一直到X等於十八美元。股東們把錢分攤給他們選擇的慈善團體，而波克夏依照選擇付款。不過那年由於反墮胎的抗議和其他抵制活動，當年慈善捐款停辦。反墮胎的抗議後來慢慢消失，原因不僅是股東捐款支持家庭計畫，也支持其他慈善活動。

至於決定是否要買波克夏的股票需要做點功課。前面提過，波克夏的投資主要分為三部分。第一部分是持有公開發行的公司股票，像是可口可樂、《華盛頓郵報》、以及吉列。股票市場每天都開盤，每天評價。巴菲特的投資組合是否高於、低於或等於市場價格？是否應該給予巴菲特的選時（timing）和選股（stock-picking）多一些額外的價格貼水（premium）？

第二部分是波克夏完全持有的公司，像是See's Candies、克萊頓房屋和利捷航空。應用分析資產負債表，考慮公司成長性以及它們的「特許」價值，公司管理品質等面向分析證券價值[9]。

第三部分是保險事業，最重要的是「蓋可」。這類非公開發行的公司，除了上述的「浮存金」（float）價值估算外，還有目前手中持有的保費收入，以及因應未來理賠需求。巴菲特投資它們的獲利頗豐，遠超過理賠的成本。巴菲特在這上面賺了不少錢，在價格上漲時賣出，當產業競爭激烈時便縮手，波克夏的價值跟著這樣的低買高賣日益膨脹。二〇〇八年之前巴菲特手中的現金高達四百億，原因是他發現大部分的股票都被高估。當時由於現金水位過高，讓波克夏的增值速度放緩。不過當二〇〇八年崩盤後，他又開始大肆出手投資。

隨著波克夏成長，巴菲特擊敗史坦普五百指數的機會如他自己預測的正在減少。如表二我對它的了解，波克夏的優勢正在消退，未來想打敗指數將越來越困難。當巴菲特不再管理波克夏時，股價再上漲的風險也會越不確定。儘管他的可能繼任人選勢必也是絕頂聰明，但股價還是會大幅下跌，或許還會延續一段時間。

就在買進波克夏股票不久，我也開始將部分PNP的資金投資在其他避險基金上。和華爾街當中最聰明、最富有的人們建立關係，我也因為分散個人的投資而獲益良多。

❾ 由葛拉漢、陶德、巴菲特、蒙格、費雪（Philip Fisher）和其他人的研究。

第22章 規避投資風險

避險基金的經營者總有辦法賺到更多的錢，遠比管理費和二〇%的績效費用還多。

其中一種我稱為「正面我贏，反面你輸」（意思是無論如何都是我贏）。

對於投資部位進行避險是為了抵擋大規模的損失，不過在二〇〇八年的金融海嘯肆虐後，許多避險基金投資人竟也虧損連連。全球性的信用崩盤，資產價格跌到大蕭條以來最差的地步。房價崩跌，史坦普五百指數從二〇〇七年十月九日的高點跌掉五七%，美國私人財產從六十四兆美元縮水到五十一兆。小額投資人像是我侄女、家中清潔工，眼睜睜看著個人退休帳戶（IRA）裡的指數基金暴跌，紛紛跑來問我該不該拋售所有的股票。許多投資人不得不賤賣資產，包括最有錢的大學校務基金[1]，例如哈佛，二〇〇八年初還有三百六十九億的資產價值，如今只要抱現金。

避險基金理應保護投資人免於這樣的情況，但當年平均還是有一八%的跌幅[2]。即使如此，收入最高的避險基金經理人，「文藝復興科技基金」的詹姆斯・西蒙斯[3]當年還是狠賺二十五億美金。前二十五位頂尖經理人的收入總和仍高達一百一十六億美元。雖然較二〇〇七年的二百二十五億低了許多[4]。

如今距離PNP收攤也已經二十年，全球避險基金仍舊方興未艾，總數超過一萬檔。資產規模超過兩兆美元，投資人來自全球各地的有錢人，包括個人、信託帳戶、公司法人、退休基金，以及各種利潤分享計畫（profit-sharing plan）、基金會、慈善機構等。二〇〇八年的崩盤大肆吹向避險基金業。四千億的資產一夕之間蒸發。起因於全球投資人要求贖回的壓力，因為虧損程度始料未及。不過更令他們吃驚的是，許多基金拒絕他們的贖回要求。

當經濟情勢緩慢復原，市場回到新高點，投資人似乎就忘了二〇〇八至〇九年間的往事。二〇一五年避險基金的規模衝上新高的二・九兆美元。以一・五%至二%的管理費率[5]計算，就有五百億美元流進了基金公司的口袋。而基金分潤恐怕也有五百億，大約是獲利扣除費用後的二〇%。投資人其實付出去的成本不低。舉例來說，假設投資兩檔基金各十億美元，一檔賺了三億，另一檔賠掉一億。在二〇%的分潤條件下，賺錢的基金要付六千萬美元的績效費用，賠錢的則不用。整個算下來，等於是從獲利兩億美元當中被抽走六千萬，相當於三〇%的費用率。

PNP的資本增加速度不快，大多數的成長來自績效。但避險基金經過四十年的發展，基金規模變

❶ 哈佛校務基金的困境，請見"Rich Harvard, Poor Harvard," by Nina Munk, *Vanity Fair*, August 2009, pp. 106ff。

❷ 整個產業中，虧損一八%是很正常的，我在本書也會引用。然而，其實它低估了真實的下跌情況，因為有些基金沒有把持有的有毒資產歸零計算，以致沒有真實反映。價格申報是自願性的，虧錢的都不太願意回覆，更何況當年清算結束的基金也沒有計算在內。

❸ 譯注：詹姆斯・西蒙斯（James Simons, 1938-）：史上最賺錢的避險基金經理人，所掌管的大獎章基金自一九八八年以來的年均報酬率高達三四%。他揚棄傳統華爾街的模式，採用大量數學模型尋找投資機會。個人資產名列富比世前百大富豪。

❹ *New York Times*, March 25, 2009, p. B1.

❺ 根據《華爾街日報》二〇一五年九月十日的報導，二〇一五年績效費用平均是獲利的一七・七%，二〇〇八年是一九・三%。管理費用則平均下跌一・五四%。

化劇烈。這種俗稱「另類投資」的方式成為資產管理的新寵。在一九九〇年代末期，只要放一塊招牌在路邊，上面寫著「避險基金在此開幕」，投資人就會蜂擁而上。一檔規模一億美元的中型避險基金每年可賺一〇%（一千萬），經理人和合夥人可以分得一%的管理費——大約一百萬。此外，還能分享淨賺九百萬裡的二〇%，也就是一百八十萬的績效費用，算下來每年總共可賺兩百八十萬美元。扣除大約一百萬的各項費用，每年稅前淨利可達一百八十萬美元。而投資人的報酬則是七百二十萬美元，換算年報酬率是七・二%。

如果是十億美元規模的避險基金——已有好幾十個了——淨利可能是以十倍計，每年大約兩千八百萬。即使是一檔一千萬美元的避險基金，考慮分潤、各項費用，以及基金報酬後，每位合夥人一年也可賺二十八萬美元。由此可知經營避險基金可以致富。了解這些後，你不會驚訝為何有這麼多頂尖的操盤人搶進避險基金的行列。

一般對於避險基金業給予投資人的報酬[6]，在考量風險下，平均還是能創造超額報酬，但隨著產業擴張，超額報酬也日益縮減。近期的報告[7]顯示，整體避險基金的報酬水準已大不如前。多數數據是基金自願提供給業界數據庫，因此贏家往往比輸家願意揭露資訊。有一項調查[8]顯示，避險基金的平均年報酬率，在一九九六年至二〇一四年間，平均年報酬率從六・三%增加一倍到一二・六%。

不過這份調查同時指出，如果用美元計價來看，報酬率「僅比無風險利率（美國公債殖利率）稍微好一些」。另一個解釋避險基金產業報酬率變好的原因是，他們把早期規模較小時的高報酬，和後期規模變大但報酬較低混在一起算。

投資選股本是件難事，而避險基金也像是在交易所掛牌的股票一樣，有沒有人選避險基金的能力比選股票要好？

避險基金投資人在這重大事件中受傷慘重。二〇〇〇年春天，全球最大避險基金，由著名經理人朱利安・羅伯森（Julian Robertson）操盤的旗艦基金——老虎基金（Tiger Fund），在遭受一連串市場下挫的打擊後宣布關門大吉。羅伯森的老虎基金從一九八〇年小規模發跡，成長到兩百二十億美元的巨型基金。到了基金清算時，在市場下跌及投資人贖回的雙重因素下，規模剩下七十億，這還包括許多停止贖回的需求。羅伯森向來以價值型投資人著稱，但當時飽受瘋狂的科技股大漲修理。如同莎士比亞的名言：「市場一定是對的，錯的一定是我們……」[9]

幾個月之後，喬治・索羅斯（George Soros）及其團隊所管理的另一檔大型旗艦型避險基金「量子基金」（Quantum Fund），宣布出現巨額虧損，引發投資人的大量贖回。基金規模從最高的兩百億美元大幅滑落。索羅斯與他的主要伙伴史丹利・德拉肯米勒（Stanley Druckenmiller）採取了與羅伯森截然不同的策略：他們已經押科技股。同時間在一篇名為〈避險基金的好年〉（Good Year for Hedge Funds）的文章[10]中，提到一九九九年避險基金指數績效是自從一九八八年指數編製以來最好的一年：美

---

❻ 這項研究遭遇到的困難包括：長期完整的數據，以及「存活者偏差」（survivorship bias）：意思是基金早已清算消失，而沒有被列入數據庫的記錄中，如果加計這些，績效可能會更差。多數研究忽略這個因素導致結論是被高估的。

❼ Dichev, Ilia D. and Yu, Gwen, "Higher risk, lower returns: What hedge fund investors really earn," *Journal of Financial Economics*, 100 (2011) 248-263; Lack, Simon, *The Hedge Fund Mirage*, Wiley, New York, 2012.）

❽ 摘自Getmansky, Lo, and Lee, "Buzzkill Profs: Hedge Funds Do Half as Well as You Think," *Bloomberg Business week*, August 17, 2015。應用一九九六至二〇一四年的資料，總結出表面上一二・六%的報酬率，如果把虧損的算進去，實際上只有六・三%。

❾ *Julius Caesar*, Act I, Scene II, lines 140-41.

❿ *International Fund Investment*, April 2000, p. 64.

國上漲四〇・六%，海外市場上漲三七・六%。索羅斯後來東山再起，二〇〇八年他個人賺了十一億美元，是當年所有避險基金績效排名第四名[11]。

一般人應不應該投資避險基金？首先得確認自己的經濟狀況許可與否。一般這類基金的最低投資門檻是二十五萬美元，某些新成立的基金進入門檻會低一點，大約五萬至十萬美元。設定最低門檻的最初原因有其歷史背景，一方面能夠規避相關證券法規，一方面可以擁有比較大的投資空間。避險基金的投資人數限制在一百人以內，不過為了增加基金規模，基金往往會限制小型投資人進入。

後來證管會提高了避險基金的人數限制，在特定條件下可以增加到五百人。許多避險基金只接受信用良好的投資人；個人投資人方面，包括本人和配偶的淨資產在一百萬美元以上，或是年收入至少二十萬美元以上，並且預期未來幾年會持續。這樣可以增加許多潛在的客群。二〇一三年，美國超過一億個家庭中，淨資產超過一百多萬的數目大約在五百至八百萬戶之間。

接下來要確認的是，個人或是代理人是否擁有充足的知識。以伯尼・馬多夫六百五十億美元的龐氏騙局為例，一萬三千名投資人及顧問大都沒有認真地實地查核（due diligence），因為他們都認為別人會做。同樣的情況在股票、債券、共同基金上也常出現。投資人必須充分了解，提出具說服力的理由說明這種投資方式較被動投資股票或債券指數基金來得好。這樣或許可以發覺較指數更好的投資機會。

另一個課題是稅。美國境內避險基金如同主動式投資一樣，不具有節稅效應。高週轉率可能在短期上會有資本利得或損失，但整體稅率比持有超過一年來得高。

對於有稅務豁免的投資人來說，美國具有融資性質的避險基金（不包括那些在美國本土以外的分身們），除了部分有免稅資格之外，融資創造的獲利、損失、還有所得也要課稅。這稱為「非相關業務課稅所得」（unrelated business taxable income, UBTI）。

如果具有更高的專業，根據專業知識尋找出來的基金能提升績效。避險基金的資料搜尋是從目前數千檔基金中找出一千檔左右的名單。這種資料搜尋平台如同維基百科，將避險基金依資產類別分類；也有依投資方法分類，像是：基本面分析、總體經濟數據、價量技術分析，還有計量方法（利用電腦及演算法），對照非計量方法、由下而上（bottom-up）分析個別公司，對照由上而下（top-down）著重整體經濟變數等等，其他基金的特色像是期望的報酬率、風險，以及與其他資產類別的相關性。例如：來自商品原物料期貨價格的報酬，與市場往往沒有很大的相關性。這能有效降低整體投資組合價值的波動性。這樣的產品包括作多型（long-only）基金、作空型（short-only）基金、多空型（long-short）基金、市場中立基金（像PNP和稜線合夥），都是這類嘗試與市場報酬關聯性越小越好的產品。

還有些基金專注在特定地區或國家，包括所謂新興市場的金融和經濟發展，或是特定產業像是生物科技、黃金、原油或房地產。

或者也可以選擇「組合基金」，就是投資其他避險基金的避險基金投資組合——其實很像共同基金投資一個股票組合一樣——管理關鍵在於避險基金的評估。此外，一般避險基金是直接向組合基金收取費用，組合基金經理則收取第二層費用，通常每年管理費率是一％，另外還有利潤的一〇％做分潤。

「正面我贏，反面你輸」

就算多數避險基金經理都是聰明絕頂，但也很難期待這群人每個都有真本事。事實上，多數避險基

⓫ *New York Times*, March 25, 2009, p. B1.

金一開始規模都不大，但績效很好，等到規模擴大後績效就平平。

同樣的情況也適用於新募集的共同基金。基金經理人剛開始規模都不大，後來經由公開募集活動，給予銷售單位高額獎勵來增加規模。有時候採取一些策略，暫時關閉基金申購，等到有了好的績效後再開放給投資人。由於有了績效做後盾，投資人樂於搶進，經理人也樂於看到規模擴大，收費也較多。銷售單位參與公開募集也因為經理人的好績效而有好業績。但是規模小的好績效往往在規模增大後難以為繼。然而，經由更多公開募集活動，可以發掘其他表現特別好的新基金，然後故事重演一遍。

這樣的狀況直到一九九九年，證管會開始採取行動，撤換了一位知名基金經理人[12]。這位經理人管理一檔成長型基金，一九九六年績效名列前茅，但是卻突然宣布停止接受申購。根據報告，當時資產規模僅數十萬美元，第一年報酬率高達六二%，宣布停止接受申購時，績效已經超過當年的一半！一九九七年二月經理人重新開放投資人申購，頓時大批資金蜂擁而入，但從此以後績效再也沒有像頭兩年那麼傑出。

當然，其中的原因很多，不完全是因為刻意欺騙才導致後來績效平平。一個經理人要獲得大眾的注意，通常需要一段很好的績效記錄，或是很有說服力的原因，像是過去的名氣，或是優秀的經營計畫等。有時候只要一段熱銷期就足夠。有些經理人運氣很好，一開始也就遇上了一九九〇年代後期的「成長性基金」，只要買進一些網路股，像是美國線上（AOL）或亞馬遜。不過隨著時間經過，只靠運氣的人終究會被淘汰[13]。

避險基金的經營者總有辦法賺到更多的錢，遠比管理費和二〇%的績效費用還多。其中一種我稱為「正面我贏，反面你輸」（Heads we win, tails you lose，意思是無論如何都是我贏）。我在一九八六年曾經面試過一名很有錢的避險基金經理人，目的是看看我的組合避險基金——OSM合夥人——適不適合投資他的基金。當時的時機點不錯，該基金的規模也適當。不過一見面，他反而要求我考慮離開PNP，連同我的團隊和員工一起加入他，條件是我可以得到更大規模基金管理費的一半。不過我當時回答他：謝謝再聯絡。

一年後，一九八七年十月的股災讓這個基金受傷慘重，損失大約三〇%至七〇%。如果虧損沒有回補，他是拿不到績效費用的。這也許得花上好幾年，例如虧損五〇%的情況下，要回補虧損必須賺一倍，也就是一〇〇%才行。眼見未來幾年拿不到績效費用，他決定關閉基金，自己過著富裕的生活，而讓投資人蒙受損失。這樣的結果讓他的財富與績效脫節。不到一年，他又募集了好幾檔避險基金，這樣一來又有機會收績效費用了。

另一種現象我稱之為「櫻桃挑軟的摘」（cherry-picking），也是避險基金經理人常用來誆騙投資人的方法。我在一九七〇年代末第一次遇到，當時股市表現乏善可陳，不過有一位善於挑選被低估股票的經理人，每年加計費用可以賺二〇%，朋友介紹我投資，但我稍微研究之後發現，這位經理人還有另一個投資帳戶，每年可賺四〇%。不過那個帳戶只為他個人家庭以及極少數親近友人投資。那個帳戶留下最好的投資，剩下的才分給二〇%的帳戶。我絕不會投資心術不正的人，因此放棄。一般在避險基金文件的法律解釋上視為涉及利益衝突。

還有一種影響投資人獲利的方法是收取不當的費用，項目林林總總，重點是避險基金投資人大都沒有受到保障，而投資前最重要的功課是確認管理者是否具有誠實、道德等特質。

⓬ *New York Times*, September 9, 1999, National Edition, p. C10.

⓭ 考慮統計上回歸平均值的現象。

一九九四年長期資本管理（LTCM）公司成立，十六名合夥人一字排開簡直是夢幻陣容。掛頭牌的是前所羅門兄弟的傳奇人物約翰・梅利威瑟（John Meriwether），以及兩位一九九七年獲得諾貝爾經濟學獎得主羅伯・墨頓和麥倫・休斯。團隊成員還有其他前所羅門兄弟的交易員、優秀的學者以及一位前聯準會副主席。投資人則包括了八個國家的中央銀行，以及主要券商、銀行，及大型機構法人。

當時我所認識的幾位財務工程的大師也正好為LTCM工作，問我是否有興趣投資他們的基金。我沒有答應，原因是因為梅利威瑟在所羅門時代就是個喜好風險的人，而我相信其他理論派的合夥人並不具備「華爾街智慧」（Street Smarts）及實務投資經驗。華倫・巴菲特曾說過：「只有看到慢速球才揮棒。」[14]對我來說，這絕不是一記慢速球。

LTCM的年報酬率大約在三〇%至四〇%之間，不過這是奠基在大量的槓桿操作上。槓桿比例變化奇大，從三〇：一到一〇〇：一。如果沒有槓桿，它們的報酬率只比資金成本高一點而已。它們分別有數千億的多頭及空頭部位。資本額進一步擴大到七十億美元，後來一度退還二十七億，剩下的資本也是從事極高的風險與報酬的操作。後來當市場反轉，出現小幅虧損時，高槓桿卻讓損失擴大，幾乎要把基金搞垮。數週內資本額虧掉九〇%，幾乎破產，但因為「大到不能倒」（too big to fail），包括聯準會都介入進行紓困。最後基金依照程序清算，投資人只拿回非常少的本金[15]。

但過不了多久，梅利威瑟和當年十六位合夥人當中的四位合資成立了另一檔避險基金，作法類似LTCM，只是槓桿操作得低一點。這次二位諾貝爾獎得主休斯和墨頓沒有加入。包括原本LTCM的投資人共募集三・五億，後來規模日益擴大，這檔「旗艦」基金在二〇〇八年跌了四二%，虧損超過三億美元，直到二〇〇九年基金收攤。不過二〇一〇年梅利威瑟又成立了另一檔基金。而墨頓成為J・P・摩根的顧問，同時保有在哈佛大學的教職。休斯則是回到史丹福大學，成為金融教授，不久又成立了另一檔避險基金。

LTCM運用高槓桿導致崩盤的歷史應該讓我們好好上了一課，但最後仍被健忘的市場遺忘。十年後，全世界在法規鬆綁和高槓桿的誘惑下重演歷史，導致二〇〇八年幾乎毀了整個金融體系。在整個體系崩潰之際，避險基金資產在虧損和贖回的壓力下，再次大幅縮水兩兆美元，剩下一・四兆。如今避險基金已是個成熟的資產類別。我對《華爾街日報》表示，預估投資人在避險基金的優勢將逐漸消失。

並且，那些接受政府數十億美元紓困的超級富豪，從大衰退中重新站起來，到了二〇一二年，他們變得比過去更有錢了。

⓮ 譯注：原文是「Only swing at the fat pitches」，意思是充分了解後才出手。

⓯ 許多書籍和文章都提到這件事。像是：Roger Lowenstein, *When Genius Failed*, Random House, New York (2001),; "Failed Wizards of Wall Street," *Business Week*, September 21, 1998, pp. 114-120; Timothy L. O'Brien and Laura M. Holson, "Hedge Fund's Star Power Lulled Big Financiers Into Complacency," *New York Times*, October 23, 1998.至於我的一些評論，請見提摩西・L・歐布萊恩（Timothy L. O'Brien）的故事："When Economic Bombs Drop, Risk Models Fail" in the *New York Times*, October 4, 1998。後來二〇〇〇年二月LTCM的故事改編成公共電視《兆元賭注》（*Nova*）電視劇，演出LTCM當時流通在外的衍生性商品合約價值高達一兆美元。

— 第23章 —

有多少錢才算有錢？

淨值年復一年的增加才能讓你在財富榜上節節高升。

要衡量自己每年財富增加的程度，只要比較每年的資產負債表差異就是當年的變化值。

這能讓你了解複利的速度有多快。

有一次和遠在倫敦的金融企業家聊天，我問他：「你打算存多少錢退休，過舒適無虞的生活？」「我心裡當然有個數字。」他回答：「大概兩千萬美元。」我說：「根據我的計算，你每年可以提領這筆錢的二%，用今天幣值計算大約四十萬美元，要額外動用到這筆錢的機會很小。」他才四十出頭，已婚並有三個小孩，他覺得這樣就夠好了[1]。當然，每個人心中的數字都不太一樣。

美國著名小說家約翰・D・麥唐諾（John D. MacDonald）一九七〇年在他的「特拉維斯・麥奇」（Travis McGee）系列小說中，針對財富做了自己的分級。以我記憶所及，書中麥奇的經濟學家搭檔梅耶（Meyer）曾說十萬美元財產水準算是「合理」，二十五萬則是「舒適」，一百萬是「優渥」，如果有五百萬就是「超讚」了。不過因為通貨膨脹會吃掉購買力，麥唐諾所寫的金額如今得放大六倍。「合理」水準得六十萬，「舒適」是一百五十萬，要「優渥」得六百萬，而三千萬才能算是「超讚」。

迪內什・杜索達[2]則提出他的財富分類標準（如

表三　財富分類表（單位：美元）

	收入	財富
超級富豪	1千5百萬以上	1億5千萬以上
富有	150萬～1千5百萬	1千5百萬～1億5千萬
中上階級	11萬2千～150萬	75萬～1千5百萬
中產階級	5萬～11萬2千	8萬2千～75萬
中下階層	2萬2千～5萬	1萬5千～8萬2千
貧窮	0～2萬2千	0～1萬5千

上表三）[3]，我依通貨膨脹率做了調整。

二〇一四年底，美國家庭的財富總價值大約是八十三兆美元[4]，主要是由股票、債券、不動產以及個人資產組成。如果用均富的概念，以三億兩千萬人口計算，平均每人財富為二十七萬美元。然而，這種國家財富的估計值和分配方式是有瑕疵的，因為它牽涉到要計算哪些和如何估算的問題，而且許多數據難以取得的[5]。

另一個事實是，整體財富增加了，但分配卻越來越不平均。美國家庭中位數的財富值，自二〇〇三年至二〇一三年，經過物價調整後下滑了三六％，從八萬八千美元跌至五萬六千美元。相反地，金字塔頂端前二・五％的家庭財富還增加了一二％，從一百一十九萬成長到一百三十六萬元[6]。

❶ 也許太過好了，他後來從公司偷走幾百萬美元逃到巴西。
❷ 譯注：迪內什・杜索達（Dinesh D'Souza, 1961-）：當代印裔美籍政治評論員。
❸ *Forbes*, Oct. 11, 1999, p. 60.
❹ *Orange County Register*, March 7, 2014, Business, p. 3.
❺ 地下經濟有多大？私人持有未交易的業務價值多少？國家財富中有多少是由專利權、著作權、創作權組成？多數家庭工作沒有用貨幣計算價值，因為國民所得帳並沒有計算標準。

一百萬聽起來還算是個大數字，不過它的購買力已大不如前。事實上，一個世紀前的一百萬美元，相當於今天的兩千萬。美國有多少人身價在百萬以上？沒人能精確地算出來，因為個人財富數據的整合實在太困難了。許多無法取得、無回應，或是藏起來避稅、怕被竊，或是犯罪所得被逮，或只是個人隱私原因不願多談。大數使用的數據是美國家庭數，大約是一・二五億戶。有些家庭只有一人，而其他多數家庭的經濟來源是出自一個人，因此家庭財富是估算個人財富的良好估計值。

從每天存六美元開始

二〇一五年，美國超過一百萬美元資產的家庭大約有一千萬。百萬資產的家庭數量這麼多，看起來不難達到。我們假設你是個十八歲的藍領階級工人，沒有存款，也沒什麼前途。但要是你每天可以存下六美元，月底把錢投資在先鋒（Vanguard）的史坦普五百指數基金上，如果帳戶屬於稅務遞延（tax-deferred）型的退休金計畫，股票指數長期的年成長率[7]為一〇%，經過四十七年後你六十五歲，退休帳戶總價值會是兩百四十萬[8]。不過問題來了，每天如何擠出那六塊錢？每天抽一包半香煙的老煙槍可以戒煙，每天省下六美元[9]；如果是建築工人，每天放棄兩手（一手代表半打）各五美元的啤酒，改喝白開水，每天可省下十美元，其中六美元拿來投資，四美元可拿來買些健康食品，取代啤酒、可樂等高熱量垃圾食物。

我們大多數人有比較好的機會改變消費習慣，過得比貧窮、年輕、藍領工人要好一些。〈省錢妙法：二十五個省錢大絕招〉（Budget Basics: 25 Things You Can Do to Trim Yours Today）一文[10]開宗明義建議：「記下你每一筆花費，你會發現其實每天浪費了不少錢。」文中第二招建議盡快擺脫信用卡債務，這點我深表贊同；第四招是戒煙；第二十三招是買二手車，不要買新車，因為「新車一落地就折價三分之一」。不論折價幅度是不是這麼高，車主其實從新車當中獲得的真實有用的價值其實不多，還得面對快速的折舊。假設你買的是價值一萬美元的二手車，而不是兩萬美元的新車，把一萬美元擺在平均稅後每年八%的投資上，三十年後會成為十萬美元[11]。對於那些不肯改變習慣的人們，我們只要引用瑞吉・菲爾賓的話：「誰要當百萬富翁？」[12]

我所遇到的投資人中，多數不只是百萬富翁，而是身價至少五百萬以上的富豪。美國有多少家庭能達到這種水準？著名的義大利經濟學家維弗雷多・帕雷托（Vilfred Pareto）曾研究過所得分配，一八九七年提出著名的「冪次法則」[13]公式，近期則用來描述現代社會中每個所得階層有多少人數。為了應用其公式，我們需要兩個數字：二〇一四年美國富比世第四百名富豪的身價是十五・五億美元，以及這四百名富豪的總身價是二・三兆美元。我們得出[14]表四。

---

6 資料來源：《錢》（*Money*）雜誌對密西根大學的報導，主筆為法比恩・T・費佛（Fabian T. Pfeffer）。所得不均的惡化主要來自於二〇一四年的房價和二〇〇三年的水準差不多，而史坦普五百指數所代表的美國股市卻上漲了一倍。富人的資產中有較高比例在股票，較少比例在房子，這和窮人不同。

7 Ibbotson Associates yearbook.

8 譯注：這個數字假設年增長率為一〇%。取決於投資期間股票收益的波動，實際結果可能更多或更少。

9 假設每包香煙的價格隨物價上漲，後來幾年他每天存的錢會比較多。

10 http://quickenloans.quicken.com/Articles/fthbc_afford_budget.asp.

11 見附註C可用「二四〇法則」做心算。

12 譯注：瑞吉・菲爾賓（Regis Philbin, 1931-）：美國著名脫口秀節目主持人，代表作品為《超級百萬富翁》。

13 譯注：「冪次法則」（power law）：帕雷托所提出的現象，說明某些數字的微小變化，對整體的影響是以次方級數增加。後來衍生出「八〇／二〇法則」、「帕雷托分配」。像是八〇%的業績大都來自二〇%的客戶。社會上八〇%的財富是由二〇%的人創造的。

表四　二〇一四年美國最富有的家庭估計值

財富水準（包括及以上）	美國家庭數估計值
100萬	9,300,000
500萬	1,030,000
1,000萬	400,000
2,000萬	155,000
5,000萬	44,000
1億	17,000
2億5,000萬	4,900
5億	1,900
10億	730
15億5,000萬	400

這個公式在估計金字塔頂端的數字時比較有用，在一百萬以下的估計數字會變得異常大。

或許你會想，表四的數字要如何應用在所居住的城市、鄉鎮、區域和國家。如果是一般水平的地方，只要乘上相對美國人口數的比例即可。我所居住的加州橘郡，二〇一四年的人口數為三百萬，占全美人口數的一％。計算起來很容易，只要將表四的數字向左移兩位，就會得到橘郡的表格。像是資產在二億五千萬以上[15]的約有四十九人。但是富人的區域分布則有很大的差異。像是華盛頓州的雷德蒙市（Redmond）是微軟的總部所在地；加州矽谷是網路公司重鎮；紐約曼哈頓自認是全球的金融之都。富豪比重都高得多，其他地方則大都不具代表性。

有些超級富豪把一億美元稱為一個「單位」，當他們賺到人生第一個「單位」時，就會自豪地說：「第一個單位是最難的。」我們估算二〇一四年全美有一萬七千個家庭達到這個水準。在全美一・二五億個家庭中，最富有的一%有一百二十五萬戶，資產約在四百萬以上。然而，前面提過，最頂尖的〇・〇一%家庭大約有一萬兩千五百戶，估計資產至少在一・二五億美元以上。

這其中的首富是微軟的共同創辦人及最大股東威廉・F（比爾）・蓋茲，其個人淨資產一度高達有史以來第一位超過一千億美元，占全美國的國民生產毛額（GNP）的一%以上。而他將大部分的財產捐給他的慈善基金會——二〇一四年富比世的富豪榜上仍高居首位，身價達到八百一十億美元[16]。

想要看看你的資產位於哪個階級，要先估算個人和家庭的淨資產。列出所有名下擁有的資產和積欠的債務，兩者的差即為淨資產。快一點的方式其實不需要做任何研究，也無需參考任何文件記錄。如果不知道確切的數字，用猜的也可以。如果不確定，只要盡可能低估所擁有的資產，並高估負債價值。表五是一個範例，大約是金字塔頂端一%的門檻，當中基於一些我所認識的友人所做的假設。

---

[14] 假設冪次法則N＝AW^{-B}，W是高端人士的財富水準，N是至少有W財富水準的人數，A和B則是未知數。我得出A和B的兩個步驟是：(1)當N＝400，W＝$13億；然後(2)N＝400人的財富總值為一・二兆，假定平均值是最低值的三倍，答案是N＝400（13億/W）$^{4/3}$。B值是4/3可假定每年不變，也就是平均值是最低值的三倍。因此每年可以把十三億換成新的財富水準值，即可得到新的公式。利用一九九九年的數據，〈有多少錢才算有錢？第一部分〉（"How Rich is Rich? – Part 1," *Wilmott magazine*, July 2003, pp. 44-45），我發現B值微調至1.43，而不是4/3。也許是巧合，二〇〇九年富比世四百大富豪榜提供了計算公式，詳見forbes.com/baldwin.（*Forbes*, p. 20）；它得出1/B等於$e^{0.7}$，B＝1.43。它的公式是我的倒數，W變成N的方程式。更多有關估計所得和財富的方程式資訊，包括帕雷托等式的證明，詳見Inhaber and Carroll(1992)，以及其他參考資料像是：Scafetta, Picozzi and West, "An out-of-equilibrium model of the distribution of wealth," *Quantitative Finance*, Vol. 4 (2004). pp. 353-64。

[15] 在《橘郡商業雜誌》（*The Orange County Business Journal*）裡列出三十六人，包括第三十六名是湖人隊的籃球明星科比・布萊恩（Kobe Bryant），身價兩億五千萬美元。由於我知道有些人被遺漏未計，四十九人應是比較接近事實的數字。

[16] 蓋茲的身價大致抵得上十五萬個美國家庭，換句話說，他一個人就代表了美國私人家戶**總**值的一・〇〇一%。

表五　家庭淨資產的估計表

資產（千美元）			
不動產			
	主要房屋		875
	度假小屋		220
		小計	1,095
個人財產			
	汽車1		35
	汽車2		21
	家具		30
	藝術品		10
	珠寶		35
		小計	131
公開交易有價證券			
	股票		1,400
	債券		830
	共同基金		775
	其他		25
		小計	3,030
私人持有有價證券			
	新創科技公司		10
	限制合夥人（避險基金）		715
現金			
	支票		11
	存款／貨幣帳戶		23
		小計	759
		總資產	5,015
負債（千美元）			
不動產			
	主要房屋抵押貸款		750
其他債務			
	信用卡		2
	證券融資		55
	應付稅金		22
		總負債	829
淨資產（千美元）			
	資產		5,015
	負債		829
		淨資產	4,186

快速計算法讓你對淨資產的估計有個概念，有了概念之後，進一步要做更精緻的資產負債表，我自己每年會做一次。每年資產負債表的淨資產差異數，表示考慮所得、費用、利潤和損失後總財富的變化。隨著時間流逝，就可看出長時間淨資產的變化趨勢。

在資產項目下的每個單項金額應該是可以在短期間出售的合理數字。去年四萬五千買的新車如今價值剩下三萬九千，但可能只能用三萬五千才賣得出去，就應該用三萬五千計算。最近附近賣出去的房子價位在九十二萬五千至九十五萬之間，但扣除銷售佣金和一切費用後，大概只能拿回八十七萬五千，就應記下八十七萬五千。同時負債下的不動產抵押貸款也要扣除。

和流通性高的交易所掛牌的有價證券相比，汽車、房屋、珠寶等財產價格並不常被揭露，但有價證券價格是一個了解各種盈虧下佣金影響的好管道。每檔證券有一個可以買進的市價（ask price），加上買進時要付的佣金，我們可以把這些所有的金額視為持有一項財產的總成本，也稱為「重置成本」（replacement cost）。同樣地，證券的賣出市價（bid price），扣除應付的佣金，可以視為出售某項財產所能獲得的價格。這些都是我們列在資產項目下的清算價值（liquidation value）。

在實體資產當中，「重置成本」和「清算價值」之間的差距可以很大——經常會有一〇％到二〇％左右。例如，我花了十萬買一幅畫，另外付七千的營業稅，總成本是十萬七千。隔了一天我改變心意要把畫以同樣的十萬價格賣掉，另外付了一萬的佣金，實際拿回九萬。九萬與十萬七千的差距是一萬七千，相當於原始成本價十萬的一七％，這就是買賣之間的損失。同樣的狀況也適用在房屋、汽車以及珠寶買賣上。相反地，有價證券交易的成本通常只占非常小的比例——而且有流動性，因此才會有許多投資證券致富的故事。

財富（wealth），或是引用會計師專業用語**淨值**（net worth），是我用來表示富有程度的代名詞。

而**所得**（income）則是財富、勞力、天賦等條件所帶來的收入。像高資產階級的人，財富的增加主要是來自股票、債券、不動產以及收藏品的投資。財富（不是所得）才是衡量一個人多有錢的標準。一位瞬間暴紅的電影明星，每年可賺兩千萬美元，只表示這些所得可能在未來創造極大的財富[17]。

淨值年復一年的增加才能讓你在財富榜上節節高升。要衡量自己每年財富增加的程度，只要比較每年的資產負債表差異就是當年的變化值。這能讓你了解複利的速度有多快。如果你還有製作這段期間的損益表（income statement），扣除費用後的淨所得應該和淨值的增加相同。

資產負債表很快呈現個人在特定時間下的財富位置。損益表則說明了兩份資產負債表之間發生了什麼事。為了讓損益表比較好編，不用到處查資料，最好把所有應該加或減的項目全部列出來，以便計算過去十二個月的財富變化。這種「粗活」重點在建立概念，而不是講究細節和精確。以下是一些檢查項目：

A 課稅所得及免稅所得

1. 薪資收入
2. 利息和股利
3. 已實現的資本利得和損失
4. 版稅、各項酬金、其他所有課稅所得
5. 免稅利息，例如市政債券

B 免稅損益

1. 財產增值或折舊，例如房地產、藝術品和汽車

2. 有價證券未實現損益

C支出（所有付出去的「成本」，非「儲蓄」）

1. 生活開支、消費
2. 所得稅
3. 禮品
4. 其他所有賺來但沒有存下來的錢

項目A是一般俗稱的「所得」。減去扣除額和免稅所得後，剩下的就是課稅所得。項目B則是比較抽象且不易理解，但同樣要算進財富裡，因為它的稅賦往往能夠遞延甚至免稅，能為你創造長久的財富。這類收益往往因此更受歡迎。諷刺的是，上個世紀多數人偏好股利和利息，投資人付出去不少不必要的稅，二十世紀末公司配發的股利率不斷縮水，但股價卻一飛沖天，投資報酬大幅轉往資本利得。

投資C是對財富沒有貢獻的支出和消費。把年初所有的財富比喻成倒進一個大量杯的液體，資產負債表會告訴你杯子裡的液體有多少。一年當中，項目A和B表示新倒進去的液體，項目C則是倒出去的部分，差額A+B-C就是全年的淨增加／減少。這對一個投資人來說，是要努力極大化的目標。年底資產負債表則是反映了杯子裡剩下多少液體。

損益表顯示的課稅所得和經濟意義上的所得可能大不相同，統計上難以取得經濟上所得數字，因

⑰ 由此延伸，可以得出用今天的幣值估計某人未來的財富。計算他未來存款的現值，加上今天的淨資產價值。這個方法和一些分析師計算公司目前貨幣價值，以及股票公平價格的方法有點相似。利用估計未來通貨膨脹率，可以計算未來任何一天的價值。

為大多數人不知道，也沒有申報。然而，儘管納稅人之間在不同時間的經濟所得和課稅所得差距甚大，我們還有家庭課稅所得的分配數據可供使用。例如，二〇〇七年美國所得稅大戶是所得頂端的〇・〇一%，大約一萬五千戶，繳稅額至少在一千一百五十萬美元以上，占全國所得稅額的六・〇四%，比例創下新高。繳稅總額為五千五百七十億美元，平均每戶三千七百萬[18]。

《稅務報導》（*Tax Notes*）期刊中曾指出，這群〇・〇一%大戶的繳稅金額，從一九七三年到二〇〇七年，經過物價調整後，增加了八・五八倍，而社會底層的一〇%家庭，每年所得稅只多繳了八美元！所得不均的現象在下一個十年更加惡化。

造成這些高端人士擁有如此龐大財富的原因之一，是複利帶來的成長。

[18] *Bloomberg*, August 17, 2009.引用柏克萊大學經濟學教授艾曼紐・賽茲（Emmanuel Saez）的研究，他長期研究美國所得和財富的統計分配。平均三千七百萬，除以最低值一千一百五十萬，得到三・二，這和富比世四百富豪榜中所得出二〇〇七年超級富豪的應稅所得相同，或接近一致。冪次法則就用來計算財富。

—第24章—

複利成長：世界第八大奇蹟

如果「恐懼」先生每年賺一倍，
但都落袋為安，
「複合」先生每年只賺一%，
但持續再投資。
「複合」先生的財富總有一天會超越
「恐懼」先生。
即使一開始「恐懼」先生的原始投資
額遠高於「複合」先生。
例如十億美元與一美元也是一樣。

對於想要攀上財富頂端的人來說，如何讓錢用異常快速的方式增長是重點。複利（compound interest）這個字眼最初頗有爭議❶，但如今被稱為「世界第八大奇蹟」。無論是奇蹟還是把戲，它的確能夠創造大量財富，任何人都能利用它變得更富有。

一九四四年，當時年僅五十一歲的安妮・薛伯（Anne Scheiber）離開了工作二十三年的國稅局查稅員的職位，這麼長的工作期間她完全沒被升遷過。後來她用存下來的五千美元投資股市。安妮生平節儉，勤於研究公司，把拿回來的股利持續再投資。直到一九九五年她一百零一歲去世前，她的投資組合仍持續在成長。安妮去世後，律師班・克拉克（Ben Clark）聯繫紐約的葉史瓦大學（Yashiva University），告訴校方安妮想把遺產捐給學校。校方完全沒聽過安妮這個人，還一度想打發了事以免浪費他們的時間，但當雙方最終會面後，校方才知道安

❶ 爭議的來源包括班哲明・富蘭克林（Benjamin Franklin）、羅斯柴爾德（Rothschild）家族、亞伯特・愛因斯坦、伯納德・伯魯克（Bernard Baruch）以及許多人。

妮留給他們的是一筆高達兩千兩百萬美元的遺產，作為清寒女學生的獎學金。

安妮‧薛伯的致富是因為極佳的運氣嗎？一般投資人績效又是如何？以一九四四至一九九七年間，包括遺產結算和交付給葉史瓦的時間在內，五千美元投入大型股指數只能漲到三百七十六萬美元左右，但如果投資在小型股指數，平均而言能夠獲得一千兩百三十一萬美元。如果一開始投資額是八千九百三十六美元，而不是五千美元，投資小型股才有可能賺到兩千兩百萬[2]。

複利，正確地說應該是複合成長（compound growth），正是安妮‧薛伯所採用的策略，將獲利持續再投資以累積財富。簡單來說，複合成長或財富累積，就是加倍再加倍的過程。假想有兩位投資人，山姆‧「恐懼」（Scared）和查理‧「複合」（Compounder），「恐懼」先生從一塊錢起家，每當賺了一倍時，他便取回賺到的那一元，而沒有再投資。經過十次翻倍後，「恐懼」先生的利潤是一×一〇加上本金一元，總共十一元。而查理‧「複合」先生同樣以一元開始，但不同的是他讓錢滾錢，因此一元會變成二元、四元、八元……十次翻倍後，他總共有一〇二四元。「恐懼」先生的財富是以一元、二元、三元……至十一元的方式增加，稱為簡單成長、算術成長，或增額增長（growth by addition）。「複合」先生的財富則是以一元、二元、四元……到一〇二四元的速度增加。差異就在於複合成長，或稱指數成長、幾何成長或倍數成長。只要時間夠長，複合成長率就算微小，也足以超過任何算術成長。「複合」先生的財富總有一天會超越「恐懼」先生。即使一開始「恐懼」先生的原始投資額遠高於「複合」先生。例如十億元與一美元也是一樣。了解這個道理之後，羅伯特‧馬薩爾斯（Robert Malthus, 1766-1834）相信人口增長是以幾何成長增加，而資源是以算術成長增加，可以預期將來會有大災難。

一般政客不明瞭複合成長的威力，以至於在審查法案時往往會掉以輕心，忽略在複合成長的議題上加以限制，導致財富過度集中的問題。另一方面，某些地方政府喜歡永續信託（perpetual trust）的設計，傾向從投資部位當中拿出一些當作收入。

全球人口從一九三〇年代的二十五億，成長到二〇一五年的七十三億，平均每年成長率約一%。照這個速度下去，二〇五〇年時全球將有九十七億人。每個人都認為不太可能。根據估計，地球的負載量——包括利用太陽能生產的食物和其他稀有資源——可以達到一千億人。但如果把成長的速度控制在每世紀僅成長一%，一百二十萬年後，我們恐怕也需要一個半徑如銀河系一般大的星球才塞得下！

投資成長率要多少才算夠？拿長期且廣泛使用的股價指數基金做比喻，過去平均每年成長率大約是一〇%，每七・三年就會成長一倍。而過去歷史的通貨膨脹率是每年三%，換算成實質購買力，要十年多才會成長一倍。另外，指數基金的應稅投資人每年還得繳給政府股利和資本利得稅，整個算下來大約每十二年才會翻一倍。

七二法則

為了快速簡便得到複利效果的答案，會計師已發展出一個簡易的「七二法則」。意思是如果投資每隔一段時間成長R，並把獲利再投資，資產翻倍需要的時間是七二／R段時間才行。

舉例來說：假設投資組合每年成長八%，如果獲利全數再投資，需要多少年才能翻倍？依照「七二

❷ 這些數字沒有包括交易成本和所得稅。「買進並持有」的投資人在交易成本上損失很小，只有股利才課稅。稅賦視投資人不同而各異。

法則」，大約需要七二÷八＝九年。

另一個例子：市場中立策略的避險基金平均每年稅後淨利潤為一二％。投資一百萬並且將獲利全數再投資，二十四年後會增長到多少？

依照「七二法則」，資金每六年就會翻倍（七二÷一二＝六），過了六年再翻倍。二四÷六＝四，相當於有四次的翻倍機會，因此乘數為二×二×二×二＝一六，資金會成長到一千六百萬。更多有關七二法則的計算請見本書附錄C。

「七二法則」有時會看穿一些誇張的把戲。我的私人訓練師有一次參加一場股市座談，台上的老師大肆吹噓他的「滾動股票」法。方法是只要選擇一檔長期在區間來回的股票，他建議投資人不停的買低賣高，宣稱每個月的報酬率可達二二％。如果真有這麼好，為何要把這私密絕招公諸於世？只要放兩千美元在遞延稅務的個人退休帳戶（IRA）中，把賺到的錢再投資，十年後不就有四十六兆的資產了？

假設你省吃儉用存了一千元，你會願意拿這一千元去投資賺另一個一千元，賺到了再全押？經濟學理論相信多數人不會這麼做，實際的投資金額通常會小於一千元。人們對於稀缺性的物質都是如此，俗稱經濟財（economic goods）。每多一單位的價值都會低於前一個單位[3]。

這種特質被廣泛應用在健康、財富和時間上。我們得花時間和消耗身體健康去累積財富，為什麼會消耗健康？因為當中可能感到壓力、睡眠減少、營養不均，或是運動變少。如果像我一樣想要更健康，就得花時間和金錢在醫療、診斷及預防疾病上，並且持續運動和健身。過去數十年我保持每週六到八小時的運動習慣。慢跑、健行、散步、打網球，以及在健身房運動。我認為多花一小時在運動上，未來就少花一天[4]在醫院裡。此外，你也可以用錢買時間，好比減少工作量，買工具或請人服務以節省時間。雇用家庭清潔工、個人助理、付錢請人做自己不想做的事。紐約的專業人士時薪高達數千美元，會願意付時薪五十美元請人開車，這樣在通勤時可以繼續工作。這個例子更容易理解時間的貨幣價值。

時間價值

為了進一步了解時間價值，可以拿每個人付出勞力工作和所得來思考。一旦算出來每個人的每小時工資，就會發現擁有多一點私人時間和多花時間在工作之間其實是一個議價的過程。了解這些以後，相信大家會很訝異其實自己可以賺更多錢。

我認識的大多數人並沒有理解時間、金錢和健康的相對價值。假設一名住在又熱又有霧霾的加州河濱（Riverside）的勞工，每天花二小時通勤到四十哩外景色宜人的新港海灘工作，時薪二十五美元。如果他從原本河濱地區每月一千兩百美元房租的公寓搬到月租二千五百美元的新港海灘，房租每月是貴了一千三百美元，但他從此可避免每個月四十小時以上的通勤時間[5]，以時薪二十五美元計算，每個月可省下一千美元（$25×40）。加上一千六百哩的開車成本，以一般每英里五毛錢計算，一個月[6]就可省下八百美元。因此，住在新港每個月少四十小時車程共可為他增加五百美元（$1,000＋$800－$1,300）

---

❸ 就是所謂的邊際效用遞減。

❹ 同一年齡的成年人實際上的體質年齡差異甚大。曾統計資深的奧運選手身體素質和體質年齡平均較實際年齡少二十五歲，參見相關報導："Older Athletes Have a Strikingly Young Fitness Age," by Gretchen Reynolds, in the *New York Times*, July 1, 2015. 對雙胞胎的研究也顯示，運動對於長壽的確有幫助，參見："One Twin Exercises, the Other Doesn't," Gretchen Reynolds, *New York Times*, March 4, 2015.

❺ 假設他一個月工作二十天。

❻ 成本包括汽油、保養、保險、行照規費、折舊，以及車主照顧它所花費的時間。

的價值，相當於通勤時間每小時可賺十二．五美元。可是多數勞工並不理解這些，因為住在新港海灘房租多出一千三百美元是可見的成本，每個月都會影響他的支出，而車程和通勤時間的節省比較感覺不出來，容易被忽略。

美國人平均每週花四十小時以上在看電視，他們大可利用這些「垃圾時間」去運動或健身。每週五小時的運動可以延長五年的壽命。

低估這些遞延利益在投資上也是普遍存在的錯誤知識，並且是多數人心理上的看法。心理學上曾經實驗，將一群四歲小孩分別安排在獨自一人的房間裡，在每位小孩面前放一個棉花糖，並且告訴他們，如果二十分鐘之內沒有吃掉，實驗者回來後承諾會給他第二個棉花糖。結果實驗者一離開房間，三分之二的小孩立刻吃掉面前的棉花糖，只有三分之一的小孩子願意等待。同樣對十二歲的孩子實驗時，發現願意等待第二個棉花糖的孩子明顯高於只吃一個的。如果你屬於「一個棉花糖」的人，每年願意付一六％至二九％的信用卡循環利息，卻同時要我推薦一些投資標的，我首先會建議你把卡債都還了再說。利息無法抵稅的，但存款要課稅。還了卡債等於賺到無風險稅後一六％至二九％的利潤。其次我會建議投資在你的「棉花糖」上，晚點享用，不要一口就吃掉它。

—第25章—

用指數戰勝多數投資人

有個實驗曾被許多記者拿來報導，用飛鏢、骰子，甚至黑猩猩來隨機選股，績效都比所謂的專家來得好。

要贏過多數投資人並且累積財富的最簡單辦法，其實只是基於一個大家都知道的基本觀念。它是一個投資工具，也是市場的代表。假設一檔共同基金買進所有美國主要交易所的股票，每檔股票的比例相當於公司市值占整體美國股市的百分比[1]，這檔基金的績效就會和市場相同，每日漲跌幅相同，配發的股利也會一樣。例如埃克森美孚（Exxon Mobil）的市值（股價乘上流通股數）是四千億美元，而美國股市的總市值是十兆美元，這檔基金就持有四%的埃克森美孚股票，其他股票也是一樣處理。這種複製特定證券組合的共同基金稱為指數基金（index fund），投資這種基金產品的人通稱為「指數客」（indexer）。

這種模仿整個美國上市公司的投資方式稱為被動式（passive）投資，被動式投資的績效和大盤差不多。如果被動式投資人合計持有每檔股票的一五%，其餘八五%的投資人也可以稱為另一種大型的指數基

[1] 先鋒全市場指數基金，代號VTSAX就是。事實上，它依照每一檔股票的市值做等比例的浮動投資，也就是依照比例調整股數，不是持有後就不再交易。這兩種方法的差異其實十分微小。

金，只是這群「其他投資人」指的是主動式（active）投資，每個人有自己的一套方法，選擇並持有不同數量的股票，表現自然不會和指數相同。諾貝爾獎得主比爾‧夏普（Bill Sharpe）曾說過，所有主動式投資人的績效加總，會符合平均法則（law of arithmetic），和指數表現一樣。雖然觀念大家都懂，但在夏普之前都沒有人提過[2]。我頭一次聽到夏普說到這個觀念，並且提出極為清楚的解釋[3]，便把它稱為「夏普法則」。

我在一九六八至六九年間曾和夏普會面，當時我們都是UCI的年輕教授，而他已完成後來在一九九〇年獲得諾貝爾獎的研究工作，聲譽卓著。只是當時他是在UCI的社會科學院，我直到他被史丹福大學禮聘兩年後才真正認識他。如果PNP成立時他還在UCI，我們或許會進一步合作。他為選擇權的定價方式提供了一個簡單明瞭的方式，俗稱二元樹模型（binary model）。而我曾說服他相信市場嚴重缺乏效率——換句話說，即使風險調整後仍有不少超額報酬的機會。一九七五年我邀請他回到UCI演講，夏普認為PNP的投資績效並不能證明市場是無效率的。我和同事們所賺的錢只是剛好符合我們的價值。相信如果我們轉戰經濟學也會有一樣的成績。

主動式投資風險高、成本高

在還沒考慮成本之前，被動式投資人的投資績效和指數報酬完全相同。這和所有主動式投資人加總的績效是一樣的，只是個別之間差異很大。主動式投資人持有某些股票比重較指數高，有些比指數低，因此績效可能比指數好，也可能比較差。雖然整體主動式投資人的績效（不考慮成本）和指數相同，但個別投資人的報酬率呈現統計學上的分配，大致上和指數相差不遠，但有些人會差很大。

主動式投資人往往承擔了比預期報酬還要高的風險，因此經由分散投資以降低風險往往是買指數基金的原因，但更重要的原因是降低投資成本。指數基金交易頻率低，股票的比重一年之內也只有幾個百分點的調整。指數基金操盤人偶爾會增減持股，或是因應資金進出才做交易。然而，主動式投資人整體來說，每年的週轉率大都會超過百分之百。交易佣金和對市場的影響都算是他們的成本。

舉例來說，假設XYZ股票的「真實」價格是每股五十元，交易是以一毛錢為級距，因此買方的出價會是四十九・九、四十九・八、四十九・七……而賣方出價會是五〇・一、五〇・二、五〇・三……如果是以目前市場上出現的價格買進，就稱為市價單（market order），這也是最常見的交易型態，以這個例子來說，會成交在五〇・一元，比「真實」價格稍高，這個實際成交價和「真實」價格之間的一毛錢差異稱為市場影響。市場影響的大小和交易量有關，以這個例子來看，如果買方的量太大，不僅會把五〇・一的賣方都吃下來，還會往更高的價格成交，導致最終平均價高於五〇・一元，市場影響就大於一毛錢。

史帝夫・水澤和我成立「稜線合夥」時，在交易上特別考慮到降低成本，把大額的單量分成兩萬至十萬不等的小單，同時交易之間會相隔幾分鐘，讓價格回復。我們知道「真實」價格大致介於最高買價和最低賣價之間，但確切價格未定。通常是兩個價格的中間值。以上例來說，假設買方以五〇・一元買進後立刻賣出，他只能賣在四十九・九元的價格，中間立刻會出現兩毛錢的損失，大約〇・四%，足見

❷ 賈斯汀・福斯（Justin Fox）在《理性市場的迷思》（*The Myth of the Rational Market*）二九頁中，說明一九六二年班傑明・葛拉漢曾指出，投資不要期望會打敗市場，「因為有一個重要的原因……它**是**市場」。

❸ Sharpe, William, "The Arithmetic of Active Management," *Financial Analyst's Journal*, Vol. 47, No. 1, pp. 7-9, January/February, 1991.

表六　假設每年報酬率8%，每年35%、20%，以及期末才付20%稅率的差異

	投資價值		
投資年限	每年35%稅率	每年20%稅率	期末20%稅率
0	1,000	1,000	1,000
1	1,052	1,064	1,064
10	1,660	1,860	1,927
20	2,756	3,458	3,929
30	4,576	6,431	8,250

市場影響的確是一種成本。

非指數型的投資人每年大約要付出一%的交易成本，以及另外一%給了巴菲特口中所稱的「幫忙人」（helper）：像是操盤經理人、業務員、投資顧問以及信託者。[4]因此，主動式投資人先天上就落後指數表現大約二%，相比之下，指數投資人沒有銷售費用，費用率低（低成本、低管理費）。每年成本大約只有〇・二五%。從賭場的規畫來看，主動式投資人的績效，是被動式投資的報酬，加上付出（平均）二%成本後，再加上在一個虛擬賭場裡進行一場公平丟硬幣遊戲的賺賠結果。應稅的主動式投資人還有一項成本：因為高週轉率意味著短期資本利得，現階段的稅率要高過持有一年以上才賣出的投資人。例如，投資一千元，獲利八%，表六比較了每年賣出和持有一段時間後才賣出的稅務影響。我以三五%的短期資本利稅，和二〇%的長期資本利得稅率計算。實際報酬率會因稅率和持有期間差異甚大。

私募股權和避險基金投資人受此影響甚大，多年來不斷遊說在國會的議員朋友修法，給予他們海外所得遞延課說的優惠，甚至要求按照薪資，而非所得課稅，也不要付低很多的長期資本利得稅。表六的第二欄和最後一欄顯示兩者之間的極大差異。

如果指數先天就贏了主動式投資人二％的績效，豈不是打敗了多數的股票型基金？許多公開的年報常揭露史坦普五百指數擊敗大多數的共同基金，但都不是永遠如此。為什麼？其中一個原因是因為兩者無法類比：史坦普五百不代表全市場──如果我們的股票組合是全市場股票指數，相對史坦普五百就是主動式投資，儘管它的成本也很低──史坦普五百並不包括多數小型股，這樣的投資組合就不應受到「夏普法則」的限制，只能用史坦普五百指數來衡量。史坦普五百檔股票是由史坦普公司所決定，經常會有些遺漏和例外，雖然它仍然代表著所有公開交易股票市值的七五％，它還是漏掉了少數大型公司。比較著名的是在二〇一〇年前，波克夏海瑟威這家美國市值前十大的公司並沒有被納入。事實上，自一九二六至二〇〇七年的八十二年間，小型股的複合年報酬率高達一二・四五％，同時期大型股是一〇・三六％。不過有些共同基金就算持有小型股，還是無法抵消多收取的成本。

另一個兩者無法類比的原因是現金部位的影響。基金投資人時常申購和贖回基金，因此基金必須將一些部位放在現金上。當市場強勢上漲時，現金的孳息是追不上股票報酬，基金持有的股票部位水位低會導致報酬落後指數。不過相反地，如果市場大跌，基金的股票損失會因現金部位和其孳息而少一點。整體而言，現金對績效的影響一般來說不會太大。

共同基金通常是主動式投資人所有標的裡的一部分，基金經理人理應有比較好的技巧，基金團隊也

---

❹ 根據理柏（Lipper, Inc.）研究（*Wall Street Journal*, July 6, 2009, section R）顯示，二〇〇七年股票型基金的平均費用率是一・二二％，先鋒無其他費用的股票型指數基金的費用率則是〇・二〇％。這個費用是投資人唯一要支付的，「幫忙人」每年多收了一％，加上交易成本，主動型投資人每年付出的成本平均較被動型多出二％。

表七　主動及被動投資比較

	指數	被動式投資	主動式投資
績效	10.1%	10.1%	10.1%
扣除成本後	--	9.7%	7.7%
扣除通貨膨脹	7.1%	6.7%	4.7%
豁免稅負時	--	6.7%	4.7%
考慮課稅時	--	4.8%	2.0%

應該比起多數主動式投資人來得優。因此，儘管先天條件受限，共同基金投資團隊的績效也應該比其他人要好一些。然而，學術上利用歷史報酬數據研究顯示，沒有太多證據證明共同基金具有良好的管理技能。第三，根據夏普法則，績效落後指數的主動式投資其實沒那麼多，不過如果主動式投資把資產放在指數上一定會落後指數。

專門追蹤共同基金績效的晨星（Morningstar）公司會定期進行基金績效和指數的比較。二〇〇九年的研究結果頗具代表性。經由風險、規模以及投資分類的調整後，僅有三十七檔基金三年績效打敗對應的指數，五年和十年績效結果也差不多[5]。

指數投資的優勢如表七。我以史坦普五百代表大型股，以歷史數據和我假設的成本結構計算，詳細資料請參閱本書附錄B。在扣除成本、通貨膨脹和豁免稅負後，被動式投資人每年報酬率為六・七%，相對主動式僅四・七%，被動式的表現要好上五分之二。如果考慮稅負，主動式只剩下二%，被動式則有四・八%，是主動式的兩倍多。

如果要投資指數，建議要選擇年費率低於〇・二%的標的。如果要外加管理費、銷售費用或其他支出就不用考慮。至於短線交易費（penalty）則可以忽略，這種機制是用在短期內進出（通常是三十天內）時對特定投資人收取的費用。

每年大約在十月底，美國股票型共同基金公司就開始計算當年以來（year-to-date）客戶的課稅利益或抵稅損失額。如果在此之前有進行短線交易而獲利滿滿，很可能會被課以重稅，稅額其至高過實際拿回來的獲利。另一方面，如果當年內有重大虧損，尤其是買進之後短時間內就大跌，投資人甚至不用等到實際上的虧損數字就可以拿來抵稅❻。

擁有稅務豁免的投資人像是個人退休帳戶（IRA）、勞工退休金帳戶（401K）、員工福利計畫以及基金會等，除非有很強烈的理由相信目前的投資組合擁有極佳的優勢，否則應考慮將主動式股票投資部位換成無額外費用的指數基金。以我經驗來看，真正擁有超凡選股能力的人少之又少，每個人都應該考慮做轉換。

至於應稅投資人應該逐一檢視自己的部位。例如，一檔原本成本只有每股一千美元的波克夏海瑟威股票，到了二〇一五年市價飆漲到每股二十二萬五千美元時，一旦賣出，扣除掉聯邦稅和州政府稅合計三〇％後，每股還能淨拿回十五萬七千八百美元。如果投資指數基金一千美元，要獲得同樣的實質回報，該指數的表現得比波克夏股票還要好四三％才行❼，這似乎不太可能。

如果像我投資波克夏的方式，從不交易，也沒有請投資顧問，可以避免許多主動式投資人的支出。事實上，主動式投資人的成本也有可能低於指數客。例如，隨機選取一組股票，依照市值權重比例分別買進並持有（buy-and-hold），我們認為依照夏普法則推測，這組股票的期望報酬應該與同樣這一組股票編成的基金，扣除極小成本後的報酬是相同的。

---

❺ Fund Track, by Sam Mamudi, *The Wall Street Journal*, Oct. 8, 2009, p. C9.

❻ 如果把投資部位結清，這些額外的投資課稅損益會彼此抵消。

❼ 因為課稅，我實質拿回的只有售價的七〇％，如果要用七十元拿回一百元，要上漲三十元才行，也就是獲利四二・九％。

「買進並持有」策略相較於指數投資的最大缺點是加碼風險（added risk），用賭場的術語來說，買進並持有的報酬，相當於買進指數後再反覆擲硬幣，隨機決定個股的增減。通常來說，持有二十檔以上，分散在各產業間的股票，額外的風險就不會太高。買進並持有的最大敵人其實是投資人自己，太過專注自己選擇的股票，只聽小道消息，都會影響他們的交易行為，造成多數績效不如平均值。買指數基金能夠避免這些問題。

另一種看待指數投資的方式，是拿一筆錢買進一組美國股票，每檔股票的比例完全一樣，當成指數基金來操作。另外拿同樣數量的錢，投資在全世界最好的旗艦型基金上。指數基金的操作只是請一個人用電腦做記錄，在扣除佣金與費用後，仍然能夠擊敗地表最佳經理人。這個實驗曾被許多記者拿來報導[8]，用飛鏢、骰子、甚至黑猩猩（比喻隨便選）來隨機選股，績效都比所謂的專家來得好。

---

❽ 譯注：這裡指的是許多媒體曾報導隨機選股和專家選股做比較。比較著名的包括《華爾街日報》自一九八二至二〇〇一年間，舉辦一百四十二場比賽，每期六個月，專業人士績效都比射飛鏢好，平均獲利分別是一〇・二%和三・五%。另外一九九二年《ABC News》拿《華爾街日報》股票的放大版，記者約翰・斯托塞爾（John Stossel）對著它射飛鏢，把射中的股票做成投資組合，然後與各大專業經理人績效做比較，結果九〇%的經理人被打敗。

第26章

你能打敗大盤嗎？要不要試試？

為了打敗市場，

得集中知識和能力評估自己的「能力圈」，把投資工作做好：

確認訊息的正確性、精確度及完整性。

確認訊息的「食物鏈」，誰「吃」到第一口，誰又吃到剩下的。

當我第一次對二十一點產生興趣時，身邊每個人都說不可能打敗它。由賭注金額的變化，讓贏牌的模式變得複雜，數學上已多次證明傳統賭博遊戲是贏不了的。此外，就算有人能戰勝賭場，只要規則一改就變了樣。當我對股票市場產生興趣時，聽到的是一樣的聲音，學術圈裡早已發展出一連串的論證，也就是著名的效率市場學說（ＥＭＨ），利用金融市場的數據，他們認為明天的價格是今天價格的隨機變化，因此無法預測。

此外，如果價格可以被預測，市場上立刻會有人進行交易，直到機會消失。這個偽命題每個金融系的學生都學過。效率市場之父尤金‧法馬有一次和研究所學生走在芝加哥大學的校園中，學生突然說：「看哪，地上有張百元美鈔。」法馬看都不看，停也不停，回答說：「不，才沒有。如果有，早就被人撿走了。」

二十一點的發牌看起來也是隨機的，但如果「檢查一下洗牌法」就能從發牌、順序當中發現戰勝莊家之道。運用數學方法分析特定的洗牌技巧，就能大致預測下一張牌的順序。如果會算牌，下一副牌的出現順序也就不是隨機的。只要加上一點知識，看起來隨機的資訊也就不隨機了。期貨價格看起來也無法預測，沒有人能戰勝它[1]，不過這也得建立在現貨價格「真的」是隨機變動的假設上。

效率市場只是理論

效率市場學說的支持者收集了大量這個學說的資訊，大致相信先進國家的證券市場比較能快速反應新的資訊。數十年來忠實的信徒更認為，絕大多數投資人是理性的，並且獲得完整的資訊。然而當市場的反證[2]越來越多時，他們也心不甘情不願地做些讓步，但仍堅持這些投資人行為的集合仍能將市價保持在最佳估計值，也就是所有未來情境的平均價。一九六〇年代開始，金融和經濟學界用盡方法捍衛效率市場學說，發表了數萬篇文章，培養出幾千位博士，出版了幾百本書[3]。

傳統觀念中，股票的真實價格是源自所有未來獲利的價值[4]。未來獲利是不確定的，受到太多未知因素的影響。有人能預知九一一事件對公司未來獲利的影響？如果公司的總部正好位於世貿中心雙子星大樓裡，對股價的影響又為何？這種未來報酬折現的方式有著太多機率因素和風險。如果市場價格已充分反映今天的公開資訊，當某位投資人擁有重要的私人訊息優勢時，就可能會以非法內線交易被偵查並起訴，一九八〇年代就是如此[5]。

效率市場是個理論，但從未被邏輯證明過，所有的論證只是集中在是否解釋了真實的情況。然而，只要提出一些失敗的例子就足以證明其不存在，這樣真實的例子越多，它的立論基礎就越薄弱。

本書到目前為止，我拿了過去的例證說明了戰勝市場是可能的。從賭博到ＰＮＰ、稜線合夥和其他避險基金，以及華倫・巴菲特和波克夏海瑟威。不過績效比市場好並不等於戰勝市場，首先它可能是運氣好，其次才是發現了統計上的重大利基並且轉化成獲利。例如，PNP在一九八〇年代就運用封閉式基金經常出現的高額清算折價的特性賺了不少錢。

封閉式基金賣的是基金單位，之所以稱為「封閉」，是因為基金單位數是固定的，在基金發行時便決定了，然後基金管理者運用資金投資在各式證券上，像是高科技股、韓國股票、垃圾債券、綠能或生物科技股等。我們舉個例子來證明它是如何運作的：假設我們身處在貴金屬多頭的中期，業務人員經由證券經紀商積極推銷一檔名為「第一桶金」的封閉式基金，條件是本金八%的佣金給經紀商和業務。投資人以每股十美元的價格買了一千萬股，本金一億美元，減去八%後，淨值只剩九千兩百萬，「第一桶金」的經理人便拿這九千兩百萬投資在黃金股票上。表面上基金每股的成本是十美元，但真實的價值，一般稱為淨資產價值（Net Asset Value, NAV）只有九・二美元。而華爾街所代表的「賣方」拿走了本金的八%。其實投資人可以自己拿錢直接去買黃金股，換算單位價格就是十美元，淨資產價值也會是十美元。

「第一桶金」的基金單位可以在市場上買賣，如果投資人看好經理人的操盤功力，可以不斷買進

---

❶ 一開始會覺得不合常理，這裡的意思是沒有人會有預期價值的訊息。
❷ 他們的解釋就是大家熟知的認知失調。
❸ 記錄這些曲折過程的最佳書籍是賈斯汀・福斯的《理性市場的迷思》。
❹ 是支付的淨值，或是對單一買者的累積利益。
❺ 詳見詹姆斯・史都華（James Stewart）的《極盜戰》（*Den of Thieves*），以及康妮・布魯克的《掠食者的獵物》（*The Predators' Ball*），以及其他相關著作。

基金單位，把價格推高至每單位十美元、十一美元、甚至更高。儘管淨資產價值依舊維持九・二美元。隨著市場波動，「第一桶金」的價格和它的淨資產價值（每一基金單位所持股票的價值）也跟著起伏。當「第一桶金」的價格高於淨資產價值時，稱為淨資產價值的溢價（premium），低於則稱為折價（discount）。另外，淨資產價值代表「第一桶金」基金的清算價值，只要經理人還在管理，淨資產價值通常還會更低一些。這是因為要扣除管理費用及其他支出，基金持有人的利潤比起直接買進持股還要低。

因為有管理成本和費用，封閉式基金交易價格要低於淨資產價值，也就是折價。如果管理成本和費用占了投資組合的一五％，意思是基金投資人只能得到未來價值的八五％，折價一五％。拿「第一桶金」的例子來說，第一批投資人每單位付了十美元，華爾街的賣方拿走佣金，每單位剩下九・二美元。然後管理成本和費用又拿走了剩下的一五％，投資人又被剝走了一五％，每單位的淨資產價值只剩下七・八二美元（85％×$9.2＝$7.82）。投資人一開始投資的十美元立刻虧了二・一八美元，也就是二一・八％。這很像買一輛新車，只要一落地就立刻折價一樣。隨著時間流逝，不同基金的市價占淨資產價值的比重差異很大。我曾看過折價五〇％到溢價八〇％都有。知道這些後，投資人可以買進那些相對過去走勢和同類型基金相比有深度折價的基金。

當然，投資人也可以在基金有高溢價時放空。在投資組合中可以用期貨和選擇權搭配作多或作空基金部位，能夠規避額外的風險，效果視基金的成分股而定，這樣組合的報酬會相對穩定，但長久下去，基金的折價或溢價終究會消失，報酬也會慢慢縮水。有一次我投資一檔管理相當良好的避險基金，就是採用這個策略。因為淨資產價值的錯價慢慢縮減，我們的報酬率也變成每年一〇％，而不是當初預期的一五％。

如果「第一桶金」的每股交易價格只有六美元，相對淨資產價值十美元有四〇%的折價，我們買進足夠的股份，取得足夠的票數強制基金轉型為開放式基金，讓買進基金股份的投資人能以淨資產價值贖回。六美元買進十美元賣出，價差四美元相當於六七%的報酬，PNP曾經碰過一次這樣的經驗，大量買進一檔高額折價的封閉式基金，儘管面臨管理階層的強力反撲，最終我們還是成功地讓基金轉型並因此獲利[6]。

投資人根本沒有好好算過

封閉式基金的市價和淨資產價值的價差，讓那些深信市場機制和價格功能運作無誤的人無所適從。為何投資人會願意付一・八美元買進價值才一美元的基金，過些時候又願意以五毛錢賣掉？這不太可能是由於資訊不足，因為淨資產價值和折溢價資訊，投資組合成分股都是公開的資訊。

二〇〇八至〇九年間出現難得一見的資產大折價機會，當時有一家名叫SPAC的封閉式基金，全名是「特殊目的購併公司」（Special Purpose Acquisition Corporation, SPAC），募集時正好遇上私募投資的大風潮。初次公開發行（IPO）募集到資金後，SPAC經理人承諾會把錢投資在特殊型態的新創公司。不過在金融海嘯期間SPAC績效慘淡，平均的投資虧損了七八%。當初成立之時，SPAC表示兩年內會投資完畢，而在正式投資之前，投資人還能選擇不加入，拿回本金和利息。

---

❻ 參見：Tobias, Andrew, *Money Angles*, Simon and Schuster, New York 1984, pp. 71-2. 管理階層經常會提供一種「贖回股份」，價格在中間價，如此一來，他們可以把現金套出來，同時保留未贖回股份的資產，維持管理層的職位和薪資。

二〇〇八年十二月，市場恐慌氣氛彌漫，當時SPAC的價格雖然相對淨資產價值是折價，但滿手美國公債部位。當時距離兩年期限只剩下幾個月，此時基金若不是要準備進場投資，就是得面臨清算，讓投資人依淨資產價值把錢拿回去。我們大可把滿手美國公債的SPAC用折價買下，幾個月內清算拿錢出場[7]，年化報酬率可達一〇％到一二％，當時美國短期利率已經快降到零！

對於那些始終相信市場永遠反映最適價格的人來說，這就是個賺錢的好時機，因為投資人根本沒有好好算過。

再舉個例子，假設有兩位汽車經銷商比鄰而居，第一位賣的是福特轎車，售價九千美元，外加六個月內退款（rebate）兩千美元。第二位賣的同一款福特新車，售價一萬四千八百五十美元。兩家都在路邊豎起大型看板，開車經過的每個人都看得到。不過第二位價格比較高的經銷商另外在空中放了超大氣球造勢，還請了搖滾樂團助陣。結果怎樣？開低價的經銷商門可羅雀，高價的門前車水馬龍！多數的「理性」投資人大都傾向付高價，很笨嗎？這不可能嗎？其實這很常見，例如下面的例子中，售價九千美元加上兩千美元退款的福特，價值等同於一百股的3Com，而同樣的福特售價一萬四千八百五十美元，價值則近似一百三十五股的PalmPilot掌上型電腦。

PalmPilot掌上型電腦曾風光一時，是個人資料處理的手持式裝置。當時母公司3Com（股票代號COMS）宣布將PalmPilot分割出去成為獨立公司，並拿出六％的股權，計畫在二〇〇〇年三月二日星期四公開上市，每股三十八美元，股票代號就是PALM。掛牌當天發行的兩千三百萬股轉手一・五倍，成交量高達三千七百九十萬股，股價最高衝上一百六十五美元，收盤價回跌到九十五美元。PalmPilot的掛牌有意塑造出供不應求的現象，引發瘋狂的買盤追逐，這是當年科技股公開上市常見的現象。在那段時間內我們常看到。

回到市場缺乏效率的問題。PalmPilot掛牌當天收盤市值達到五百三十四億美元，而持有九四％股權的母公司3Com，市值只有二百八十億。有趣的是，當天收盤3Com持有的九四％PalmPilot價值達五百億，意思是3Com有二百二十億美元的「負」市值！然而，分析師還估計3Com還有五十至八十五億市值的上漲空間。六個月後，3Com有意把手中PalmPilot股票分給股東，我兒子傑夫在公司宣布前幾天打電話給我，匯一些錢去試試這個機會，擁有PalmPilot的股票，可以在首次公開發行時申購，或是掛牌後在市場價格間追逐，甚至在盤後交易。或者可以買進COMS，等幾個月後，以每股換一．三五股的方式間接取得PALM股票。而且，還可以保有分割後的一股新3Com股票，外加每股八美元的現金。這是有利可圖，傑夫估計新股價格在十五至二十五美元之間。

補充分析師報告：傑夫估計的每一百股3Com換一百三十五股PALM股票是太過保守——是「最差」的選項——一般華爾街估計是一百五十股。華爾街分析師之間的估計值往往差異甚大。超乎我們想像，原因在於PALM和COMS的轉換比率得看COMS在外流通（outstanding）的股數，以及其他突發狀況會稀釋掉股權——例如發行在外的選擇權。

當傑夫和我第一次討論因應策略時，3Com每股價格九十美元，而PalmPilot每股一百一十美元。買一百三十五股PalmPilot要花一萬四千八百五十美元，而如今只要付九千美元買一百股3Com就能換到一百三十五股的PalmPilot，外加一百股的新3Com（想像一百股3Com股票像一張分為兩部分的票，一半寫著：「一百三十五股PalmPilot」，另一半寫著「一百股分拆後的3Com」）。如果花九千美元買進一

❼買進SPAC也不是完全沒風險，因為資產並沒有受到破產保護。傑夫發現這個策略的同時，也對每個投資案進行個別研究。

百股3Com，能獲得價值一萬四千八百五十美元的PalmPilot股票，以及一百股價值一千五百至兩千五百美元的新3Com股票，假設新股價值兩千美元，相當於一百三十五股PalmPilot成本才七千美元。

我要問效率市場專家學者一個問題：為何人們明明只要花七千元買一百股3Com就好，卻願意花一萬四千八百五十元去買一百三十五股的PALM？為何投資人要用五百三十億的價值買PALM，而不願用一半的價值買3Com？這不是訊息不透明的問題，訊息非常簡單，且提前對大眾公布。

傑夫和我會怎麼做？其中一種方法是買進3Com，等上六個月轉換後再賣出PalmPilot及新3Com股票。但是，萬一3Com和PalmPilot目前股價都被高估，從此一路狂跌呢？這是有可能發生的。首先，COMS從二個月前每股五十美元漲到PALM上市時的一百美元，其中包含對PALM上市的期待；其次，我們相信科技股被一大群非理性投資人吹出一個投機的大泡沫。那斯達克站上歷史新高，但三年後跌掉七五%。一直過了十六年還沒有回到原來的水位[8]。

我們也可以用每股一百一十美元借券放空一百三十五股PALM的股票，拿到一萬四千八百五十美元，再以每股九十美元買進一百股COMS股票，等到股票轉換後再還給券商。這是幾乎無風險的套利。六個月後以一百股COMS股票換到一百三十五股PALM，再把放空部位回補。這樣一萬四千八百五十美元的放空所得，會有五千八百五十美元的利潤，外加一百股新3Com的股票。如果以每股十五美元計算，我們賣掉還可以拿到一千五百美元，六個月間的總利潤是七千三百五十美元，對照九千美元的成本，獲利八二%[9]。

這種對我們和所有套利者的好康，關鍵在於券商能借我們多少PALM的股票。有一個朋友管理一檔二十七億美元的可轉換避險基金，當時借了二十萬股的PALM股票，搭配手中早已買進的低價COMS，等待IPO前價格走揚。

《華爾街日報》指出[10]，幾天之內套利者借入大量PALM放空並買進3Com，兩者價差就會縮小。這時我們看到市場機制的缺乏效率，一群傻瓜或不理性的PALM買家和精明的套利者之間不同的行為。《華爾街日報》同時指出當時二月中旬類似的價差也出現在IPC通訊及分割出去的IXnet上面。即使IPC仍然持有七三%IXnet，在「效率」市場的運作下市值都只有IXnet的一半。傑夫當時也針對兩檔股票進行了套利。

如同「地平說學會」[11]的成員一樣[12]，效率市場的信徒一點也不認為3Com-PALM案例是個問題。一位效率市場的主要倡導者提出解釋，他認為套利者無法借到足夠的PALM股票將兩者價差敉平，如果真是這樣，套利者只要依照相對價格不斷買進3Com股票就行了。這倒是真的，我和其他套利者當時的確想過，如果借得到足夠的券，打算把身家都押下去。然而，PALM的買家其實可以自行修正價差，只要把手中的PALM持股賣掉，回頭買進3Com就行了。雖然這樣的作法人盡皆知，甚至登上了《紐約時報》的頭版[13]，對股價的影響還是很小。投資人不但不肯算一下，也很明顯不知道有人會這麼做。

---

❽ 譯注：二〇一五年三月，那斯達克指數突破二〇〇〇年科技泡沫時最高點（五〇四八・六二點）。一直至二〇一八年一月，指數才又站上七二〇〇點。

❾ 在此我省略了部分細節，像是實際的投資金額可能比例子九千美元多，因為考量投資人現有的投資組合後，保證金規定可能不同；放空的時間點不同，金額也會不一樣。

❿ 詳見*The Wall Street Journal*, March 3, 2000, P. C19, "Palm Soars As 3Com Unit Makes Its Trading Debut."

⓫ 譯注：「地平說學會」（Flat-Earth Society）：是一個支持地球是平的，反對地圖說的組織。由英國人薩謬爾・申頓（Samuel Shenton）於一九五六年建立，極盛時期會員有三千人。

⓬ Malkiel, Burton G., *A Random Walk Down Wall Street*, Norton & Co., New York, 2007.

⓭ 詳見*New York Times*, March 3, 2000, P. A1, "Offspring Upstages Parent In Palm Inc.'s Initial Trading."。

PALM／COMS的例子之外，我們再看看其他效率市場理論的主張。

在完美的效率市場中，沒人能打敗市場，我們可以預見：

1. 所有訊息可以即時傳遞到市場參與者手中。
2. 參與者屬於金融理性者——例如，在其他情形不變下，他們喜歡多賺錢。
3. 參與者能夠快速評估所有相同的資訊，並決定每一檔證券的公平價格。
4. 新的消息會立刻反映在價格上，直接跳到公平價格上，避免任何人能夠利用快速轉換額外的利潤。

註：效率市場理論的支持者也明白，在不同程度下，某些情況是不切實際的，但仍聲稱大致上是符合的。

現在我們來看看市場實際是如何運作，以便更了解投資。

有機會打敗市場

在真實的投資世界中，我們看到市場的缺乏效率，以致有機會打敗市場。

1. 訊息只會很快在對的時間、對的地點傳給少數人。多數的訊息先讓某些人知道後才浮上檯面。時間差可以從幾分鐘到幾個月都有，視情況而定。第一批得到訊息的人就嘗得到甜頭，其他人什麼都得不到，甚至還會虧錢（註：使用內線交易可能合法，也可能非法，視訊息的形式、如何取得、並如何使用而定）。

2. 金融理性只在某些特殊情況適用。我們每個人有時幾乎是完全不理性，有時行為又近乎全然理性。現實市場中理性的參與者少之又少。

3. 市場參與者通常只有某些相同資訊來決定證券的公平價格。包括處理訊息的時間和分析訊息的能力在不同的情境下差異很大。

4. 反映某個訊息的買賣單往往在數秒之內蜂擁而至，導致價格在短時間內出現缺口。並且，學術上也證實，訊息的傳播往往還會在未來幾分鐘、幾小時、幾天、甚至幾個月內不斷被傳播並擴大[14]。

我們的實務經驗告訴我們，打敗市場是可能的，並且每個人都能做到。

1. 盡可能早點取得訊息。問題是如何知道自己的訊息夠好夠早？如果不確定，通常就不是。

2. 想辦法成為訓練有素的理性投資人。以邏輯和分析取代銷售話術、怪點子或情緒。不斷挑戰自己之後產生的理性決策，才會使自己占有優勢。千萬別孤注一擲，因為這樣會讓自己過度自信。一如前面提到的巴菲特曾說過的話：「看到慢速球才揮棒。」

3. 找出最棒的分析方法。大家看到我致富的方式，是統計套利、可轉換避險、布萊克－休斯公式、

[14] 當公布預期以外的獲利數字、股票買回、分割等訊息後，股價往往需要幾週甚至幾個月的時間才能調整好。

以及二十一點。其他還有一群天才開發出來的卓越證券分析方法，和避險基金的投資策略。

4. 當證券出現錯價，投資人就會搶進，錯價就會漸漸消失。最早進場的人收穫最多，後進者只會拿到剩下的零頭。因此當發現機會來臨，要一馬當先。

最後要明白一點，市場缺乏效率與否視個人的知識而定。多數市場參與者沒有發現這點，他們就會認為二十一點的牌和輪盤上的數字看起來是隨機的，就會認為市場是完全有效率。

為了打敗市場，得集中知識和能力評估自己的「能力圈」[15]，把投資工作做好：確認訊息的正確性、精確度及完整性。確認訊息的「食物鏈」，誰「吃」到第一口，誰又吃到剩下的。最後，用邏輯判斷，別意氣用事來賭一把，如果一切有跡可尋，你就搶得先機。

無論是否要打敗市場，你都可以把自己的財產管理得更好，這點在下一章會討論。

⑮譯注：「能力圈」（circle of competence）：由投資先驅查理・蒙格所提出。指的是每個人的最佳發揮領域。

—第27章—

資產配置及財富管理

凱利用數學的方式證明，他的方法能夠比其他方法的競爭者賺得多。

從二十一點開始，我一直都用凱利方程式在百家樂和後來的投資配置上。

先進工業國家的私人財富大都涉及各種主要的資產類別，像是股權（普通股）、債券、不動產、收藏品以及個人其他財產。如果每一項都有對應的指數基金可投資，整個投資組合的風險與報酬就取決於這些資產類別的配置。其實即使沒有對應的指數也是一樣。表八大致列出主要資產類別項目。不過某些像是共同基金、避險基金、各種形式的基金會以及職工福利基金等則不算在內，因為這些投資所持有的也是這些資產[1]。衍生性商品像是權證、選擇權、可轉換公司債，以及許多後來發展出的複雜創新產品，前面已介紹過，其價值是來自於它們的「標的」證券，像是公司普通股，而不是單獨出現。這些衍生性商品是其標的資產的一部分。

個人的資產如何在表八中找到分類？多數投資人都擁有的三大項目是股票、利率商品以及不動產。大約各占據美國家庭四分之一的淨資產，其比例因資產價格的漲跌而起伏。

投資人追求報酬，但在資產價格上漲之際買進，下跌時賣出，歷史經驗顯示往往績效不彰。二〇〇〇

表八　主要資產類別及分項

股權類
- 普通股
- 特別股
- 權證及可轉換證券
- 私募股權

利率相關商品
- 債券
  - 美國公債
  - 公司債
  - 市政債
  - 可轉換公司債
- 現金
  - 美國國庫券
  - 存款帳戶
  - 定存單
- 不動產抵押貸款證券

不動產
- 住宅不動產
- 商業不動產

商品原物料
- 農產品
- 工業原物料
- 貨幣
- 貴金屬

收藏品（藝術品、寶石、錢幣、汽車等）

個人其他財物（有市價）
- 車輛、飛機、遊艇、珠寶等

年的科技泡沫，二〇〇六年房地產價格登頂，二〇〇八至〇九年跳水式的暴跌大都受傷慘重。另一方面，買低賣高，也稱作「逆勢」或「價值」型投資人，反而能在資產之間轉手時獲得比較好的績效[2]。

本書附錄B統計了股票和商業不動產是長期下來報酬最好的資產。利率型商品投資，考量課稅及通貨膨脹後大致打平，只對免稅的投資人提供了合理正報酬。然而，雖然股票長期報酬不差，但下跌的期間也不短，往往和歷史高點還有一大段距離。不動產則在二〇〇八至〇九年期間近乎崩盤。

假設二十一世紀所有資產的風險與報酬和二十世紀相似，被動式股票投資人長期下來報酬最佳，以收入為主的商業不動產也不差。將財產分散配置在這兩個資產上，或許就能降低風險並提高報酬。

保守的退休投資人

許多投資人不願承擔股票和不動產的風險，高報酬的背後有時要面對殘酷的財富縮水。

我認識一對退休夫婦，其投資規模大約六百萬美元，他們打算當作退休金度過下半輩子。每年大約花費其中的四%，其餘財產投資在「安全且能打敗通貨膨脹」的資產上。換算一下，在未來的二十五年間，只要他們仍健在，每年稅前和通膨調整後要花費二十四萬美元。他們選擇其中一半投資在免稅的市政債券，其他放在股票上，因為不想再面對大蕭條時的慘況。

我認為這個計畫很適合他們，這對夫妻對金融和投資都興趣缺缺，我在一九九〇年代初拿了五十萬美元投資每股一萬兩千美元的波克夏海瑟威股票的方法，對他們來說都太複雜，應該單純做個被動式投資人就好。雖然這個建議到了二〇一六年丈夫去世時已經價值九百萬。不過他們的計畫當中有一半放在相對安全和穩定的市政債上，足以度過任何困境。

隨著時間流逝，儘管市政債券的市價跟著利率高低呈現反向起伏，每年仍舊配發四%的利息，而且免稅，大約十二萬美元左右。而股票部分平均漲幅在四到五倍之間（稅前，未計算顧問費及其他成本）。波克夏海瑟威的股票從一萬二千美元漲到十五萬美元，金融海嘯期間跌到七萬五千，二〇一六年站上二十萬美元。二〇〇八年金融海嘯股票市場腰斬，政府稅收銳減，美國政府的巨額赤字擴大到州及

---

❶ 共同基金管理公司及避險基金合夥的部位雖然是獨立計算且市值龐大，但它們都已經被計入私募基金的部位中。

❷ 這部分更精細的數學論述，有些被稱為「波動抽利」（Volatility Pumping），詳見 *The Kelly Capital Growth Investment Criterion: Theory and Practice*, editors Leonard C. MacLean, Edward O. Thorp, and William T. Ziemba, World Scientific, 2010.

地方政府，市政債看起來也不再那麼穩定。然而，市政債的表現仍好過股票，他們的經濟安全無虞，也無需每天對著投資組合的上上下下提心吊膽。

另一位我認識的投資人建構了幾百萬美元的投資組合，用產生的收益供日常花費。他的投資組合因而大部分是中短期債券，每年付了不少所得稅。他堅持只要利息和股利，因為資本價格上漲太不真實。我試著說服他包括資本利得和股息的總報酬（稅後）可以賺更多錢，還可以存起來，無論是已實現的收益還是未實現的資本利得（損失），但沒成功。即使從不配息的波克夏海瑟威股票，因為沒有任何收益，他也從不考慮。這類偏好收益的投資人花費太多成本在已實現的收益上，而忽略了總報酬（經濟收益），這樣的人還為數不少。

至於不願花太多力氣想，只要跟著別人走的投資人，也有很多訊息可供考慮。例如過去幾年股價指數（像是史坦普五百）的平均本益比，和未來幾年的總報酬有著緊密的反向關係。簡單來說，高本益比意味著股價被高估，未來表現通常不會太好，低本益比則相反。投資人為了分散投資，可以考慮減碼那些本益比創新高的股票，轉往低本益比的股票。

我個人傾向用本益比的倒數，用盈餘除以股價，有人稱為「益本比」，但更好的說法是盈利率（earnings yield）。例如本益比二十倍，盈利率就是一／二〇或五%。投資史坦普五百指數的投資人可以視為投資一個低評級的長期債券，用這個「債券」的盈利率和總報酬與其他債券，像是長期公債或一定等級的公司債做比較。當股價指數的盈利率相對債券創下歷史高點，投資人可以賣出債券，買進股票。當債券收益率相對股票高，可以把錢從股市轉進債市。

賣股的訊號還包括：劃時代的革命性新產品問世；獨占市場以控制價量；受政府保護的企業占有市場；發現新的礦藏等等。投資人聽到這類消息應該小心謹慎，思考一個關鍵問題：這個公司什麼價格才值得買？什麼價格算高？假設研究公司財務報表管理方式、經營模式和產業前景後，結論每股四十元值得買。這個價格不但可以有風險調整後的超額報酬，萬一分析出錯時還能有所保障。又假設認為八十元的股價是被高估了，就應該避開。不過，如果仔細分析公司，有時還是會發現好買點。「買進」價和「高估」價的間隔越窄越好。有經驗的投資人很習慣這樣的分析，並且信心十足。

二〇一四年底美國股市的市值大約是全球股市的三分之一多一點。鼓吹投資多個國家通常會享有分散的好處——在特定報酬下投資風險較低。不過實際結果[3]因時間會有不同：在一九七〇至八六年間表現很好，一九八七至二〇一五年則平平。近年來，特別是金融危機後，全世界因科技進步帶來的全球化資訊影響，與美國市場同步的跡象越來越明顯，也限制了分散風險的效益。

多數美國家庭擁有自己的房子，也是他們主要的財產。這項投資到底好不好？一九五二年，我的伯父伯母付了一萬二千美元，在加州托蘭斯的勞工社區買了一棟一層樓的木造石膏房。到了二〇〇六年，他們在房市泡沫幾乎最高點時賣掉。儘管居住環境因為鄰近幫派聚集而惡化，房屋也老舊，他們在付完稅和佣金後還能拿回四十八萬美元。五十四年間成長了四十倍，相當於每年七%的複合成長率。並且，每年的房屋稅和維持費用仍比花錢租房來得划算。

雖然如此，我伯父只是運氣比較好而已。根據經濟學家羅伯・席勒（Robert Shiller）的研究，用一八九〇至二〇〇四年[4]超過一個世紀的美國房價數據，經物價調整後平均每年只上漲〇・四%，如果計

❸ 有關全球股市的報酬率數據，請見：*Triumph of the Optimists*, by Dimson(et al).

❹ "Causes of the United States Housing Bubble from Wikipedia, 09/16/09 version; Ziemba, William, "What Signals Worked and What Did Not 1980-2009, Parts I, II, III, *Wilmott* Magazine, May, July and Sept. 2009.

算一九四〇至二〇〇四年，每年成長〇・七%。由此可見，擁有房產並不會是致富的要件。不過有時候擁有房子不是為了財富數字上的利益[5]，我就是這麼想：做自己的主人，做任何改變或修繕自己決定就好，不需經過房東同意。如果抵押貸款利率是固定的，或貸款已經還清，未來每月的開支就很清楚且可控制。

前面提到，應稅投資人必須將利潤拿出一部分交給政府，和免稅投資人相比，對財富累積的影響甚大。他們其實可以利用大家熟知的虧損抵稅來彌補全部或部分的稅負。

在最簡單的情形之下，投資人在年底前將虧損的股票認賠賣出，實現的虧損可抵減當年的所得稅。這也間接造成所謂的股市「元月效應」，因為投資人在十二月賣出持股，加重當月份的賣壓，然後在一月份買回來，造成績效反彈。這對小型股的影響更大，投資人習慣賣掉虧損的股票後立刻再買回來，經濟上的損失（或利益）不太大，但可以少繳不少稅。美國政府為了防止稅收的損失，制定了「假售回購條款」（wash sale rule）。規定投資人如果在虧損時賣出股票後，在三十一天內重新買回，則實現的虧損不能拿來抵稅。這條款也針對精明的投資人將虧損股票轉換為其他「相近」股票的作法訂出限制。

賣股抵稅的反面是稅負遞延，投資人賺大錢時也希望到年底才賣股，這樣繳稅的期間可以差距到一年。中間可以避免提前被政府收走。

儘管法規後來有調整，一般來說持有超過一年以上才賣出的長期資本利得，稅率還是比短期資本利得低很多。因此，有獲利的投資人等一年以上才賣出會比較有利。另一方面，短期損失最先被用來抵銷短期獲利的稅負，因此比起長期虧損要來得有用，往往出現虧損時會趕快賣掉，而不是抱股過年。

PNP花了很多心思在降低或遞延合夥人的稅負上，儘管稅法今昔大不同，然而作法仍換湯不換藥。

認賠賣出的股票：賣股抵稅標的

「賣股抵稅」還可以設法獲得更多利益。假設一位應稅投資人習慣買進並持有股票指數基金，如果換成買進一籃子二、三十檔股票追蹤指數，可以獲得比較多的稅務優惠。用較少數量的股票，例如三十檔追蹤道瓊工業指數。它和史坦普五百的長期走勢一致，儘管兩個指數的編製方法全然不同，表現卻十分相近。PNP在一九八〇年代中期開發這樣的技術，以一組股票追蹤指數來進行套利。一九八七年十月十九日「黑色星期一」的隔天，史坦普五百指數和期貨之間的價差超過一〇％，我們的套利策略因而獲利不少。計量人員經由交易行為，讓價差維持很小。

為了降低稅賦，從組成一籃子追蹤指數的股票開始，如果有一檔股票下跌，例如跌一〇％，就把它賣出換另一檔或多檔股票取代，讓這一籃子繼續追蹤指數。這時認賠賣出的股票就是最好的賣股抵稅標的：買進一年之內虧損出場。我常用這個方法教大家利用歷史數據來進行模擬研究。

只要開始投資，都必須了解事後輕易賣出的重要性，也就是大家熟知的流動性（liquidity）。在二〇〇八至〇九年的大衰退期間，投資人都見證到避險基金和不動產市場缺乏流動性導致付出巨大成本。

二〇〇二年結束「稜線合夥」之後，我對政府赤字的擴大和房價、股價的大漲開始感到憂心；並且，避險基金也開始更改契約，把投資人綁得更緊，要贖回資本更加困難了。從每月接受贖回延長至每

❺ **平均來說**，超越物價膨脹的利潤大都來自商業不動產，而非住宅。擁有房產者和要買房子的人往往分不清楚，而且被歷史上不同時期不同地區的大贏家故事給誤導。這種情形也在股市上發生，被愚弄的大致也是同一批人。行為財務學者有對人性傾向做過深入分析。

季、每年、甚至更長。並且提出贖回的日期更加提早，從三十日前提出變成四十五日、六十日、甚至九十日。每次贖回的金額也增加了限制。證管會此時又新增規定，要求一億美元以上的避險基金經理人必須要註冊成為正式的投資顧問，否則將要鎖住原始投資額至少兩年。這條新規反而讓許多基金找到理由，故意不去註冊以鎖住客戶的錢。原本證管會的用意是保護投資人權益，結果反而害了投資人。

二〇〇八年春天，我意識到房價的崩跌恐怕還會出現更大的餘波，因此開始在好幾檔避險基金進行部分提領。不幸地，這些原本流動性不差的基金都出了問題。到了九月金融市場的風暴更加猛烈，原本應該在之前拿回來的提領金額都沒有兌現，基金價值大幅滑落。許多長期任意運用槓桿融資的基金都遇上災難，沒有預見這場金融危機導致投資人受傷慘重。原本應該在市場下跌時獲利的避險基金全年跌了一八%，大型股跌了三七%，不動產投資信託（REITs）跌幅更是超過四〇%。新一代的避險基金經理人，在信用和資產泡沫破滅後，根本不知道如何去避險，也沒想過代價會如此龐大。

其他大型的校務基金，像是哈佛、耶魯、史丹福及普林斯頓等名校也有投資避險基金，而且投資彈性更小。因為他們偏愛長期低流動性的另類投資，像是私募股權基金（private-equity fund）、商品原物料以及不動產。經過多年的兩位數報酬後，金融海嘯幾乎把賺來的錢全吐了回去，還倒賠了二・五%左右。而所有大型校務基金的平均虧損是一八%[6]。

這些低流動性的投資不可能在發生問題的當下就順利出場，因此投資部位往往需要更高的預期超額報酬，以彌補萬一無法預知事件發生時對經濟的影響。

二十一世紀初發生的住宅及商用不動產泡沫和隨之而來的破滅，引發數百萬家庭的信用危機。由於陷入了只漲不跌的迷思，人們借了八成、九成、甚至百分之百的貸款來買房子。當價格上揚時，數百萬已經用高槓桿買到的房子竟然拿來再融資，或是借二胎及再抵押。一旦房價在二〇〇六年攀頂後滑落，龐大的房價賣壓讓許多房子瞬間成了「溺水屋」❼，以及許多購買超出能力所及的房子，如今無法應付日常開支，這些都進一步加重了房屋的賣壓。這堂槓桿的課給我們的教訓是：必須假設想像得到的最壞情境，問自己是否承受得了。如果答案是否定的，請立即降低借款。

凱利準則

我對運用槓桿的認知來自賭場的經驗。那時我實驗二十一點算牌裝置時，在期望勝率高或者是具有優勢時會直覺地加碼押注。但問題是押多少？一九五六年貝爾實驗室（Bell Labs）的物理學家約翰・凱利發表過一篇文章，名為〈財富公式〉（Fortune's Formula）❽。凱利被譽為克勞帝・夏儂之後最聰明的人。在這篇文章裡，威廉・龐史東指出，在下一元注贏了可拿A元的賭局中，凱利的最佳下注金是相當於優勢的資本，除以贏得的A元。在二十一點中，一般的優勢是在一％到五％之間，而每下一元可能贏的錢也是一元多一點。在這樣的條件下，如果牌是正常公平的，我會拿比例比優勢小一些的賭本下注。凱利準則不受兩種收益的限制，但要求賭場或投資的機率是已知並可估算才行。

這麼做結果會怎樣？凱利用數學的方式證明，他的方法能夠比其他方法的競爭者賺得多。從二十一點開始，我一直都用凱利方程式在百家樂和後來的投資配置上。

❻ "Princeton's Endowment Declines 23 percent," by John Hechinger, *Wall Street Journal*, September 30, 2009, p. C3.

❼ 譯注：「溺水屋」（underwater）：指房屋現值低於貸款金額的房子，就算把房屋賣掉也還不起貸款。

❽ 「財富方程式」這個名稱和我在一九六一年美國數學學會上提出的二十一點研究報告的名稱很類似。比爾・龐史東十分細心，問我能否使用這個名稱。在《戰勝市場》中，我用這個名稱形容凱利賭場系統。一九六六年我改稱為凱利準則，並且從此定名。

凱利準則有幾個主要特徵：(1)多數投資人或賭徒會避免輸到精光；(2)優勢越大，賭注就應該越大[9]；(3)風險越小，賭注就應越大。凱利準則不是出自那些傳統學院派的經濟學家，因而引發許多爭論[10]。

PIMCO的共同創辦人比爾・葛洛斯一九六九年夏天在內華達玩二十一點時，就開始接觸凱利準則，後來在投資決策上都受其影響。他曾面對《華爾街日報》訪問時說：「在PIMCO，有多少錢並不重要，兩百或一兆美元都看得到我們的投資組合。我們沒有單一標的投資比重超過二%。在交易當中應用到職業二十一點的風險管理技巧，這也是我成功的一大原因。」[11]

在此要提出三點說明：(1)凱利準則可能會造成財富大起大落的結果，因此使用時最好下比凱利準則建議來得小的賭注，通常一半或更低；(2)對於有時間壓力或風險趨避傾向明顯的投資人來說，其他方法或許比凱利準則更適合；(3)凱利準則的精確使用應具備每一種獲利的機率值，像絕大多數的賭場遊戲。如果像是投資世界中充滿不確定性，就最好以保守一點的方式來估計凱利準則的結果。

我曾在《維蒙》雜誌上提到，華倫・巴菲特的思維方式和凱利準則有許多相近之處[12]。在一場與埃默里大學（Emory University）商學院學生的座談中，巴菲特曾被問到對著名的財富方程式和凱利準則的看法時，談到他決定投資額大小的過程。他和伙伴查理・蒙格當年只管理兩億美元時，投資的標的數大約只有五家，有時候七五%的資金押在一檔股票上。對於有利情境一向投資不手軟正是凱利準則的風格。

退休後每年可花的錢：資產÷最長的餘命數

在一般人的人生週期中，未成年時我們花費的通常比賺的多。在接受教育和訓練之後，我們對社會的貢獻往往大過社會給予我們的資源。在這段期間，投資人會累積財富，為將來工作收入減少時做準備。

到了退休之後，生活所需全靠儲蓄，每年要花多少錢才不會透支？這沒有標準答案，因為每個人需求、欲望、生活環境都不一樣。我認識一位退休人員，擁有一千萬美元資產，生活過得很好，並持續投資。他認為如果投資績效跟得上通貨膨脹，未來二十五年的餘生每年可花四十萬美元，這達到了他的目標。也是最保守的心態看待退休這個議題：投資美國短期公債，風險很小，大致追得上物價，把資產除以最長的餘命數，就是每年可花的錢。

不過如果想要這筆錢「永遠」可用，最後還能捐出去呢？電腦模擬試算[13]顯示，一般認為最好的長期投資標的像是股票和商用不動產，經過通膨調整後，每年可用資金竟然只有資產的二%。這個令人訝

---

⑨ 讀者可以詳讀我所寫的細節，在我的網站www.edwardothorp.com。

⑩ 除了龐史東的故事外，數學愛好者也可以看一些近期延伸出來的研究：*The Kelly Capital Growth Investment Criterion: Theory and Practice*, editors Leonard C. MacLean, Edward O. Thorp, and William T. Ziemba, World Scientific, 2010.

⑪ "Old Pros Size Up the Game," by Scott Patterson, *Wall Street Journal*, March 22, 2008, p. A9. 葛洛斯於二〇一四年離開PIMCO轉往Janus任職。

⑫ 請見："Understanding the Kelly Criterion," by Edward O. Thorp, *Wilmott*, May 2008, pp. 57-59. 另見：http://undergroundvalue.blogspot.com/2008/02/notes-from-buffett-meeting-2152008_23.html.

⑬ 數學家阿特・奎菲（Art Quaife）有做出相關的模擬。

異的保守數字，是基於未來投資的報酬和風險與美國歷史經驗相似的假設上。不過在這樣的情境下，未來還能有錢捐出去的機率高達九六%。

不過，二%的花費限制的確太低。如果資產在初期就遇上市場大跌而嚴重縮水，花費的需求恐怕會把所有資產耗盡。

第28章

回饋

我提到一千萬美元的捐款可以在未來獲得六億美元的補助，這是一筆六十倍槓桿的捐款。當時我看到葛洛斯眼中閃著光芒……

二〇〇三年，薇薇安和我為加州大學爾灣分校（UCI）的數學系贊助講座教授。這是源自過去幾十年我們在慈善團體中學習到的公益回饋。唯一的條件是贊助方式的改變，比起一般的金錢補助影響更深遠。我們同時要求贊助那些鮮少人關注的研究計畫。

一九九〇年代新任的數學系主任大刀闊斧改革，他平息了教授間的衝突，淘汰素行不良的人員，並引進新的優秀教職員。當時其他系所已有講座教授，唯獨數學系沒有。我們贊助之後，可以吸引一些名教授並提高系所的水平。我們擬定的目標為：(1)贊助極具天分的個別數學家研究項目；(2)利用獨特的投資和收益策略，讓這項贊助經費能持續成長，成為全球知名的講座計畫。因此吸引了不少優秀的數學家來到UCI。

為了達到第一個目標，款項只提供給講座教授的研究活動。教授除了學校撥發的薪水之外，另有一筆經費提供研究之用。如果學校不願聘請某位教授，我們也從善如流。我們預期終有一日贊助金額可能會超過學校提供的薪水，計畫可以長久持續下去。

依照學校規定，講座經費用於系所一般事務校園活動上，或學校預算等其他非直接參與研究活動的比例，每年不得超過當年支出的五%。我們訂下每年二%的規則，其中〇・一%是行政費用，另外一・九%則撥給講座教授。二%的使用限制有助於我們達到長期複利的投資目標。

我們捐出部分波克夏海瑟威的A類股，雖然我們因此少了長期獲利的機會，不過捐出去的股票依舊持有，只有在需要撥款給講座教授時才賣出。然而，一般A類股（二〇一六年每股約二十萬美元）每年所賺的錢比每年付出去的錢還多。因此每當需要撥款時，我們會先把一股A類股轉換成一千五百股B類股，這是A、B類股的換股比例。二〇一六年中每股約一百四十美元。然後再賣出適當數量的B股以籌措所需的資金。其餘部位仍舊全數投資，直到下一次資金需求出現。我們將來如果離開人世，剩下的股票部位會自動轉換為無手續費、管理費率也很低的美國一般型指數股票基金（ETF）[1]。例如先鋒的史坦普五百或美國全市場ETF。

我們期望這筆款項的成長性要多少？過去兩百年間，美國股市每年平均成長率比通貨膨脹多七%。雖然沒人知道未來還會不會一樣好，但即使通膨增加五%，每年實質購買力還是會增加三%，平均每二十四年會增加一倍。可以預見一百年後這筆錢每年撥出來的款項金額會是今天的十九倍之多。兩百年後，這筆講座教授的基金價值增加三百七十倍。如果美國經濟持續繁榮，大學依舊存在，基金的投資和運作持續，複利的力量會讓這筆數學系講座的資產價值超過目前全世界其他所有講座教授基金的總和。

或許有人會質疑這件事發生的可能性，我引用H・W・布蘭茲（H. W. Brands）[2]所寫的班哲明・富蘭克林傳記中的一段話，一筆遺產「可以立刻拿來用，或是隨時間的無形力量讓它自然增值」。

一七九〇年富蘭克林去世後，留下兩筆特殊的循環基金[3]，每筆一千英鎊。分別放在波士頓和費城。每年拿出基金的五%幫助「年輕成家的優秀設計者」。富蘭克林期望每筆基金每年複合成長率可達五%，一百年後累積到十三萬英鎊，到那時拿出十萬鎊做公益，剩下的錢依照富蘭克林的規畫，每年五%的成長，再過一百年會累積到四百萬鎊，到時再分給當地州政府和地方政府使用。兩百年後，到了一九九〇年，波士頓的基金成長到四百五十萬美元，費城的基金成長到二百萬美元。

我們的成果呢？十三年過去了，儘管經歷過二〇〇八至〇九年的風暴，當年贊助的本金已經成長超過一倍，至於未來學校能否存續，加州大學校長克拉克・柯爾（Clark Kerr）曾說過：「一五二〇年以來至今，全世界只有八十五家機構持續存在……其中有七十家是大學。」❹

政治上上下下，流行來來去去，特殊公益團體為了特定的偏好和解決困難不斷嘗試並成長。數學史穿越了不同文化、信仰以及社會，做出極大的貢獻。我們表明對任何人選不分背景，沒有偏見，無論是種族、宗教、國籍、性別、信仰，一律一視同仁。篩選標準只看數學上的成就及未來潛力，以及實現目標的能力❺。

我們希望這個計畫能有效實踐，所有的付出如同富蘭克林一樣，能夠長久造福未來的子孫。

---

❶ 為何不繼續持有波克夏？其中一個原因是我無法預見未來誰會管理這筆捐助金，同時我相信投資在大家已熟知的指數上是最好的策略，可以避免主動投資造成的浪費。

❷ *Fortune*, August 11, 2003.

❸ 譯注：循環基金（revolving fund）：一種以貸款或投資孳息維持運作和開支，但保有基金本金的一種基金形式。

❹ Sample, Steven B. and Bermis, Warren, *Los Angeles Times* Book Review, July 13, 2003, p. R9.

❺ 我要感謝隆納德・史登（Ronald Stern）教授鼓勵並促成這個講座。大學基金會的保羅・馬克斯教授提供了法律協助以及許多精闢的解釋。我的妻子薇薇安也提供了許多幫助，促成此次的贊助。

資助幹細胞研究計畫

另一個慈善公益的活動是在二〇〇四年，當時小布希政府在聯邦政府對幹細胞（stem cell）研究的預算上受到極大阻礙。未被允許的研究計畫必須完全排除在聯邦預算支應之外單獨進行。理論上，這些未經許可的計畫連聯邦預算買的鉛筆都不能用，否則整筆預算都會被撤回。

整個國家面臨著生命科學研究的延遲發展，科學家們只好把研究工作移往海外，這將影響我們在幹細胞技術的領先地位。加州公民於是投票通過一筆三十億美元的債券發行計畫，成立加州再生醫學中心（California Institute for Regenerative Medicine, CIRM）。該中心成立的目的，是提供十年期的幹細胞研究計畫，以彌補小布希政府的預算刪減。

CIRM計畫在加州贊助五到六個研究中心，地點設在大學校園內，每個中心估計數億美元的資金。這筆錢會在聯邦預算之外協助設立研究設施，以及聘請研究人員研發新的幹細胞技術以對抗疾病。UCI本身已有優秀的幹細胞專家，大部分的研究設在生技發展程度較高的橘郡。然而，UCI計畫兩年內在校區另設新的研究中心，以平衡當地的資源分配。其中很大一部分的資金來源是學校的經費和私人捐助。在橘郡，誰有能力又有意願登高一呼？

先把故事推回到一九六六年，杜克大學的一名大四學生有一次出了嚴重車禍。整塊頭皮被掀開，血流不止。所幸，州警在車禍地點附近找回了他的頭皮並送醫重新縫合，但治療仍花了幾乎他大四全年的時間。就在他住院之時，他讀了我的《戰勝莊家》。那年夏天他畢業後，有一段加入海軍前的空窗期，他不顧母親的反對，跑到拉斯維加斯成為早期的一位算牌者[6]。

他按照《戰勝莊家》的方法，花了四個月的時間，用僅僅兩百美元的賭本賺了一萬美元，過程並不輕鬆，有時候一天當中十六個小時都耗在賭桌上。但贏來的是真金白銀。這也是在他前後許多算牌者共同的感想。後來他回憶：「當時沒想到在拉斯維加斯的那四個月，會成為我日後華爾街職場上成功的重要基礎。我從那段經歷中學到了後來二十五年工作中的重要原則……」[7]

他一九六九年從越南歸來，在UCLA讀企管碩士。其間他在我的《戰勝市場》書中讀到了有關可轉換債券的知識，並以此為題，完成他的碩士論文。一九七一年畢業後，他發現就業市場上企管碩士的工作很少，後來在報紙上看到太平洋信託（Pacific Mutual）正在招募新進債券分析師的分類廣告，他很喜歡那裡的人和工作內容。

接下來的數十年，他成為太平洋投資管理公司（PIMCO）的共同創辦人，管理將近兩兆美元的資產。當年杜克的大四生成了億萬富翁，並且成為全球知名的債券天王——威廉（比爾）・H・葛洛斯。葛洛斯和他的妻子蘇（Sue），原已捐了數千萬美元在醫學研究上，UCI[8]因而安排了一場午餐會，希望他和妻子能登高一呼，捐出一千萬美元協助UCI，能夠在CIRM補助下成立幹細胞研究中心。

在餐會上，我提到一千萬美元的捐款可以在未來獲得六億美元的補助，這是一筆六十倍槓桿的捐款。當時我看到葛洛斯眼中閃著光芒，心想：**葛洛斯和蘇此時想的不是捐款的金額，而是未來的影響**

---

[6] 詳見 *The Bond King*, by Timothy Middleton, Wiley, New Jersey, 2004, and *Everything You've Heard About Investing is Wrong*, by William H. Gross, Random House, N.Y., 1997; *Bill Gross on Investing* (revised version), by William H. Gross, Wiley, New York, 1997, 1998.

[7] William H. Gross, 1997, op. cit. p. 90.

[8] 與比爾・葛洛斯會面的想法是史登教授提出的，物理學系主任和UCI大學進修部的葛利格・吉森丹納（Greg Gissendanner）也出面。我的朋友暨律師保羅・馬克斯也認識葛洛斯，才安排了這場午餐會。

力，就像薇薇安和我一樣。在謹慎評估之後，他們同意了。

一切進行得很順利。但到了最後，CIRM進一步要求要有整區域表示支持的證明，捐款應該來自多位人士，而不是只有一人。薇薇安和我，加上其他幾位人士於是一同加入捐款，CIRM於是在二〇〇八年撥出第一筆三千萬美元的款項，另外價值七千萬美元的設備在後來兩年內也陸續到位，花不到原先的預算，且提前達成[9]。

加州大學同時也符合款項運用的標準，其中許多條件薇薇安和我都曾用過。九〇%的經費要用在主要項目，不能用於募款或行政事務。這個比例可以和其他所有非營利組織的年報數據相比，用於主要項目的比例是很高的。

薇薇安和我感謝加州大學系統，在當時經濟條件不佳的情況下，仍給予我們良好的教育。同時那裡也是我們相遇的地方，對此我們由衷地感謝。

同時，葛洛斯和蘇捐款給幹細胞研究中心的時機也相當幸運，因為當時經濟情勢已經出現劇烈變化，而且越來越糟。

[9] 比爾・葛洛斯後來追加了四百萬美元的捐款，完成了四樓會議中心和實驗室的經費。

第29章

金融危機：一堂還沒學會的課

資產泡沫是多數投資人反覆經歷過的，投資一再瘋狂追逐創新高的證券，但最後到底賺不賺錢？能不能不虧大錢？以我的經驗來看，事後歸納某個時間點屬於泡沫都很容易，看起來都沒有經濟基本面的支持。

二〇〇七年十月九日，史坦普五百指數在房地產股領軍下，收盤站上歷史新高[1]的一五六五點。事實上，房價從二〇〇六年開始便從高點滑落。不過，股市站上新高後就反轉下滑，後來還加速崩跌，到了二〇〇九年三月九日跌到最低的六七六點，跌掉五七%，一百萬美元的指數投資只剩下四十三萬。獨棟房屋的價格跌了三〇%。只有債券是亮點，借貸市場停滯加上利率走跌，推升美國政府公債和高評等公司債價格大幅攀升。儘管有債券價格的助益，美國家庭的淨資產還是從二〇〇七年六月的六十五・九兆，慘跌到二〇〇九年第一季的四十八・五兆美元[2]，縮水二六%。這是八十年前大蕭條以來最慘的一次國家財富崩壞。

我們的祖父輩當年學到的教訓，兩個世代後大家全忘了，股市的崩跌引發了災難式的投資泡沫破滅。

❶ 資料來源：www.finance.yahoo.com，每日收盤價，並經過股票分割和股利的調整。原本高低點數字是一五六五・一五和六七六・五三，只取整數位表示。

❷ 聯邦準備理事會資料：*Los Angeles Times*, March 12, 2010.

一九二〇年代股市上漲時，投資人（其實大都是賭客）相信市場會永遠上漲。經濟學家不斷聲稱股市將迭創新高。但後來導致災難的真正原因是氾濫的資金槓桿。投資人只要準備一〇%的保證金就可以買股票，意思是只要拿出股價十分之一的錢，其他九〇%用借的就行。這和二〇〇八年的房市十分雷同：大量有問題的貸款讓借款人背上高度槓桿。

以下是一九二九年間股票市場的投資模式：假設每股一百元，本金只拿出十元，另外九十元是借來的。如果股價漲到一百一十元，投資人手中會有二十元，也就是股價一百一十元減去向券商借來的九十元。因為本金才拿出十元，他等於是賺了一倍。現在他可以用賺到的這十元做本金，再借九〇%買進價值九十元的股票，讓總額增加一倍。如果每次股價漲一〇%之後都增加一倍的投資額，手中股權和借款各增加一倍，經過五次之後，每股價格變成一百六十一元[3]，報酬率六一%。同時他手中的股數也經過五次加倍，成為原始股數的三十二倍，原本若是一萬元的價值會成為三十二萬，如果經過十次每次一〇%的上漲後，股數會經過十次加倍，股價成為二百五十九元，原先一萬元的股票價值因為只拿出一千元本金，如今價值變成一千零二十四萬，他雖然只拿一〇%的本金，但已成了千萬富翁。這樣的結果就是槓桿帶來的膨脹效果。

不過，如果此時股價下跌一〇%呢？投資人瞬間就賠光了他的本金，券商也開始發出融資追繳令：還錢——超過九百萬的借款——或是賣股求現。一九二九年間股票上揚時，投資人一再融資買更多的股票，推升股價再上漲。正向循環的推升使得一九二五年底至一九二九年八月的大型股漲了一九三%。用一百元的本金不借錢買進，可以漲到二百九十三元當然是賺錢，不過如果只拿一〇%的本金，投資額可以滾出十幾次加倍[4]，整體價值會增加超過千倍。只是，當一九二九年九月和十月間股價反轉下跌後，高槓桿投資人的本金憑空消失。一旦無法及時補上保證金，券商就會開始賣股，讓股市賣壓變得更大。

波及其他低槓桿的投資人，害股價跌得更深。股市泡沫破滅後，引發史上最嚴重的股災。大型股跌掉八九%，距離高點價格只剩下九分之一。

融資的投資人受了重傷，銀行和券商也不好過。他們滿手壞帳，只有轉而要求其他機構投資人還錢。悲觀氣氛不斷渲染，經濟活動快速冷卻，美國的失業率攀高到二五%，全世界的衰退隨之而來。直到一九四五年一月——也就是大蕭條發生十五年後，二次大戰方興未艾時——大型股才回到一九二九年八月的歷史高點。並且公司債和美國長期公債發行量成長了一倍，投資開始出現分散，不再侷限於股票，雖然犧牲了長期報酬，但在不景氣時還能保有資產。

為了防止一九二九年股災重演，一九三四年的證券交易法賦予聯邦準備理事會權力，規定投資人在買進上市股票時需要拿出來的本金比重。一九三四年以來，這個比重從四〇%到一〇〇%不等。一〇〇%的意思就是買進股票時要全用現金支付。二〇〇九年保證金比重約五〇%。證券交易所另外訂出當股價下跌時必須維持的保證金水準，稱為維持保證金[5]。例如，維持保證金訂在三〇%時，當投資人的帳戶淨值低於股票價值的三〇%，券商就會要求補足現金至三〇%的水準，否則券商可以把股票賣出，直到賣完為止。

❸ 股價連續以一〇%的比例複合增加，從一百元到達一百一十元，然後到一百二十一元，一百三十三・一元……五次後到一百六十一・〇五元。

❹ 一九二五年底至一九二九年八月底的報酬率數據顯示，從未出現股價從前波高點下跌超過一〇%，這鼓勵投資人在股價上漲時要勇敢借錢。

❺ 有關維持保證金的討論，請見 *Beat the Market*, by Thorp, Edward O. and Kassouf, Sheen T., Random House, New York, 1967, Chapter 11.

銀行體系的崩潰原因還有存款人快速抽走資金。看到有些銀行破產，他們迫不及待要把錢領出來。為了避免歷史重演，一九三三年通過的銀行法〔第二葛拉斯—史蒂格法案（Glass-Steagall Act）〕，將商業銀行和投資銀行分家，限制投機行為的影響[6]。後來成立了聯邦存款保險公司（Federal Deposit Insurance Corporation, FDIC），在一定限額之下保障存款（二〇一五年每個帳戶的額度是二十五萬美元）。這些金融安全防護網在一九八〇年代面臨強烈的挑戰，當時存貸公司接連倒閉，讓ＦＤＩＣ損失不少，背後美國的納稅人拿出了兩千五百億美元來紓困，平均每位美國公民拿出一千美元，包括男女老少。

一九八〇年代起，整個美國政府上自總統、國會，下至聯準會，花了三十年的時間逐步放寬金融法規。槓桿、廉價資金以及所謂的「財務工程」（Financial Engineering），帶來一連串的資產泡沫，危及整個金融體系的安全。

首先是一九八七年十月的股災。美國股市單日暴跌了二三%。起因是大量事件導向（event driven）的計量投資組合保險產品，經由新設立的期貨市場槓桿所造成。所幸，股市和經濟很快復原，但市場並沒有從過度槓桿操作中得到教訓。

第二次是一九九八年長期資本管理（ＬＴＣＭ）避險基金的破產。二名高槓桿交易員加上二位諾貝爾經濟學獎得主的組合，理論加上實務的夢幻團隊竟然賠掉了整個基金四十億美元的淨值。在法規鬆綁的年代，他們運用三十至一百倍的槓桿，不到一%的利潤可以經由融資瞬間放大到四〇%以上，只要全世界的資產價格運作良好都相安無事，但如同一九二九年投資人只拿出一〇%的本金一樣，ＬＴＣＭ的本金更低到只有一%到三%，只要股價稍稍回檔，就會出現翻天覆地的結果。

納西姆・塔雷伯（Nassim Taleb）在他的著作《黑天鵝效應》（*The Black Swan*）中明確指出，像

LTCM這種承平時期能創造特別好的超額報酬，很可能只是虛胖，突如其來的極端事件就可能造成極大損失而打回原形。這樣的「黑天鵝」對一些人來說很難受，對其他人而言反而是好事。諷刺的是，雖然我沒有在一九九四年把握到LTCM投資機會賺到錢，但卻利用一九九八年它破產之際，市場價格因劇烈震盪而扭曲時賺了不少。LTCM的殞落造就了稜線合夥的獲利。

LTCM的破產導致許多機構投資人帳面出現壞帳，金額高達一千億美元。部分銀行、券商、避險基金因而倒閉，進而擴及到更多機構。如果任由其發展，全球金融體系恐怕會產生骨牌效應，此時聯準會帶領財團強力干預，接管LTCM，注入大量資金，讓市場恢復流動性的秩序。

不過人們似乎沒有從中學到足夠的教訓。在國會的強力主導下，銀行業終於如願以償，大蕭條時期通過的葛拉斯–史蒂格法案在一九九九年被廢止，商業銀行與投資銀行重新結合，讓大型金融機構經由交易大量但缺乏規範的衍生性商品，承擔更多的風險。當時商品期貨交易委員會（CFTC）主席布魯克斯利・布恩（Brooksley Born，一九九六至一九九九年擔任主席）傾向規範衍生性商品交易，以免未來招致災難。根據後來公共電視（PBS）的《前線》（*Frontline*）❼節目的報導，這個提案被聯準會主席艾倫・葛林斯潘（Allen Greenspan）、財政部長羅伯特・魯賓（Robert Rubin）以及財政部次長勞倫斯・桑默斯（Lawrence Summers）聯手封殺。這三人後來在二〇〇八至〇九年同時建議政府針對困難銀行進行紓困。納西姆・塔雷伯對此深表疑惑。好比一名司機撞上校車，導致人員傷亡後，他居然還可以被派去駕駛另一輛巴士，同時為此改變交通規則。

❻ 取自維基百科。
❼ *Frontline: The Warning*, October 20, 2009, pbs.org, available on DVD.

曾經短暫出現的政府盈餘，也就是政府收入大於支出，到了二〇〇一年因減稅政策而結束。戰爭、軍事預算以及各項福利支出大幅提高。法規持續鬆綁，美國人民開始花的比賺的多，消費比生產多，並且大量向外國借錢因應。行政機關與國會在房地產業者的強力遊說下，進一步開放數百萬低所得階級，原先根本負擔不起購屋的人可以借錢買房子。我的侄子在房貸業工作，有一次他拒絕批准一樁體質明顯不佳的貸款，但上司卻把案子交給別人批准。市場認為房價會永遠上漲，只要一點甚至零頭款就能買房子，初始利率更是低到不行，一開始根本不需要還多少錢。貸款本身就有問題，加上買方往往提供造假的財務資料，人人都能輕易取得貸款。

抵押公司把房貸賣給華爾街，它們把這些貸款證券化（securitization），意思是把各種不同的貸款一次打包，交給史坦普（S&P）、穆迪（Moody's）、惠譽（Fitch）等信評機構——很明顯是利益衝突——原本認為應該是公正客觀的評等機關，但付錢給它們的卻是被評等的客戶。房貸被打包後評為最高級變得更好賣了，但到了二〇〇六年房價站上最高點後開始下滑，許多原本被評為AAA的最高等級債券只剩下一點價值。

二〇〇六年住宅不動產價格攀升到前所未有的高點時，許多屋主乾脆把房子再抵押給銀行，許多人因此又套出房價百分之百的資金，這時只要房價開始下跌，這些人立刻就「溺水」（underwater），欠銀行的錢比房屋價值還多。

大量的信用擴張同時助長了房市泡沫，這些信用是建立在新進的財務工程師及計量人員的證券創新上。他們所受的科學訓練和對一些觀念的認同，像是效率市場和其他相關理論，令這些人相信投資人是理性的，他們認為現實會和模型所建立的一樣，並根據模型創造出新的投資商品，但從來就不是這樣。

這些產品讓美國經濟損失了好幾兆美元[8]，包括經濟產出和社會損失，也造成了全世界的崩壞。值得花些時間了解它。

當賭注輸光時，他們沒有足夠的錢來賠

我第一次看到抵押擔保債券（Collateralized Mortgage Obligation, CMO），是在一九八〇年代剛發展出來時，原本是用來分析一堆抵押擔保中某件房貸的價值。

假設你最好的朋友要買一戶價值四十萬的房子，向你借八〇%的資金，也就是三十二萬，另外他拿出八萬積蓄當作自付款。他承諾在未來三十年分期償還，加上每年六%的利息。這稱為固定利率貸款，無論未來市場如何動盪，利率永遠維持在六%。如果三十年間只付利息，你的朋友每年會付你三十二萬的六%，也就是一萬九千二百美元，三十年到期後將三十二萬美元本金一次付清。

你也可以要求朋友每個月定額分期償還。每個月付的錢會比利息一六〇〇（19,200÷12＝1,600）要多一點，用標準的房貸公司程式可以算出，每個月要付一九一八・五九美元。多付的錢是一小部分本金，一開始本金的比例很小，隨著時間經過，本金的比例會越來越大。接近三十年到期時，付出的錢幾乎都是還本金，利息只有一小部分。貸款的擔保品是朋友的房子，你可以把房子賣掉把錢拿回來，最好可以還清朋友向你借的錢。不過你也沒有追索朋友其他資產的權利。

如果房價開始大跌，並且持續很長一段時間，你的風險是什麼？這是平均房價的概念，不是單指某

❽ 失業人口所進行的生產活動從未受到補償。社會浪費包括無人住的房子任其毀壞，以及生活變得支離破碎的影響。

一戶。你朋友家的房子可能會變成貧民窟，或是想像他在卡崔娜颶風侵襲紐奧良前才在當地買的房子。在這種情況下，你有可能損失部分或全部的貸款。

人壽和產物保險公司就是在處理這一類的風險。他們賣出許多保單，每個保戶都有可能讓保險公司賠上一大筆錢，比收到的保費還多——但是保戶的風險等級，以及對整體保險業的影響是可以預期的（基於歷史經驗），因此保險公司即使付出一些損失的理賠金，基本上還能賺錢。

抵押擔保債券（CMO）的觀念和這一樣。把數百或數千筆抵押貸款組合在一起，每筆二十五萬美元的貸款，四千筆加總就是十億！將每個月收到的利息和本金付給投資這一大池貸款的投資人，就像是按月付息還本的債券，CMO池的定價方式和債券無異。

不過，如果要確保定出來的價格是正確的，我們必須先知道大約會有多少貸款價出現違約的損失。當年我在PNP研究違約風險時，得知金融學大都假設違約率會呈現歷史常態的經驗值。沒有試著針對大規模的壞帳事件，像是大蕭條做過量化計算並調整，其實大規模的違約是有可能發生的。但多數模型都沒有把黑天鵝風險計算在內。

另一個預測上的問題是估計屋主提早償還房貸的比例。這和現有房屋融資有關。一筆三十年的房貸持有到最後就像是長期債券，五到十年的房貸就像是中期債券，如果二、三年內到期就像短期債券。由於利率水準隨著債券到期償還的時間長短而不同（這稱為利率的期間結構），CMO的正確定價也和貸款多快被還清，以及違約率多少有關。我回想在一九八〇年代，當時固定利率貸款提前償還率很難預估，直到聯準會引導長期利率走跌，新的抵押房貸比舊的要便宜很多，房貸屋主才紛紛提早還清舊房貸並且再融資，讓月付款能夠低一些。另一方面，如果利率上揚，房貸屋主反而緊抱著固定利率，提前償還率就會大幅下降。

不過華爾街用了錯誤的模型定價後，大量把房貸引進CMO當中，抵押借款公司為新房貸提供再融資，把貸款賣給華爾街的銀行，取得現金後再做新房貸。華爾街的銀行拿這些抵押貸款發行CMO，賣給世界各地的投資人，拿到現金後再買新的貸款，發行新的CMO。

每個人都因此發財了。抵押貸款公司從房貸戶手中得到手續費；銀行和券商買下貸款後發行CMO，賣掉的時候賺一筆，同時後來為CMO提供服務，像是收取貸款池中還款，扣除費用後還給CMO的投資人，再賺一筆穩定的收入。被層層剝皮後，CMO投資人還能賺什麼錢？這經由金融魔法就可達成。把CMO分成許多層級（tranches，法文稱為「分切」），創造出不同等級的CMO，依照順序從最優先償還到最後順位償還。CMO同時付費請信評機構估計每個層級的信用評等，不過往往都是非常樂觀。因為高評等的證券比較受歡迎，CMO因為多了一層信評包裝，賣得也是嚇嚇叫。金融魔法的魔力就在於，所有層級的總合賣得比抵押成本來得高，同時，政治人物在房地產業者及證券商的大力資助其競選活動下，每個人都是贏家，政府也能繼續執政。

同時間學術也參上一腳。諾貝爾獎得主保羅・克魯曼指出[9]，由於對總體經濟環境更加了解，大規模的災難事件不會再發生。史考特・派特森（Scott Patterson）在他的著作《寬客》（*The Quants*）[10]中，詳述計量在當中扮演的角色。根據財務理論的計算，他們的模型正確且風險很小。

數千億美元的CMO賣給全世界的投資人。同樣的觀念又發展出債務擔保債券（Collateralized Debt

[9] Krugman, Paul, "How Did Economists Get It So Wrong?," *New York Times Magazine*, September 6, 2009, pp. 36-43.
[10] *The Quants: How a Small Band of Math Wizards Took Over Wall Street and Nearly Destroyed It*, by Scott Patterson, Crown, N.Y. 2010.

Obligation, CDO），把其他形式的債務，像是車貸和信用卡債打包出售。這些債務本身就有風險，甚至更高，因此另一種信用違約交換（Credit Default Swap, CDS）便應運而生。CDS是一種保險，拿錢借給別人的債主可以買一份CDS，以保障一旦債務人違約時，還能把本金收回來。CDS通常是好幾年的合約，每年支付一定金額當作保費。例如，前面你借給朋友三十二萬買房子的例子中，如果擔心朋友未來五年內會還不出錢，你可以買一份五年期的CDS，每年支付借款金額的〇・五%，大約一千六百美元，你的債權就有了保障。

CDS的出現簡直就是天降甘霖，數兆美元的CDS發行了，並且還拿來進行交易。你根本不需要擁有CDS保障的債也可以買賣這些合約。這根本不是問題，因為金融市場本身就是一個大型賭場，雖然和經濟環境有些關聯，但所有的投資部位就如同賭注。更大的問題反而是，CDS的發行者並沒有對其保障的債權提出完整的準備，意思是當賭注輸光時，他們沒有足夠的錢來賠。

確保抵押貸款能如期償還的保證金比例通常很小，甚至為零。許多沒有規範的項目由金融分支機構承受，不會在母公司財務報表上揭露。其中一個例子是美國國際集團（American International Group, AIG），這家世界知名的保險集團——在二〇〇八年破產——幾乎把金融市場搞垮。當時美國政府拿出幾千億美元挽救整個金融體系，AIG是最大的紓困對象——取得高達一千六百億五十億美元的紓困金。它經由子公司發行數兆美元的CDS，用公司做擔保。當所擔保的債券價格下跌時，它必須提供足夠擔保品，以維持已出現虧損的CDS，後來終於撐不下去，便威脅全球銀行和投資機構可能一同損失數千億美元。因為AIG風暴，美國許多財團同樣面臨紓困，像是高盛手中就有一百億AIG的壞帳，最後還是由納稅人買單，不止美國境內，包括全球知名的金融大咖都一同為AIG背黑鍋。

舉個例子就可以看出這一切有多瘋狂。假設一個普通人喬思派賣給你一張CDS保單[11]，每年向你收取一千六百美元，保障你貸出去的三十二萬美元，為期五年。喬思派有一棟價值一百萬美元的房子，沒有負債，看起來「物超所值」，每年有一千六百美元的額外收入。不過，喬思派不斷拿同樣一棟房子做擔保，發行CDS賣給其他人，由於無法可管，他可以賣出一千張同類型的CDS保單，每年額外收入暴增到一百六十萬。每張保單的平均貸款金額也是三十二萬，他等於是擔保了價值三・二億美元的債務，而擔保品還是原來那棟一百萬的房子。你可能會懷疑，喬思派不太可能賣得掉這麼多張保單，因為總會有人知道他可能付不出錢。但如果喬思派是用子公司的名義做生意，不須揭露所有的營運狀況呢？這就是AIG的作法。

每一張喬思派賣出去的保單都代表一份未來的潛在債務。理論上應該記錄在帳本上，並確保收到的保費加上投資收益足以償付萬一違約發生時的理賠需求。這和人壽保險公司的作法一模一樣，喬思派必須在帳上預留準備金以防未來理賠，當理賠風險增加時，要提高準備金數額。如果喬思派收到保費但沒提列準備金，就像前面我曾提到一九七〇年代XYZ公司的龐氏騙局，當時XYZ以極低的價格賣出貴金屬的買權（call option），收到權利金卻沒保留部分金額因應未來選擇權買方的履約要求。AIG的CDS和喬思派、XYZ有什麼不同？

二〇〇四至二〇〇八年間，五家主要的投資銀行包括高盛、摩根士丹利、美林、貝爾斯登以及雷曼兄弟，將槓桿比率增加到三三：一，這個數字正好是六年前長期資本管理（LTCM）避險基金的槓桿比率。意思是每三十三美元的資產裡，負債占了三十二美元，資本額只有一美元，資本率降到三%多一

⓫ 譯注：喬思派（Joe Sixpack）：泛指美國一般藍領工人，這裡視為一個普通人，形容任何人都能發CDS賺錢的瘋狂行為。

點，股東幾乎不需要拿錢出來。一旦銀行出現無力償債的現象，債權人將要求拿回投資的本金，進而引發銀行擠兌，就像一九三〇年代一樣。

四年後的二〇〇八年金融風暴來臨，就像當年襲擊LTCM一樣，龐大的擠兌幾乎要把這五家巨型銀行摧毀。其中三家後來被收購，再也無法以獨立企業個體營運，另外二家摩根士丹利和高盛則因政府強力介入而得以幸免，其中高盛由巴菲特的波克夏海瑟威公司出資數十億美元買下一〇%的特別股存活下來，二〇〇九年重新恢復生機。高盛的合夥人後來被揭發分了兩百到三百億美元的紅利。藉機把對手清除消滅固然是商業活動下的一環，不過，當聲名狼藉的高盛執行長勞埃德・貝蘭克梵（Lloyd Blankfein）在公開露面場合被問到巨額紅利的爭議時，他解釋是因為高盛做的是「神的工作」。我們質疑學術上認為交易越多，資本市場越有效率的論點，它們認為交易對買賣雙方都更有利，也會造福全人類。後來「神的工作」就是銀行故意賣出一堆抵押擔保的垃圾債券，同時賭一旦客戶受傷時銀行還能拿到紓困金。比較銀行所做的「神的工作」和後來所拿的紓困規模，你會真正感到銀行的工作是多麼的「神聖」。

儘管在這場金融災難中不少個人和機構法人都成了受害者，政客和財團卻聯手伸進了納稅人的荷包，花了一兆美元來拯救那些「大到不能倒」的企業。尤其是許多補貼是用在特殊利益團體上。原本要報廢的老爺車，只要加入「舊車換現金」（Cash for Clunkers）的方案，就能獲得高達四千五百美元的補助。聲稱為了環境保護，該方案的唯一要求是每加侖的油耗要一哩至四哩，視車款而定。但這種對環保只有一點幫助的方案，卻被製造新車所額外造成的污染抵消。但所有車商都因為這個換車方案雀躍不已，因為可以一次清空堆積如山的庫存。

當時全職和兼職的失業率仍在上升，失業保險的範圍也不斷放大，擴大是好事，但應該加入更多的公共利益色彩，讓許多閒置的勞動力加入更有意義的工作。像過去曾施行的公共事業振興部門和平保護隊[12]。我還記得自己小時候的一九三〇年代，這些計畫興建了大量道路、橋梁以及公共工程，基礎設施的改善加惠了往後數十年。

回到政策利多。在一些項目上，不動產業者也享受了政治上的好處。首次購屋者可以拿到八千美元的退稅額——「全額退稅」的意思是，只要你買房，就能得到八千美元的支票，就算你從沒繳過稅也一樣。這是典型的政客謊言，因為缺乏監督機制，四歲小孩子都能買房，至少可以首購。

從一些例子看來，死性不改的貸款業者把「退稅」當作頭期款，買家不需要拿出額外的資金就可買房子。後來國會進一步加碼，把退稅資格進一步放寬到最近三年沒買房就行。加上「舊車換現金」政策，政客們何不繼續大放送，推行一個名叫「拆房換美金」（Dollar for Demolition）的政策，有房階級只要把自家房子拆了，就能獲得一筆退稅款，例如十萬美元來建新房？這對營建業——這是美國經濟的主要動力之一——是個大利多。由此延伸，還有無限多個政策想像空間。

民主選舉及股東投票權

資產泡沫是多數投資人反覆經歷過的，投資一再瘋狂追逐創新高的證券，但最後到底賺不賺錢？能不能不虧大錢？以我的經驗來看，事後歸納某個時間點屬於泡沫都很容易，看起來都沒有經濟基本面的

[12] 和平保護隊（Civilian Conservation Corps, CCC）：美國在一九三三至一九四二年間對所有十九至二十四歲單身失業救濟戶推行的以工代賑計畫，到聯邦政府、州政府及地方政府進行農村及自然保育工作，也屬於小羅斯福總統「新政」的項目之一。

支持。像是一九八〇年代存貸泡沫、一九九九、二〇〇〇年間股市風潮，以及二〇〇六年房價大幅飆升的時期。要賺錢著實不容易，就像龐氏騙局，很難說何時會爆，太早下注可能在短期受到傷害，即使事過境遷證明自己長期是對的，也於事無補。凱因斯說過，市場會比你認知的更不理性，時間也更長[13]。

怎樣才能不虧錢？一旦認定是泡沫，大家都不會投資。然而，壞事是會被傳播和渲染的。二〇〇六至二〇一〇年房市崩盤，傷的不止是太晚進場的投機者，衍生性商品更加速了全球金融市場的災難。二〇〇九年三月，史坦普五百指數從最高點跌掉了五七％，我也不能判斷是否該買股，還是持續倒貨，任何一個方向的決策都可能造成災難。如果全球經濟持續衰退，買股票的壓力會越來越大。另一種情境，事實上也發生了，當時就是底部，後來股票指數在不到一年內漲了七〇％。即使是巴菲特，一般人認為他會有多一點的消息和內線，在日後受《華爾街日報》的史考特・派特森專訪[14]中，也表示當時他看到的是什麼都在跌，再繼續跌的機率也很大，即使是波克夏的股票也一樣。直到美國政府暗示會盡一切力量去挽救金融體系，他才明白大家終於得救了。

我們如何預防未來系統性因素或缺乏規範導致高槓桿帶來的金融危機？其中一招是在交易時，向對手要求足夠的擔保品以限制槓桿成數。這在期貨交易所的合約和標準化商品裡早有規範，已經實行了幾十年，規範起來並不難，大都在交易所內便可完成。

大型機構大都「大到不能倒」，的確有著極高的風險，有時候應該拆解成中小規模，以防止危及金融體系。艾倫・葛林斯潘後來也承認：「大到不能倒的實在太大了」（Too big to fail if too big）。話雖說得好聽，不過沒點出真正的問題所在。造成危機的不只是金融機構的規模，而是金融體系在崩盤時造成的風險總量，保羅・克魯曼指出[15]，加拿大金融體系和美國很像，也集中在少數大型機構上，但卻沒發生大規模的違約、金融機構破產及大量的紓困。原因在於加拿大在房貸業務上的標準比較嚴格，銀行槓桿和風險的限制也嚴格得多。

公司管理階層也在利用股東的資產進行投機，因為一旦賺錢時，個人的回報可不低——即使輸了，通常也有聽話的政客乖乖拿納稅人的錢來紓困。我們已經是個利潤收口袋、風險大家擔的世界。

公司管理階層財富比重的增加，反映在執行長的報酬。一九六五年執行長的平均薪資是員工平均薪資的二十四倍，「四十年後變成四百一十一倍」[16]。另一個指標是所得不均的惡化，一九二九年全國前一％的高所得人口，擁有全國收入的一〇％，大蕭條時期降到五％，到了一九八〇年代初期再度升高，八〇年代末這一萬二千五百戶的高端家庭占全國財富的比重突破一〇％。管理階層有很大的誘因增加他們的獎勵，創造一個完全的資本主義社會，結果卻由大家共同承擔。二〇〇八年的金融危機就是一例。

許多二〇〇八至〇九年經濟衰退前後的研究發現，公司獲利配發給前五大管理階層的比例越高，公司獲利和股價表現越差。這些明星經理人只想榨乾公司資源，而不是提高公司價值，還聲稱是「市場力量」決定他們的薪水。然而，莫什・阿德勒在其文章〈終結「薪」不符實〉（Overthrowing the Overpaid）中提到，經濟學家李嘉圖（David Ricardo）和亞當・斯密（Adam Smith）在兩百多年前就寫過文章：「總結一個人的所得不在於他生產了多少，而在於他的議價能力。為什麼？因為生產靠的是

⓭ 在這一點上他同時也說過：「長期下來，我們都死了。」

⓮ Patterson, Scott, *The Wall Street Journal*.

⓯ Krugman, Paul, "Good and Boring," *The New York Times* Op-Ed, February 1, 2010.

⓰ Hiltzik, Michael, "Echoes of Bell in CEO Salaries," *Los Angeles Times*, p. 31, October 3, 2010. *The Wall Street Journal* (as reprinted in *The Orange County Register*, May 11, 2014, Business, p. 3). 根據經濟政策機構的研究，美國前三百五十家營收最高的企業裡，執行長的薪資在一九六五年是員工平均薪資的十八倍，但到了二〇一二年暴增到兩百零一倍。

團隊……而每個人的貢獻無法獨立於其他人之外。」[17]

民粹主義（Populist）的高漲進而要求立法限制管理階層的薪資，最簡單也最有效的作法是提高股東的權力。他們才是公司的真正所有人，但長期被董事會和經理人占為己有。

如今，絕大多數公司董事會的運作就像是第三世界占領封地的作法一樣。股東在票選董事時，候選人好像永遠就是那幾張老面孔，投票時只能選擇「同意」或「不同意」。一張同意票可抵百萬張不同意票。公司章程刻意設計讓個人股東難以被提名或提出議案。公司——這個由國家法律允許成立的個體——應該仿照美國式民主的方式進行民主投票。並且，只要一群股東集合一定比例的股權，就不應限制其董事提名權和提案權，包括替換董事會成員和撤換高階經營階層。

有些公司設計兩種以上不同投票權的股票，以削弱小股東的投票權。例如，管理階層擁有A類股，每股掌握十票，小股東只能擁有B類股，每股只有一票。你能想像一個國家當中，「內線人」的投票權比「外部人」多上十倍！理應廢除這種不公平制度，回歸一股一票制。此外，機構法人的持股大都放在保管機構內，即使所有人不願投票，法人也可進行代理投票（proxy vote）。並且通常還是支持現有的管理團隊並批准其議案。惟有改變規則，由股東直接投票才算一票，代理投票則不計，方能解決問題。

這兩個問題——民主選舉及股東投票權——才能讓公司和股東限制高階管理層，也就是所謂代理人自肥的可能。我認為這比政府用法令直接管理要有用得多。

美國經濟漸漸從二〇〇八至〇九年的危機中復甦，然而我們對於防範未來再發生、設立安全機制的工作做得太少。哲學家喬治・桑塔亞那（George Santayana）[18]曾警告：「無法記取教訓的人將重蹈覆轍」。雖然整個社會很難從歷史當中吸取教訓，但個人可以。下一章，我將分享我所學到的。

⓱ Adler, Moshe, "Overthrowing the Overpaid," *Los Angeles Times Opinion*, p. A15, January 4, 2010.

⓲ 譯注：喬治・桑塔亞那（George Santayana, 1863-1952）：西班牙裔美籍哲學家。

第30章 感想

我的確從賭場上學到許多投資的道理。多數人不太了解風險、報酬，以及不確定性的意思。如果多想一下，投資績效應該會好很多。

本書集結了我一生在科學、數學、賭場、避險基金、金融及投資的歷程。在故事結束之前，最後我想分享一路上的所見所學。

教育改變了我的一生。數學教會我用邏輯去理解數字、表格、圖形和計算，並成為我終身的習慣。物理、化學、天文學和生物學則幫助我打開眼界，讓我能夠運用理論建立模型，解釋並進行預測。在賭場和投資上都終身受用。

教育可比喻成人們頭腦中的軟體。假設我們出生時就是一台電腦，裡面只裝著最基本的作業系統，其他什麼都沒有。學習本身就像是新增程式到電腦裡，程式有大有小。從畫臉塗鴉到騎腳踏車，一直到學高等微積分都是。我們也會運用這些程式邁向各自的人生。我從學校和老師身上學到不少，不過童年那段自學時期學到的更多。這對我一生有很大的助益，因為從來沒有人教過我如何去戰勝二十一點、打造預測輪盤的電腦，或是開發市場中立的避險基金模型。

我發現多數人並不理解在賭場遊戲或解決日常生活問題上都需要計算機率。如果我們只是在森林和叢林中求生可以不需要這些，想想下一步該怎麼辦就行。今天我們無時無刻不在思考、計算以及計畫下一步，而數學能幫助我們做出決策。例如，裝安全帶和安全氣囊「值不值得」？假設我們要升級一億輛車的安全配備，每輛車要花三百美元，總共需要三百億美元。如果每年車禍的死亡人數大約五萬人，而這些安全配備能夠保障未來十年的用車人安全，這五萬人（50,000人×10年）就值這三百億，平均每人六十萬美元。儘管許多車廠不認同這種算法，我們多數人還是願意花錢來保障自己的生命。

對於那些每天吸一包煙的癮君子呢？如果四十年每天一包煙，平均壽命會少七年。每吸一根煙不僅讓壽命短十二分鐘，就算活著，身體健康狀況也大有問題。這都是我們要關注的，因為人生最後幾年的醫療支出較高，況且二手煙的確有害。不過這只是平均數字，有些老煙槍並沒有死於吸煙引發的疾病，其他人可能英年早逝。就像賭場裡的輪盤遊戲，每下一元賭注平均會輸五分錢，但這也是平均數字。有些賭客很快就落荒而逃，有些則可以待很久。

今日許多公共政策其實都是在過程中考慮成本和效益之間取捨的問題。有些決定顯而易見，花五十萬美元來拯救具有高度抗藥性的結核病人，或是給五萬名孩童注射每劑十美元的流感疫曲，防止千分之一（五十人）死亡率是絕對值得的。統計可以幫助我們做出這些決策。

我認為幼兒園大班到十二歲孩童之間應該學習基礎機率和統計學，分析丟硬幣、骰子或是輪盤的各種結果的機會，同時訓練思考。了解為何賭場贏面總是比較大，可以避免深陷賭局並控制損失，達到娛樂效果就好。賭博如今依舊耗費巨大的社會成本，許多資源花在那些根本無力負擔損失的賭徒上。

從賭場學到的投資道理

我的確從賭場上學到許多投資的道理。多數人不太了解風險、報酬，以及不確定性的意思。如果多想一下，投資績效應該會好很多。例如，多年前我家的社區管理委員會仍把管理費餘額放在美國三十天期的國庫券上，只要求絕對安全。然而，他們每年只花掉五分之一左右而已。這時有一種稱為「階梯式策略」（laddering）其實很有用，拿出一部分錢投資在較長期的美國公債上，到期日前價格可能會隨著利率波動，但最後收益會比較高[1]。過去八十三年間，五年期和十年期公債殖利率比三個月期國庫券平均每年高出一・八%。不過管委會的財務及會計人員一開始很反對這樣的建議，後來也漸漸認同這麼做的確獲利比較高。

我認為小學到中學期間應該要學習基礎理財知識。越多人學會控制支票簿的開支，以及為自己建立損益表和資產負債表，可以做出更好的選擇，像是選擇自己負擔得起的房子。在適當的投資管理下，人們將來的退休生活都會很有幫助，也減少對社會的依賴。

我從投資、金融以及經濟學當中獲得的最大樂趣，是從中發現人和社會的全貌。物理學是自然現象，像是地心引力導致放諸四海皆準的定律。但人類和彼此之間的互動無法用一種廣泛不變的理論來解釋，未來可能也不會有。我有限的觀念和所遭遇的經歷相結合，幫助我快速理解這個世界。

其中之一是一七七六年亞當・斯密的自由市場。亞當・斯密認為，一個僅有少數買家和賣家的經濟體，每個人的目標都是增進自身最大利益，經由「看不見的手」運作後，整體利益將會最大。這種理論其實有所限制，因為多數市場並不像亞當・斯密所假設的那麼完美，以電腦晶片為例，全世界九九・八%的晶片只是由兩家美國公司生產，比較小的那一家依舊在努力求生存[2]。

與「看不見的手」持相反論調的理論，像是一九六八年加瑞特・哈定（Garrett Hardin）所提出的「公地悲劇」（The Tragedy of the Commons）理論[3]。假設有一塊天然資源區，任何人都可以免費使用——至少曾經如此——像是一片海域任何人都可以捕魚。例如十八世紀大西洋上鱈魚成群，富蘭克林曾記錄，他的船曾經一連好幾天經過成群的鱈魚。經過兩百年的過度捕撈，鱈魚數量大減。個人利益最大化如何增進全體社會的效益？從全球的角度來看還有污染問題。每個人可以無限制燃燒石化燃料，製造大量二氧化碳導致溫室效應，讓上個世紀末地球溫度快速上升。排放至空氣中的微粒子導致肺病，甚至致命。不過每個製造污染的人都獲得了好處，至少高於他們的損失，沒有任何壓力要他們改變。

另一個解決這種社會議題的一致看法稱為「外部性」（externalities），這個辭彙是經濟學家創造出來的。所謂外部性是指私人經濟活動造成全社會的成本或利益。外部性成本像是空氣污染，解決的方式很簡單：估計損害的程度，然後從量課稅。外部性也有正面的，自己家用了防火材料，同時對鄰居也有好處[4]，大家都減少了消防成本，也增加了保險公司的利潤。外部性的利益不用課稅表示，前面的例子中，我可以得到房屋火險費率降低的好處。

波克夏海瑟威的合夥人查理・蒙格在其著作《窮查理的普通常識》（*Poor Charlie's Almanack, the*

---

❶ 譯注：「階梯式策略」（laddering）：一種將資金依使用期長短分別投資在不同天期的固定收益商品的策略，需要資金時由短天期支應，其餘放在中長天期孳息。

❷ 譯注：這裡指的應該是個人電腦中的中央處理器（CPU）市場，並不是泛指所有的晶片。英特爾和超微（AMD）二家幾乎壟斷市場，其中英特爾規模較超微大得多。

❸ Hardin, Garret, "The Tragedy of the Commons," *Science*, Vol. 162, No. 3859 December 13, 1968, pp. 1243-48.

❹ 接種疫苗也是一種正面的外部性，一個人受感染的機會變少，同時也保護了他人。

Wit and Wisdom of Charles T. Munger）一書中，敘述了他的思考方式，在多元專業的訓練下得出對交易形成的獨到見解[5]。一言以蔽之，就是「尋找誘因」，也就是發掘「誰受益？」有了這層認識，就不難理解為何美國和墨西哥邊界，從蒂華納（Tijuana）到科珀斯克里斯提（Corpus Christi）之間有七千多家買賣槍枝的商店[6]，被墨西哥毒梟允許販賣近乎軍隊等級的先進武器。也能解釋為何國會會指定用玉米發展浪費資源的乙醇生質能源，製造生質能源所造成的污染量幾乎等同於它所宣稱能減少的，還連帶推升糧食價格。如果目標是生產乙醇，為何直到二〇一一年底，對巴西進口的乙醇還要課每加侖五十四美分的關稅？

對所有投資人而言，從基本面理解這些事所得到的結論往往更為重要。我稱之為「政治共同體」的一群人把持著美國的經濟和政治權力。這是幫助我們了解社會上發生了什麼以及為什麼發生的關鍵。這些人買通政客，利用競選經費、政治生涯的機會或投資利益等，政治權力都被有錢人把持，進而決定國家的未來，並且會繼續下去。我們在二〇〇八至〇九年金融危機中，都看到這些人如何運用政府政策來對他們自己紓困。

在這裡我要澄清一點，我並不反對富人，甚至有些人富可敵國。我反對的是運用政治關係累積財富，而不是靠自身的努力。如果籃球品牌每年付兩千萬美元請科比・布萊恩代言，因為可以從他身上賺到更多，那就沒問題。不過如果避險基金經理人靠賄賂政客修改稅法降低所得稅率，自己成為最大受益者[7]，一般勞工階級只享有一部分利益，我則堅決反對。

簡單來說，富人分為兩種：一種人利用政府改變遊戲規則而受益，另一種人則不會。前一種人繳的稅比一般中產階級還低，後一種人付的稅高得多，兩者平均稅率大約略高於中產階級。沒有政治關係的富人付的稅較高，有關係的則享有更多的稅務減免。這類人大都在最有錢金字塔頂端的〇・〇一％，身價至少一・二五億美元以上。

另一個公共政策的主要議題是簡化規定和法條。讓政府管的事越少越好。例如，加州和其他許多州擁有本身的州政府所得稅，和聯邦稅極為類似，但其實兩者並不相同，納稅人往往必須填寫和聯邦稅一樣詳細且複雜的資料。我的建議是，只要將州政府設定為聯邦稅的一定比例即可。比例由立法機關決定，只要收到的稅和目前一樣就行。這樣報稅就像寫明信片一樣簡單，可以節省納稅人不少時間，釋出數千名州政府員工的勞動力，從事更有用的工作。三千名加州員工，每人的薪資、福利、費用以十萬美元計算，一年就能省下三億美元，更不用說一般民眾省下的時間和金錢。這樣州政府的稅收不變，實際上卻獲益更多。

我們可以把這個想法延伸到聯邦稅務上，目前的稅法漏洞百出，許多人因此少徵稅，甚至一毛未繳，整體稅率因而居高不下。上述齊一性的稅率能維持稅收不變，讓稅務變得比較簡單且公平，也能讓目前逃稅成性的人乖乖繳稅。所得課相同稅率的稅，而在貧窮線一・五倍水準以下可免稅。這群人占全國人口的比例不高[8]，對稅收的影響有限。由於原先許多逃稅未繳的人必須繳稅，稅收估計會增加二〇%[9]，對社會而言是巨大的利益，數十萬政府員工、稅務律師、會計師、稅務規畫人員可以有多餘的

---

5 查理・蒙格，《窮查理的普通常識》，二〇一四年，商業周刊。

6 譯注：均為德州南部靠近墨西哥邊境的城市。

7 在維基百科裡和其他網站上可以讀到其在有關稅務上所謂既得利益的討論。二〇一二年共和黨的總統候選人麥特・羅姆尼（Mitt Romney）就是實質上的受益者。

8 最高一%的有錢人擁有全國三分之一的應稅所得，其次九%也有三分之一，剩下九〇%的人總共也只有三分之一。

9 簡單來說，二〇一五年政府總收入三・二五兆美元，國民生產毛額（國民所得）十八兆美元。如果把最貧窮民眾總共兩兆美元的所得免稅，剩下十六兆美元要提供三・二五兆美元的政府收入，每人的稅率就是二〇%。

時間（希望有）從事具有生產力的工作。此外，加值稅也是一種讓逃漏稅和只繳一半稅率的人開始繳稅的好方法。

讓整個社會受惠的想法只是第一步，最困難的往往是通過相關法規，並且執行。每當美國兩黨之間政治上的衝突越演越烈時，就顯得越困難。政治通常被稱為「可能的藝術」，如今變得像是「不可能的藝術」。政治上互不相讓，僵持不下正是當年羅馬帝國衰亡的原因之一。

歷史上出現過兩個偉大的強權，一是擊敗迦太基王朝的羅馬帝國，另一個就是取代蘇聯瓦解後的美國。對長期投資人而言，美國是否能維持二十一世紀的強權至關重要，如果把國力耗在代價甚高的對外戰爭、金融管理失衡，以及國內永無止境的爭端中，我們的顛峰時期就會過去。如果強權能夠維繫，投資人也許還能享有每年扣除通貨膨脹後七%的股市報酬，若是後者的情境恐怕就不這麼樂觀。有些人認為美國依舊富裕，仍能保持創新的活力。此外，羅馬並不會在一朝一夕之間毀滅，歷史上出現過的強權，像是英國、法國、義大利、西班牙、荷蘭及葡萄牙，依然保持著高度發展及文明。另外一派則擔心：永無止境的赤字，大規模生命財產損失的戰爭，政治上的各種補貼（食物、各項救助、企業福利，以及有手有腳但不工作的人等等），還有政府三大部門之間的黨派歧異[10]。同時，我們還面對政治和經濟不斷崛起的中國。

我們未來最大的挑戰是教育和科技的不足。我的家鄉加州在這場競賽裡已經落後，抗稅運動已經造成州政府收入大減，特別是在公立教育體系。加州大學的十個分校過去曾是全世界最好的高等公立教育系統，二〇一五年居然一口氣把學費漲到一萬兩千美元[11]。一九四九年我當學生時學費才七十美元，換算成今日幣值也不過七百美元而已。任何資格符合的學生都應該接受良好的教育。大學畢業生可以繼續引領技術的革新；但是二〇一四年州政府只提供了學校開支的一〇%。

如果加州大學的學雜費再多一倍，州政府的財務提撥就變得可有可無，公立大學就已接近私有化了！因為其他州和外國學生的學費是加州本地人的三倍，各系的系主任和行政人員寧可多招外地學生，也不要本地學生。而且有天分的外國學生，其中包括許多中國學生[12]，拿到美國的高等學位後大都回國，而不是努力在博士後研究和成為公民。而聰明的美國本土科學家和工程師也開始加入前進中國的行列，形成人才的流失。經濟學家已經發現能解釋國家未來經濟成長和繁榮的最重要因子：科學家和工程師的輸出。吝於投資教育就如同寅支卯糧。今日不課稅，明日便無科技的未來。

[10] 譯注：指白宮、參議院及眾議院。

[11] 根據加州大學招生辦公室的資料，目前壓力稍稍減輕，有一半以上的大學生不需付學費，超過三分之二的學生有補助或獎學金，平均金額有一萬六千三百美元。

[12] 我的孫子愛德華在高中時期就開始在UCI上進階數學課（偏微分方程）。班上三十六名學生中，有三十一名是中國學生。他們並不知道愛德華的中文說得很流利，因此他聽到了中國同學許多直截了當的對話。

—結語—

跳過的舞，只屬於你們

佛洛伊德曾說，生活中基本事物如食物、衣服、住所和健康被一一滿足後，人們就會開始追求財富、權力、榮譽以及愛情。那些金融大亨整天追逐著幾千萬、上億、甚至幾十億元的遊戲，我們可能忍不住會問：「財富最多的才是最終的贏家嗎？」「多有錢才夠？」至於什麼時候才停手？通常得到的答案會是：「不會停。」

在衡量生活品質、努力工作，以及探索我所喜愛的新知之間，我選擇不走創業家這條路，儘管我相信眾多佼佼者最終會獲利滿滿。不過我的個性是：一旦將一個重要觀念弄懂並實際驗證後，我就會找下一個新的挑戰。從賭場遊戲到投資世界，從認股權證、選擇權、可轉換公司債、衍生性商品，到統計套利。在當上大學教授之後，我原本預期終生將持續教學、研究，以及與同樣聰明的人交流；但孩提時代開始對理解抽象思考的好奇心，並應用到真實世界的啟發，讓我後來能夠用物理學的知識來預測輪盤出現結果的機率，以及用數學增加二十一點的優勢。我的一生充滿了冒險。

我一生相當幸運，一路上有一位影響我終生的伴侶同行。年輕時我的妻子薇薇安熱愛閱讀成狂，有一年我們將當年所有讀過的書列出一張清單，結果當年她竟然讀了一百五十多本書，平均每分鐘讀了七百個字。有一天我們在讀書時，我發現她翻頁的速度特別快，因此暗中計時一個鐘頭，算出她讀書的速度。後來她把閱讀的習慣和對英國文學的熱愛感染到子女輩和孫子輩身上。

薇薇安精通橋牌，研究藝術及藝術史，學習烹調美味的健康餐點，並取得了圖書館學的碩士學位。鼓勵家人注重運動與健身，並致力於慈善事業。她有驚人的認人能力，她能一眼認出十年前只有一面之緣的人，即使對方容貌已經改變——在我看來簡直是換了一張臉——無論是年齡、容貌、體態、外型和個頭。一般人即使記得過去的樣子，就算沒太大改變，隨著時間的經過，印象也會漸漸模糊，多數人都是這樣。但薇薇安的記憶卻是驚人的準確，並且絲毫不差。

薇薇安於二〇一一年因癌症去世，在追悼會上，親友們一同懷念她的一生。我憶及我們在一起的時光，想起她弟弟曾說過：「跳過的舞，只屬於你們。」（Nobody can take away the dance you have danced.）

人生就像讀一本書，或是跑馬拉松，重點不在是否達到目標，而是過程，以及當中吸取到的經驗。富蘭克林有一句名言：「生命是時間組成的」（Time is the stuff life is made off），善用時間便可造就不凡。

我一生中最棒的回憶是與我珍愛的人一起度過——我的妻子、家庭、朋友，以及工作伙伴。不論做的是什麼，好好享受你的人生，珍惜與人分享的一切，對自己好一點，並造福後代子孫。

謝辭

「寫作本身就是一種自我重述的過程」，從動筆到校訂手稿一路走來，我要表達由衷的感謝。在本書的寫作過程中，我得到無數來自不同領域的人，分別對本書的內容提出部分或全部的見解。謝謝你們。凱瑟琳・鮑德溫、理察・高爾、茱蒂・麥克考伊、史帝夫・水澤、艾倫・尼爾（Ellen Neal）、湯姆・洛林格（Tom Rollinger）、雷蒙・史耐塔（Raymond Sinetar）、傑夫・索普、凱倫・索普、羅恩・索普、薇薇安・索普，以及布萊恩・帝旭納。

艾倫・尼爾把我潦草的手稿一一打字，並忍受這段時間永無止境的修訂。專業編輯理察・柯恩和蘭登書屋的編輯威爾・墨菲（Will Murphy），在米卡・春日（Mika Kasuga）的協助下，在有聲書和字裡行間的細節上都給予相當廣泛的建議。羅賓辦公室（Robbins Office）的大衛・霍波恩（David Halpern）則是從本書的開始到結束一路提供協助。

本書的部分章節內容取自我在金融專業雜誌《維蒙》的文章。雜誌的創辦人暨編輯保羅・維蒙（Paul Wilmott）給我這個寫專欄的機會。丹・塔德伯（Dan Tudball）對本書的內容也有不少貢獻。

儘管我對書中的內容再三求證，包括廣泛的查閱資料，新聞摘要，以及金融市場的記錄，仍不免有所疏漏及錯誤。為此我深表歉意。對於書中談到部分的人物我姑隱其名，以避免對個人和團體名譽出現負面的影響。

我要對許多眼尖的讀者表達特別的謝意，他們提供我許多修正和編輯上的建議。特別是艾榮・布朗

（Aaron Brown）、克里斯・科爾（Chris Cole）以及丹・施列辛格（Dan Schlesinger），他們列出了長長的建議清單。還有安卓亞・考夫曼（Andrea Kaufman），她在本書校對和有聲書的編輯幫助甚大。

從年幼到年長，我對生命中造就我成功的人們深表感激：我的家人、朋友、導師、師長，以及工作上與我並肩作戰的合夥人與伙伴。特別是我的妻子薇薇安，她對我近六十年的愛與支持。

附錄A

通貨膨脹對幣值的影響

下表顯示同樣一美元的購買力變化❶。一九六一年我和曼尼・基墨爾與艾迪・漢德在二十一點賭桌上贏了11,000美元，二〇一三年這11,000美元的購買力會變成多少。我們將11,000美元乘上二〇一三年的指數，再除以一九六一年的指數得出85,719美元（\$11,000×233.0÷29.9=\$85,719）。同樣的方法，將A年的數值轉換成B年，只要將A年的金額數乘上B年的指數，再除以A年的指數即可。

總括來說，每年指數的增幅大約在3.6%左右，不過有時候會有些起伏。一九二九年大蕭條之後指數出現下滑（通貨緊縮！），時間持續了十年。而後因為第二次世界大戰及戰後數年間快速增加。

雖然美國和多數先進國家的通貨膨脹率大多數時候都呈現溫和上揚，有時候還是會出現災難式的變化。一九一九至一九二三年間德國的惡性通膨，幣值下跌了一千億倍（價值是原先價格除以100,000,000,000）。欠債的人解套了，債權人可慘了。這樣的物價膨脹率，可以讓二〇一五年美國全國18兆美元的國債變成180美元而已。二〇〇九年，非洲的辛巴威也經歷過如德國當年的惡性通膨，一兆元辛巴威幣的紙鈔到處可見。

史坦普五百指數的總報酬（將股利再投資後重新計算）於一九二九年達到顛峰，到一九三二年落入谷底，跌幅高達89%。然而，這段期間通貨是緊縮的，經過調整後稍微好一點，指數下跌85%。

---

❶ 一九七〇年代以後，通膨指數的增加幅度下降不少，探究原因是因為政府更改計算的方式，結果讓投資人和消費者「被通貨膨脹率騙了」。見Bill Gross(June 2000), www.pimco.com.

要觀察消費者物價指數（Consumer Price Index, CPI）的逐月資料，見www.bls.gov/cpi或在Google搜尋。

表九　消費者物價指數

年份	物價指數	年份	物價指數	年份	物價指數
1913	9.9	1946	19.5	1979	72.6
1914	10.0	1947	22.3	1980	82.4
1915	10.1	1948	24.0	1981	90.9
1916	10.9	1949	23.8	1982	96.5
1917	12.8	1950	24.1	1983	99.6
1918	15.0	1951	26.0	1984	103.9
1919	17.3	1952	26.6	1985	107.6
1920	20.0	1953	26.8	1986	109.6
1921	17.9	1954	26.9	1987	113.6
1922	16.8	1955	26.8	1988	118.3
1923	17.1	1956	27.2	1989	124.0
1924	17.1	1957	28.2	1990	130.7
1925	17.5	1958	28.9	1991	136.2
1926	17.7	1959	29.3	1992	140.3
1927	17.4	1960	29.6	1993	144.5
1928	17.2	1961	29.9	1994	148.2
1929	17.2	1962	30.2	1995	152.4
1930	16.7	1963	30.6	1996	156.9
1931	15.2	1964	31.0	1997	160.5
1932	13.6	1965	31.5	1998	163.0
1933	12.9	1966	32.5	1999	166.6
1934	13.4	1967	33.4	2000	172.2
1935	13.7	1968	34.8	2001	177.1
1936	13.9	1969	36.7	2002	179.9

（接下頁）

年份	物價指數	年份	物價指數	年份	物價指數
1937	14.4	1970	38.8	2003	184.0
1938	14.1	1971	40.5	2004	188.9
1939	13.9	1972	41.8	2005	195.3
1940	14.0	1973	44.4	2006	201.6
1941	14.7	1974	49.3	2007	207.3
1942	16.3	1975	53.8	2008	215.3
1943	17.3	1976	56.9	2009	214.5
1944	17.6	1977	60.6	2010	218.1
1945	18.0	1978	65.2	2011	224.9
				2012	229.6
				2013	233.0
				2016	240.0

資料來源：美國勞工部，勞工統計局，位於華盛頓特區
美國城市（所有細項）平均消費者物價指數（所有城市消費者， CPI-U）
1982-84=100
指數數值是當年的平均值。

| 附錄B |

歷史報酬

表十　各資產類別歷史報酬率，1926—2013年

資產類別	年複合報酬率*	平均年報酬率**	標準差	實質年複合報酬率*	夏普比率***
大型股	10.10%	12.10%	20.20%	6.90%	0.43
小型股	12.30%	16.90%	32.30%	9.10%	0.41
長期公司債	6.00%	6.30%	8.40%	2.90%	0.33
長期政府公債	5.50%	5.90%	9.80%	2.40%	0.24
中期政府公債	5.30%	5.40%	5.70%	2.30%	0.33
美國國庫券	3.50%	3.50%	3.10%	0.50%	___
通貨膨脹率	3.00%	3.00%	4.10%	___	___

* 採幾何平均數

** 採算術平均數

*** 採算術

資料來源：Ibbotson, *Stocks, Bonds, Bills and Inflation*, Yearbook, Morningstar, 2014.

西格爾（Jeremy Siegal）的*Stocks for the Long Run*提供美國自1801年的報酬率數據。

丁森等人（Dimson et al）提供十六個國家報酬率數據及分析。

報酬率數據依據時間和選取的指數計算而得。我自己以Ibboson數據為準，因為可以取得每年統計數字的更新資料。

表十一　投資人的歷史報酬率，1926—2013年

資產類別	年複合報酬率*	扣除管理成本後報酬		稅前：扣除交易損失後報酬		稅後報酬		實質(經通膨調整)稅務豁免報酬		課稅報酬	
		被動	主動	被動	主動	被動	主動	被動	主動	被動	主動
大型股	10.1	9.9	8.9	9.7	7.7	7.8	5.0	6.7	4.7	4.8	2.0
小型股	12.3	12.1	11.1	11.9	9.9	9.5	6.4	8.9	6.9	6.5	3.4
長期公司債	6.0	5.8	5.3	5.7	5.0	3.7	3.3	2.7	2.0	0.7	0.3
長期政府公債	5.5	5.3	4.8	5.2	4.5	3.4	2.9	2.2	1.5	0.4	-0.1
中期政府公債	5.3	5.1	4.6	5.0	4.3	3.3	2.8	2.0	1.3	0.3	-0.2
美國國庫券	3.5	3.3	2.8	3.2	2.7	2.1	1.8	0.2	-0.3	-0.9	-1.2
通貨膨脹率	3.0	-	-	-	-	-	-	-	-	-	-

* 採幾何平均數

資料來源：Ibbotson, *Stocks, Bonds, Bills and Inflation*, Yearbook, Morningstar, 2014.
西格爾（Jeremy Siegal）的*Stocks for the Long Run*提供美國自1801年的報酬率數據。
丁森等人（Dimson et al）提供十六個國家報酬率數據及分析。
報酬率數據依據時間和選取的指數計算而得。我自己以Ibboson資料為準。

表十二　成本對於歷史報酬率的影響 (%)

	股票		債券		國庫券	
	被動	主動	被動	主動	被動	主動
管理成本	0.2	1.2	0.2	0.7	0.2	0.7
交易成本	0.2	1.2	0.1	0.3	0.1	0.1
估計稅率	20.0	35.0	35.0	35.0	35.0	35.0

表十三　年報酬率(%) 1972—2013年

	年複合報酬率*	平均年報酬率**	標準差
不動產證券化商品	11.9	13.5	18.4
大型股	10.5	12.1	18.0
小型股	13.7	16.1	23.2
長期公司債	8.4	8.9	10.3
長期政府公債	8.2	8.9	12.4
中期政府公債	7.5	7.7	6.6
美國國庫券	5.2	5.2	3.4
通貨膨脹率	4.2	4.3	3.1

* 採幾何平均數

** 採算術平均數

表十三中不動產證券化商品的歷史報酬率是假設投資在收益型的不動產投資信託（REITs），時間是1972至2013年。

資料來源：Ibbotson, *Stocks, Bonds, Bills and Inflation*, Yearbook, Morningstar, 2014.

西格爾（Jeremy Siegal）的*Stocks for the Long Run*提供美國自1801年的報酬率數據。

丁森等人（Dimson et al）提供十六個國家報酬率數據及分析。

報酬率數據依據時間和選取的指數計算而得。

| 附錄C |

七二法則及延伸

「七二法則」能夠快速計算出大略複合利率和複合成長率的問題。這個法則告訴我們，在特定的報酬率之下，財富翻倍所需的期間，以及在7.85%的標準下的正確法則。報酬率越小，實際期間較七二法則少，表示翻倍所需的時間較短，報酬率越高，實際期間較七二法則多，表示翻倍所需的時間較長。下表第二欄和第三欄有詳細的數據。至於「正確法則」欄則是在各報酬率下替代「七二法則」的正確數字。在8%那一列，實際上是7.85%經過進位後的值，正確法則是72.05，和七二法則相當接近。請注意第四欄的「正確法則」值理論上應該是第一欄的報酬率乘以第三欄（實際翻倍所需的期間），但實際結果並不完全精確。主要是因為第三和第四欄的數字有經過四捨五入的進位，取小數點後二位的結果。

如果用心算法，報酬率每增減1%，「正確法則」大約會同步增減三分之一的幅度；簡易的概算是 72+(R-8%)/3。R=1%時計算出的值為69.67，對應正確法則為69.66；R=20%時計算的值為76.00，對應正確法則為76.04。這個概算公式和表中的數字大致是吻合的。

這個法則同樣適用於其他資產乘數的計算。例如，如果要計算資產增加十倍所需的時間，只要把表中的數字除以0.30103（也就是$\log_{10}2$）。例如八%的報酬率下，得出的「正確法則」是240，我們就有了資產翻十倍時的「二四〇法則」。在8%的情況下，資產翻十倍所需的時間大約是240÷8＝30年。

當波克夏海瑟威宣布投資蕭氏工業[1] 二十億美元現金[2] 時，一位經理人提到過去十六年間，該公司的獲利增加了十倍。以「二四〇法則」來計算，我們可以很快得出每年平均的成長率在240÷16＝15%。而實際的成長率數字是15.48%。

七二法則表

	價值加倍所需期間數		
每期報酬率	七二法則	實際期間	正確法則
1%	72	69.66	69.66
2%	36	35	70.01
3%	24	23.45	70.35
4%	18	17.67	70.69
5%	14.4	14.21	71.03
6%	12	11.9	71.37
7%	10.29	10.24	71.71
8%	9	9.01	72.05
9%	8	8.04	72.39
10%	7.2	7.27	72.73
12%	6	6.12	73.4
15%	4.8	4.96	74.39
20%	3.6	3.8	76.04
24%	3	3.22	77.33
30%	2.4	2.64	79.26
36%	2	2.25	81.15

❶ 譯注：蕭氏工業（Shaw Industries）：全球最大地毯製造商。
❷ *Los Angeles Times*, Thursday, September 7, 2000, p. C5.

| 附錄D |

普林斯頓新港合夥的績效

表十四 年報酬率 (以百分比表示)

期間	普林斯頓新港合夥 (1)	普林斯頓新港合夥 (2)	史坦普五百指數 (3)	美國三個月期國庫券總報酬
11/01/69–12/31/69	+4.0	+3.2	-4.7	+3.0
01/01/70–12/31/70	+16.3	+13.0	+4.0	+6.2
01/01/71–12/31/71	+33.3	+26.7	+14.3	+4.4
01/01/72–12/31/72	+15.1	+12.1	+19.0	+4.6
01/01/73–12/31/73	+8.1	+6.5	-14.7	+7.5
01/01/74–12/31/74	+11.3	+9.0	-26.5	+7.9
01/01/75–10/31/75*	+13.1	+10.5	+34.3	+5.1
11/01/75–10/31/76	+20.2	+16.1	+20.1	+5.2
11/01/76–10/31/77	+18.1	+14.1	-6.2	+5.5
11/01/77–10/31/78	+15.5	+12.4	+6.4	+7.4
11/01/78–10/31/79	+19.1	+15.3	+15.3	+10.9
11/01/79–10/31/80	+26.7	+21.4	+32.1	+12.0
11/01/80–10/31/81	+28.3	+22.6	+0.5	+16.0

（接下頁）

期間	普林斯頓新港合夥 (1)	普林斯頓新港合夥 (2)	史坦普五百指數 (3)	美國三個月期國庫券總報酬
11/01/81–10/31/82	+27.3	+21.8	+16.2	+12.1
11/01/82–10/31/83	+13.1	+10.5	+27.9	+9.1
11/01/83–10/31/84	+14.5	+11.6	+6.5	+10.4
11/01/84–10/31/85	+14.3	+11.4	+19.6	+8.0
11/01/85–10/31/86	+29.5	+24.5	+33.1	+6.3
11/01/86–12/31/87**	+33.3	+26.7	+5.1	+7.1
01/01/88–12/31/88	+4.0	+3.2	+16.8	+7.4
總資產報酬率[1]	2734%	1382%	545%	345%
年複合報酬率[1]	19.1%	15.1%	10.2%	8.1%

* 年度起始日從1月1日改為11月1日。

**年度起始日改回1月1日。

1 表中數字是自成立日起至1988年12月31日止。
1989年1月1日至1989年5月15日的資料略過不計，原因為：
(a) 公司進入清算及收益分配階段，陸續返還合夥人的投入資本；
(b) 業務出現變化，傳統的經營模式出現改變，報酬率變得難以計算。
(c) 報酬率數字為估計值。

公司名稱原為「可轉換避險公司」（Convertible Hedge Associates），在1975年1月11日更名為「普林斯頓新港合夥」（Princeton Newport Partners）。

(1) 包括管理一般合夥人。

(2) 合夥人人數有限制。

(3) 報酬率包括股息。

表十五　普林斯頓新港合夥（PNP）的績效比較

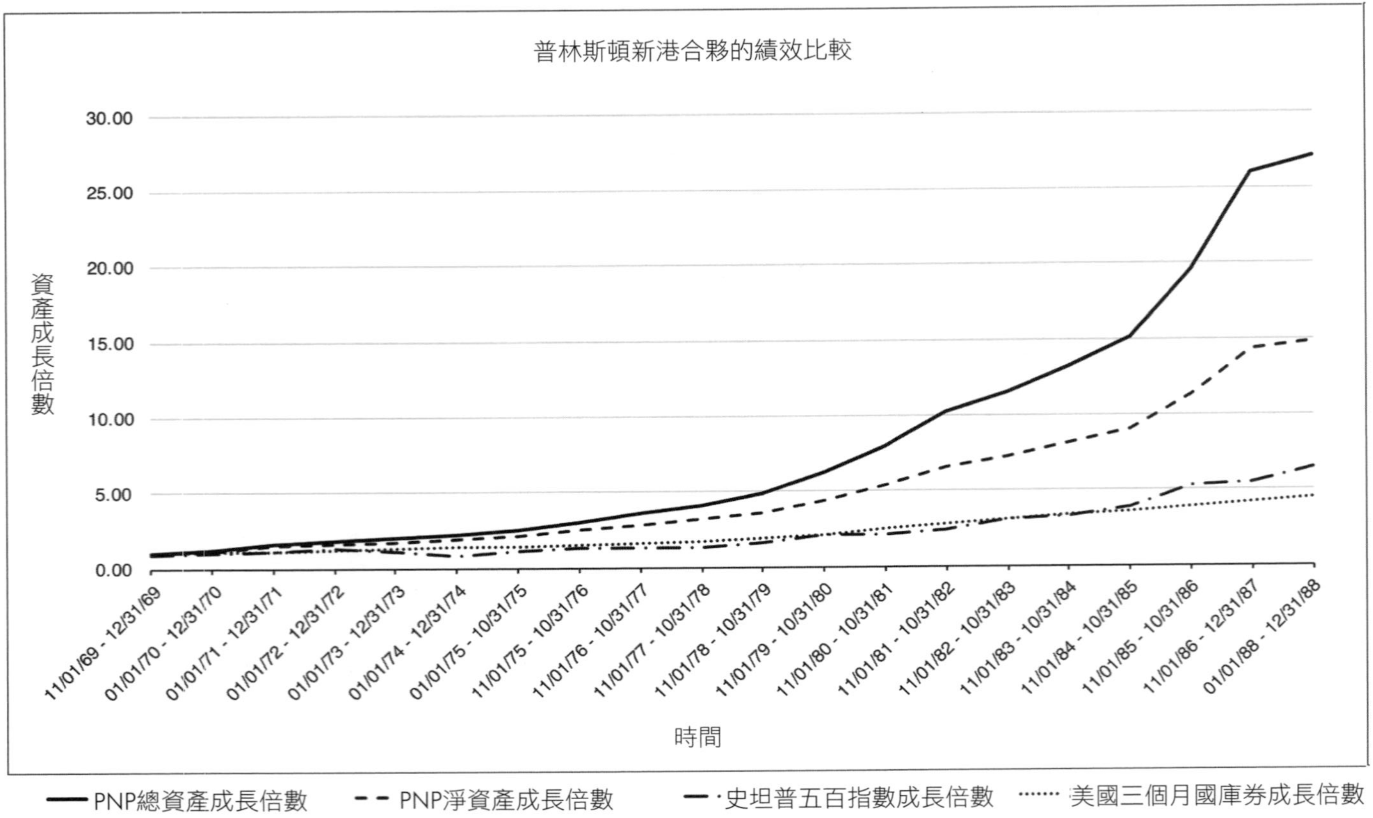

| 附錄E |

財星百大公司範例的統計套利結果

XYZ的績效表總結了十年間的績效總計。表內的績效數字是在沒有運用槓桿下、扣除相關費用前的結果。真實的績效報酬要比表中所列的更好一些，因為運用了一些槓桿，即使扣除費用後表現也較好。

下圖XYZ的績效比較，顯示了XYZ和史坦普五百指數，以及美國國庫券加2%的相對累積報酬。其中從一九九四年底至二〇〇〇年八月一日的期間，是一段前所未有的股市大多頭行情。史坦普五百指數大幅成長，平均年報酬率高達26%，在五、六年之間成長了3.7倍之多。

圖中還看出自一九九八年八月一日至二〇〇二年二月中旬間，一段明顯的震盪走勢。分別來自於一九九八年八月長期資本管理（LTCM）危機的影響；二〇〇〇年三月的網路泡沫破滅；以及二〇〇一年九月十一日世貿雙子星大樓倒塌的九一一事件。

表十六　XYZ公司統計套利結果

	起始日	1992/8/12
	最後日	2002/9/13
	交易月數	122個月
	XYZ公司	史坦普五百指數
年化報酬率	18.20%	7.77%
年化標準差（風險）	6.68%	15.07%
報酬／風險	2.73	0.52
投資一美元結果	5.48	2.14

表十七　XYZ公司的績效比較

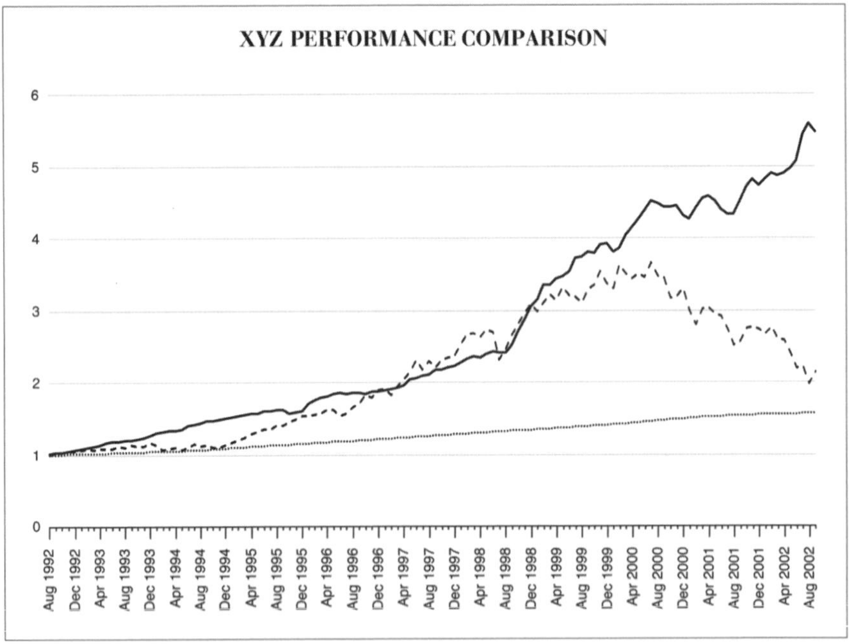

—XYZ公司總資產成長倍數 ┈┈美國三個月國庫券成長倍數 --史坦普五百指數成長倍數

參考文獻

Bass, Thomas A. *The Eudaemonic Pie*. New York: Houghton Mifflin, 1985.

Black, Fischer, and Myron Scholes. "The Pricing of Options and Corporate Liabilities." *Journal of Political Economy* 81.3（1973）: 637-54.

Blackwood, Kevin, and Larry Barker. *Legends of Blackjack: True Stories of Players Who Crushed the Casinos*. Kindle Ebook, April 5, 2009.

約翰・柏格（John C.Bogle）著，帛宏譯，《柏格談共同基金》（*Bogle on Mutual Funds: New Perspectives for the Intelligent Investor*），寰宇出版，2003 年。

Edwardothorp.com 收錄作者的文章。

Feller, William. *An Introduction to Probability Theory and Its Applications*. Volume I. New York: Wiley, 1957, 1968.

賈斯汀・福克斯（Justin Fox）著，劉真如譯，《理性市場的神話：華爾街追求的風險、報酬與妄想》（*The Myth of the Rational Market: A History of Risk, Reward, and Delusion on Wall Street*），財信出版，2010 年。

Griffin, Peter A. Introduction. *The Theory of Blackjack: The Compleat Card Counter's Guide to the Casino Game of 21*. Las Vegas, NV: Huntington, 1995, 1999.

Gross, William H. *Bill Gross on Investing*. New York: Wiley, 1998.

Ibboston SBBI 2014 Classic Yearbook: Market Results for Stocks, Bonds, Bills, and Inflation, 1926-2013.Chicago, IL: Morningstar, 2014.

Kelly, J. L. "A New Interpretation of Information Rate." *Bell System Technical Journal* 35.4（1956）: 917-26.

Lack, Simon. *The Hedge Fund Mirage: The Illusion of Big Money and Why It's Too Good to Be True*. Hoboken, NJ: Wiley, 2012.

MaccLean, L.C., Edward O. Thorp, and W.T. Ziemba. *The Kelly Capital Growth Investment Criterion: Theory and Practice*. World Scientific, 2011.

波頓・墨基爾（Burton Malkiel）著，楊美齡、林麗冠、蘇鵬元譯，《漫步華爾街：超越股市漲跌的成功投資策略》（*A Random Walk Down Wall Street: The Time-Tested Strategy for Successful Investing*），天下文化出版，2017 年。

Mezrich, Ben. *Bringing Down the House: The Inside Story of Six MIT Students Who Took Vegas for Millions*. New York: Free Press, 2002.

理查・孟曲金（Richard W. Munchki）著，卓君威譯，《幸運關鍵點：世界頂尖賭王的成功智慧》（*Gambling Wizards: Conversations with the World's Greatest Gamblers*），圓神出版，2004 年。

查理・蒙格（Charles T. Munger）、彼得・考夫曼（Peter D. Kaufman）著，李彔、李繼宏等譯，《窮查理的普通常識：巴菲特 50 年智慧合夥人 查理・蒙格的人生哲學》（*Poor Charlie's Almanack: The Wit and Wisdom of Charles T. Munger*），商業周刊出版，2014 年。

O'Neil, Paul. "The Professor Who Breaks the Bank." *Life* 27 March 1964: 80-91.

史考特・帕特森（Scott Patterson）著，譯科、盧開濟譯，《寬客》（*The Quants: How a New Breed of Math Whizzes Conquered Wall Street and Nearly Destroyed It*），萬卷出版公司出版，2011 年。
威廉・龐士東（William Poundstone）著，李建興譯，《天才數學家的秘密賭局》（*Fortune's Formula*：*the Untold Story of the Scientific Betting System that Beat the Casinos and Wall Street*），平安文化出版，2008 年。
艾莉斯・舒德（Alice Schroeder）著，楊美齡等合譯，《雪球：巴菲特傳》（*The Snowball: Warren Buffett and the Business of Life*），天下文化出版，2011 年。
Segel, Joel. *Recountings: Conversations with MIT Mathematicians*. Wellesley, MA: A K Peters/ CRC Press, 2009.
傑諾米・席格爾（Jeremy Siegel）著，吳書榆譯，《長線獲利之道：散戶投資正典》（*Stocks for the Long Run: The Definitive Guide to Financial Market Returns and Long Term Investment Strategies*），美商麥格羅・希爾出版，2015 年。
納西姆・尼可拉斯・塔雷伯（Nassim Nicholas Taleb）著，林茂昌譯，《黑天鵝效應》（*The Black Swan: The Impact of the Highly Improbable*），大塊文化出版，2011 年。
納西姆・尼可拉斯・塔雷伯（Nassim Nicholas Taleb）著，羅耀宗譯，《隨機騙局：潛藏在生活與市場中的機率陷阱》（*Fooled by Randomness: The Hidden Role of Chance in Life and in the Markets*），大塊文化出版，2014 年。
Thorp. Edward O., and Sheen T. Kassouf. *Beat the Market: A Scientific Stock Market System*. New York: Random House, 1967. 參見 www.edwardothorp.com。
Thorp. Edward O. *Beat the Dealer: A Winning Strategy for the Game of Twenty-One*. New York: Random House, 1962, Rev. 1966, Rev. 2016.
Thorp. Edward O. "A Favorable Strategy for Twenty-One." *Proceedings of the National Academy of Sciences* 47.1（1961）:110-12.
Thorp. Edward O. "Optimal Gambling System for Favorable Games." *Review of the International Statistical Institute* 37.3 （1969）: 273-93.
Thorp. Edward O. "The Kelly Criterion in Blackjack, Sports Betting, and the Stock Market." *Handbook of Asset and Liability Management*, Volume 1, Zenios, Stavros Andrea and W. T. Ziemba, Editors. Amsterdam: Elsevier, 2006.
Wong, Stanford. *Professional Blackjack*. La Jolla, CA: Pi Yee, 1994.

關於作者

愛德華・索普是暢銷書《戰勝莊家：二十一點的致勝策略》的作者。他首度用科學方式，系統呈現賭場的賭局遊戲，並為二十一點帶來革命性的變化。他的另一本著作《戰勝市場》（與希恩・T・卡索夫合著）開啟了衍生性金融商品的革命，也改變了全球證券市場。一九六九年他成立了第一檔市場中立型的避險基金。一九六一年，索普博士和克勞帝・夏儂合作發明了第一部可穿戴式電腦，用來戰勝輪盤。他同時曾出版《基礎統計學》（一九六六年）、《賭場數學》（一九八四年），以及許多數學及機率學論文、《賽局理論》以及《函數分析》。

索普在加州大學洛杉磯分校（UCLA）完成物理系大學及碩士學位，一九五八年獲得數學博士學位。索普曾任教UCLA、麻省理工學院（MIT）、新墨西哥州立大學，也在加州大學爾灣分校（UCI）擔任數學及金融系教授。

想了解更多，請造訪：edwardothorp.com或amanforallmarket.com

他是賭神，更是股神

作者	愛德華・索普（Edward O. Thorp）
譯者	唐祖蔭
商周集團執行長	郭奕伶
視覺顧問	陳栩椿
商業周刊出版部	
總編輯	余幸娟
責任編輯	林雲
封面照片版權	Leigh Wiener
封面設計	黃聖文
內頁排版	林婕瀅
出版發行	城邦文化事業股份有限公司 - 商業周刊
地址	104台北市中山區民生東路二段141號4樓 電話：(02)2505-6789 傳真：(02)2503-6399
讀者服務專線	(02)2510-8888
商周集團網站服務信箱	mailbox@bwnet.com.tw
劃撥帳號	50003033
戶名	英屬蓋曼群島商家庭傳媒股份有限公司城邦分公司
網站	www.businessweekly.com.tw
香港發行所	城邦（香港）出版集團有限公司 香港灣仔駱克道193號東超商業中心1樓 電話：(852)25086231 傳真：(852)25789337 E-mail：hkcite@biznetvigator.com
製版印刷	中原造像股份有限公司
總經銷	聯合發行股份有限公司 電話：(02)2917-8022
初版 1 刷	2018年（民107年）7月
初版14刷	2024年（民113年）2月
定價	台幣480元
ISBN	978-986-7778-35-2(平裝)

國家圖書館出版品預行編目資料

他是賭神，更是股神 / 愛德華.索普（Edward O. Thorp）著；唐祖蔭譯. -- 初版. -- 臺北市：城邦商業周刊, 2018.07
面； 公分.
譯自：A man for all markets : from Las Vegas to Wall Street, how I beat the dealer and the market
ISBN 978-986-7778-35-2（平裝）
1.索普(Thorp, Edward O.) 2.傳記 3.投資
785.28 107011765

紅沙龍

Try not to become a man of success but rather to become a man of value.
~Albert Einstein (1879 - 1955)

毋須做成功之士，寧做有價值的人。—— 科學家　亞伯・愛因斯坦